Maurice
et Rodrigues

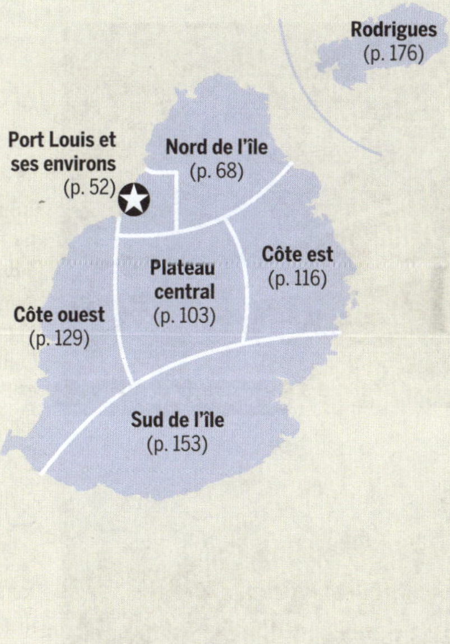

ÉDITION ÉCRITE ET ACTUALISÉE PAR
Marie Dufay

PRÉPARER SON VOYAGE

EMMANUEL DAUTANT ©

PORT LOUIS (P. 53)

EMMANUEL DAUTANT ©

RODRIGUES (P. 176)

SUR LA ROUTE

Sommaire

EMMANUEL DAUTANT ©

PÉNINSULE DU MORNE (P. 150)

Bienvenue à Maurice et Rodrigues

Destination de villégiature balnéaire, Maurice séduit aussi par sa diversité culturelle et ethnique, son histoire singulière et son cadre enchanteur pour la pratique des activités de pleine nature.

Une géographie taillée pour le tourisme

D'origine volcanique, Maurice ne compte, à la différence de sa voisine La Réunion, aucun volcan en activité. Sa topographie s'est considérablement aplanie au fil du temps. Les quelques reliefs qui marquent l'horizon impressionnent souvent le visiteur par leurs contours oniriques et ajoutent une touche de magie aux paysages tropicaux de l'île. La barrière de corail qui entoure la quasi-totalité de l'île, ses plages et son littoral parsemé d'îlots font de l'île Maurice une bénédiction pour le tourisme balnéaire. Les paysages intérieurs de l'île, durablement marqués par l'exploitation de la canne à sucre, n'ont, eux, conservé que quelques traces du couvert végétal originel.

Une mosaïque ethnique

Inhabitée jusqu'à l'arrivée des Hollandais en 1598, l'île devint le fleuron de l'empire colonial français dans l'océan Indien au XVIIIe siècle, puis la propriété des Britanniques à partir de 1810. Les Franco-Mauriciens à la tête des plantations de canne, leur main-d'œuvre d'esclaves originaires du continent africain et de Madagascar, mais aussi les travailleurs chinois et surtout indiens arrivés après l'abolition de l'esclavage en 1835, ont tous contribué à bâtir l'île Maurice d'aujourd'hui, créant un creuset unique de cultures et de traditions au cœur de l'océan Indien. Une mosaïque ethnique qui se retrouve dans les langues, les fêtes religieuses, l'architecture des lieux de culte et... dans l'assiette ! Les belles cases créoles, les demeures de planteurs reconverties, les musées, les jardins et les sites mémoriels de l'île, relatent l'histoire de cette terre d'immigration.

Le paradis du farniente ?

Difficile de l'ignorer, Maurice a fait de son développement touristique haut de gamme une stratégie payante même si elle menace parfois les équilibres environnementaux et socio-économiques de l'île. Mais Maurice ne se limite pas à ses plages et à ses hôtels de luxe : l'île offre également de belles opportunités pour la pratique d'activités sportives, avec en premier lieu de magnifiques plongées, des spots de kitesurf et de surf, de très beaux parcours de golf et même des itinéraires de randonnée. Quant à l'hébergement, il ne se limite pas aux seuls palaces et concerne aussi les voyageurs indépendants et les budgets plus serrés. Le pays, enfin, détient une botte secrète : la douce et sereine île Rodrigues, confetti de bout du monde posé à 560 km au nord-est de Maurice, dont l'approche du tourisme est à l'opposé de celle de son illustre voisine et comblera les voyageurs à la recherche d'authenticité.

Pourquoi j'aime Maurice et Rodrigues

Par Marie Dufay, auteure

Je pensais retrouver à Maurice tous mes "repères créoles" de La Réunion et des îles françaises des Caraïbes... La surprise a été totale, dès les premières heures : Goodlands, la ville la plus indienne de l'île, célébrait Holi, la fête des couleurs, et je me suis retrouvée au milieu de femmes en saris dans un temple tamoul, dont le prêtre m'a offert une belle plume de paon. Maurice est un dépaysement total si l'on sait quitter un temps pour aller à la rencontre de ses paysages confidentiels et de sa population à l'extraordinaire gentillesse. C'est d'autant plus vrai à Rodrigues, véritable éden où le temps semble s'être arrêté, et qu'on voudrait garder pour soi. Deux destinations idylliques, chacune avec son identité, son charme, qu'on quitte forcément avec nostalgie... et plein de nouveaux amis.

Pour en savoir plus sur l'auteure, voir p. 256.

Lagon, sable blanc et cocotiers, Mont Choisy

Maurice et Rodrigues

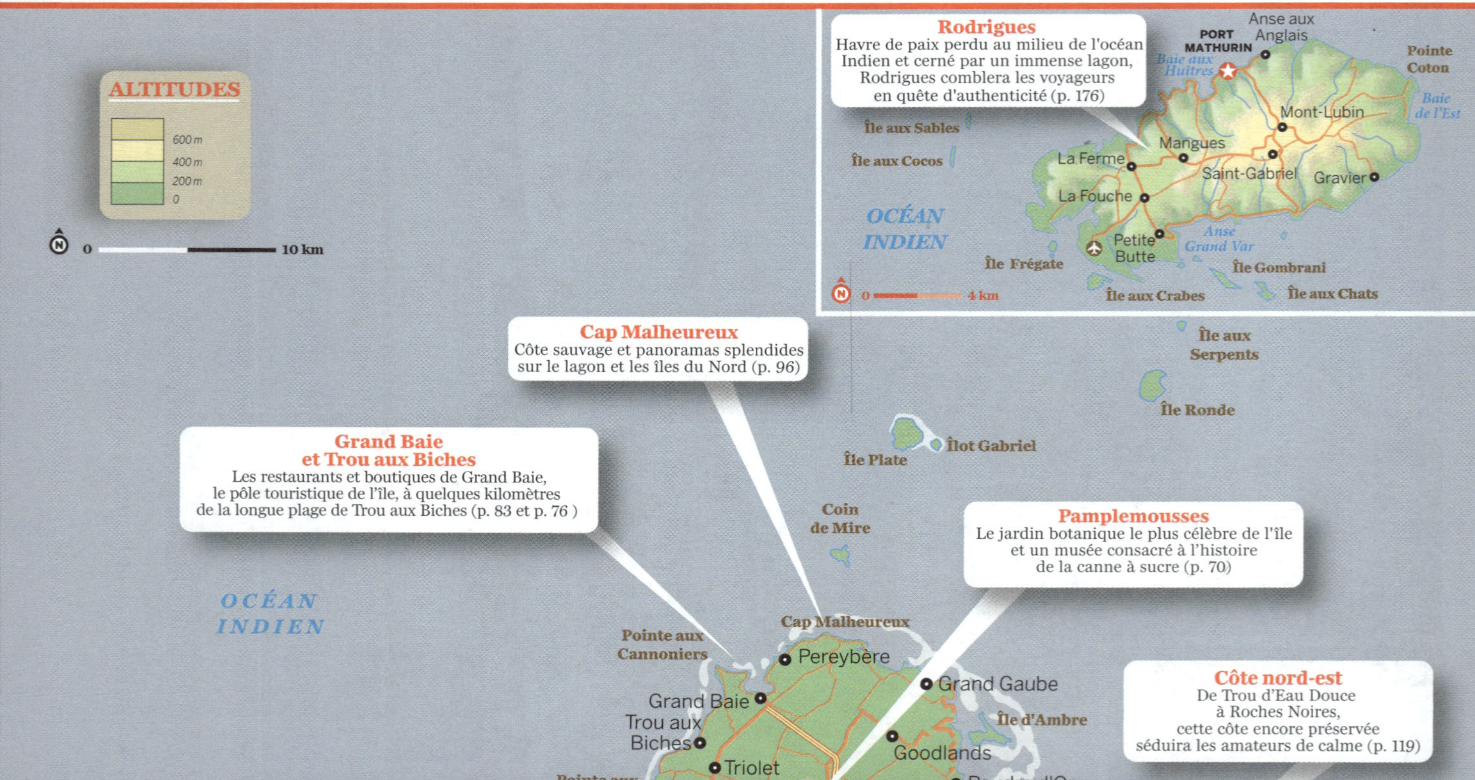

Port Louis
Son marché central haut en couleur, le Blue Penny Museum et le Caudan Waterfront, temple de la consommation (p. 52)
Moka
La visite de la maison Eurêka pour redécouvrir l'univers de J.M.G. Le Clézio, et l'ascension du Pouce (p. 113)
Tamarin
Petite ville de pêcheurs fameuse pour ses salines, le surf et l'observation des dauphins (p. 136)
Le Morne Brabant
Son lagon, ses palaces et ses plages magnifiques dominées par les falaises (p. 150)
Chamarel
Son rhum, sa cascade et la terre des Sept Couleurs (p. 145)
Parc national des gorges de Rivière Noire
Un relief spectaculaire, des paysages envoûtants, une atmosphère tropicale (p. 142)
Mahébourg et la côte sud-est
L'ambiance de Mahébourg les jours de foire et le cadre magique des plages de Pointe d'Esny et de Blue Bay (p. 155)
Les Domaines du Sud-Est
La vallée de Ferney et le domaine de l'Étoile, deux sites à découvrir pour faire le plein de grand air (p. 166 et p. 118)
Baie du Tombeau
Pamplemousses
Roches Noires
Belle Vue Maurel
La Nicolière
Poste de Flacq
PORT LOUIS
M2
M3
Pointe aux Sables
Bon Acceuil
Centre de Flacq
Belle Mare
Le Pouce (812 m)
Pieter Both (823 m)
Beau Bassin
Moka
Trou d'Eau Douce
Rose Hill
Réservoir de La Ferme
Corps de Garde (719 m)
Quartier Militaire
Île aux Cerfs
Flic en Flac
Quatre Bornes
Blanche Montagne
Trois Mamelles (629 m)
Phoenix
Montagne Blanche
Vacoas
Floréal
Montagne Bambous (626 m)
Grande Rivière Sud-Est
Curepipe
Montagne du Rempart (777 m)
Réservoir de la cascade de Tamarin
Tamarin
Tourelle du Tamarin (548 m)
Montagne du Lion (480 m)
Nouvelle France
Mare aux Vacoas
Grand Rivière Noire
Vieux Grand Port
Rivière des Créoles
Piton de la Petite Rivière Noire (828 m)
Réservoir de Mare Longue
Île aux Bénitiers
Mahébourg
Île aux Aigrettes
Grand Bassin
Rose Belle
Chamarel
Parc national des gorges de Rivière Noire
Aéroport
Le Morne Brabant (556 m)
Montagne Cocotte (771 m)
Plaisance
Blue Bay
Chamouny
Chemin Grenier
Rivière des Anguilles
Baie du Cap
Bel Ombre
Surinam
Souillac

19 façons de voir Maurice et Rodrigues

1

Sable, lagon et filaos

1 Cette trilogie immuable, emblème du tourisme balnéaire mauricien, est parfois "troublée" par la présence de cocotiers aux abords des grands hôtels... Qu'importe, elle ravit la plupart des visiteurs qui viennent à Maurice chercher le soleil et les eaux chaudes de son lagon. On retrouve ce paysage caractéristique aux abords des plages de Mont Choiy (p. 76), Trou aux Biches (p. 76), Belle Mare (p. 123), Flic en Flac (p. 131) ou de la péninsule du Morne (p. 150).

Port Louis

2 Grouillante la journée, la cosmopolite capitale (p. 52) se veut une vitrine de la jeune République, avec son quartier d'affaires et son temple de la consommation, le Caudan Waterfront (p. 54), immense complexe en front de mer rassemblant hôtels de luxe, galeries marchandes, cinéma, casino et restaurants. Ses vieux quartiers pleins d'âme, son envoûtant marché central (photo ci-dessous), son quartier chinois, sa mosquée (p.55) ou le Blue Penny Museum (p.54) révèlent son identité multiple.

EMMANUEL DAUTANT ©

2

EMMANUEL DAUTANT ©

MICHAEL AW / LONELY PLANET IMAGES ©

Côte est de Rodrigues

3 De la Pointe Coton jusqu'à l'anse Mourouk se succèdent les plus belles plages de l'île (p. 192) : anse Ally, Saint-François, Trou d'Argent encadrée par deux falaises abruptes, Graviers... Curieusement, dans cette partie relativement isolée et sauvage de l'île, ces plages de sable fin sont surplombées par des paysages verdoyants ponctués de murets en pierre volcanique, aux faux-airs d'Irlande.

EMMANUEL DAUTANT

Plongée

4 Vous préférez le détendeur à la crème solaire ? Réjouissez-vous, vous êtes au bon endroit. Des dizaines de clubs et de sites s'offrent aux plongeurs sur les contours des îles Maurice et Rodrigues, toutes deux entourées d'une barrière de corail quasi continue. Leur faune sous-marine abondante et un relief sous-marin spectaculaire en font deux destinations très réputées auprès des plongeurs de tous niveaux (p. 31).

Culture hindoue

5 Avec leurs sculptures exubérantes et colorées, les quelques 150 temples hindous de Maurice sont le reflet de la première religion de l'île, pratiquée par plus de la moitié de la population. Le lac sacré de Grand Bassin (p. 175) en accueille à lui seul une demi-douzaine sur ses rives, où est célébré tous les ans le Maha Shivaratree qui attire plusieurs dizaines de milliers de pèlerins. Toute l'année, le calendrier mauricien est ponctué de fêtes colorées et inspirantes : un vrai dépaysement pour les visiteurs !

Blue Bay

6 Blue Bay (p. 161) est avant tout connue pour son magnifique lagon et ses récifs coralliens protégés par une réserve marine ponctués d'îlots sauvages. Alternative à la plage publique de Blue Bay où les Mauriciens viennent en nombre pique-niquer les week-ends, la plage de la pointe d'Esny (p. 163), à proximité, offre de belles étendues de sable souvent désertes face au lagon.

Péninsule du Morne

7 Dominé par la figure emblématique du Morne Brabant (556 m), butte basaltique aux parois abruptes qui s'élève au dessus du lagon, le décor somptueux de la péninsule du Morne (p. 150) n'a pas échappé aux propriétaires d'hôtels de luxe qui se sont installés le long de ses plages. C'est également au Morne Brabant (p. 150) que de nombreux esclaves marrons se réfugièrent : ce lieu de mémoire est inscrit au patrimoine mondial de l'Unesco.

Chamarel

8 Le village de Chamarel (p. 145) est une occasion de découvrir l'île Maurice de l'intérieur avec sa rhumerie, ses dunes de terres colorées et sa cascade nichée dans une luxuriante végétation tropicale. Autre atout, le fantastique panorama sur la péninsule du Morne et l'île aux Bénitiers (p. 151).

7

8

EMMANUEL DAUTANT ©

EMMANUEL DAUTANT ©

EMMANUEL DAUTANT ©

Pereybère

9 Épargnée par les hôtels de luxe, Pereybère (p. 93) se pose comme une alternative à Grand Baie et propose de nombreux hébergements pour les budgets moyens, d'agréables plages et de somptueux panoramas sur l'île Coin de Mire. À proximité, le paisible village de Cap Malheureux (p. 96), avec sa célèbre église au toit rouge, est aussi une curiosité à ne pas manquer.

Grand Baie

10 Adossée à la pointe aux Canonniers dans une anse idyllique, Grand Baie (p. 83) suscite pourtant rarement le coup de foudre tant son développement touristique a été poussé à l'extrême. Mais ceux qui viennent chercher un peu d'animation ne seront pas déçus par sa pléthore de restaurants aux saveurs multiples, sa vie nocturne débridée, ses possibilités de shopping, son marché et ses plages. Grand Baie est aussi le point de départ des excursions en bateau vers les îles du Nord.

Château Labourdonnais

11 Construit à l'initiative du planteur Christian Wiehe entre 1856 et 1859, le château Labourdonnais (p. 100) avec sa double varangue circulaire et sa majestueuse allée d'intendance est un bel exemple de demeure coloniale mauricienne liés au développement de l'industrie sucrière. La maison Eurêka à Moka (p. 113), le domaine des Aubineaux à Curepipe (p. 105) ou le domaine de Saint-Aubin (p. 169) près de Souillac valent également le détour.

12

13

Jardin botanique de Pamplemousses

12 Oasis tropicale née au XVIIIe siècle de la volonté du botaniste Pierre Poivre, le jardin de Pamplemousses offre à ses visiteurs un voyage dans le règne du végétal sur 37 ha (p. 70). On y compte près de 600 espèces d'arbres et de végétaux, notamment des nénuphars géants originaires d'Amazonie.
À quelques centaines de mètres du jardin, L'Aventure du sucre (p. 72), ancienne usine sucrière transformée en musée, est une vraie réussite.

Kitesurf

13 Faible profondeur du lagon, température de l'eau idéale, bonnes conditions de vent, paysages somptueux... Tous ces facteurs ont fait de Maurice une destination phare du kitesurf en quelques années. La péninsule du Morne (p. 150) en est devenue l'emblème, mais on trouve aussi de très beaux spots le long des plages de la pointe d'Esny (p. 161), des côtes nord (p.68) et est de Maurice (p. 116) et à Rodrigues (p. 181), dont les 200 km^2 de lagon constituent un terrain de jeu idyllique.

Randonnée

14 Sur ce terrain, l'île Maurice ne cherche pas à concurrencer La Réunion, mais ces reliefs offrent quand même de belles possibilités, à commencer par les ascensions du Morne (p. 150) ou du Pouce (p. 115) pour lesquels il est nécessaire d'être accompagné. Autre option, le parc national des gorges de Rivière Noire (p. 142), les chutes de Tamarin (p. 109) ou les sentiers de Rodrigues (p.180).

Langouste à Rodrigues

15 À côté des caris et vindayes, stars de la cuisine créole indo-mauricienne, les langoustes et poissons grillés tiennent le haut du pavé sur les cartes des restaurants. À Rodrigues, sur la plage de Saint-François (p. 192), ce sont de belles langoustes grillées tout juste pêchées que l'on déguste sur la plage...

16

EMMANUEL DAUTANT ©

17

Luxe, calme et volupté

16 Les hôtels de luxe de Maurice bénéficient le plus souvent d'emplacements idylliques face au lagon. Conçus par des designers de renom pour les plus récents, ils s'attachent généralement la présence de chefs étoilés pour leurs restaurants, donnent accès à des parcours de golf prestigieux et des spas particulièrement raffinés, et proposent une large palette d'activités nautiques. Pour toutes ces raisons, l'île est depuis longtemps une destination phare des lunes de miel (p. 229).

Salines de Tamarin

17 Créées pendant la période française, les salines de Tamarin (p. 137) existent depuis près de 200 ans. Dans les bassins en pierre de basalte, les sauniers (qui sont presque toujours des femmes) travaillent dur pour extraire 1 500 tonnes de sel chaque année pour le marché mauricien. L'écomusée La Route du sel (p. 138) à Tamarin permet de découvrir les techniques de production et de récolte, très tôt le matin afin d'éviter les fortes chaleurs.

Les domaines

18 Le domaine de la vallée de Ferney (p. 166) présente une autre facette de Maurice : celle d'une forêt tropicale où l'on veille à la préservation d'espèces d'arbres endémiques. On peut les découvrir lors d'une randonnée à la rencontre des pailles-en-queue, des crécerelles de Maurice ou des troupeaux de cerfs de Java introduits sur l'île par les Hollandais. Le domaine de l'Étoile (p.118), la réserve de Frédérica (p.173) ou le domaine de Chazal (p.174) proposent eux aussi de découvrir la faune et la flore locales au travers d'activités ludiques.

EMMANUEL DAUTANT ©

Curepipe et le plateau central

19 Située entre Port Louis et Mahébourg, Curepipe (p. 105), la deuxième ville du pays, présente quelques bâtiments intéressants à l'image de son hôtel de ville. Ici, ni palaces, ni lagon, les raisons de se rendre sur le plateau central sont en général plus pragmatiques : shopping sur les marchés (Rose Hill ; p. 112) ou visite des boutiques de vêtements et des magasins d'usine.

L'essentiel

Pour plus de détails, voir *Carnet pratique* (p. 220)

Monnaie

Roupie mauricienne (Rs) La plupart des hôtels acceptent les euros.

Langues

Créole, français

Heure locale

GMT+4 heures

Argent

Les CB ne sont pas acceptées partout.

DAB sur la côte et dans les localités touristiques, plus rares à l'intérieur de l'île.

À Rodrigues, services bancaires concentrés à Port Mathurin.

Visa

Aucun visa n'est requis pour les citoyens de l'UE, ni pour les Suisses et les Canadiens, pour un séjour de moins de 3 mois.

Le passeport doit être valable au moins 1 jour après la date de retour.

Téléphone portable

Des cartes SIM locales prépayées sont en vente chez les principaux opérateurs mauriciens (Emtel ou Orange), utilisables dans les téléphones européens.

Quand partir

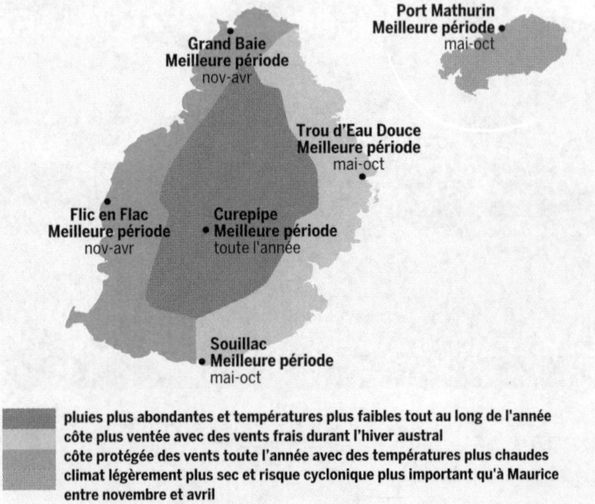

Haute saison

(novembre-janvier)

➡ Les tarifs des hôtels et des transports aériens grimpent, particulièrement pendant la période de Noël et du Jour de l'An qui attire de nombreux touristes et coïncide avec les grandes vacances des Réunionnais.

➡ Sortie de l'été austral, début de la saison cyclonique. Les températures peuvent devenir étouffantes sur la côte jusqu'en mars.

Mi-saison

(juillet-août)

➡ Affluence relative causée par l'arrivée de vacanciers métropolitains.

➡ Hiver austral : les températures sont les plus fraîches de l'année et les précipitations faibles.

➡ L'océan est plus frais mais plus propice au surf.

Basse saison

(mai-juin et septembre-octobre)

➡ Un excellent compromis.

➡ Températures modérées et précipitations faibles.

➡ Meilleures périodes pour la randonnée.

Budget quotidien

Moins de 70 €

- Nuitée en pension/hôtel/bungalow : 25-30 €
- Chambre d'hôtes : s/d à partir de 35/40 €
- Sandwichs et plats à emporter : à partir de 3 €
- Trajet en bus : à partir de 0,30 €

70-120 €

- Chambre d'hôtes ou d'hôtel : s/d 40-50/50-90 €
- Repas dans un restaurant de catégorie moyenne : 9-25 €
- Location de voiture : 27-40 € selon durée et type de véhicule
- Excursion en mer repas inclus : 30-50 €

Plus de 120 €

- Chambre d'hôtel "supérieure" : 100-600 €
- Repas dans un restaurant plus haut de gamme : > 25 €
- Taxi à la journée : 60-80 €

Sites Internet

- **www.lonelyplanet.fr** Informations de dernière minute, actualités en bref, forums et fiches pays.
- **www.tourism-mauritius.mu** et **www.mauritius.net** Sites de la Mauritius Tourism Promotion Authority (office du tourisme).
- **www.ile-maurice.com** Forum de discussion, informations économiques et d'ordre général et touristique.
- **www.tropicscope.com** Bon site généraliste sur le tourisme mauricien et ses prestataires.
- **www.tourism-rodrigues.mu** Le site de l'office du tourisme de Rodrigues.
- **www.meteo-maurice.com** Prévisions météo du Mauritius Meteorological Services.

US ET COUTUMES

Les us et coutumes mauriciens ne causent guère de contraintes aux voyageurs. Respectez cependant quelques règles.

- Réservez les maillots de bain pour la plage. Un voyageur nous a signalé que ses amis mauriciens n'ont aucune considération pour quelqu'un qui se promène torse nu ou en short, et ils le qualifient de "foo-soo-koor". C'est qu'il n'existe à leurs yeux que trois raisons de se montrer ainsi en public : être fou, saoul, ou dans sa cour.
- Il est interdit de se baigner nu.
- Surveillez votre tenue vestimentaire et évitez les tenues trop décontractées dans les sites religieux. Dans certains lieux de culte, notamment les mosquées et les temples hindous, il faut se déchausser avant d'entrer.

Taux de change

Canada	1 $C	27,47 Rs
Suisse	1 FS	37,14 Rs
Zone euro	1 €	38,80 Rs

Pour des taux de change actualisés, consultez www.xe.com

Numéros utiles

Informations touristiques	☎152
Météo	☎302 6070
Vigilance cyclonique	☎96
Police du tourisme	☎210 3894
Police	☎999 ou 112
Pompiers	☎995 ou 115
Samu	☎114
Ambulance	☎999
Renseignements	☎150
Opérateur international	☎10091 ou ☎191

Pour appeler l'étranger depuis Maurice, composez le code d'accès ☎020 suivi de l'indicatif du pays (33 pour la France, 32 pour la Belgique, 41 pour la Suisse et 1 pour le Canada), puis le numéro de votre correspondant sans le 0 initial.

Pour téléphoner à Maurice depuis la France métropolitaine, la Suisse ou la Belgique, composez le code d'accès international ☎00 suivi de l'indicatif ☎230 (011 230 depuis le Canada) et du numéro à 7 chiffres de votre correspondant.

Arriver à Maurice

Depuis/vers l'aéroport Sir Seewoosagur Ramgoolam
Des bus desservent Port Louis et Mahébourg depuis l'aéroport pour un prix modique, mais la plupart des passagers préfèrent s'offrir les services d'un taxi qui prendra 600 Rs pour Mahébourg, 1 000 Rs pour Port Louis et 1 700 Rs pour Grand Baie ou la côte ouest.

Comment circuler

Un réseau de bus relie la plupart des localités pour un prix très modique, mais la majorité des visiteurs utilisent les transports des hôtels ou louent une voiture ou un scooter.

Pour plus de détails sur les **transports**, voir p. 234

Envie de...

Escapade nature

À quelques kilomètres du littoral, de nombreux espaces naturels permettent de varier les plaisirs et de découvrir une autre facette de l'île.

Vallée de Ferney Un des derniers refuges de forêt primaire de l'île. Il n'est pas rare d'y croiser des cerfs de Java (p. 166).

Réserve François Leguat Envie de marcher au milieu des tortues géantes ? Ce sanctuaire situé au sud-ouest de Rodrigues en abrite près d'un millier (p. 196).

Chamarel et terres des Sept Couleurs Un itinéraire onirique entre les variations chromatiques des ocres et les belles chutes d'eau de Chamarel (p. 145).

Parc national des gorges de Rivière Noire Nombreuses possibilités de randonnées au milieu des pailles-en-queue et des macaques (p. 142).

Domaine de l'Étoile Une multitude d'activités de pleine nature (quad, balade à cheval, randonnée...) sont possibles au cœur de ce vaste domaine de 2 000 ha (p. 118).

Casela World of Adventures Un parc multi-activités idéal pour une journée nature en famille. À deux pas de Flic en Flac (p. 131).

Lagons

Présent sur la quasi-totalité du littoral, le lagon mauricien a depuis longtemps assuré la renommée touristique de l'île.

Mont Choisy Cette plage bordée de filaos et de cocotiers est parmi les plus belles, mais aussi les plus courues de l'île Maurice en raison de la proximité de Port Louis. À éviter les week-ends (p. 76).

Belle Mare Une trilogie sable, lagon et filaos quasi parfaite et de superbes sites de plongée à proximité (p. 123).

Morne Brabant Un décor paradisiaque, mêlant figure tutélaire du rocher du Morne et succession de plages adossées au lagon. Le Morne est aussi un spot de kitesurf réputé (p. 150).

Blue Bay et pointe d'Esny La plage de Blue Bay, plus familiale (p. 163), et celle de pointe d'Esny (p. 163), plus confidentielle, présentent de magnifiques reflets bleu-vert non loin de Mahébourg.

Flic en Flac Rarement désertes, les plages de cette station balnéaire offrent une large bande de sable abritée par des filaos (p. 131).

Côte sud-est de Rodrigues Sans conteste les plus sauvages, les plus calmes, et peut-être même les plus belles. Ici, peu de chance d'être dérangé (p. 192).

Shopping

Maurice peut être l'endroit rêvé pour renouveler sa garde-robe si l'on sait éviter l'écueil de la contrefaçon. Les foires et marchés de l'île dévoilent aussi un partie de la culture mauricienne.

Marché et boutiques de Grand Baie Les allées couvertes du marché de Grand Baie proposent généralement des vêtements moins chers mais de moindre qualité que les boutiques du front de mer (p. 84).

Caudan Waterfront Cet immense centre commercial de Port Louis comblera les fashionistas les plus exigeantes (p. 54).

Marché central de Port Louis Dans ce dédale de halles colorées, on trouve de tout : nourriture, vêtements, artisanat... et certainement un peu de l'âme de Port Louis (p. 54).

Marché de Port Mathurin Un marché qui connaît un pic de fréquentation le samedi quand toute l'île de Rodrigues s'y donne rendez-vous (p. 185).

Foire de Quatre Bornes Tous les jeudi et dimanche,

une grande foire populaire réputée pour ses tissus et ses vêtements (p. 111).

Maquettes de bateau Visitez les ateliers de Curepipe (p. 108) ou de Goodlands (p. 100) pour découvrir l'une des spécialités de l'artisanat mauricien.

Activités sportives

L'île Maurice propose une palette d'activités à découvrir sur l'eau, sous l'eau ou sur la terre ferme.

Surf De nombreux spots, particulièrement dans le sud ; la "gauche de Tamarin" est réputée de juin à septembre (p. 47).

Kitesurf Des conditions de vent idéal sur le lagon ont permis la naissance de très beaux spots autour du Morne (p. 150), de Cap Malheureux (p. 96) et sur l'île de Rodrigues (p. 176).

Randonnée De belles possibilités d'ascensions : Le Pouce (p. 115), la montagne du Lion (p. 167) ou le Morne Brabant (p. 150) qui surplombe le lagon. Mieux vaut être accompagné et partir tôt ! (p. 220).

Plongée Sans conteste, le must des activités à pratiquer à Maurice et à Rodrigues avec des sites d'une grande diversité praticables toute l'année et pour tous les niveaux. Des clubs sympathiques permettent d'éviter l'écueil des "usines à bulles" (p. 30).

Pêche au gros Envie de pêcher un marlin bleu ? Dirigez-vous vers Rivière Noire, capitale mauricienne de la pêche au gros (p. 140), ou à Rodrigues (p.176).

Golf Les nombreux golfs situés aux quatre coins de l'île sont signés par les plus grands créateurs de parcours (p. 220).

Patrimoine

Au-delà de la carte postale balnéaire, le patrimoine architectural et de nombreux musées sont propices à une immersion dans l'histoire de l'ancienne "Isle de France".

Jardin de Pamplemousses Fleuron botanique de l'île créé au XVIIIe siècle par Pierre Poivre (p. 70).

Château Labourdonnais Cette superbe bâtisse coloniale plantée au bout d'une allée d'intendance est entourée d'un verger de plusieurs hectares (p. 100).

Maison Eurêka Une très belle demeure coloniale sous la silhouette du mont Junction Peak, fief de la famille du Prix Nobel J.M.G. Le Clézio (p. 113).

L'Aventure du sucre Dans un bel espace muséographique, cette ancienne sucrerie fait revivre un pan entier de l'histoire de l'île (p. 72).

Route du thé Cet itinéraire dans les terres permet de découvrir de belles maisons coloniales en plus de la culture du thé (p. 172).

Blue Penny Museum Ce musée historique à Port Louis présente une belle salle dédiée à *Paul et Virginie* et au naufrage tragique du *Saint-Géran* (p. 54).

Aapravasi Ghat Cet ancien centre d'accueil des immigrants, inscrit au patrimoine mondial de l'Unesco, est un important lieu de mémoire pour la communauté hindoue (p. 55).

Sorties en mer

Pourquoi ne pas profiter de la douceur du lagon et de la multitude d'îles et d'îlots qui bordent le littoral ?

Observation des dauphins Tamarin offre le plus large choix de prestataires proposant d'observer les dauphins, dont l'approche est strictement réglementée (p. 137).

Îles du Nord Au large des côtes nord de Maurice, l'île de Coin de Mire et ses impressionnantes falaises, l'île Plate et l'îlot Gabriel sont des lieux d'excursions très prisés en catamaran (p. 85).

Île aux Cerfs Peut-être l'excursion la plus touristique de l'île... qu'il vaut mieux découvrir très tôt le matin (p. 118).

Parc marin de Blue Blay Les sorties snorkeling ou en bateaux à fond de verre permettent d'approcher les 80 espèces de poissons et la quarantaine de variétés de coraux présents dans ce parc marin (p. 162).

Île aux Cocos À seulement 4 m au-dessus du niveau de la mer, l'île rassemble une importante population d'oiseaux nicheurs et migrateurs (p. 197).

Île aux Aigrettes Au sud de Mahébourg, cette réserve naturelle située à seulement 900 m du rivage abrite une importante colonie de pigeons roses (p. 162).

Mois par mois

LE TOP 5

Thaipoosam Cavadee (janvier-février)

Maha Shivaratree (février)

Fête du Printemps (février)

Royal Raid (mai)

Teemeedee (décembre-janvier)

Janvier

Thaipoosam Cavadee

(férié). Fête tamoule durant laquelle les croyants, les joues et la langue percées d'aiguilles, portent une lourde arche de bois couverte de fleurs, en signe de pénitence. En janvier ou février selon l'année.

Pongal

(14 janvier). Marque la fin de la saison des récoltes. Une des rares fêtes tamoules à se dérouler à date fixe.

Février

Fête du Printemps

(férié). Le Nouvel An chinois suscite une liesse générale au sein de la communauté chinoise. Pétards, dragons et grand nettoyage sont au rendez-vous. Célébré à une date différente chaque année selon l'ajustement du jour lunaire au jour solaire, il s'achève avec la danse du lion dans les rues.

Fête des Lanternes

(15 jours après la fête du Printemps). Clôture les célébrations du Nouvel An chinois. Défilé costumé et danses de dragons animent les rues de Port Louis et des plaines Wilhems.

Maha Shivaratree

(férié). Principal pèlerinage hindou, qui a lieu à Grand Bassin durant 3 jours. C'est l'une des plus importantes manifestations religieuses hindoues hors du sous-continent (jusqu'à 500 000 personnes !). Sa date varie en fonction du calendrier lunaire.

Holi

Fête des couleurs, durant laquelle les hindous se lancent des poudres multicolores. Des feux sont allumés la nuit précédente.

Mars

Fête du Poisson

(1er mars). L'ouverture de la pêche à la senne donne lieu à des réjouissances.

Anniversaire de l'Indépendance et de la République

(férié ; 12 mars). La fête nationale est souvent l'occasion de nombreuses réjouissances à Port Louis.

Avril

Pâques

Beaucoup de catholiques pratiquent le carême et le lundi de Pâques est largement chômé. Les familles en profitent souvent pour passer la journée à la plage autour d'un pique-nique qui se termine souvent par un séga (musique et danse).

Chinatown Food and Cultural Festival

Sur un week-end, c'est toute la communauté chinoise de Port Louis qui se rassemble dans le quartier de Chinatown pour des danses traditionnelles, des démonstrations d'arts martiaux, du chant et des dégustations de spécialités.

Course hippique

La saison hippique (avr-nov) attire des centaines de milliers de Mauriciens dans l'hippodrome du Champ de Mars à Port Louis.

Mai

Le Royal Raid

(www.royalraid.com). Comme La Réunion, Maurice a sa course en montagne mythique. Elle se déroule chaque année autour de la région du Yémen et dans le parc national des gorges de la Rivière Noire.

Juillet

Festival du rire

Pendant une dizaine de jours, humoristes de l'océan Indien ou têtes d'affiche françaises se relaient sur les planches à Belle Rose pour le plus grand plaisir de vos zygomatiques.

Marathon de l'île Maurice

(www.mauritiusmarathon.com). De Saint-Félix, 42 km à parcourir le long de la plus belle route côtière de l'île.

Dodo Trail

(www.dodo-trail.com). L'autre grand événement de course en montagne de Maurice a l'habitude de tutoyer les sommets de l'île. Le parcours Xtreme (50 km ; 3 500 m de dénivelés positifs) est à réserver aux traileurs aguerris !

Août

Ganesh Chaturthi

(férié). Célébration hindoue de la naissance de Ganesh, la divinité à tête d'éléphant. De nombreuses processions ont lieu en bord de mer ou sur les rivières pour immerger des répliques de Ganesh au soleil couchant. Au 4e jour du mois lunaire.

Kiteival

(www.kiteivalmauritius.com). Festival de kitesurf mêlant démonstrations et compétitions autour de l'île, en différentes étapes.

Septembre

Pèlerinage du Père Jacques-Désiré Laval

(8-9 septembre). Près de Port Louis, des dizaines de milliers de pèlerins de toutes croyances se rendent sur la tombe de ce prêtre béatifié par Jean-Paul II.

Fête de la Lune

Un événement très important pour la communauté chinoise. Aussi appelé “fête de la Mi-Automne”, il commémore la victoire des Chinois sur les envahisseurs mongols. À cette occasion, des gâteaux en forme de lune sont offerts aux parents et aux amis.

Octobre

Divali

(férié). La plus joyeuse fête hindoue, commémorant la victoire de Rama sur Ravana (symbole de la victoire de la lumière sur les ténèbres) avec force lampes à huile, lampions et feux d'artifice. En octobre ou novembre selon l'année.

Indian Ocean Triathlon

(www.indianoceantriathlon.com ; 31 octobre). Une épreuve sportive qui mêle 1,8 km de natation en mer, 55 km de vélo et 12 km de course à pied autour de la péninsule du Morne.

Novembre

Trail de Rodrigues

(www.trailrodrigues.com). La Cendrillon des Mascareignes a elle aussi succombé à la mode du trail avec un parcours qui traverse l'île d'est en ouest.

Décembre

Festival Kreol

Organisé chaque année début décembre, ce festival vise à la promotion de la langue et de la culture créoles. Essentiellement dédié à la chanson, il attire souvent des pointures internationales de la musique afro et créole.

Teemeedee

Après 10 jours de purification par l'abstinence, la méditation et la prière, certains croyants marchent sur un tapis de braises ardentes. Cette fête tamoule a lieu principalement en décembre et en janvier.

Itinéraires

6-8 JOURS Les grands classiques

Outre les **plages**, les grands classiques de l'île sont les cascades et les roches de couleur des **terres des Sept Couleurs de Chamarel**, le jardin botanique de **Pamplemousses** et le marché de **Port Louis**. Vous pourrez les découvrir en un ou deux jours. Visitez le marché de Port Louis le matin ; vous n'aurez ensuite que quelques kilomètres à parcourir vers le nord pour rejoindre Pamplemousses. Au passage, ne ratez pas l'intéressante exposition de **L'Aventure du sucre**.

Vers le sud, vous pourrez longer la côte jusqu'à la très belle **péninsule du Morne**, où les palaces brillent de tous leurs feux au pied de la belle silhouette du sommet le plus célèbre de l'île. Côté est, l'**île aux Cerfs** est un autre classique des itinéraires mauriciens. Évitez ses horaires d'affluence pour en profiter pleinement. Au nord, la station balnéaire de **Grand Baie** et le littoral s'étendant jusqu'à **Cap Malheureux** et au-delà rencontrent également un franc succès.

4-6 JOURS Hors des sentiers battus

Avec son visage plus minéral que les autres rivages de l'île, la **côte sud**, souvent délaissée, est à découvrir. Elle vous surprendra notamment entre **Souillac** et **Bambous Viricux**. Sur la **côte est**, la portion de littoral s'étendant entre **Poste Lafayette** et **Roches Noires** est également un havre apprécié des voyageurs.

Sortir des sentiers battus à Maurice revient quasiment à quitter la côte. Le centre de l'île vous réservera en effet de bonnes surprises, comme les **chutes de Tamarin**. Les amateurs de pleine nature se réjouiront du décor verdoyant du **parc des gorges de Rivière Noire**. Tout aussi exceptionnelle est la **route de Plaine Champagne**. Également sur les hauteurs, découvrez la **vallée de Ferney** et le beau **domaine de l'Étoile**, où vous pourrez pratiquer des activités variées. Loin de l'effervescence de Maurice, la paisible **Rodrigues** séduira pour sa part les amoureux de destinations du bout du monde. Autre option pour éviter les foules : passer quelques jours dans une adresse de charme des hauteurs de l'île, de plus en plus nombreuses.

Curries

Préparer son voyage

À table !

La gastronomie de l'île Maurice est influencée par les traditions créole, française, chinoise, et surtout indienne. Le riz, le poulet, les poissons et les fruits de mer figurent parmi les ingrédients de base. Le gibier, notamment le cerf, est également de plus en plus souvent proposé. Les plats sont généralement cuisinés dans une sauce à base de tomates, ail, gingembre, graines de moutarde et de pléthore d'épices.

Spécialités locales

Les préparations les plus courantes sont le vindaye, le cari, le rougail et la daube. Le vindaye – en général à base de poisson ou d'ourite (poulpe) – est une recette originaire de l'ouest de l'Inde, à base d'huile, de moutarde, d'oignon, d'ail et de gingembre. Le cari occupe une place de choix dans la cuisine mauricienne, à tel point qu'il désigne dans le langage courant tout ce qui se mange avec du riz ou du pain. C'est une préparation subtile à base d'un mélange d'épices (muscade, cannelle, clou de girofle, poivre...) et de gingembre, qui accompagne toutes les viandes (poulet, bœuf, mouton, cerf, sanglier) mais aussi le poisson et l'ourite. Le rougail est une spécialité créole plutôt d'origine réunionnaise à base de tomates (appelées pommes d'amour à Maurice), d'ail, d'oignons et d'épices. Il accompagne le poisson, la viande ou les saucisses. La daube désigne un plat de viande ou de poisson longuement mijoté, accompagné d'une sauce, généralement à base de tomates et d'autres légumes. On trouve également du biryani, d'origine indo-musulmane, composé de riz, d'épices, de légumes, de poisson ou de viande.

Les condiments sont également très importants dans la cuisine créole et indienne servie à Maurice. Au restaurant, on vous proposera en général des achards (mélange de légumes émincés et épicés), des chatinis ou chutneys (mélange d'épices cuisiné) et des brèdes (feuilles comestibles de certaines plantes et légumes, cuisinées en bouillon ou en fricassée).

Les poissons et les fruits de mer sont frais et délicieux. Vous savourerez du marlin, de la daurade, du capitaine, du sacréchien (vivaneau rouge), du rouget, du thon, des calamars, des ourites, des camarons (grosses crevettes d'eau douce), des coquillages (comme le tec tec ou le

LA CUISINE RODRIGUAISE

Longtemps, les Rodriguais n'ont compté que sur la mer et sur la production locale de la terre (manioc, patate douce, maïs, haricots rouges...) pour se nourrir ; les grandes sécheresses des années 1970 les ont obligés à se tourner vers des denrées importées. Cependant, les aliments qu'on retrouve dans la cuisine rodriguaise sont aujourd'hui encore frais et naturels, poussés sans pesticides, et offrent aux visiteurs des plats très savoureux malgré leur simplicité.

La star du patrimoine culinaire rodriguais est sans conteste le limon, dont chaque rodriguais possède un plant dans son jardin : ce petit citron vert très parfumé et juteux pousse en effet uniquement sur l'île. Récolté en juillet et août, on le retrouve dans la citronnade bien fraîche que tout nouvel arrivant se voit offrir en guise de bienvenue, dans les achards, la vinaigrette, la purée de piment... Mais il se prête aussi à de nombreuses recettes, comme la salade d'ourites au limon confit. Dans les confitures, le limon se marie superbement avec le gingembre, les oranges locales, la citronnelle et le banzlique (variété locale de basilic).

Côté produits de la mer, il ne faut pas rater le kono-kono, un coquillage endémique gros comme un poing aux vertus aphrodisiaques, plutôt rare et pêché dans le sud de l'île en hiver : on le déguste avec une salade de papaye verte, assaisonné d'huile d'olive, de jus de limon et d'un jaune d'œuf. Le crabe "onze taches" est lui pêché dans les récifs, cuit à l'étouffée avec de l'ail et du vin blanc, puis servi avec des brèdes (variété de feuilles vertes comestibles communes aux îles de l'océan Indien, riches en vitamines et sels minéraux). Comme à Maurice, le poisson se cuisine en bouillon, en rougail ou en curry. Le calamar est mariné dans un mélange de jus de limon, de safran et de cumin puis grillé. Les ourites sont magnifiées en daube, ou parfois séchées en salade. Quant à la langouste, tout juste sortie de l'eau, elle est simplement posée sur le barbecue, et parfois accompagnée d'une sauce à la vanille.Presque chaque famille rodriguaise nourrit par ailleurs son cochon. Après le poisson et les ourites, c'est la viande la plus consommée. On le cuisine sauté, en daube, en jambon, en saucisses, ou salé.

L'île est réputée pour son miel bio (plusieurs fois primé à l'étranger), son redoutable piment et ses desserts : beignets de papaye, mousse à la banane et tourte au coco.

Langoustes grillé

kono-kono à Rodrigues), du crabe et de la langouste. Les amateurs de viande se régaleront de bœuf, de cerf, de sanglier, de porc, de mouton et de poulet.

À côté de la cuisine créole et indienne, vous trouverez aussi des spécialités européennes et chinoises. Ces dernières (chop suey, bol renversé, mines frites) sont très répandues dans certaines localités. Malheureusement, certains restaurants chinois proposent encore de la soupe d'aileron de requin à leur carte…

Les amateurs de fruits tropicaux ne seront pas déçus, avec plusieurs délicieuses variétés de mangues ou de goyaves, des noix de coco, des limons (citrons verts), des litchis, des fruits de la Passion, des petites bananes ou des ananas... Même les légumes vous surprendront : goûtez à la pipangaille, au giraumon, à la patate douce, au pâtisson et, plus rarement, au manioc. La salade de palmiste et le palmiste braisé passent pour les plats les plus raffinés de la cuisine mauricienne. Il s'agit du cœur d'une variété de palmier, très fin (rien à voir avec les "cœurs de palmier" que l'on trouve en Europe).

CATÉGORIES DE PRIX

Dans ce guide, les catégories de prix s'entendent pour un plat principal classique.

- ➡ **€** moins de 10 €
- ➡ **€€** 10-20 €
- ➡ **€€€** plus de 20 €

Boissons

Les boissons sans alcool (jus et boissons aux fruits, sodas) sont nombreuses et consommées en grande quantité. Les préparations à base de yaourt, fabriquées sur l'île, connaissent également un franc succès. L'une des plus appréciées est le lassi, une boisson rafraîchissante d'origine indienne à base de yaourt et d'eau glacée. Vous pourrez par ailleurs goûter à l'*alouda*, mélange sirupeux et aromatisé, à base d'infusion d'agar (une variété d'algue) et de lait, vendu dans les rues. Vous trouverez des bouteilles d'eau minérale quasiment partout.

La bière et le rhum sont forts, bon marché et consommés en abondance. Côté bières, la Phoenix et la Blue Marlin sont les deux marques emblématiques locales. On trouve une grande variété de rhums. Le plus connu est le Green Island, mais le Power's N°1 et l'Anytime comptent parmi les marques favorites des Mauriciens. Vous trouverez du vin dans les restaurants d'un certain standing. Le vin français est généralement cher. Les crus sud-africains et chiliens, meilleur marché et supportant mieux le voyage (et à découvrir, tant en blanc qu'en rouge), sont les plus répandus.

Les Mauriciens ne sont pas de grands buveurs de thé ou de café. Il existe pourtant du thé mauricien (Bois Chéri) et du café (de Chamarel), mais les variétés récoltées dans l'île sont plutôt utilisées dans des mélanges.

Quelques bonnes tables de Maurice

- **Le Courtyard**, à Port Louis (p. 62)
- **La Clé des Champs**, à Floréal (p.110)
- **Le Fangourin**, à L'Aventure du sucre (p. 72)
- **La table d'hôtes de la Demeure Saint-Antoine**, à Goodlands (p.101)
- **La Table du Château**, à Mapou (p. 101)

Où se restaurer

En-cas

Les Mauriciens cuisinent de merveilleux en-cas. Pour quelques dizaines de roupies, vous pourrez acheter auprès des vendeurs ambulants des samoussas (beignets triangulaires au curry, farcis de légumes, de viande ou de poisson), des bouchées et boulettes de viande, des petits pâtés au curry, des nouilles chinoises ou du riz frit (mine frite et bol renversé), des soupes et toute une gamme d'autres spécialités, notamment des *dholl puri* (fine crêpe accompagnée d'une sauce au curry et de légumes) et des gâteaux piments (boulettes frites à base de farine de pois). La plupart des petites localités comptent quelques échoppes proposant ces produits, également vendus aux abords des plages publiques. Les fast-foods des grandes enseignes internationales sont de plus en plus présents, notamment à Port Louis et dans les localités importantes.

Restaurants

La plupart des restaurants proposent des plats créoles, chinois et européens sur la même carte. L'éventail des prix est très large : vous pourrez aussi bien manger de bons petits plats mauriciens dans une cantine locale pour à peine 100 Rs par personne, que vous délecter de spécialités plus élaborées dans un restaurant gastronomique à plus de 900 Rs le menu. Certains hôtels de luxe s'enorgueillissent de restaurants gastronomiques qui ne dépareraient pas dans une grande capitale. Certains restaurants des grands hôtels sont ouverts aux non-résidents sur réservation.

Avec des enfants

Les voyageurs en herbe trouveront plein de bonnes choses saines à se mettre sous la dent entre deux bains de mer : riz, légumes, poisson, fruits frais... Vous trouverez de l'eau minérale partout et du lait dans les hôtels et les supermarchés. Seul ennemi en vue : le piment. Renseignez-vous auprès des serveurs. Les restaurateurs mauriciens sont en général ravis d'accueillir les enfants et proposent souvent des menus spécialement conçus à leur intention.

Végétariens

Si la viande ou le poisson entrent dans la composition de la majorité des plats, un certain nombre de spécialités indiennes sont adaptées au régime végétarien, comme les curries de légumes, samoussas de légumes, etc. Autre solution : se contenter de riz, légumes, achards et "grains" (pois, lentilles, haricots), disponibles dans presque tous les restaurants.

Faire son marché

Les marchés aux fruits et légumes les plus intéressants sont ceux de Port Louis (p. 54), de Curepipe (p. 108) et des grandes villes comme Mahébourg (p. 155) et Centre de Flacq (p. 127).

Les fruits et légumes sont saisonniers, et les prix varient en conséquence. L'île Maurice offre pratiquement le même choix que les autres îles de l'océan Indien. Vous y trouverez notamment des litchis en décembre-janvier et des longanes en février.

Si vous souhaitez acheter du poisson, rendez-vous à la criée aux poissons de chaque village de la côte, où les pêcheurs vendent directement leurs prises.

Des supermarchés sont implantés dans les grandes villes (Grand Baie, Port Louis, Flic en Flac...). Ils offrent un vaste choix de produits alimentaires ou ménagers, le plus souvent importés d'Afrique du Sud.

Kitesurf

Préparer son voyage

Plongée et activités nautiques

Lorsque l'on évoque l'île Maurice ou sa voisine Rodrigues, on pense immédiatement aux lagons, aux plages de sable fin, aux eaux cristallines et autres décors idylliques qui font le bonheur de centaines de milliers de touristes chaque année... Un véritable paradis pour les amateurs de plongée, de kitesurf et d'autres activités nautiques !

Plongée sous-marine

Les Maldives et les Seychelles occupent le devant de la scène en matière de plongée sous-marine dans l'océan Indien. L'île Maurice n'a pourtant rien à leur envier. Ses principaux atouts : une barrière de corail qui entoure l'île de manière presque continue, des eaux cristallines, des températures clémentes et une faune abondante. Quant au relief, il apporte une note spectaculaire aux plongées : taillé à l'emporte-pièce, le paysage se décline en failles, arches, éboulis ou canyons. De nombreuses épaves ont par ailleurs été coulées afin de servir de récifs artificiels. Une trentaine de centres de plongée bien organisés, équipés d'infrastructures et d'un encadrement de qualité, officient sur la majeure partie du littoral.

Ce bref tour d'horizon serait incomplet sans Rodrigues, l'île magique, elle aussi généreusement dotée. L'activité est remarquablement bien structurée.

Faune sous-marine

L'océan Indien est un terrain d'observation exceptionnel pour les passionnés de faune sous-marine. Les récifs coralliens qui entourent Maurice abritent une faune exubérante, colorée et très diversifiée. Certaines espèces vivent le jour, d'autres se réfugient dans des crevasses et des grottes creusées dans les récifs coralliens et n'en sortent que la nuit. Les unes sont végétariennes, les autres carnivores. Certaines se déplacent en groupe pour assurer leur protection, tandis que les autres évoluent en solitaires. Quelques-unes sont inféodées à un territoire qu'elles défendent farouchement, alors que d'autres sont nomades.

Baleines et dauphins

Il n'est pas rare d'apercevoir des dauphins de plusieurs espèces (tursiops, à long bec...) à proximité du bateau de plongée, notamment dans le secteur de Flic en Flac et de Tamarin. Quant aux baleines à bosse, après avoir été chassées pendant des décennies jusqu'à leur quasi-extinction, elles reviennent désormais l'hiver, et mettent bas de mai à octobre, dans le nord de l'île. Dans les eaux peu profondes, autour des récifs coralliens, on peut également rencontrer le timide et amical dugong (sirénien, ou vache marine), espèce rare et protégée. À l'ouest de Maurice, on peut voir des cachalots et des globicéphales.

Parmi les différentes structures qui proposent des excursions en mer à la rencontre des cétacés et mammifères marins, nous en recommandons une, connue pour son grand sérieux et son approche respectueuse des animaux :

Dolswim (☎5422 9281 ; www.dolswim.com ; La Jetée, Rivière-Noire).

DÉBUTANTS, JETEZ-VOUS À L'EAU !

Maurice réunit des conditions exceptionnelles pour s'initier à la plongée sous-marine : l'eau est chaude, limpide et le lagon ressemble à une immense piscine, très rassurante. Tous les centres de plongée emploient des moniteurs professionnels qui vous feront connaître vos premières joies subaquatiques lors du baptême.

Le déroulement d'un baptême varie selon les centres. En général, vous commencerez par une initiation dans la piscine de l'hôtel, afin de vous familiariser avec le matériel (détendeur, bouteille d'air comprimé, stab, masque) et connaître les rudiments de l'activité (communication par signes, manœuvre d'équilibration des oreilles, etc.). Ensuite, vous plongerez en mer, dans un site très sécurisant (une dizaine de mètres d'eau, sans vague et sans courant), encadré par le moniteur. Au fond, il guide vos évolutions, pendant 30 à 45 minutes. Vous n'avez qu'à respirer et à faire le plein d'images, en apesanteur !

Grisé par ces sensations nouvelles ? Vous pouvez alors envisager une formation débutant pour décrocher un brevet reconnu dans les centres de plongée du monde entier. À Maurice, vous pouvez suivre le cursus MSDA-CMAS premier niveau ou le cursus américain PADI (le premier niveau est appelé "Open Water"). Dans les deux cas, la formation dure 3 ou 4 jours et vous permet de plonger dans la zone des 20 m.

Coraux

Contrairement à leur apparence, les coraux ne sont ni des rochers ni des plantes, mais des animaux. Le récif lui-même n'est qu'un immense agrégat de ces êtres vivants. Les coraux possèdent tous la même structure. Ils sont formés d'une multitude de petits organismes, les polypes, qui forment l'unité de base de tout l'édifice. Cylindriques, de consistance molle, les polypes sont unis par une ossature calcaire. Chacun d'eux est enchâssé dans un calice calcaire et pourvu d'une couronne de 6 ou 8 tentacules rétractiles, qu'il déploie surtout la nuit pour se nourrir.

La croissance des coraux permet de comprendre la formation d'un récif. Les nouveaux polypes se développent sur les squelettes morts d'anciens polypes, à raison d'une production annuelle verticale de 1 cm. Les polypes de la colonie sont tous reliés par la même armature calcaire. À terme, on aboutit à la formation d'un récif, une "barrière de corail".

Pour que cette croissance se déroule dans de bonnes conditions, les eaux doivent être chaudes (entre 25 et 28°C), claires et à forte salinité (donc loin de l'embouchure des rivières). Par ailleurs, des micro-algues, appelées zooxanthelles, apportent de l'énergie aux polypes sous forme de produits issus de la photosynthèse et accélèrent le processus. Le rôle des coraux dans l'écosystème est capital : les récifs coralliens concentrent une faune marine diversifiée, qui trouve là un biotope idéal. À Maurice, on trouve plusieurs espèces de coraux durs, dont des Acropora, des Turbinaria et des Fungia. Font également partie de la famille des coraux les gorgones et le corail noir, appelés coraux mous. À la différence des coraux durs, ils ne possèdent pas de squelette rigide calcaire.

Très fragiles, les coraux ont subi de considérables agressions à Maurice. Certaines sont imputables aux cyclones qui labourent tout sur leur passage, d'autres aux interventions humaines, telles l'urbanisation du littoral ou le rejet de sédiments dans le lagon (qui les étouffent), les techniques de pêche, les ancres et la surexploitation touristique du milieu marin. Le sud et l'est de l'île ont cependant été plus épargnés, ainsi que la région de Cap Malheureux.

Crustacés

Les crabes à carapace dure, les langoustes, les crevettes grises, les crevettes roses et les langoustes forment un autre groupe, coloré et diversifié, vivant sur les récifs coralliens. Les espèces de crevettes sont nombreuses et elles entretiennent des relations symbiotiques vitales sur les récifs. Plusieurs types de crevettes font office de nettoyeurs, débarrassant les poissons des parasites, écailles mortes et autres types de déchets (voir l'encadré ci-dessous).

Échinodermes

L'étoile de mer, l'ophiure, les oursins, la comatule et le concombre de mer (holothurie) sont des représentants de cette famille. À première vue, peu de points communs les réunissent, pourtant ces espèces présentent toutes des caractéristiques anatomiques analogues.

PROFESSION NETTOYEUR...

Les poissons se lavent. Boutade ? Pas vraiment. Il existe des "stations de nettoyage" à proximité du récif. C'est une espèce de labre qui assure le travail. Il s'installe à une "station de nettoyage" et effectue une petite danse indiquant qu'il est prêt à "travailler". Il n'a alors plus qu'à attendre les "clients", de gros poissons attirés par sa danse. Lorsque ceux-ci se présentent, le labre s'agite autour d'eux, grignotant leurs champignons, leurs écailles mortes et leurs parasites. Parfois, il vient nager dans la bouche même d'un gros poisson pour lui laver les dents ! Curieusement, les poissons qui se font nettoyer ne croquent pas cette proie facile.

Les stations de nettoyage jouent un rôle important dans la vie des récifs. Certains poissons traversent de très grandes distances pour venir se laver et se purifier. Une expérience consistant à retirer les poissons nettoyeurs d'une section du récif a abouti à une augmentation des maladies et à une diminution de la population générale. Certaines espèces de crevettes jouent également ce rôle.

Il est aisé de voir les étoiles de mer, car elles possèdent peu de prédateurs et ne se cachent pas durant la journée. Quant au concombre de mer, il vit posé sur le sable qu'il filtre pour se nourrir des micro-organismes.

Mollusques

Comme les échinodermes, les mollusques forment une famille dont les membres présentent, en apparence, peu de caractéristiques communes. Les mollusques regroupent une grande quantité d'espèces à coquille, ou gastéropodes, comme les huîtres, les coquilles Saint-Jacques et les palourdes, qualifiées de bivalves, ainsi que les céphalopodes, sans coquille, incluant la pieuvre et le calamar. La famille des mollusques englobe les bénitiers, qui semblent encastrés dans le corail. Leur manteau charnu offre une gamme de couleurs spectaculaire. Les nudibranches, ou limaces de mer, ressemblent à des escargots sans coquille. Ils figurent parmi les créatures les plus colorées et les plus gracieuses que l'on puisse rencontrer sur les récifs.

Quelques espèces, comme le cône, possèdent un dard venimeux qui peut être mortel.

Poissons

Impossible de présenter toutes les espèces que l'on est susceptible de rencontrer à Maurice. La faune de l'océan Indien est réputée pour sa diversité et l'on dénombre plusieurs milliers d'espèces de poissons de tous les types et de toutes les tailles. En plongée ou en faisant du snorkeling, vous croiserez de multiples poissons récifaux, que vous apprendrez à reconnaître rapidement.

La famille des murènes comprend plusieurs espèces. Tapie dans les anfractuosités du récif, elle ne fait apparaître que sa gueule entrouverte, garnie de crocs acérés. La famille des mérous est largement représentée, tout comme celle des chirurgiens. Les poissons-clowns, dotés de bandes verticales blanches lisérées de noir, et les demoiselles, vivent en symbiose avec les anémones. Le poisson-trompette, très effilé, est facilement reconnaissable. Les carangues, à la tête bombée, se déplacent souvent en bancs. À Rodrigues, l'espèce *Caranx ignobilis* peut atteindre 1,50 m.

Les poissons-perroquets ont un bec avec lequel ils broutent le corail. Les nasons se distinguent à leur rostre faisant nettement saillie au-dessus de la bouche. Les rougets et cardinaux, à la robe rouge orangé, forment des bancs compacts dans les failles. Parmi les autres habitants du récif, régulièrement rencontrés en plongée, mentionnons les fusiliers, à la livrée bleutée, les saupes tropicales, les capitaines, les blennies, les labres, les poissons-oiseaux et les poissons-chats.

Le poisson-cocher, ainsi nommé en raison de la forme de ses longues nageoires dorsales, le poisson-ange, le poisson-empereur et le poisson-papillon sont sans doute les spécimens les plus chatoyants et les plus colorés. Le poisson-pierre, difficile à repérer à cause de son mimétisme, provoque une piqûre dangereuse, tout comme les représentants de la famille des pteroïs (rascasses). Le poisson-coffre et le tétrodon se gonflent comme des ballons en cas de danger.

Quant aux pélagiques (poissons du large), ils s'approchent parfois du récif pour chasser, notamment les thons et les barracudas.

Plusieurs espèces de requins fréquentent les eaux mauriciennes, notamment le requin à pointe blanche, le requin à pointe noire, le requin gris, le requin dormeur et, dans le secteur de la passe de Belle Mare (est de l'île Maurice), le requin-bouledogue.

Tortues marines

Les tortues de mer se raréfient. Parmi les espèces représentées, on trouve la tortue caouanne (*Caretta caretta*), la tortue verte (*Chelonia mydas*), la tortue-luth (*Demochelys coriacea*) et la tortue à écailles (*Eretmochelys imbricata*).

Selon la Cites (Convention on International Trade & Endangered Species), les tortues de mer figurent parmi les espèces les plus menacées, à la fois par la pollution et par l'exploitation commerciale.

Protection du milieu marin

Si les eaux mauriciennes sont poissonneuses, l'univers sous-marin n'est pas aussi riche que celui des Maldives ou des Seychelles, et certaines menaces planent sur l'environnement marin. En réaction, deux organismes, la **Mauritius Marine Conservation Society** (MMCS ;

www.mmcs-ngo.org) et le **Mauritius Underwater Group** (MUG ; www.mug.mu), se sont associés pour lutter contre la pollution et la destruction de la barrière de corail autour de l'île Maurice. Grâce à leurs actions de lobbying, des mesures ont pu être prises pour sauvegarder le milieu marin.

La dégradation des massifs coralliens reste cependant préoccupante. Sur beaucoup de sites, vous devrez vous contenter de corail mort. Parmi les causes déjà identifiées, mentionnons la pêche au harpon pratiquée sans discernement, et le ramassage des coquillages. Les ancres des navires causent également des dommages au corail et le prélèvement massif de sable marin pour la construction détruit l'écosystème du lagon et entraîne l'érosion des plages.

Enfin, l'utilisation du lagon pour les loisirs et le tourisme a considérablement réduit les espaces vierges du rivage, tandis que les rejets de bateaux de pêche et les évacuations des eaux usées entraînaient une pollution croissante des eaux côtières.

Par ailleurs, la législation, qui interdit l'utilisation des explosifs, la pêche au harpon, le ramassage des coraux et des coquillages et la pêche durant certaines périodes, est difficile à faire appliquer par les autorités. Il semblerait que même les réserves de pêche ne soient pas toujours respectées.

Il est impératif que les plongeurs observent un code de bonne conduite pour préserver les coraux de Maurice. Pour soulager la pression de l'activité plongée sur les récifs, le MMCS a encouragé la création de récifs artificiels, essentiellement des épaves.

Sites de plongée

Les sites de plongée de Maurice et de Rodrigues, étonnamment variés, se comptent par dizaines. D'une côte à l'autre, les conditions sont radicalement différentes. Là, des épaves ou des tombants, ici, des arches, des failles ou des éboulis. Plutôt que de vous en tenir à un seul secteur de l'île, nous vous conseillons d'en découvrir plusieurs, afin d'en apprécier la diversité.

Il est possible de plonger toute l'année, mais la meilleure période s'étend d'octobre à mars. La température de l'eau varie de 22°C en juillet-août à 28°C entre décembre et février. Les conditions météo sont déterminantes. Le paramètre décisif est le vent, plus particulièrement les alizés de sud-est qui soulèvent une forte houle à certaines périodes de l'année et réduisent la visibilité.

Certains sites sont impraticables pendant l'hiver austral, notamment au sud-est et à l'est de Maurice, ainsi qu'à Rodrigues. Dans ce cas, certains centres proposent des solutions de repli au nord et à l'ouest, plus protégés.

La description ci-après, nullement exhaustive, vise à donner un aperçu représentatif de la plongée à Maurice, sur la base d'un échantillon de sites régulièrement exploités. Les espèces mentionnées sont celles qui sont les plus couramment observées, mais gardez à l'esprit que les poissons ne donnent pas de rendez-vous.

Est de l'île

Très exposé aux vents dominants, qui rendent la mer agitée, l'est de l'île, entre Pointe de Flacq (p. 126) et Trou d'Eau Douce (p. 119), n'offre qu'une poignée de sites de plongée. Leur intérêt, en revanche, est exceptionnel. Le secteur a gardé tout son caractère sauvage, tant sur terre que sous l'eau. Quant à la visibilité, elle est généralement inférieure à celle que l'on trouve sur la côte ouest. Comptez entre 20 et 25 m en moyenne, parfois moins dans les passes.

Certains sites ne sont pas accessibles en raison du vent pendant l'hiver austral.

Les sites

C'est la **passe de Belle Mare**, à hauteur de la localité éponyme, à 5 minutes de l'hôtel LUX* Belle Mare, qui offre les plongées les plus spectaculaires. Régulièrement exploitée par les centres de l'est de l'île, cette passe autorise au moins 5 explorations différentes. Bien que la zone soit sujette aux courants et aux phénomènes de marée, il existe toujours une solution de repli. La passe se caractérise par une topographie très tourmentée, avec de multiples langues rocheuses, des éboulis, des masses coralliennes éparses, des vallées sableuses, des canyons, des hauts-fonds, etc. La visibilité est souvent moyenne, de l'ordre d'une quinzaine de mètres

Sites de plongée à Maurice

au milieu du chenal, en raison de la présence de particules charriées par le courant sortant. Ces eaux riches en substances nutritives attirent une faune exceptionnelle. Toute la chaîne alimentaire est représentée. L'atmosphère de chasse est palpable ; on sent que l'on évolue dans un territoire où les prédateurs s'en donnent à cœur joie. C'est un étourdissant festival de couleurs et de formes qui attend les plongeurs. Requins (pointes blanches et bouledogues), bancs de barracudas, énormes carangues, raies, chirurgiens, girelles, thons, anthias, cardinaux, perroquets, nasons, cochers, balistes, labres, capitaines ne constituent qu'une partie des espèces couramment rencontrées. Vu la présence de courant, les plongées se font habituellement à la dérive. Le Niveau 1 suffit pour la plupart des explorations.

Les principaux sites de la passe sont Shark Point, la vallée des Gorgones, la forêt des Gorgones, Aquarium, Japanese Garden et Castle. Généralement, on commence par Aquarium (-12 m) ou Japanese Garden (de -16 à -22 m) pour se familiariser avec les conditions parfois rugueuses qui prévalent dans la passe. C'est à Japanese Garden que les coraux sont les plus impressionnants. Shark Point (-25 m environ) est un site mythique, réputé pour la présence régulière de requins à pointe blanche et de requins-bouledogues, particulièrement intimidants. Plus loin, sur le côté extérieur nord de la passe, la vallée des Gorgones et la forêt des Gorgones se distinguent par les magnifiques gorgones qui s'épanouissent sur les blocs coralliens, entre -20 et -32 m. Castle (-17 m), aux abords du côté extérieur sud, vaut également pour la qualité des coraux. Selon la météo, le courant et le niveau des plongeurs, il est possible de combiner deux sites à l'occasion d'une seule exploration.

Plus vers le sud, à hauteur de Trou d'Eau Douce, près de l'hôtel Touessrok, la **passe de Trou d'Eau Douce** vaut également le coup d'œil, mais elle n'a pas le côté spectaculaire de son homologue du nord. Elle se pratique à la dérive, par courant sortant, à une profondeur moyenne de -20 à -25 m. Un peu plus au sud, The Wall désigne un vaste massif corallien, long de plusieurs centaines de mètres, entouré d'une zone sablonneuse, où évolue une faune abondante (de -23 à -30 m).

Sud-est de l'île

Cette zone de plongée, à proximité de Mahébourg (p. 155), est la plus exposée aux vents dominants et aux humeurs de l'océan. Les conditions ne sont donc pas toujours optimales, notamment pendant l'hiver austral (de juin à août), lorsque la mer, agitée, rend l'accès à certains sites impossible.

Au chapitre des points forts, on retiendra la féerie de l'architecture sous-marine, composée de grottes, de tunnels et d'arches géantes, ainsi qu'une forte densité de pélagiques.

Les sites

S'il fallait n'en retenir qu'un, ce serait **Colorado**. À environ 600 m du récif, ce site ravira tous les plongeurs par sa topographie exceptionnelle, entre -10 et -42 m. Son nom n'est pas usurpé : on se croirait dans un gigantesque canyon sous-marin, agrémenté d'arches, de tunnels, d'éboulis et de galeries aux proportions démesurées, peuplées de langoustes, de barracudas, de carangues, de mérous et parfois de requins à pointe noire.

Autre site grandiose, également très prisé : **Roches Zozo**, tout près de Colorado. Une énorme roche monte du fond jusqu'à -12 m. Elle est percée d'anfractuosités, de crevasses et de failles où ont élu domicile de multiples espèces. L'exploration se poursuit dans un canyon et un tunnel. Là encore, c'est le décor, exceptionnel, qui fait tout le sel de la plongée. Ces deux sites sont plutôt réservés aux plongeurs confirmés.

Grotte Langouste a aussi ses inconditionnels. Au sud de Blue Bay, au large de l'île des Deux Cocos, à une vingtaine de mètres de profondeur, vous découvrirez une voûte sous-marine conduisant à un passage étroit, suivi d'une vaste grotte. De nombreuses langoustes se rencognent dans les parois. Les plongeurs sortent par une ouverture, de l'autre côté de la grotte.

Le secteur s'enorgueillit également d'une épave, **Le Sirius**. Il s'agit d'un navire de guerre anglais, qui s'échoua en août 1810 dans la passe de Mahébourg. L'épave est disloquée en trois éléments, reposant entre -10 et -25 m. N'espérez pas voir des superstructures spectaculaires, car la vase a presque entièrement recouvert les vestiges du vaisseau. La visibilité est souvent réduite, en raison des sédiments déposés par les rivières (environ une dizaine de mètres). Parmi les éléments apparents, signalons des morceaux de canon et de bois. Cette plongée vaut surtout pour son aspect historique.

Pour les débutants, **Blue Bay**, juste devant l'hôtel Shandrani, est un site parfait. C'est le seul endroit de Maurice où les coraux sont restés en bonne santé. La zone, classée parc marin, est un régal pour les yeux. Dans moins de 10 m d'eau, on observera plusieurs espèces de coraux, parfaitement épanouis, dont du corail cerveau, du corail corne d'élan et des Acropora. La scène sous-marine est animée par de multiples espèces de petits poissons. Le site convient également pour le snorkeling.

Signalons enfin le tombant faisant face à l'hôtel Le Preskil.

Ouest de l'île

L'ouest de l'île, et plus particulièrement le secteur de Flic en Flac (p. 131), passe pour l'une des zones de plongée les plus attrayantes de Maurice. Cette partie de la côte étant protégée des vents dominants, les conditions sont pratiquement optimales toute l'année, et la visibilité souvent excellente. Autres atouts : la présence de nombreuses épaves, une faune riche et diversifiée et un relief spectaculaire. La quasi-totalité des sites sont à l'extérieur de la barrière de corail. Celle-ci descend progressivement, en escalier.

Les sites

Impossible de faire un séjour à Flic en Flac sans plonger sur **La Cathédrale**, le site phare du secteur, que programment

PLONGÉE RESPONSABLE

L'impact de la plongée sur le patrimoine sous-marin n'est pas nul. Pour limiter au maximum la pression sur cet écosystème fragile, les visiteurs sous-marins s'en tiendront aux recommandations suivantes :

- Survolez les fonds et évitez les coups de palme intempestifs grâce à une bonne maîtrise de votre flottabilité et de votre stabilisation. La faune fixée, notamment les gorgones et les éponges, ainsi que les polypes coralliens, ne résistent pas à ces coups de boutoir.
- Ne jetez pas l'ancre sur les récifs, et faites pression sur les centres de plongée et les organismes officiels pour qu'ils installent des bouées d'amarrage sur chaque site.
- Évitez tout contact avec des organismes marins vivants. Un simple effleurement suffit à endommager les polypes. Ne touchez pas les coraux.
- Ne vous attardez pas dans les grottes : les bulles qui s'échappent des détendeurs restent prisonnières sous les voûtes, exposant ainsi au milieu aérien des organismes qui se nécrosent.
- Ne remontez rien du fond, pas même un coquillage.
- Emportez tous vos détritus et ramassez ceux que l'on trouve sous l'eau, notamment les sacs plastique, particulièrement dangereux pour la faune. Certaines espèces risquent en effet de les absorber et de s'étouffer.
- Résistez à la tentation de nourrir les poissons. Les aliments étrangers à leur régime habituel peuvent perturber leur métabolisme et conduire à des comportements contre nature.
- Limitez vos interactions avec les animaux. Contentez-vous d'être un observateur bienveillant et responsable. Par exemple, ne chevauchez pas des tortues, source de stress pour cette espèce, et évitez de toucher les raies pastenagues ou les raies manta, car leur peau est recouverte d'un mucus fragile.

tous les centres de plongée de l'ouest. Caractéristique principale de l'exploration : la topographie, très accidentée. Difficile de la décrire avec précision. Il faut s'imaginer un dédale rocheux couvert de cavités, d'arches, de cheminées, de passages étroits, et agrémenté de saillies et de surplombs en tout genre, entre -15 et -27 m environ. La faune ajoute un intérêt supplémentaire : vous croiserez des rascasses, des rougets, des gaterins, des mérous, des perches, des empereurs, des langoustes, des balistes, des fusiliers, des murènes, des diodons, des poissons-anges, des poissons-empereurs et des chirurgiens, sans parler de bouquets de coraux Tubastrea sur les sommets. Bref, un joli festival de formes et de couleurs vous attend. Seul point noir : le site est un peu trop fréquenté.

Manioc réjouira les plongeurs chevronnés. Entre -33 et -45 m, vous découvrirez 2 massifs rocheux piquetés de buissons de corail noir (*Dendrophylia negrescans* et *Tubastrea*) sur les saillies, séparés par une coulée sableuse à -45 m. Gorgones, corail rose (vers -40 m), énormes raies sur le sable, cardinaux, perroquets, anthias, vivaneaux, carangues et perches animeront sans doute l'exploration. Une arche et une grotte rehaussent l'attrait du site.

Autre superbe plongée : **Couline Bambou**, entre -18 et -35 m. Là encore, des arches (l'une à -35 m, l'autre à -25 m), des failles et des cheminées taillées dans le récif vous tiendront en haleine. Côté faune, vous observerez des rougets et des langoustes tapis dans les coins et recoins, des fusiliers, des vivaneaux, des poissons-papillons, des carangues et des thons en maraude, des rascasses, des poissons-chats, des mérous, des anthias, des empereurs et des poissons-trompettes. Ici et là, des buissons de corail noir agrémentent élégamment les superstructures rocheuses.

Que dire de **Rempart Serpent**, sinon qu'il s'agit d'une plongée exceptionnelle et originale ? Les plongeurs descendent dans le bleu entre -20 et -25 m. À mesure que l'on approche du fond, une masse rocheuse en forme de serpent se détache sur le sable. Première impression : le site est peu poissonneux. Mais dès que l'on détaille les blocs rocheux, on aperçoit une concentration inhabituelle de rascasses (environ 7 espèces, dont les antennata, volitans, radiata, miles), de murènes (dont des poivrées, des tachetées à gueule jaune, des tachetées à gueule blanche, des vertes), de poissons-scorpions, d'hétérocongres, de poissons-mandarins, de blennies, de poissons-limes, sans compter les habituels anthias, cochers, vivaneaux, mérous, rougets, poissons-clowns, papillons et labres. Bon nombre de ces espèces vivant camouflées, il faudra compter sur l'expérience et le coup d'œil du moniteur pour les repérer et inspecter tous les coins et recoins (en évitant de poser les mains sur le substrat).

Au chapitre des épaves, signalons 4 sites méritant considération. Le ***Kei Sei 113*** gît par -37 m de fond. Coulé en 1987, ce navire d'une quarantaine de mètres de long offre une belle architecture, avec des superstructures métalliques très photogéniques. Ont pris possession des lieux des labres, des chirurgiens, des rougets barbets, des poissons-anges empereurs, des cochers, des mérous, des vivaneaux et des petites murènes, entre autres.

Conseillons aussi le ***Tug II***, accessible aux débutants, à -20 m. Ce remorqueur d'une vingtaine de mètres de long, coulé en 1981, n'a rien de spectaculaire mais il a fixé une faune particulièrement riche : c'est l'occasion d'approcher de près des priacanthes, des vivaneaux, des poissons-trompettes, des rascasses volantes, des anthias, des poissons-chats, des poissons-scorpions, des poissons-pierres (sous la coque, dans le sable), des rougets, des poissons-limes, des poissons-coffres et, si le moniteur a l'œil, des poissons-feuilles. Autour, dans le sable, des hétérocongres : émergeant du substrat sableux, plantés comme des fétus de paille, ils ondulent mollement. Posez-vous sur le sable et observez leur petit manège. De retour sur le bateau, vous aurez de bonnes chances d'apercevoir des dauphins dans les parages.

Les confirmés pourront se frotter à ***L'Orient***, un bateau de pêche coulé en 1993, solidement fixé avec des cordes entre -38 et -45 m sur un fond de sable et de gravier. Son envergure avoisine 25 m. On distingue le mât avec son poste de vigie, le guindeau et l'hélice. Il est possible d'accéder aux cales et à la salle des machines.

Quant au ***Saint-Gabriel***, il s'agit d'un cargo reposant entre -32 et -38 m. Comme les autres, il fut coulé en 1987 pour former un récif artificiel. Le site est plus poissonneux que *L'Orient*. On peut pénétrer dans les cales.

Sud-ouest de l'île

Les centres de plongée du Morne (p. 150) exploitent la zone comprise entre la passe Saint-Jacques, au sud de la péninsule du Morne, et Rivière Noire, au nord. La topographie présente des similitudes avec celle que l'on rencontre à Flic en Flac, plus au nord. Les plongées ont lieu à l'extérieur de la barrière de corail. Celle-ci descend progressivement vers un fond sableux, parsemé de gros blocs coralliens. Pendant l'hiver austral, la zone est soumise à de fortes houles qui peuvent affecter la clarté de l'eau et empêcher le franchissement des passes.

Les sites

La **passe Saint-Jacques**, presqu'à hauteur de Baie du Cap, est fortement exposée à la houle du sud-est. Les plongeurs se mettent à l'eau dans la passe et se laissent dériver par courant sortant à une profondeur comprise entre -15 et -32 m. Très poissonneuse, cette passe draine aussi bien des espèces récifales que pélagiques. Thons, barracudas, raies-aigles, raies pastenagues, wahoos, requins à pointe blanche, carangues et langoustes offrent un superbe spectacle. La visibilité est souvent moyenne.

Whitetip, à l'extérieur de la passe de la Prairie, au sud de l'hôtel Paradis, abonde en mérous, en requins à pointe blanche, en raies pastenagues et en thons, à une profondeur maximale de -32 m. Ce site n'est praticable que si les conditions météo sont clémentes.

Casiers, dans l'axe ouest de l'hôtel Paradis, comprend un fond plat de nature corallienne, vers -25 m. La topographie présente peu d'intérêt. En revanche, des pélagiques (barracudas, thons, wahoos) maraudent régulièrement dans les parages.

Entre -15 et -24 m, **La Murène** porte bien son nom. Plusieurs murènes, apprivoisées suite aux feedings (nourrissages) pratiqués par les moniteurs, sont en effet inféodées au site. Le relief, en pente douce, n'est pas dénué d'attrait. Outre la présence régulière des murènes, la faune est relativement abondante, avec des vivaneaux, des langoustes, des chirurgiens, des perroquets, des fusiliers, des capitaines, des cochers et des papillons.

L'Aquarium convient parfaitement pour les débutants ou les plongées de réadaptation. Dans 13 m d'eau environ, on évolue dans un paysage de canyons, de couloirs et de collines, entouré de capitaines, de perroquets, de balistes, de labres et de chirurgiens, entre autres.

À côté de L'Aquarium, **La Colline** fait référence à d'imposantes collines de corail qui se dressent sur un fond sableux, vers -12 m. La zone est parcourue de multiples espèces récifales.

Plusieurs sites sont exploités dans le secteur de Rivière Noire. Ils ont l'avantage d'être facilement accessibles par le lagon. Citons **La Grande Falaise**, un tombant abrupt entre -15 et -30 m ; **La Cheminée**, un autre tombant entre -15 et -32 m, percé d'une cheminée qui remonte sur une quinzaine de mètres, avec des poissons-pierres, des poissons-scorpions, des rascasses et des fusiliers ; **La Gorgone**, un tombant entre -15 et -35 m émaillé de gorgones et d'alcyonaires et **Pointe Koenig**, un site adapté aux débutants.

Nord-ouest de l'île

Le secteur nord-ouest s'étend de la pointe aux Piments, au sud, à la pointe aux Canonniers, au nord, avec Trou aux Biches (p. 76) comme principale base de départ. Comme à Flic en Flac, les conditions sont généralement excellentes car le secteur est protégé.

Les sites

Parmi les sites les plus courus, signalons **Holt's Rock**, également appelé Stenopus. L'attrait de la plongée réside dans le relief, à savoir deux dômes rocheux, entre -30 et -37 m, prolongés par des éboulis, animés de la faune récifale habituelle, de gorgones et d'énormes coraux Tubastrea et Dendrophylia. **Lobster Rock**, entre -10 et -22 m, convient à tous les niveaux. L'exploration est plaisante, avec une faune présente en quantité, notamment des langoustes (d'où le nom du site), des vivaneaux, des saupes, des capitaines, des balistes, des demoiselles, des papillons, des mérous, des rougets, des poissons-trompettes, des labres, des murènes, des poulpes et, à l'occasion, des carangues. Entre Holt's Rock et Lobster Rock, le **tombant de la pointe aux Canonniers** se déploie entre -32 et -60 m et comblera les plongeurs chevronnés. Gorgones, coraux noirs et éventuellement quelques requins sont de la partie. La présence de 4 pinacles coralliens légèrement à l'écart du tombant, dans la zone des 25 m, ajoute un piment supplémentaire.

Ne manquez pas l'épave du **Stella Maru**, la plus belle du secteur, en face du Trou aux Biches Resort and Spa. Entre -15 et -25 m, cette épave, coulée comme récif artificiel en 1987, mesure environ 45 m de long et gît sur le flanc. Son état général de conservation est excellent. Les deux mâts sont nettement visibles. En revanche, les structures sont faiblement concrétionnées. Côté faune, rascasses, murènes, rougets, soldats, vivaneaux et beauclairs vous tiendront compagnie. Autres épaves régulièrement proposées : **Waterlily**, la plus ancienne épave artificielle de l'île, coulée en 1981, et, attenante, **Emily**. Leur état général est nettement moins bon que celui du Stella Maru. Ces deux barges reposent sur un fond sableux, à une profondeur moyenne de -20 et -25 m.

Les centres de plongée locaux exploitent aussi 3 sites adjacents, Caravelle I, Caravelle II et Caravelle III, face au Trou aux Biches Hotel. **Caravelle I** est un gros éboulis, à une profondeur comprise entre -15 et -28 m ; **Caravelle II** est destinée aux plongeurs confirmés, puisque le tombant passe de -38 à -50 m ; **Caravelle III** désigne un autre tombant, de -38 à -47 m, percé d'une grotte et d'une faille, et agrémenté de gorgones et de corail noir. On peut observer du “gros” à certaines périodes.

Autres tombants réputés : **Corsaire Wall**, de -36 à -54 m, et **Kingfish**, de -40 à -52 m, creusé d'une très belle faille et d'une grotte. Partout, on retrouve des coraux noirs et des gorgones. À hauteur de la pointe aux Canonniers, Roche Baleine fait référence à un mini-tombant, entre -14 et -25 m, que prolonge un second tombant entre -24 et -37 m. Les moniteurs locaux la qualifient de plongée à surprises avec, régulièrement, du passage de gros. Parmi les hôtes de marque des lieux, mentionnons des perroquets, des raies, des platax et des murènes. Coraux noirs, gorgones et Dendrophylia contribuent à l'agrément visuel de l'exploration.

Pour les débutants, **L'Aquarium** de Trou aux Biches est tout indiqué. Petite faune lagunaire, profusion de coraux (dont des tabulaires) et une profondeur comprise entre -8 et -21 m : les conditions sont idéales.

Nord de l'île

En raison de sa position, protégée des vents dominants, on peut plonger toute l'année dans le nord de l'île, entre la pointe aux Canonniers et Grand Gaube (p. 98). Les plongeurs auront le plaisir de découvrir quelques épaves, des tombants et des éboulis rocheux. Petit plus : c'est également une région où la présence de pélagiques est fréquente, notamment des requins, des thons et des barracudas. Le cadre vaut également son pesant d'or, puisque plusieurs plongées se déroulent à proximité immédiate des îles du Nord (Coin de Mire et île Plate et, plus rarement, île Ronde), accessibles au départ des centres de plongée du littoral nord.

Les sites

Dites "le nord de Maurice" et tous les plongeurs réclament **La Fosse aux Requins**. Ce site emblématique, sur la façade nord-ouest de l'île Plate, est effectivement une plongée à sensations, accessible à partir du Niveau 1 (avec une bonne expérience) si la mer n'est pas trop forte. Les plongeurs s'immergent puis gagnent un petit canyon, vers -12 m. La houle et le courant les propulsent brutalement dans une cuvette d'une quinzaine de mètres de diamètre, où l'on découvre un spectacle surnaturel : de 5 à 30 requins à queue noire (*Carcharinus wheeleri*) tournoient dans cet espace réduit. Leur présence est (presque) garantie. Les spécialistes estiment que ces prédateurs sont attirés par ces eaux fortement brassées par la houle, et donc très oxygénées. La profondeur ne dépasse pas une dizaine de mètres, mais la plongée n'est cependant pas de tout repos : il faut s'agripper fermement aux rochers posés sur le fond car le ressac est très fort. Ces conditions peuvent incommoder des plongeurs peu expérimentés. Toujours est-il que le spectacle de ces magnifiques squales tournoyant comme des toupies à quelques mètres de votre masque a quelque chose de magique. Le site étant relativement éloigné de la côte, les centres de plongée du secteur ne le programment pas tous les jours. Pensez à vous inscrire tôt.

L'île Coin de Mire, plus facilement accessible, est également très prisée des centres de plongée locaux. Au menu : de belles explorations et une épave. Les plongeurs se régaleront sur **The Wall**. Configuration du site : un tombant jusqu'à -20 m, puis de grosses dalles pelées alternant avec des éboulis imposants, et quelques surplombs garnis de coraux Tubastrea. La faune est au rendez-vous, avec des anthias, des poissons-trompettes, des demoiselles, des chirurgiens, des perroquets, des zancles, des poissons-anges, des mérous, des cardinaux, des papillons, des gobies, des anémones, quelques gorgones éparses et, avec un peu de chance, un énorme thon fréquentant une station de nettoyage.

Carpenters (Charpentiers) conviendra aux plongeurs confirmés. La profondeur ne dépasse pas -25 m, mais le site, autour de la pointe sud-est de l'île Coin de Mire, est très exposé et fréquemment balayé par un fort courant. Reste que l'exploration vaut bien ces désagréments : vous évoluerez dans un paysage sous-marin très varié, évoquant un décor de montagne, avec des tunnels, des amphithéâtres et des cavernes. Ce site est égayé de bancs de fusiliers, de cochers, de vivaneaux, de rougets, de carangues, de gorgones (dans un tunnel), de perroquets, de mérous, de labres, d'anthias, de balistes, de poissons-anges et, à l'occasion, de barracudas. Ajoutons que les massifs coralliens sont ici bien préservés, avec des Acropora épanouis et des alcyonaires.

Pour les débutants, **Confetti**, proche du précédent, est parfait. Le site est poissonneux, peu profond et sécurisant. Entre le littoral et l'île Coin de Mire,

Kingfish Castle est une belle plongée pour confirmés. L'ambiance est plutôt sauvage : une succession de massifs rocheux remontent vers la surface, depuis -30 m, et forment un cadre spectaculaire où évoluent des murènes, des barracudas, des raies, des thons et des carangues, entre autres. Quelques gorgones et des alcyonaires embellissent le décor.

Près du site The Wall, tout proche de l'île Coin de Mire, signalons l'épave du **Djabeda**, qui gît par -30 m. Comme beaucoup d'autres, elle a été coulée pour faire office de récif artificiel. D'une belle envergure – une quarantaine de mètres –, relativement bien conservée malgré les dégâts occasionnés par un cyclone, elle héberge une faune abondante.

L'Aquarium (également appelé West Reef), à Grand Baie, est un site souvent utilisé pour les initiations.

Rodrigues

Rodrigues ? Un paradis taillé sur mesure pour les plongeurs, auquel on succombera avec délice. À 560 km au nord-est de Maurice, perdue dans les veloutés bleuissants de l'océan Indien, l'île réunit tous les ingrédients pour des plongées à grand spectacle. À disposition : un lagon somptueux, démesuré (200 km^2), de largeur variable, délimité par une barrière de corail qu'ourle une écume rageuse, des massifs coralliens en parfaite santé et une faune d'une richesse exceptionnelle (on y voit des espèces rares comme le poisson-feuille ou le poisson-ange empereur juvénile). Sans parler de la quasi-absence de pollution et de l'impression suave de plonger sur des sites à l'aspect encore virginal. L'île ne comptant qu'une poignée de centres de plongée, la pression humaine sur les biotopes est très faible. Par ailleurs, les pêcheurs locaux ne s'aventurent que rarement à l'extérieur de la barrière de corail, où se déroulent la plupart des plongées.

Par rapport à Maurice, la plongée rodriguaise présente des attraits bien particuliers. Principale et importante différence : la qualité, la diversité et l'abondance des coraux (275 espèces différentes). Rodrigues est encore miraculeusement épargnée par les dégâts qui ont bouleversé l'écosystème récifal de Maurice. La situation géographique de l'île et la faible emprise humaine favorisent également le passage de pélagiques. La topographie sous-marine constitue un autre point fort, avec une pléiade de grottes, de canyons, de failles, d'arches et de ravines – un régal pour les yeux. Enfin l'eau est un peu plus chaude qu'à Maurice : 28-30°C d'octobre à janvier.

La profondeur moyenne des sites s'échelonne de -10 à -25 m, -30 m tout au plus. Autrement dit, ils sont accessibles dès le Niveau 1. Comptez de 10 à 30 minutes de trajet en bateau, selon l'éloignement des sites et l'état de la mer.

Il y a au total près de 40 sites de plongée à Rodrigues. Voici les plus connus.

Est de l'île

Le centre de plongée de l'hôtel Cotton Bay Hotel Resort & Spa et le centre Jacky Diving de l'hôtel Tekoma (ce dernier a défriché presque tous les spots de plongée en arrivant à Rodrigues il y a 20 ans) exploitent les sites le long de la côte est, le Bouba Diving Center, essentiellement la côte sud. Quelque vingt sites sont régulièrement proposés. La plupart des plongées se déroulent le long du versant océanique du récif et aux abords des passes.

À l'est de l'île, à une encablure de l'hôtel Cotton Bay et face à Jacky Diving, **L'Aquarium** est un site classique pour les débutants. À l'intérieur du lagon, par -7 m, les néophytes feront connaissance avec le petit monde enchanté des espèces récifales : diodons, poissons-chats, rougets barbets, poissons-trompettes, syngnathes, nasons, saupes grises, anémones, poissons-papillons, poissons-rats, entre autres. Les coraux, en bon état, valent également le coup d'œil. Dans le prolongement de L'Aquarium, **Le Canyon** est une plongée à sensations. Les plongeurs s'immergent dans le lagon puis se laissent happer dans un canyon qui passe sous le platier corallien – en levant la tête, on voit l'écume et les brisants à travers les ouvertures de la voûte, avec des jeux de lumière absolument splendides. La faune semble avoir été convoquée en masse : capitaines, balistes, cardinaux, tapis dans les anfractuosités, diodons, tétrodons, mérous, saupes grises, rougets barbets, chirurgiens, carangues bleues étoilées et, clou du spectacle, des carangues ignobilis grosses comme des camionnettes (près de 2 m d'envergure).

Sites de plongée à Rodrigues

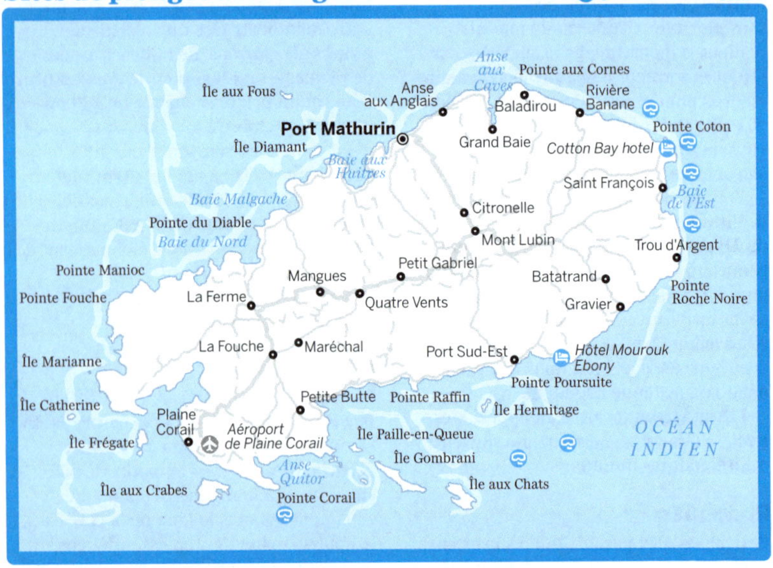

L'intérieur du canyon comporte lui-même diverses cavités et chambres. Si les conditions sont favorables, on débouche sur un magnifique jardin corallien. Lorsque la houle est trop forte, les plongeurs font demi-tour en s'aidant d'une corde installée à demeure par le moniteur du Cotton Dive Centre. Profondeur maximale de cette plongée : -17 m.

Autre plongée d'exception : la **passe Saint-François**. Par courant sortant, les plongeurs se laissent dériver entre -10 et -25 m. La faune est massivement présente, notamment des capitaines, des chirurgiens, des rougets barbets, des perroquets, des bancs de nasons, des thons, des tortues, des raies pastenagues, des mérous, des lutjans et de monstrueuses carangues ignobilis. La topographie de ce chenal est tourmentée, avec un sec entre -15 et -26 m près duquel gravitent des tortues, ainsi que de multiples failles taillées dans les parois, quartier général de centaines de saupes grises.

Lorsqu'on sort de la passe, on débouche sur un jardin corallien. Si les conditions météo sont défavorables, les plongeurs reviennent à leur point d'immersion.

Deux langues coralliennes qui culminent à -10 m environ, entre lesquelles s'interpose une vallée sableuse, à -18 m : voici le décor de **Karlanne**, le site réputé le plus poissonneux du secteur. On ne sait plus où donner de la tête, tant les espèces qui défilent devant le masque sont nombreuses : gaterins, perroquets, saupes grises, lutjans, papillons, chirurgiens, anthias, demoiselles, vivaneaux, mérous, balistes, capitaines, poissons-chats, cardinaux, fusiliers sont les hôtes habituels de ces récifs. Ajoutons que les coraux, notamment des Acropora et des Porites, se présentent sous leur meilleur jour et que la vallée sableuse renforce l'agrément esthétique du site.

À une profondeur moyenne de -18 m, **Camélérou**, très prisé, se caractérise par l'abondance de la faune et l'exubérance du corail. Vous pourrez admirer des gaterins, labres nettoyeurs, fusiliers, anthias, carangues, chirurgiens, vivaneaux, papillons et balistes. Un gros mérou est également inféodé au site. Le paysage se compose de petites collines de corail et de pinacles. On remarquera, entre autres, les magnifiques Acropora tabulaires.

Attenant à Camélérou, **Aurélie** désigne un dôme de corail, entre -9 et -18 m, près du récif, où prospèrent des cohortes de papillons et des mérous. D'aventure, on peut apercevoir des tortues carettes.

Dans le même périmètre, **Deux Maisons** se caractérise par sa remarquable architecture sous-marine, composée de monticules, de vallées et de pinacles coralliens, qui forment autant de refuges pour la petite faune.

Petit Brisant, entre -10 et -21 m, présente des similitudes avec Camélérou. Point fort : les structures coralliennes, parfaitement épanouies, et la belle architecture du récif, qu'interrompent des langues sableuses. Les massifs de Montipora, d'Acropora tabulaires, de Porites et de corail cerveau forment le décor d'un théâtre où se produisent poissons-limes, poissons-anges, gaterins, carangues, gros perroquets, vivaneaux, fusiliers, Lutjanus bohar, mérous, nasons et, à l'occasion, des raies pastenagues.

Les superlatifs manquent pour décrire **La Basilique**. Imaginez un château médiéval sculpté dans l'ossature même de la barrière de corail, sous le platier. Tout n'est que galeries, cheminées, passages étroits, arches, failles, chambres, etc., qui créent une ambiance fantasmagorique, renforcée par les rayons du soleil s'engouffrant par les ouvertures du récif. On s'attend à voir surgir quelque Dracula, mais il s'agit d'une carangue ignobilis, d'un nason, d'un poisson-perroquet, d'un banc de saupes grises, d'un mérou débonnaire, voire d'un requin dormeur ou d'une raie pastenague. Seuls points faibles : la visibilité, souvent très moyenne (même si l'atmosphère de mystère s'en trouve accrue), et les structures coralliennes, la plupart mortes.

Le site le plus éloigné du Jacky Diving Center est **Cathy**, au large, le préféré du moniteur. Son principal attrait est sa topographie. La zone se compose de neuf pyramides coralliennes, entre -10 et -25 m environ, autour desquelles gravitent des espèces récifales. Avec un peu de chance, on apercevra d'énormes raies-aigles et des tortues.

Sud de l'île

Ils sont proposés par le Bouba Diving Center. La zone s'étend de Trou d'Argent jusqu'à la pointe sud-ouest de l'île. Le site le plus couramment exploité est la **Grande Passe**, dont la forme surprenante – un canyon qui serpente dans le platier corallien – est nettement visible lorsqu'on emprunte la route qui descend à l'hôtel Mourouk Ebony.

Pas moins de 6 explorations différentes peuvent être envisagées dans les parages de cette magnifique passe, dont **Couzoupa**, à l'intérieur du chenal, un site multi-niveaux, praticable quelles que soient les conditions. Dans une dizaine de mètres seulement, vous vous régalerez d'un spectacle haut en couleur qu'interprètent des poissons-scorpions, des antennaires, des poissons-pierres, des poissons-dragons, des bancs de carangues, des nasons et des thons.

Juste à l'extérieur de la passe, **Pâté la passe** (pour plongeurs confirmés) désigne un pinacle corallien à -6 m suivi d'un tombant qui dégringole à -38 m. Point fort de la plongée : la faune (thons, carangues, capitaines, nasons, poissons-soldats, raies). Le corail ne présente en revanche guère d'intérêt. Un peu plus loin, sur le plateau extérieur, **Le Platelet** est également une exploration prisée (de -13 à -17 m). Quant à la **Gorge**, légèrement à l'ouest de la passe, il s'agit d'une tranchée dans le platier, avec des arches et des passages semi-couverts, entre -12 et -18 m.

Keisan, assez loin de la barrière corallienne, fait référence à un dôme sous-marin dont le sommet est à -20 m environ. On y verra d'imposants Acropora tabulaires et une faune bariolée.

Ouest de l'île

Il arrive que Bouba Diving propose des plongées dans le secteur ouest de l'île, notamment le **Trou du Pirate**, un îlot corallien à l'extérieur de la barrière, au bord du tombant (de -5 à -30 m) et **Dom's Canyon**, une faille dans le récif, fréquentée par des barracudas, des balistes, des anthias, des mérous, des raies et quelques gorgones. Il n'est pas rare d'apercevoir des requins dans ce secteur.

Centres de plongée

L'île Maurice compte plus d'une trentaine de centres de plongée professionnels. La quasi-totalité est affiliée à la **MSDA** (Mauritius Scuba Diving Association ; ☎454 0011 ; www.msda.mu), la fédération nationale mauricienne, très soucieuse de la sécurité et de la qualité des prestations. Ces structures emploient des moniteurs qualifiés, sont équipées d'un matériel moderne et en bon état et respectent un strict cahier des charges en matière de sécurité.

Leur répartition géographique est assez large, puisque tous les secteurs de l'île disposent de structures de plongée, ainsi que Rodrigues. La plupart des centres sont installés dans les grands hôtels, mais acceptent les clients extérieurs à l'établissement (dites aux gardiens à l'entrée que vous vous rendez au centre de plongée). Le nombre des sorties quotidiennes est variable, en principe de 2 ou 3. Quelle que soit l'époque, il est conseillé de réserver ses plongées au moins un jour à l'avance. Les centres ne tiennent pas tous une permanence pendant les sorties en mer ; présentez-vous de préférence une demi-heure avant le départ, ou en fin de matinée ou d'après-midi. **À savoir :** certains centres ont un jour de fermeture hebdomadaire (généralement le dimanche).

Outre l'affiliation à la MSDA (elle-même rattachée à la CMAS, la Confédération mondiale des activités subaquatiques), bon nombre de centres battent en plus pavillon PADI (cursus américain) et SSI. Quelle que soit leur affiliation, tous les plongeurs sont acceptés. Les clubs agréés à la MSDA sont référencés sur son site Internet.

Tarifs et prestations

Les centres de plongée de Maurice offrent une gamme complète de prestations : baptême, plongée exploration, plongée de nuit et passage de brevets. Le tarif du baptême comprend le prêt du matériel, une séance d'initiation en piscine (ou sur la plage), puis une plongée en mer. Comptez environ 50 €. Pour une plongée exploration, le prix moyen s'établit à 35-40 € environ. Si vous disposez de votre propre équipement, vous bénéficierez d'une légère réduction. Les centres proposent aussi des forfaits de plusieurs plongées (généralement 5 et 10), à des tarifs plus avantageux. Pour les brevets (CMAS une-étoile ou PADI Open Water, par exemple), faites jouer la concurrence, car les tarifs varient nettement d'un centre à l'autre.

Choisir un centre

Au même titre qu'un restaurant ou un hôtel, un centre de plongée a sa personnalité, son style. Entre la petite structure familiale et décontractée et la mécanique bien huilée d'un gros centre, rien de comparable. Certains se sentiront plus en confiance dans une structure à taille humaine alors que d'autres préféreront l'effet de masse très “pro”, le fonctionnement à l'américaine et l'impressionnante logistique des grosses structures.

Pour faciliter malgré tout votre choix, partez de critères objectifs, tels que la localisation, les tarifs, les horaires, les locaux et les infrastructures, l'organisation des sorties, la qualité de l'accueil, les sites et les formations proposés. Et laissez parler votre instinct. En cas de déception, tournez les talons !

Un bon conseil : s'il existe plusieurs prestataires concurrents dans un secteur, tirez parti de la situation en frappant à plusieurs portes pour “sentir” l'ambiance et comparer les tarifs et prestations jusqu'à ce que vous trouviez le centre qui vous convient.

Formalités

Pour un baptême, aucune formalité n'est requise. Seule une autorisation parentale est nécessaire pour les mineurs. Si vous êtes déjà breveté, vous devrez produire votre attestation de niveau et votre carnet de plongée.

Tous les plongeurs sont acceptés, quel que soit l'organisme qui les a formés (PADI, CMAS). Tout au plus vous demandera-t-on d'effectuer une plongée de réadaptation pour évaluer votre aisance et vérifier votre compétence technique si vous n'avez pas plongé récemment.

En matière de sécurité, une licence MSDA, obligatoire, sera délivrée au plongeur afin qu'il soit couvert par une assurance en responsabilité civile. Elle est valable deux mois dans tous les centres affiliés à la MSDA.

L'adresse d'un caisson de recompression est indiquée p. 243.

Sud-ouest de l'île

Easy Dive (☎252 5074 ; www.easydivemauritius.info ; hôtels Le Méridien, Le Westin Turtle Bay Resort & Spa, LUX Le Morne, St. Regis)

Ouest de l'île

Ti Cabo Diving Center (☎453 5209, 5973 6316 ; www.dive-ticabo.com ; Royal Rd, Flic en Flac)

Abyss (☎5722 4990 ; www.abyss-mauritius.com ; Morcellement Anna, Flic en Flac)

Sea-Urchin (☎91 30 208, 453 8825 ; www.sea-urchin-diving.com ; Royal Rd, Flic en Flac)

Sun Divers (☎403 3900 ; www.sundiversmauritius.com ; hôtel La Pirogue, Wolmar, Flic en Flac)

Exploration sous-marine (☎453 8450 ; www.exploration-sous-marine.com ; Hôtel Villas Caroline, Flic en Flac)

Sud-est de l'île

Coral Diving (☎604 1084, 489 1356, 258 13 56 ; www.coraldiving.com ; contact@coraldiving.com ; hôtels Le Preskil Beach Resort et Astroea Beach, Blue Bay)

Diving World (☎263 1225, 5250 1093 ; www.diving-mauritius.com ; hôtels Le Mauricia et Le Canonnier à Grand-Baie, Le Victoria à Port Louis, Le Shandrani à Blue Bay)

Nord-ouest de l'île

Atlantis Diving Center (☎265 7172 ; 422 7126 ; www.atlantisdiving.info ; Royal Rd, Trou aux Biches)

Blue Water Diving (☎265 7186, 265 6700 ; www.bluewaterdivingcenter.com ; Royal Rd, Trou aux Biches)

Divers Ocean (☎265 5889 ; www.diversocean.com ; Hotel Le Grand Bleu, Trou aux Biches)

Pro-Dive (☎265 6213 ; www.prodivemauritius.com ; Casuarina Resort & Spa, Trou aux Biches)

Wojtek Diving (☎265 5889 Royal Rd, Trou aux Biches)

Dive for Fun (☎5751 8952 ; www.mu.diveforfun.com ; Grand Baie, face au magasin Harley Davidson)

Diving World (☎263 1225, 5250 1093 ; www.diving-mauritius.com ; hôtels Le Mauricia et Le Canonnier à Grand Baie, Le Victoria à Port Louis, Le Shandrani à Blue Bay)

Seaman Diving Center (☎603 4343 ; www.seamandiving.com ; plage de la Cuvette, Grand Baie)

Mascareignes Plongée (☎269 2265 ; www.mascareignesplongee.com ; Royal Rd, Grand Baie)

Nord de l'île

Easy Dive (☎252 5074 ; www.easydivemauritius.info ; hôtels Le Méridien, Le Westin Turtle Bay Resort & Spa, LUX Le Morne, St. Regis)

Ocean Spirit (☎766 3168 ; www.osdiving.org ; c/o Malyra tours, Royal Rd, Pereybère)

Nautilus Diving (☎721 8888 ; www.divecentermauritius.com ; Hibiscus Beach resort & Spa, Pereybère)

Base (☎5799 8713, 263 7384 ; basediving@hotmail.com ; Azur Beach Complex, Pereybère)

Dodo Divers (☎5477 8898 ; dododivers.com ; Calodyne sur mer Hotel, Calodyne)

Est de l'île

Blues Diving Center (☎402 2731 ; hôtels de l'Est de l'île)

Pierre Sport Diving (☎5257 6664 ; www.pierresportdiving.com ; Hotel Shangri-La's Le Touessrok Resort & Spa, Trou d'Eau Douce)

Dive Time (☎5256 7737 ; www.divetimemauritius.com ; Emeraude Beach Attitude, Royal Rd, Belle Mare)

Rodrigues

Jacky Diving (☎5875 0608, 831 8028 ; www.jackydivingrodrigues.com ; Hôtel Tekoma, Anse Ally)

Bouba Diving Centre (☎5875 0573, 5875 0875, 5920 0413 ; www.boubadiving.com ; Mourouk)

Cotton Dive Center (☎5875 6800, 5706 1474 ; www.cottondivecenter.com ; Cotton Bay Hotel, Pointe Coton)

Ecoévasion (☎875 8481, 5988 5388, 831 2368 ; www.rodrigues-eco-evasion.com ; Pointe Monier, Port Mathurin) travaille avec Mourouk Ebony.

Sports nautiques

Bien protégé par la barrière de corail et peu profond, le lagon de Maurice se révèle propice aux activités nautiques de toutes sortes. La plupart des grands hôtels mettent gratuitement à la disposition de leur clientèle des planches à voile, des kayaks, des pédalos, des hobie cats (petits catamarans de sport) ou des petits dériveurs (type laser) et organisent des cours d'initiation et des sorties en ski nautique. Certains louent également ces équipements aux non-résidents. Renseignez-vous auprès des hôtels.

Croisières à la voile

La plupart des hôtels de luxe organisent des croisières pour leurs clients. Les principaux points d'embarquement de ces “croisières” à la journée sont

Grand Baie (p. 83), Mahébourg (p. 155) et la péninsule du Morne (p. 150). La majorité des hôtels font appel aux organisateurs ci-dessous, que vous pouvez contacter directement.

Croisières Australes (☎210 0884 ; www.croisieres-australes.mu ; 5 Raoul Noël St, Caudan, Port-Louis). Cette société compte plusieurs catamarans de 60 pieds open, mouillés face à Grand Baie – dont l'un de ceux qui courut la Route du Rhum skippé par Florence Arthaud –, et plusieurs autres bateaux répartis en divers points de l'île.

Croisières Turquoise (☎631 1640 ; www.croisieres-turquoise.com ; Mahébourg, Coastal Rd, Barachois). Sorties à l'île aux Cerfs et aux cascades de Grande Rivière Sud-Est à bord de catamarans de 35 et 41 pieds.

Easterlies (☎480 27 67/52 50 88 60 ; www.easterlies-cruise-mauritius.com ; Royal Rd, Trou d'Eau Douce). Sorties à l'île aux Cerfs et aux cascades de Grande Rivière Sud-Est, ainsi que dans la baie de Tamarin, à bord de catamarans de 12 à 17 m.

Kayak de mer

Peu développée, cette activité est proposée par **Yemaya Adventures** (☎752 0046 ; www.yemayaadventures.com). Outre des sorties à la journée, cette petite structure basée à Grand Gaube (p. 98) organise chaque année un tour de l'île en kayak, sur 8 jours (25 km/jour). Vous pouvez aussi vous adresser à la **Case Nautique** (☎752 0046, 5259 7848, 631 9094 ; www.casenautique.com ; Labourdonnais Rd, Mahébourg) et à **Fil'a'lo** (☎6313 101, 5791 7896 ; filalopointedesny@gmail.com ; Pointe d'Esny, Blue Bay).

Kitesurf

Le kitesurf connaît un formidable engouement à Maurice et à Rodrigues depuis quelques années. Les prestataires proposant cette activité sont de plus en plus nombreux. Un festival de kitesurf, le Kiteival, est même organisé tous les ans au mois d'août (www.kiteivalmauritius.com). Quelques clubs mauriciens :

Kitesurfer Paradise (☎5743 4298 ; mauritius.kitesurf@gmail.com)

Club Mistral (☎5474 2107 ; anselaraie@club-mistral.com ; Anse la Raie, Cap Malheureux)

Yoaneye (☎5737 8296 ; www.yoaneye.com ; péninsule du Morne). Sur les spots du Morne.

Son of Kite (☎972 90 19 ; www.sonofkite.com ; péninsule du Morne). Sur les spots du Morne.

Airswitch Kitesurf (☎756 2627/59353400 ; www.air-switch.com ; Pik Pik Surf Village, péninsule du Morne). Sur les spots du Morne.

Le Morne Kite School (☎5731 9767 ; www.lemornekiteschool.com ; 122 Morcellement Petit Morne, La Gaulette)

À Rodrigues :

Andy kitesurf (☎5875 84 57 ; www.kitesurf-andy.com ; plage de Mourouk, Rodrigues). Propose aussi surf et kitesurfaris.

Osmosis (☎832 3051 ; www.osmosis-rodrigues.com ; plage de Mourouk, Rodrigues). Animé par Jérôme Branellec, le pionnier du kite à Rodrigues.

Kite for Fun (☎54 28 2553, 5724 1741 ; www.kiteforfun-rodrigues.com ; plage de Mourouk, Rodrigues)

The Nest Kitesurfing (☎5724 1773, 832 3180 ; www.thenestkitesurfing.com ; plage de Mourouk, Rodrigues)

Pêche au gros

L'île Maurice revendique plusieurs records mondiaux de pêche au gros. La période de décembre à février est idéale pour prendre des marlins bleus de grande taille. L'un des meilleurs sites de pêche du monde se situe à quelques kilomètres au large du Morne : les fonds marins descendent à 700 m et les courants attirent des bancs de poissons poursuivis par les grands prédateurs. Maurice reste une destination très prisée par les passionnés de ce type de pêche, mais la surpêche qui sévit depuis de nombreuses années est à l'origine de la raréfaction des grosses prises. Quant à l'île Rodrigues, réputée pour ses eaux très poissonneuses, elle attire également les amateurs.

Les principaux centres de pêche sportive de Maurice, concentrés à Rivière Noire et autour de Grand Baie, sont les suivants :

Le Morne Anglers Club (☎483 5801 ; www.morneanglers.com ; Colonel Dean Avenue, Grande Rivière Noire). L'un des principaux clubs de pêche au gros de Maurice, il accueille, tous les ans en décembre, la Marlin World Cup.

La Carangue Ltée (☎5729 91 50, 5729 9497 ; Royal Rd, La Preneuse)

La Pirogue Big Game Fishing (☎5453 8054 ; www.lapiroguebiggame.com ; La Preneuse). Le club de l'hôtel La Pirogue (p. 134), à Wolmar, opère depuis La Preneuse. Plus touristique que les deux premiers.

Corsaire Club (☎265 5209 ; Royal Rd, Trou aux Biches). Plus touristique que les deux premiers.

Sport Fisher (☎263 8358/423 5015 ; www.sportfisher.com ; Grand Baie). Plus touristique que les deux premiers.

À Rodrigues, adressez-vous à :

L'Oiseau des Îles II/Défi d'ailleurs (☎832 1574, 5739 1865, 5761 8812 ; www.defidailleurs.com)

Rod Fishing Club (☎58 75 06 16 ; www.rodfishingclub.com). Le plus ancien prestataire de pêche au gros de l'île.

Si vous êtes rebuté par les tarifs des clubs, vous pouvez toujours essayer de négocier avec des pêcheurs locaux. En échange d'une modeste contribution, la plupart seront ravis de vous emmener à l'entrée des passes sur leur longue barque pour une pêche à la traîne. Avec peut-être en récompense, une prise de quelques kilos !

Surf

Le sud-ouest de l'île, et plus particulièrement la région de Tamarin, a les faveurs des surfeurs. En tête de sa liste se trouvent les spots du Morne et de One Eye's (ainsi baptisé à cause du propriétaire borgne du domaine, au Morne), situés l'un et l'autre en face des plages bordées d'hôtels. Il existe d'autres sites propices au surf non loin de Baie du Cap, à "Lefts and Rights", plus au sud, en face de l'îlot Sancho ; et un autre en face du jardin public de Souillac. Le surf se pratique de juin à août. Adressez-vous aux hôtels de Tamarin (p. 136). De nombreux prestataires de kitesurf proposent des activités surf et stand up paddle (voir ci-contre).

Tamarin Bay Surf School (☎571 1747 ; www.suptamarin.com ; Tamarin Hotel, Tamarin). Propose aussi stand up paddle et kayak.

Windsurf

Maurice et Rodrigues offrent de bons spots, même si l'activité y est maintenant dépassée par le kitesurf. Les secteurs les plus ventés sont à l'est et au sud-est des îles. La meilleure saison s'étend de juin à août.

Maurice et Rodrigues en un clin d'œil

Si l'île Maurice est née d'un volcan, son relief s'est érodé et effondré au fil des temps géologiques tout en donnant naissance à de somptueux lagons. Plages et farniente règnent en maîtres sur l'ancienne "Isle de France". À ce littoral de carte postale, l'île ajoute une cuisine savoureuse, quelques sommets aux contours majestueux, un climat tropical, de belles possibilités de kitesurf et de plongée, et une population accueillante... le séjour ici s'annonce sous les meilleurs auspices. Maurice se révèle en prime un creuset de cultures et de traditions, véritable kaléidoscope culturel et ethnique.

Port Louis et ses environs

Shopping
Culture et patrimoine
Services

Shopping

Le centre commercial du Caudan Waterfront, les boutiques du centre-ville et le marché central de Port Louis aux étals colorés combleront les amateurs de mode, d'artisanat ou de produits frais, tout en présentant au visiteur le visage multiple de la société mauricienne.

Culture et patrimoine

Une visite du Blue Penny Museum sur le Caudan Waterfront, de l'Aapravasi Ghat classé au patrimoine mondial de l'Unesco ou une balade dans les vieux quartiers de la capitale permettent de s'immerger au cœur de l'histoire de l'île Maurice.

Services

Agences des compagnies aériennes (Air Mauritius, Air France...), banques, représentations gouvernementales, supermarchés, librairies, presse... Port Louis concentre l'essentiel des services importants à la vie économique de l'île.

p. 52

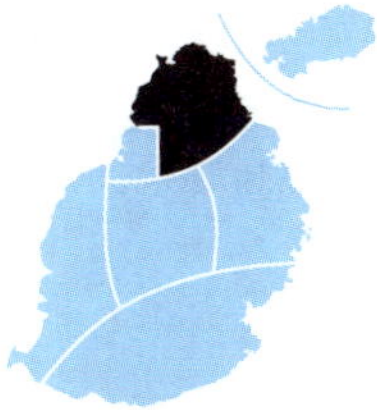

Nord de l'île

Plages
Culture et patrimoine
Gastronomie

Plages
Entre les plages populaires de Trou aux Biches et de Mont Choisy, celles situées au cœur des villes de Grand Baie et de Peyrebère, la partie nord de l'île tend les bras aux inconditionnels du farniente en bord de lagon. Les plus aventureux pourront partir à l'assaut des îles du Nord.

Culture et patrimoine
Marre de la plage ? Le Nord possède aussi quelques joyaux : le jardin botanique Pamplemousses, le musée L'Aventure du sucre situé juste à côté, et de belles maisons créoles comme le château Labourdonnais à Mapou.

Gastronomie
Cuisine métropolitaine, chinoise, japonaise ou indienne, terrasses branchées ou restaurants chics, tables gastronomiques ou petites adresses de quartier... Grand Baie et ses environs proposent un large choix d'expériences culinaires et de virées nocturnes.

p. 68

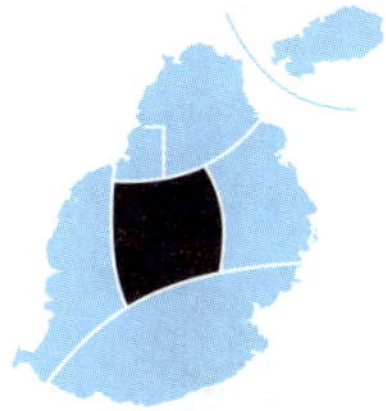

Plateau central

Shopping
Architecture
Paysages

Shopping
Les tailleries de diamants et les magasins d'usine textile de Floréal, la foire aux tissus et aux vêtements de Quatre Bornes, ou les boutiques de Curepipe et Rose Hill sont quelques hauts lieux du shopping mauricien... à des prix souvent beaucoup plus attractifs qu'en bordure du littoral.

Architecture
Les belles demeures coloniales comme le domaine des Aubineaux à la sortie de Curepipe, la maison Eurêka et Le Réduit – résidence du président de la République, à Moka – ou encore l'hôtel de ville de Curepipe sont un des points forts d'une visite sur le plateau central.

Paysages
L'imposant cratère de Trou aux Cerfs, les chutes de Tamarin et les pentes du Pouce sont des paysages surprenants au milieu d'un plateau central pourtant très urbanisé.

p. 103

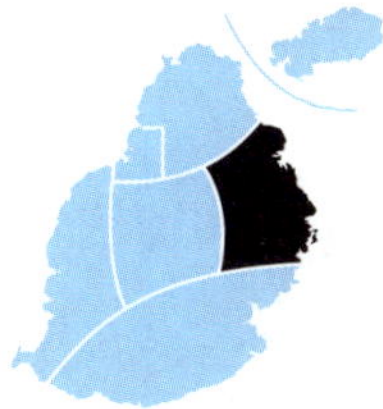

Côte est

Plages
Sports
Paysages

Plages
Les kilomètres de lagon entre Anahita et Poste de Flacq révèlent des plages parmi les plus belles de l'île, notamment autour de Belle Mare et de Pointe de Flacq. Sans parler des pourtours de l'incontournable île aux Cerfs qui peuvent offrir un peu de tranquillité si l'on se donne la peine de marcher.

Sports
De très beaux parcours de golf se succèdent le long du littoral de la côte est. La région offre aussi des plongées parmi les plus belles de l'île ainsi que des possibilités de découverte de l'arrière-pays à pied, à cheval ou en quad notamment au domaine de l'Étoile.

Paysages
Vers l'intérieur, les reliefs de la montagne Bambous et de la montagne Blanche et les étendues planes de canne à sucre révèlent un autre aspect de l'île. Quant à la portion de littoral préservé entre Poste Lafayette et Roche Noire, elle révèle une île intemporelle encore peu envahie par les établissements touristiques.

p. 116

Côte ouest

Plages
Sports
Paysages

Plages

Entre les plages de la station balnéaire de Flic en Flac et celles de la presqu'île du Morne, la réputation des lieux n'est plus à faire. Avec un détail qui fait toute la différence, le coucher de soleil sur le lagon...

Sports

Le Morne est le temple du kite, Tamarin celui du surf et de l'observation des dauphins, Rivière Noire réputée pour la pêche sportive... Avec également de beaux parcours de golf, de belles randonnées comme l'ascension du Morne et de nombreuses possibilités d'activités nautiques et de plongées, la côte ouest offre un bon cocktail de (re)mise en forme.

Paysages

Le top de l'île ! Entre la montagne du Morne perchée au-dessus du lagon et de l'île aux Bénitiers, les gorges de la Rivière Noire accessibles depuis la route de Plaine Champagne et les décors luxuriants autour de Chamarel, la région offre une variété de paysages extraordinaire.

p. 129

Sud de l'île

Paysages
Plages
Culture et patrimoine

Paysages

Au programme : la vallée de Ferney, oasis tropicale surplombant le lagon ; la baie de Mahébourg et ses îles fermée par la montagne du Lion mais aussi les orgues basaltiques des Rochester Falls ou la Route du thé et ses paysages verdoyants.

Plages

Concentrée sur une faible partie du littoral, la côte sud abrite cependant un échantillon des plus belles plages de l'île autour de la pointe d'Esny et de Blue Bay, mais aussi de Bel Ombre plus à l'ouest.

Culture et patrimoine

Première région colonisée par les Hollandais en 1598, le Sud possède quelques lieux patrimoniaux emblématiques comme le Frederik Hendrik Museum à Vieux Grand Port et le National History Museum de Mahébourg. Les temples hindous de Grand Bassin et la statue géante du dieu Shiva témoignent aussi de la diversité culturelle de l'île.

p. 153

Rodrigues

Loin des foules
Sports
Plages

Loin des foules

Située à 560 km à l'est de Maurice, encore méconnue sur la carte du tourisme mondial, Rodrigues a un vrai pouvoir d'envoûtement. Ceux qui s'y rendront découvriront une île authentique, encore préservée.

Sports

Cernée par un immense lagon, Rodrigues s'est naturellement tournée vers les sports nautiques (kitesurf, windsurf...) et la plongée. Son littoral offre aussi de belles possibilités de randonnées de plage en plage et, plus insolite, de tyrolienne au-dessus de la vallée de Mourouk.

Plages

Les plages du sud-est de l'île (Saint-François, Graviers, Trou d'Argent, Pointe Coton) comptent parmi les plus belles de Rodrigues... et beaucoup sont moins fréquentées que celles de Maurice.

p. 176

Sur la route

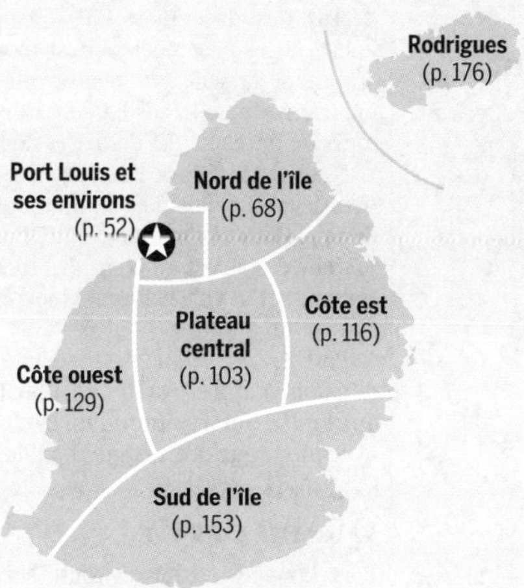

Rodrigues
(p. 176)
Port Louis et
ses environs
(p. 52)
Nord de l'île
(p. 68)
Côte est
(p. 116)
Plateau
central
(p. 103)
Côte ouest
(p. 129)
Sud de l'île
(p. 153)

Port Louis et ses environs

Dans ce chapitre ➡

Le top des hébergements

- Labourdonnais Waterfront Hotel (p. 60)
- Le Suffren (p. 60)

Le top des restaurants

- Lambic (p. 62)
- Saveurs des Îles (p.63)
- Le Courtyard (p. 62)
- Café du Vieux Conseil (p.62)

Pourquoi y aller

Si l'aéroport au sud de l'île laisse Port Louis à l'écart des itinéraires touristiques, la capitale en apprend davantage sur la réalité mauricienne que nombre de localités côtières. Marqueterie de couleurs, d'odeurs et d'ambiances, la ville présente des facettes moins attendues de l'île, faisant ressortir ses paradoxes. Hommes d'affaires en complet et élégantes en sari se croisent, les marchands du bazar font l'article dans une ambiance fébrile tandis que la jeunesse branchée vient s'étourdir devant les boutiques de luxe du Caudan. Dans le centre, les demeures anciennes, les cocotiers de la place d'Armes et les étals du marché central semblent inchangés depuis des décennies. Plus loin, des buildings hérissent le ciel et les enseignes de fast-food rivalisent de néons. En arpentant la ville, on réalise que le "miracle économique mauricien" a aussi ses laissés-pour-compte. Ici, d'arrogantes tours de bureaux ; là, des cases de bric et de broc...

Nulle autre ville de l'île ne reflète mieux le creuset ethnique mauricien. La mosquée Jummah dresse ses minarets à 50 m de la pagode qui marque l'entrée dans le quartier chinois, le marché créole est au cœur des rues dessinées par les colons français, et la ville sait aussi bien fêter le Holi hindou que le Nouvel An chinois.

Port Louis, enfin, est une cité d'histoire. Du Museum d'histoire naturelle au musée Blue Penny, de l'Aapravasi Ghat aux gratte-ciel d'aujourd'hui, la cité relate l'épopée humaine et économique qui a conduit à l'île Maurice actuelle.

Quand partir

Port Louis se visite en toute saison. D'avril à novembre, le Champ de Mars s'anime lors de courses de chevaux (généralement le samedi). Le pèlerinage au caveau du Père Laval (8-9 septembre) réunit des milliers de Mauriciens dans une ambiance festive. La fête de l'Indépendance, le 12 mars, est l'occasion de concerts et de défilés. Les grandes dates du calendrier mauricien, notamment le Maha Shivaratree (février ou mars), Holi et le Nouvel An chinois (entre le 21 janvier et le 20 février), sont largement fêtées dans la capitale.

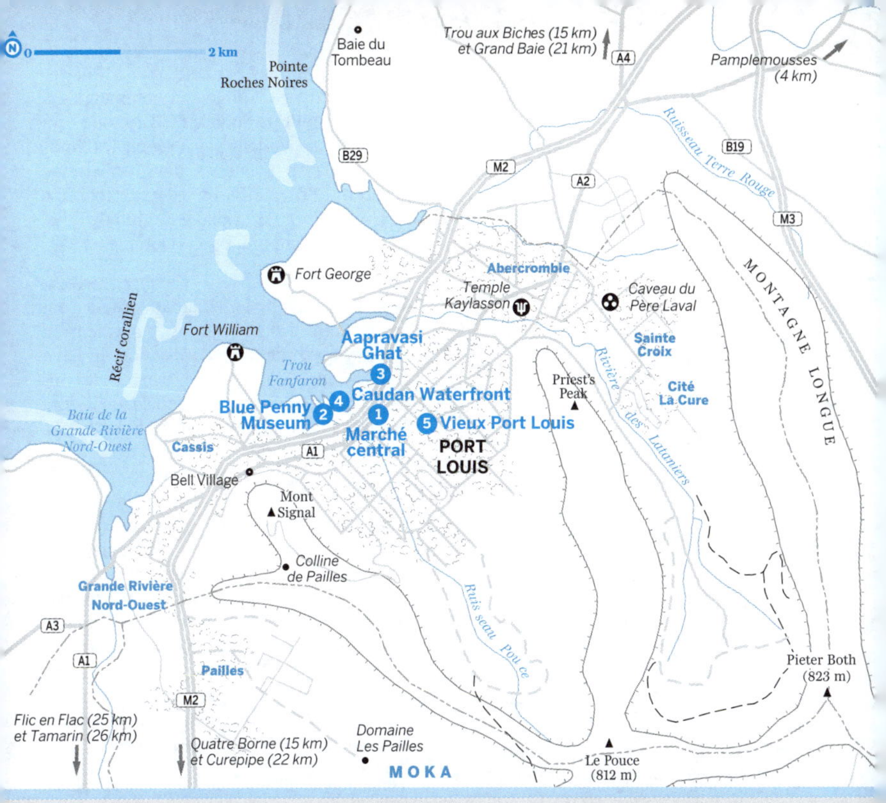

À ne pas manquer

1. Le **marché central** (p. 54), dont l'animation justifie à elle seule une visite matinale à Port Louis
2. Le **Blue Penny Museum** (p. 54), l'un des plus intéressants musées de l'île
3. L'**Aapravasi Ghat** (p. 55), lieu de mémoire classé par l'Unesco
4. Du lèche-vitrines au **Caudan Waterfront** (p. 54)
5. Une **balade dans le vieux Port Louis** pour admirer la richesse et la variété de son architecture (p.61)

PORT LOUIS

Histoire

Anciennement Port Nord-Ouest, l'actuelle capitale de la république de Maurice était un simple camp de garnison au début du XVIIe siècle, installé sur un marécage insalubre. Elle doit son développement à son mouillage protégé des alizés par un rempart montagneux. Le véritable fondateur de la ville fut Mahé de La Bourdonnais, gouverneur des îles de France (Maurice) et Bourbon (La Réunion), qui la transforma en base navale pour la flotte française et en escale commerciale obligée sur la route des Indes, à partir de 1736.

Principal port de l'île, la ville a occupé une place à part dans l'histoire de l'immigration à Maurice. C'est sur l'un de ses quais, l'Aapravasi Ghat, que débarquèrent les centaines de milliers d'Indiens venus remplacer les esclaves dans les plantations sucrières.

Le développement de la ville fut par la suite fortement ralenti. Après 1865, des épidémies de paludisme et de choléra provoquèrent l'exode d'une partie de sa population vers les villages des plateaux environnants, aujourd'hui transformés en cœur résidentiel et économique de l'île. L'ouverture du canal de Suez en 1869, en détournant les navires de Port Louis, lui a progressivement fait perdre son importance d'escale commerciale.

À voir

Marché central MARCHÉ ALIMENTAIRE ET FORAIN
(entre Farquhar St et Queen St ; lun-sam 5h30-17h30, dim 5h30-11h30, dès 5h oct-mars). Des odeurs, des saveurs, des bruits, des couleurs… la visite du marché central est sans conteste l'un des points forts de la ville. L'atmosphère et le cadre sont réellement exubérants et vous aurez vite l'impression d'avoir pénétré dans un autre univers, un monument de la vie locale qui vous en dira plus sur l'île Maurice que toute autre expérience.

Si des travaux de modernisation ont modifié le visage du pavillon consacré aux fruits et aux légumes, l'ambiance matinale de ses étals ne s'en est pas trouvée aseptisée pour autant. Le pavillon s'est par ailleurs doublé d'un étage supplémentaire, qui abrite des boutiques d'artisanat. Si vous voulez vous plonger dans l'ambiance du "bazar" avant ces travaux, dirigez-vous vers le pavillon de la boucherie et de la poissonnerie, de l'autre côté de l'allée centrale.

Les étals les plus surprenants sont consacrés aux plantes médicinales, à préparer en infusion ou en décoction. Chaque spécialité est assortie d'une pancarte explicative sur les pathologies qu'elle est censée traiter, des hémorroïdes aux pannes sexuelles en passant par la cellulite.

Il est parfois difficile de se frayer un chemin à travers la foule, et mieux vaut prendre garde aux pickpockets.

Blue Penny Museum MUSÉE HISTORIQUE
(210 9204 ; Caudan Waterfront ; www.bluepennymuseum.com ; adulte/enfant et étudiant/-7 ans 245/120 Rs/gratuit ; lun-sam 10h-17h). Si vous ne deviez visiter qu'un musée à Port Louis, choisissez celui-là. Installé à l'extrémité du Caudan Waterfront, il doit son nom au premier timbre imprimé à Maurice, visible dans la section philatélie. Remarquable par la qualité des salles d'expositions, le musée développe cinq thèmes traversant l'histoire et le patrimoine de l'île : les découvreurs, les bâtisseurs, Port Louis, la poste et les timbres, Paul et Virginie.

Ses points forts sont la belle salle ronde du 1er étage, toute en boiseries, consacrée à la navigation sur l'océan Indien et présentant de belles cartes marines anciennes, et la touchante salle "Paul et Virginie", où trône une superbe statue en marbre des amoureux les plus célèbres de l'océan Indien. Vous y apprendrez tout sur le naufrage du *Saint-Géran*, dont s'inspira Bernardin de Saint-Pierre pour écrire son roman (voir l'encadré p. 102). La statue, due à Charles Adrien Prosper d'Épinay, fut commandée à l'artiste en 1881 par la ville de Port Louis, qui ne parvint cependant pas à réunir les fonds pour la payer. Elle resta donc en Europe jusqu'en 1997, année où elle fut rachetée aux enchères, à Londres. Audioguides, expositions temporaires, et boutique.

Caudan Waterfront CENTRE COMMERCIAL
(www.caudan.com). Le Caudan Waterfront fait la fierté des Mauriciens, qui voient en lui le symbole de la modernisation du pays. Les visiteurs sont plus mitigés : certains sont déconcertés d'y trouver ce qu'ils ont précisément voulu fuir en mettant le cap sur l'océan Indien – folie mercantile, décor aseptisé, chaînes de fast-food... –, d'autres ravis d'y découvrir l'animation qui manque ailleurs sur l'île.

Inauguré en 1996, à l'emplacement des anciens quais du port, il regroupe 170 commerces, des échoppes d'artisanat, des cinémas et de très nombreux restaurants et fast-foods. L'architecture, surprenante de prime abord, mêle l'ancien et le moderne avec force tourelles et arcades de béton. Le Caudan s'avère cependant agréable grâce à sa promenade et à ses larges places.

Vieux Port Louis VIEILLE VILLE
La ville garde quelques traces de son passé. On les découvre notamment le long de l'avenue partant de la **place d'Armes**, bordée de superbes palmiers royaux, qui fait figure de Champs-Élysées locale. Elle mène à la **Government House**, le plus ancien bâtiment de l'île, dont le rez-de-chaussée fut construit en 1738 à l'initiative de Mahé de La Bourdonnais. Une statue de l'ancien gouverneur colonial de l'île se dresse face au port. Depuis le 250e anniversaire de la fondation de Port Louis, une réplique de l'œuvre orne les remparts de la vieille ville de Saint-Malo.

Également à ne pas rater, les **jardins de la Compagnie** bordent Chaussée St, à côté du Muséum d'histoire naturelle. Ils servirent de potager à la Compagnie française des Indes orientales jusqu'en 1767. Promenade préférée des Port-Louisiens au début du XIXe siècle, on pouvait alors y admirer de nombreuses statues. Désormais, les jardins sont devenus une retraite ombragée de gigantesques banians, appréciée des flâneurs et des amoureux pendant la journée, mais pas toujours très propre et qu'il vaut mieux éviter la nuit.

La **rue du Vieux Conseil**, en face du théâtre municipal, complète la visite du Port Louis historique. C'est là que le Conseil supérieur de l'île de France tenait ses assises. Vous pourrez admirer le bâtiment en pierre construit en 1767 par Pierre Poivre afin d'y entreposer ses papiers et d'en faire un palais destiné à abriter la Justice et le Conseil.

Aapravasi Ghat LIEU DE MÉMOIRE

(☎217 2481, 217 7770 ; www.aapravasighat.org ; Trou Fanfaron ; ⏲lun-sam 9h-16h). GRATUIT En face du port de pêche, le Centre d'accueil des anciens immigrants occupe une place à part dans l'histoire de l'île, et notamment de son importante communauté d'origine indienne. C'est ici que débarquèrent entre 1834 et 1920 près d'un demi-million de travailleurs sous contrat, majoritairement en provenance d'Inde mais aussi d'Afrique de l'Est, de Madagascar, de Chine et d'Asie du Sud-Est, bientôt appelés *coolies*.

L'idée de cette immigration revient aux Britanniques, alors maîtres de l'île, et plus progressistes que la France sur la question de l'esclavage. En 1835, l'abolition du travail forcé à Maurice s'apprête en effet à priver de main-d'œuvre les plantations sucrières, sur lesquelles repose une large part de l'économie insulaire. Voulant "démontrer la supériorité du travail libre sur le travail forcé", les Anglais puisent dans une autre de leurs colonies les bras nécessaires et proposent à des paysans indiens de s'engager dans les plantations mauriciennes. Des travailleurs libres, certes, mais dont les conditions de vie furent si difficiles que certains historiens parlent d'"esclavage volontaire".

Les premiers 36 *coolies* arrivèrent à Port Louis le 2 novembre 1834. Construit pour organiser leur débarquement à partir de 1849, l'Aapravasi Ghat ("là où débarquent les immigrés" en hindi) devint la plaque tournante de ce *coolie trade* (commerce de travailleurs salariés). On estime que près de 80% des ancêtres des Mauriciens actuels transitèrent par ces bâtiments, soit environ 400 000 personnes.

Il y a peu de choses à voir mais le site est un formidable lieu de mémoire. Il reste environ 30% des installations d'origine, qui couvraient aussi l'actuelle gare routière située de l'autre côté de la route – d'où son nom d'"Immigration Square". À leur sortie des bateaux, les nouveaux venus y restaient 2 jours afin d'être enregistrés et de subir un contrôle sanitaire, puis rejoignaient la plantation pour laquelle ils avaient le plus souvent signé un contrat de travail de 5 ans. Ceux qui présentaient des symptômes de choléra ou de malaria étaient envoyés en quarantaine sur l'île Plate ou vers les autres îles environnantes (un épisode romancé par J.M.G. Le Clézio dans *La Quarantaine*).

Sur place, on peut voir les 16 marches par lesquelles les immigrants arrivaient, l'infirmerie, les toilettes, les bassins où ils se lavaient et d'autres bâtiments réalisés en pierres de basalte tenues par un mortier à base de chaux, de sable et de sirop de canne. On découvre également un monument inauguré en 2005 par le Premier ministre indien et un petit centre d'interprétation. Y sont reconstitués une cale de bateau et un logement typique des plantations. Des vitrines présentent des contrats de travail, soulignant la difficultés inhérentes à cet engagement volontaire. Rare vestige de l'histoire de "l'engagisme", l'Aapravasi Ghat a été classé au patrimoine de l'Unesco en juillet 2006 (voir l'interview p. 59).

Quartier chinois PROMENADE

On atteint le Chinatown de Port Louis en remontant Royal St vers le nord ; l'entrée en est signalée par une arche jaune. Échoppes figées depuis des décennies, boutiques de bric et de broc, pharmacies traditionnelles, ferblantiers, enseignes couvertes d'idéogrammes, restaurants et marchands ambulants lui confèrent une ambiance particulière et animée. Musardez dans les ruelles alentour – dont les noms sont souvent bilingues – pour vous imprégner de l'atmosphère de ce quartier qui rappelle que de nombreux Chinois émigrèrent sur l'île en tant que travailleurs engagés. Ils représentent aujourd'hui 3% de la population locale, et la seconde puissance financière de l'île.

Mosquée Jummah LIEU DE CULTE

(☎242 80 25 ; Royal St ; ⏲tlj 9h-15h30, jeu 9h-12h et 14h-15h30). Cette mosquée, la plus importante de l'île, fut édifiée en 1855 à la limite du quartier chinois, où se trouvaient les échoppes des marchands musulmans – ces derniers ne pouvaient quitter leurs boutiques pour aller prier dans la seule mosquée de l'île, située à Plaine Verte. Ce bel édifice, blanc et vert, embelli de dômes, de minarets et rehaussé de portes en bois sculpté, comporte aussi quelques éléments d'influence créole. Les visiteurs sont les bienvenus, hormis aux heures de prière. À ne pas confondre avec l'autre mosquée, plus récente, sur Sir Seewoosagur Ramgoolam St.

Centre de Port Louis

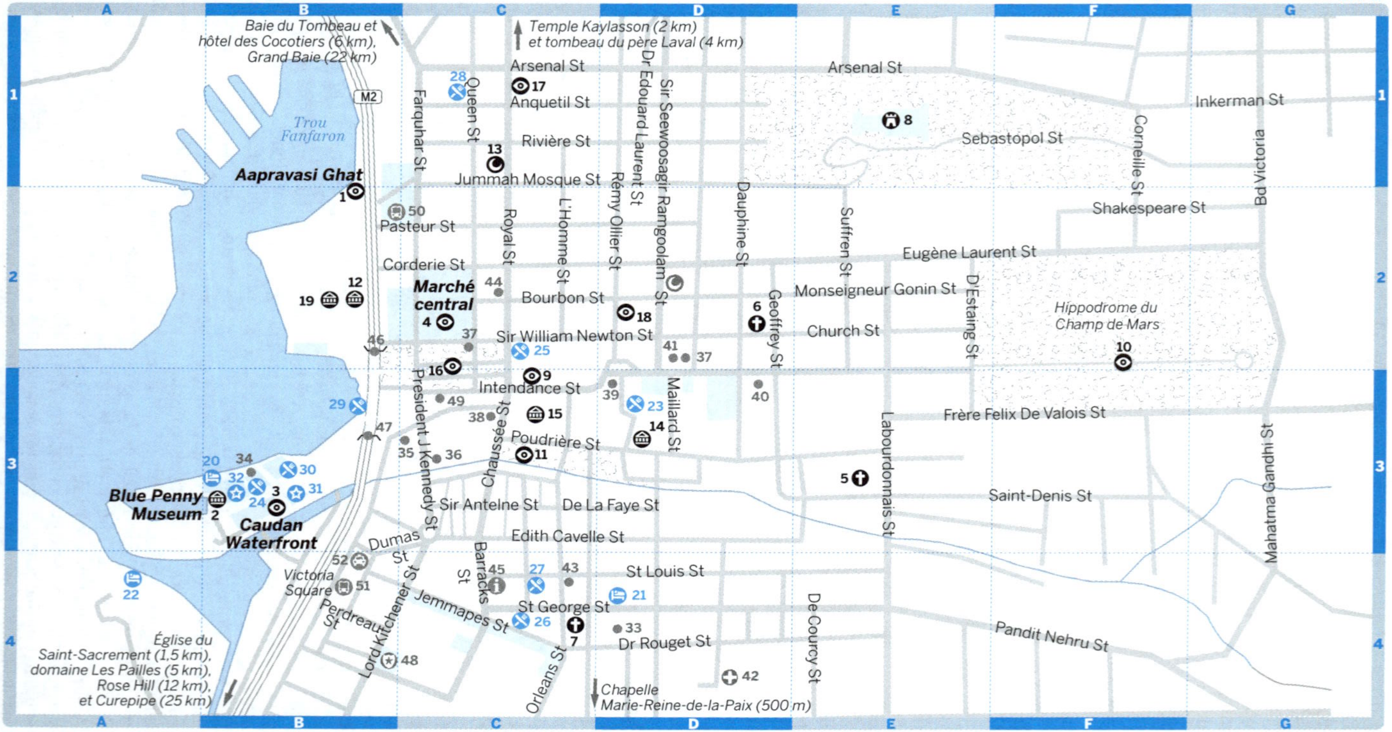

Centre de Port Louis

Les incontournables

1 Aapravasi Ghat B2
2 Blue Penny Museum B3
3 Caudan Waterfront B3
4 Marché central C2

À voir

5 Cathédrale Saint-James E3
6 Cathédrale Saint-Louis D2
7 Église de l'Immaculée Conception C4
8 Fort Adélaïde E1
9 Government House C3
10 Hippodrome du Champ de Mars F2
11 Jardins de la Compagnie C3
12 Mauritius Postal Museum B2
13 Mosquée Jummah C1
14 Musée de la Photographie D3
15 Natural History Museum C3
16 Place d'Armes C3
17 Quartier chinois C1
18 Théâtre municipal D2
19 Windmill Museum B2

Où se loger

20 Labourdonnais Waterfront Hotel B3
21 Le Saint-Georges D4
22 Le Suffren Hotel & Marina A4

Où se restaurer et prendre un verre

Café de l'Atelier .... (voir 43)
23 Café du Vieux Conseil D3
24 Grand Ocean City B3
L'Escale .... (voir 20)
25 La Bonne Marmite C2
26 Lambic C4
27 Le Courtyard C4
28 Lo Grand Canton C1
29 Mystic Masala B3
Saveurs des îles .... (voir 19)
Siro Piké .... (voir 2)
30 The Keg & Marlin B3

Où sortir

31 Casino B3
32 Star B3

Renseignements

33 Ambassade de France D4
34 Air Austral (IBL House) B3
35 Air France (Airways Centre) C3
Air Madagascar .... (voir 34)
36 Air Mauritius C3
Air Seychelles .... (voir 35)
Banque des Mascareignes .... (voir 16)
37 Barclays Bank C2
Bookcourt .... (voir 32)
38 Consulat de Belgique C3
39 Consulat de Suisse D3
40 Consulat du Canada D3
Corsair .... (voir 20)
41 Emmanuel Anquetil Building D2
Emtel .... (voir 35)
HSBC .... (voir 16)
42 Jeetoo Hospital D4
43 L'Atelier C4
44 Mauritius Commercial Bank C2
45 Office du tourisme C4
46 Passage souterrain vers le Caudan B2
47 Passage souterrain vers le Caudan B3
48 Police B4
Poste centrale .... (voir 12)
South African .... (voir 35)
49 State Bank C3

Transports

50 Gare routière d'Immigration Square B2
51 Gare routière de Victoria Square B4
52 Station de taxis B4

Musée de la Photographie MUSÉE ICONO-HISTORIQUE

(☎211 1705/59 70 1440 ; musee-photo.voyaz.com ; rue du Vieux Conseil ; 300 Rs ; ⏲lun-ven 10h-15h). Ce surprenant musée constitue, grâce au patient travail de recherche de Tristan et Noëlle Bréville, la plus importante collection de négatifs, de tirages et de films documentaires sur l'océan Indien. Si un sujet précis vous intéresse – de la marche sur le feu pratiquée par les Tamouls aux vieilles maisons coloniales –, vous pouvez demander aux propriétaires de vous montrer les photos correspondantes. Vous verrez également des dizaines d'appareils photo, d'objectifs, de machines de projection et de daguerréotypes anciens. L'ensemble, animé par des passionnés, prend un sens nouveau à l'heure du numérique.

Des reproductions de photos anciennes de l'île, ainsi que des cartes postales et des lithographies, sont en vente à la boutique.

Le musée est bien caché dans la pittoresque rue du Vieux Conseil – parfois appelée Winston Churchill St. Cette dernière commence en face du théâtre municipal.

Natural History Museum MUSÉUM D'HISTOIRE NATURELLE

(Natural History Museum & Mauritius Institute ; ☎212 0639 ; La Chaussée St ; ⏲tlj 9h-16h, sam 9h-12h, fermé mer et dim). GRATUIT Fondé en 1880, le Museum d'histoire naturelle présente une collection de coquillages et de spécimens naturalisés de la faune locale. Il est assez vétuste et poussiéreux, ce qui lui donne un certain charme, mais la façade jaune du bâtiment vaut le coup d'œil. Il borde les jardins de la Compagnie.

À l'entrée, un crâne de cachalot accueille les visiteurs. La vedette du musée reste cependant le moulage d'un dodo, cet étrange oiseau décimé par les Hollandais entre 1681 et 1693. Le musée présente des reconstitutions d'autres espèces d'oiseaux disparues, comme le solitaire de Rodrigues ou le perroquet monarque, et d'étranges poissons naturalisés et peints. Un baobab dresse son tronc massif en face du bâtiment.

Fort Adélaïde ARCHITECTURE MILITAIRE

(⏲lun-ven 9h-16h, sam 9h-12h). GRATUIT Ce fort de basalte, qui doit son nom à l'épouse de William IV, fut construit par les Britanniques en 1834… et ne fut jamais utilisé. L'accès est gratuit (visite guidée sur demande) mais le fort en lui-même ne se visite pas : son principal attrait réside donc dans la vue imprenable qu'il ménage sur Port Louis et sa rade. Vous trouverez sur place des boutiques d'artisanat dont une bijouterie, et pourrez parfois assister à un concert ou un spectacle. Il est préférable de s'y rendre en taxi.

Temple Kaylasson (Shri Sockalingum Meenatchee Ammen) TEMPLE TAMOUL

Cette merveille architecturale de style dravidien, richement décorée et colorée, est le plus ancien temple tamoul de l'île Maurice. Il fut construit entre 1854 et 1860 par des négociants et riches commerçants au nord de Port Louis, à Sainte-Croix, en l'honneur du dieu Shiva. Ses plans respectent la configuration d'un corps humain étendu à terre avec la tête, le cœur… Six stations représentent six organes humains, avec le lotus aux mille pétales symbolisant le sommet de la tête. Autour du temple, des sanctuaires sont dédiés à une divinité hindoue vénérée au Tamil Nadou ou aux neuf planètes du système cosmologique indien.

Mauritius Postal Museum MUSÉE POSTAL

(☎213 4812 ; www.mauritiuspost.mu/postal-museum ; Caudan Waterfront ; adulte/enfant 150/90 Rs, gratuit -7 ans ; ⏲lun-ven 9h30-16h30, sam 10h-16h). Installé dans les locaux de la poste centrale, construite en 1868, ce musée à la scénographie agréable est dédié à l'histoire postale de Maurice. Sa visite complète celle de la salle consacrée aux timbres du Blue Penny Museum (p. 54), et propose notamment une histoire de l'île racontée par ses timbres (Maurice a été la première colonie à en émettre). Importante collection de timbres anciens, appareils télégraphiques, vieilles boîtes aux lettres, uniformes des postiers… Au premier étage, on découvre l'histoire de l'aéropostale. Les copies des deux plus fameux timbres au monde, le “one penny orange red” et le “two pence deep blue” datant de 1847, constituent le clou de la collection. Les originaux se trouvent au Blue Penny Museum (p. 54). Timbres de collection et souvenirs en vente sur place.

Windmill Museum MUSÉE AGRICOLE

(☎211 7465 ; Caudan Waterfront, derrière le Mauritius Postal Museum ; ⏲lun-ven 10h-12h et 13h-15h). GRATUIT Ce moulin à vent construit en 1736 (encore et toujours sous l'influence de Mahé de Labourdonnais) servait à approvisionner la colonie en farine. Rebâti à la fin des années 1990 et bien restauré, il abrite un petit musée montrant la meule, quelques objets agricoles et des photos anciennes.

Églises et cathédrales LIEUX DE CULTE

Si le caveau du Père Laval (p. 67), à Sainte-Croix, est le monument religieux le plus célèbre de l'île, Port Louis compte également plusieurs lieux de culte. Citons la **cathédrale Saint-Louis** (1932), en haut de Sir William Newton St, la **cathédrale Saint-James** (1828), en haut de Poudrière St, et la **chapelle Marie-Reine-de-la-Paix**, à l'extrémité sud-ouest de Mère Barthélémy St. Mentionnons également l'**église de l'Immaculée Conception**, qui domine Saint Georges St de sa haute façade grise. L'**église du Saint Sacrement** (1872), située à Cassis, au sud de Port Louis, se distingue par son architecture néo-gothique de pierre volcanique.

Champ de Mars HIPPODROME

Entre avril et novembre, cet hippodrome situé au pied d'un cirque montagneux attire des milliers de Mauriciens venus assister aux courses dans une ambiance fébrile où se mêlent passion hippique et amour du jeu. Le club hippique, créé en 1812, est le deuxième plus vieux du monde.

INTERVIEW

"L'HISTOIRE DE L'ENGAGISME EST ENFIN RECONNUE"

Historienne à l'université de Maurice, Vijayalakshmi Teelock s'est intéressée à l'histoire de l'Aapravasi Ghat (p. 55). Elle est présidente de l'AGTF (Aapravasi Ghat Trust Fund).

En quoi l'Aapravasi Ghat est-il aussi important et symbolique dans l'histoire de l'île Maurice et des Mauriciens ? En premier lieu, car c'est l'histoire de l'engagisme qui est enfin reconnue. Le gouvernement anglais a certes aboli l'esclavage dans un sursaut de bonne conscience, mais il a mis en place un autre système de recrutement de main-d'œuvre servile et bon marché, qui présentait beaucoup de similarités avec l'esclavage. L'Aapravasi Ghat, aussi, est l'endroit où ont débarqué la majorité des ancêtres des Mauriciens actuels. C'est donc un lieu très historique, en sus d'être une preuve tangible de l'arrivée des immigrants, où leurs descendants peuvent aller se ressourcer. Il est dommage que nous n'ayons pas, jusqu'à présent, de site similaire pour les esclaves. L'AGTF en est très conscient et nous faisons des recherches pour trouver au moins un lieu précis de débarquement d'esclaves.

L'engagisme était une "expérience" des Anglais. Cette expérience a-t-elle été jugée réussie ? La majorité des engagés sont-ils restés à l'île Maurice à la fin de leur contrat ? Non. Ce fut réussi du point de vue de l'Angleterre et de la minorité qui réside aujourd'hui à Maurice. Mais un tiers sont morts et une grande partie est rentrée en Inde. Et même pour ceux qui vivent ici, c'est seulement une minorité qui a réussi.

Comment un site aussi important pour l'histoire de l'île a-t-il pu rester oublié pendant si longtemps ? Malheureusement, la conscience patrimoniale n'existe pas parmi les décideurs mauriciens. On préfère le développement commercial au développement humain. Le site était bien connu des Indo-Mauriciens dès 1960, quand le bureau de l'assistance sociale utilisait encore les documents d'immigration. On a compris la valeur de ces archives et du site, qu'on a voulu "enjoliver" en le couvrant d'un jardin et d'une fontaine. Nous avons dû tout retirer pour montrer ce qui restait du site original.

En quoi le classement du site par l'Unesco est-il important ? C'est la reconnaissance au niveau international de l'histoire de l'engagisme au XIXe siècle. Et cela force l'État mauricien à protéger ce site contre toute autre tentative de destruction – il ne reste que le tiers, ou moins, du site d'origine. Cela peut aussi favoriser le tourisme culturel.

Quels sont les missions et projets de l'Aapravasi Ghat Trust Fund pour l'avenir ? La priorité est l'aménagement d'un centre d'interprétation et la protection de la zone tampon autour de l'Aapravasi Ghat. Il s'agit de protéger les autres bâtiments historiques autour du site qui ont une valeur patrimoniale et faisaient partie de l'histoire du Bureau de l'immigration dans ce quartier de Port Louis : commerçants, bijoutiers, artisans, compagnies maritimes...

Si vous passez un samedi à Port Louis pendant cette période, ne manquez pas ce spectacle. La saison est marquée par plusieurs courses majeures, notamment la Maiden Cup, à la fin du mois d'août.

Théâtre municipal THÉÂTRE

(Sir William Newton St). Avec sa belle façade classique à colonnes et balustrades, le théâtre municipal a peu changé depuis sa construction en 1822. Fermé pour rénovation depuis plusieurs années, le bâtiment en lui-même vaut le coup d'œil.

Où se loger

La ville n'ayant pas de visées réellement touristiques, le parc hôtelier est très limité et les nouvelles réglementations imposant l'installation de coffres-forts et de caméras de surveillance ont eu raison des petits hôtels bon marché. Restent des établissements qui s'adressent avant tout à la clientèle d'affaires, chers et internationaux. Mieux vaut loger sur la côte dans un hôtel agréable et visiter la capitale dans la journée, lorsque l'animation bat son plein.

Le Saint Georges TROIS-ÉTOILES €€

(☎211 2581 ; www.saintgeorgeshotel-mu.com ; 19 Saint-Georges St ; s/d avec petit-déj 65-115/80-130 € selon confort et saison ; ❄@📶🏊). Face à l'ambassade de France, dans un quartier tranquille et proche du centre, Le Saint Georges occupe un grand immeuble moderne. Classé trois-étoiles (il en mérite deux), l'établissement profite de sa situation d'unique hôtel de catégorie moyenne de la ville pour vivre sur ses acquis. Ses chambres climatisées sont grandes et équipées d'une sdb, d'une TV et d'un téléphone, mais peuvent sentir le renfermé et mériteraient d'être rénovées. L'hôtel dispose d'un restaurant, d'un bar et d'une petite piscine. Accès Internet et Wi-Fi dans le hall.

♥ Le Suffren Hotel & Marina QUATRE-ÉTOILES €€€

(☎202 4900 ; www.lesuffrenhotel.com ; Caudan Waterfront ; s/d avec petit-déj à partir de 230/257 € ; P❄@📶🏊). Dernier-né des hôtels de la ville, Le Suffren est bâti en face du Labourdonnais, de l'autre côté de la marina. Classé quatre-étoiles, il décline une esthétique de yatch-club chic et sobre, dans les tons beiges, contemporaine et aérée. Ses autres atouts sont le calme, la piscine et la plage artificielle, face au port (n'envisagez pas de vous baigner), qui a des airs de "Port Louis plage". Ses 102 chambres présentent une décoration de style continental, claire et agréable, dans les tons gris, vert et taupe. L'hôtel, qui appartient au même groupe que le Labourdonnais, est moins luxueux que ce dernier mais invite plus à la détente. Une navette fluviale permet de traverser les 20 m de marina qui le séparent du Caudan Waterfront. Il est également possible de s'y rendre en voiture. Le Suffren applique parfois un tarif "business", environ 45% moins cher. Tentez votre chance...

♥ Labourdonnais Waterfront Hotel CINQ-ÉTOILES €€€€

(☎202 4000 ; www.labourdonnais.com ; Caudan Waterfront ; s/d avec petit-déj à partir de 292/319 € ; P❄@📶🏊). Idéalement situé à l'extrémité du Caudan Waterfront, ce cinq-étoiles se révèle une bonne surprise. Tout est prévu pour que la clientèle, d'affaires essentiellement, prenne ses aises. Récemment rénové, l'hôtel compte 3 restaurants (voir p. 63), un piano-bar très agréable, une petite piscine et un centre de remise en forme. Les 109 chambres, aménagées autour d'un vaste patio coiffé d'un plafond de verre, respirent le luxe feutré et le raffinement étudié, avec mobilier de bois clair, balcon privé et moquette, et sont équipées d'un accès à Internet. Les chambres Tourelle, en angle, plus onéreuses, sont du plus bel effet – on se croirait dans un bateau.

Où se restaurer et prendre un verre

À l'heure du déjeuner, vous aurez le choix entre de nombreux établissements correspondant à tous les budgets, des vendeurs ambulants aux restaurants gastronomiques en passant par les adresses du quartier chinois. Sans oublier les fast-foods de plus en plus présents. Changement de décor à l'heure de dîner : la plupart des restaurants ferment le soir et le dimanche, à l'exception de ceux du Caudan Waterfront et de quelques rares adresses du centre-ville.

Centre-ville

Vous y trouverez majoritairement des spécialités chinoises et créoles. Le marché et les rues avoisinantes regorgent de vendeurs ambulants et d'échoppes qui proposent des *farata* (sorte de galette), des samoussas ou des *dholl puri* (variété de crêpe indienne) moyennant une dizaine de roupies. Ne manquez pas de goûter l'*alouda*, une curieuse boisson sucrée à base de lait, comparable au lassi. De nombreux restaurants chinois sont rassemblés au nord de Royal St, notamment au voisinage d'Anquetil St et de Rivière St, où vous vous rassasierez pour une somme modique.

Le Grand Canton CANTONAIS €€

(☎217 3715, 217 3724 ; www.grandcanton.mu ; 47 Queen St ; plats 75-1 400 Rs ; ⏲tlj sauf mar). On dit qu'il s'agit du meilleur restaurant chinois de Port Louis. Dans une vaste salle au décor boisé assez sobre, on se régale de *dim sum* (délices cuits à la vapeur), de boulettes de légumes et de raviolis fourrés, de *paow* (petits pains de mie cuits à la vapeur), et d'une inoubliable soupe aux œufs de 100 ans... En dessert, goûtez au *mochi*, petite boule de farine de riz sucrée, accompagné d'un thé au jasmin. Aussi bien qu'à Beijing !

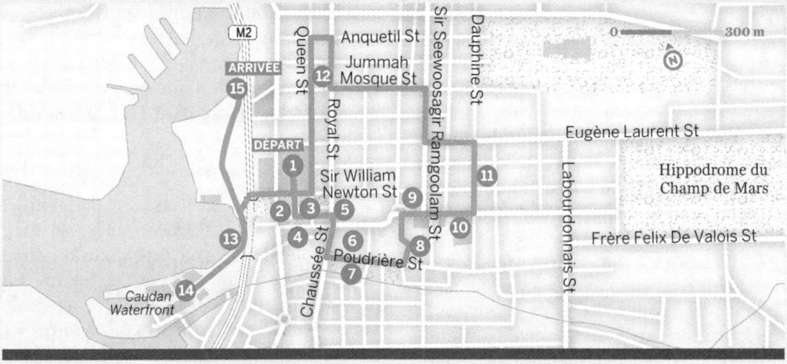

Promenade à pied
Patrimoine architectural

DÉPART MARCHÉ CENTRAL
ARRIVÉE AAPRAVASI GHAT
DISTANCE 3 KM
DURÉE 2 HEURES

La ville se parcourt aisément à pied, et ce circuit vous permettra de découvrir l'étonnant mélange des genres dans lequel la capitale mauricienne puise son caractère. Commencez dès le matin par le 1 **marché central** (p. 54), lorsque l'activité bat son plein.

Rejoignez ensuite la 2 **place d'Armes** (p. 54), élégamment bordée de palmiers royaux, quelques centaines de mètres plus au sud. Vous voici au cœur du 3 **quartier des affaires** : d'un côté trônent des gratte-ciel ostentatoires et ultramodernes ; de l'autre subsistent quelques demeures créoles, avec, en toile de fond, l'imposant immeuble blanc de la Mauritius Commercial Bank. Sur la droite, juste après la State Bank, remarquez en retrait une belle 4 **maison coloniale en pierre**, ornée d'un balcon en fer forgé, qui héberge l'Afrasia Bank. Au bout de la place, la 5 **Government House** (p. 54), construite en 1735, allie des structures en bois et en pierre, une toiture en bardeaux et une véranda soutenue par une colonnade.

Remontez la place d'Armes et prenez à droite, dans Chaussée St. Faites halte au 6 **Natural History Museum** (p. 58) puis aux 7 **jardins de la Compagnie** (p. 54), l'ancien parc de la Compagnie des Indes, ombragé d'imposants banians.

Sortez à l'est des jardins dans Poudrière St et empruntez la rue du Vieux Conseil, ruelle pavée très "cinématographique". Vous déboucherez, un peu plus haut, sur le 8 **musée de la Photographie** (p. 57). La ruelle continue jusque dans Jules Koenig St, où le 9 **théâtre municipal** (p. 59) dévoile son architecture italianisante et ses colonnes de basalte. Datant de 1822, c'est le plus vieux théâtre de l'océan Indien, autrefois fréquenté par le gotha de la société mauricienne.

Tournez à droite dans Pope Hennessy St. Vous passerez devant la 10 **Cour suprême**, un édifice de style colonial, discrètement caché par des arbres au fond d'une cour d'honneur. Prenez ensuite Dauphine St sur la gauche jusqu'à la 11 **cathédrale Saint-Louis** (p. 58), pleine de charme tout basaltique. On distingue, en toile de fond, la citadelle, perchée sur son contrefort. Deux pâtés de maisons plus loin, prenez à gauche Eugène Laurent St, que vous descendrez jusqu'à Ramgoolam St. Tournez à droite : vous arrivez au cœur du quartier commerçant, haut en couleur, très vivant en journée, avec ses boutiques surannées et ses bâtiments aux façades décaties.

Deux rues plus loin, tournez à gauche dans Jummah Mosque St, qui vous amène à la 12 **mosquée Jummah** (p. 55), pourvue d'une magnifique façade blanc et vert et d'une porte en bois finement ouvragée. En prenant à droite Royal St, vous pénétrez dans le quartier chinois, l'un des plus animés de la ville.

Revenez ensuite vers le marché par Queen St puis empruntez le passage souterrain menant au 13 **Caudan Waterfront** (p. 54). Ce quartier moderne et aseptisé vaut le détour pour deux sites incontournables : le 14 **Blue Penny Museum** (p. 54) et l'15 **Aapravasi Ghat** (p. 55).

Lambic BAR-RESTAURANT-BRASSERIE €€

(☎212 6011 ; www.lambic.mu ; 4 Saint-Georges St ; plats 115-690 Rs, bières à partir de 115 Rs ; ⊙lun-jeu 10h-20h, ven 10h-23h, sam midi-20h, fermé dim ; 📶P). Au sein d'une demeure coloniale restaurée avec goût, le Lambic vous accueille dans une salle chaleureuse aux murs couverts de bouteilles de bière. La carte compte une cinquantaine de variétés (belges, allemandes, françaises, danoises, hollandaises et mauriciennes) de 25 cl à... 3 litres ! Vous pourrez notamment goûter l'excellente Flying Dodo, produite par la microbrasserie créée récemment par Lambic (voir p. 114). Sélection de tapas, burgers, salades, et des plats alléchants à l'image du sanglier des bois de Rivière Noire rôti à la bière aux fruits rouges, ou la pièce de porc rôtie à la Kriek. Il y a même des moules-frites, des plats végétariens, et une jolie carte des vins et digestifs. Attachant et accueillant, le Lambic est l'un des rares restaurants de la vieille ville à être ouvert le soir. Petit-déjeuner de 8h à 10h30.

Café du Vieux Conseil MAURICIEN €€

(☎211 0393 ; rue du Vieux Conseil ; plats 250-850 Rs ; ⊙lun-ven midi). Bien qu'en plein centre, ce restaurant discret dégage une atmosphère zen et paisible. Précédé d'un agréable jardin, il vous donnera l'occasion de savourer le déjeuner à l'écart du tohu-bohu des grandes avenues, pourtant toutes proches. La carte mise sur ses spécialités de cœur de palmiste – en vinaigrette, au marlin fumé, en gratin, avec des crevettes... – et de plats comme le curry de crevettes aux bringelles ou le rougail saucisses. Quelques plats du terroir typiquement français également, spécialités du chef périgourdin Alain Ponty, habitués des restaurants étoilés. Le cadre est particulièrement agréable en cas de forte chaleur.

Le Café de l'Atelier CAFÉ-RESTAURANT CRÉATIF €€

(☎208 2816 ; 12 Saint-Louis St ; plats 140-290 Rs ; ⊙lun-ven midi ; 📶). Se nourrir le corps et l'esprit, c'est ce que propose Le Café de l'Atelier dans un grand loft à la déco industrielle. Pour le corps, une restauration légère est proposée, des tartes, des cakes, des crumbles salés, des risottos et surtout de copieuses salades. Mention particulière aux jus de fruits frais et aux desserts. Pour l'esprit, ses murs où prennent place des expositions temporaires, sa librairie à l'étage établie à l'initiative de l'écrivain mauricien Barlen Pyamootoo, ses sets de table ornés de citations de livres et les crayons de couleur laissés sur les tables pour que les clients laissent libre cours à leur inspiration font du Café de l'Atelier un lieu vraiment à part à Port Louis. Petit jardin ombragé.

Le Courtyard GASTRONOMIQUE €€€

(☎210 0810 ; angle Saint-Louis St et Chevreau St ; plats 310-790 Rs ; ⊙lun-ven midi, ven soir). Impossible de ne pas être séduit par le cadre : une belle demeure ancienne en pierre restaurée, dissimulant l'agréable patio plein de palmiers, fougères et citronniers, qui donne son nom aux lieux. Bien installé dans ce dernier ou dans la fraîcheur de la salle élégante, on vient à cette adresse raffinée déguster une cuisine gastronomique inventive. Celle-ci s'appuie avant tout sur la fraîcheur des produits et des associations de saveurs originales, à l'image de son carré d'agneau, à la purée de pommes et au jus d'agneau à la menthe ou de son vindaye de fruits de mer avec chutney. Cette vraie cuisine de chef (jusqu'aux sorbets de fruits, à tomber), aussi délicieuse que bien présentée, fait du Courtyard l'une des tables les plus séduisantes de l'île Maurice. Un indéniable coup de cœur, qui mérite la dépense.

La Bonne Marmite MAURICIEN €€€

(☎212 2403/212 4406 ; www.bonnemarmite.com ; 18 Sir William Newton St ; buffet 450 Rs, plats 450-1 000 Rs ; ⊙lun-ven midi, dîner sur réservation). Trois salles, trois ambiances et une réputation bien affirmée : bienvenue dans cette adresse qui n'usurpe pas son nom. Au rez-de-chaussée, une petite salle voisine avec un patio au centre duquel trône une fontaine, qui crée une atmosphère reposante et conviviale. On propose ici un buffet à prix doux qui présente un goûteux éventail de la cuisine mauricienne, idéal pour le déjeuner. Changement de décor à l'étage, où l'ambiance feutrée et chic se prête aux repas d'affaires ou aux confidences amoureuses. On choisit ici à la carte parmi les spécialités gastronomiques – cari de homard, filet de poisson de pêche locale relevé à l'orange et au gingembre... Enfin le Rocking Boat, plus ancien pub anglais de Maurice, propose chaque jour un buffet de mets variés.

Caudan Waterfront

Ses établissements de restauration en tout genre répondront aux envies culinaires les plus diverses. Les fast-foods et pizzerias, misant rarement sur la qualité, y sont légion. La plupart des adresses du Caudan sont ouvertes midi et soir.

Mystic Masala SNACK INDIEN €
(☎210 2442 ; snacks et plats 40-340 Rs ; ⏲tlj 11h-22h). Ce snack indien installé dans un petit kiosque au toit vert devant l'entrée du Caudan propose un large assortiment de savoureux en-cas indiens (*patti*, *puri*, *farata*, samoussas) à des tarifs minimalistes. Pour un repas plus consistant, optez pour les plats du jour, qui n'oublient pas les végétariens. Quelques tables avec parasol sont disposées devant le kiosque. Sans prétention mais pas sans qualités.

♥ Siro Piké JUS DE CANNE €
(☎57 95 11 38 ; la_sucrerie1@intnet.mu ; ⏲lun-sam 10h-17h, dim 17h-22h ; 100-130 Rs). Un étal coloré à côté du Blue Penny Museum, une machine qui broie la canne sous vos yeux, et dans le verre, du pur jus de canne à sucre avec au choix du citron, du gingembre, de la menthe, de la banane, du tamarin, de l'ananas... Délicieux ! On y trouve aussi tous les sucres produits à Maurice, conditionnés sous diverses formes.

♥ Saveurs des Îles SINO-MAURICIEN-EUROPÉEN €€
(☎213 5853 ; place du Moulin ; plats 65-475 Rs ; ⏲tlj, fermé lun soir). Tout y est : le sourire, un service rapide, des plats copieux et succulents et une carte extrêmement variée permettant de découvrir la quasi-totalité des plats mauriciens. Crevettes, calamars, bœuf, crabe, poulet, langouste, poisson... y sont proposés sous toutes leurs formes (grillé, en chop suey, en curry, en daube, aigre-doux, à la vapeur, en *sizzling*...), sans oublier les soupes, les salades et les riz renversés. On peut aussi prendre un verre sous les cocotiers et parasols blancs en terrasse. Une valeur sûre, installée dans une belle demeure ancienne qui abritait le bureau des Douanes.

Grand Ocean City CHINOIS €€
(☎211 8357 ; plats buffet 160-800 Rs ; ⏲tlj midi et soir). Ce grand restaurant chinois est réputé pour ses fruits de mer, son canard laqué et ses spécialités shanghaiennes. La clé du succès ? Son buffet de *dim sum* (bouchées vapeur) proposé les lundi, jeudi et dimanche. Salle confortable ; service efficace et professionnel.

L'Escale INTERNATIONAL €€€
(Labourdonnais Waterfront Hotel ; ☎202 4000 ; plats 315-710 Rs ; ⏲tlj midi et soir). Situé dans le cadre majestueux de l'hôtel Labourdonnais Waterfront (p. 60), L'Escale décline avec un certain talent salades, pâtes, pizzas et omelettes, mais aussi les spécialités mauriciennes autour du poisson et de la viande. La salle, avec pianiste certains soirs, est particulièrement chic et la belle terrasse est située à l'extrémité la plus calme du Caudan. Les tarifs restent raisonnables pour ce cadre très sélect mais la dénomination des plats est souvent plus recherchée que les mets eux-mêmes. L'hôtel abrite également un restaurant gastronomique, **La Rose des Vents** (⏲lun-sam).

The Keg & Marlin SNACK, PUB €€
(☎210 2050 ; plats 200-500 Rs ; ⏲lun-jeu jusqu'à 23h, ven-dim jusqu'à minuit). Ambiance conviviale et animée pour cet établissement au nom évocateur ("le Tonnelet et le Marlin") et aux allures de pub, dont la terrasse avec vue sur le quai semble toujours appréciée pour sa Phoenix pression. L'animation bat son plein le vendredi soir. Snacks, grillades et plats du jour.

☆ Où sortir

Le Caudan Waterfront concentre la (très modeste !) vie nocturne de Port Louis. Tous les week-ends, la jeunesse mauricienne se presse dans ses cinémas, son casino, ses restaurants et ses bars en bord de mer.

Star CINÉMA
(☎211 5361 ; Caudan Waterfront ; enfant/adulte 125/175 Rs). Sans conteste le meilleur cinéma de l'île. Les dernières nouveautés internationales, en anglais et en français, sont projetées dans ses 3 salles modernes et confortables. Les autres salles de Port Louis mettent l'accent sur les exclusivités de Bollywood.

Casino CASINO
(☎210 4203 ; Caudan Waterfront ; ⏲machines à sous tlj 10h-2h, roulette lun-sam 20h-4h, dim 14h-4h). Repérable de loin à son entrée en forme de proue de galion de pirate, le casino occupe l'emplacement d'anciens entrepôts à l'entrée du Caudan. L'imposante salle des machines à sous, au rez-de-chaussée, est ouverte aux plus de 18 ans. La salle de jeu, à l'étage, est plus élégante mais très kitsch, avec ses fauteuils orange et son plafond étoilé.

Achats

Marché central ARTISANAT ET PRODUITS LOCAUX
(entre Farquhar St et Queen St ; ⏲ lun-sam 5h30-17h30, dim 5h30-11h30, ouverture 30 min plus tôt oct-mars). Quoi que vous cherchiez, vous risquez fort de le trouver dans les allées du marché central. Ses étals proposent un vaste choix d'épices, de tisanes, d'artisanat et de vêtements. De nombreuses boutiques de tissus sont également installées dans les rues environnantes.

Caudan Waterfront CENTRE COMMERCIAL
(Marina Quay). Les boutiques à la mode du Caudan Waterfront sont l'autre pôle commercial de la ville. Le quartier moderne de Port Louis regroupe 170 commerces (mode, bijoux, souvenirs).

Orientation

La ville se déploie au pied d'un amphithéâtre montagneux – ce qui la rend étouffante les jours de fortes chaleurs – et a subi d'importantes transformations au cours des dernières décennies. Au point que l'on peut maintenant parler de "vieille ville" et de "nouvelle ville", de part et d'autre de la route M2, qui longe le port. La "nouvelle ville" occupe une superficie restreinte mais regroupe les principales nouveautés de la capitale et une large part de son animation.

Le Port Louis historique présente un quadrillage parfait. Sir William Newton St et la place d'Armes en constituent l'épicentre. Ses autres points de repère sont le marché, le quartier chinois et les jardins de la Compagnie, à quelques centaines de mètres les uns des autres. Hormis quelques gratte-ciel qui disputent ça et là l'azur aux cocotiers, cette partie de la ville a relativement peu changé au cours des dernières décennies. Occupée en grande partie par des bureaux, elle est quasiment déserte après 17h.

Changement de décor côté port, où le Caudan Waterfront constitue un quartier à part entière. Cet ensemble architectural récent, qui semble avoir été greffé à la ville d'origine, articule autour des bassins du port de commerce ses immeubles modernes abritant commerces, cinémas, restaurants et fast-foods. Seule partie de Port Louis animée en soirée, le Caudan est relié au "vieux" Port Louis par deux passages sous la voie rapide.

Ajoutons que les rues du cœur historique peuvent désorienter. Leurs noms mélangent français et anglais (même les cartes et les textes officiels utilisent indistinctement "rues" et "streets", "routes" et "roads") et certaines changent de dénomination à mi-parcours. D'autres artères sont périodiquement rebaptisées pour des raisons politiques, historiques ou selon l'humeur.

Les gares routières de Victoria Square et d'Immigration Square sont situées de part et d'autre du centre-ville, en bordure de la route principale.

Renseignements

ACCÈS INTERNET

Connexion Wi-Fi dans de nombreux établissements (restaurants, hébergements, boutiques du Caudan Waterfront).

ARGENT

Les banques dotées de DAB acceptant les cartes Visa et Mastercard abondent dans le périmètre du centre-ville, notamment aux abords de Sir William Newton St et de la place d'Armes. Vous en trouverez également au Caudan Waterfront.

Banque des Mascareignes (☎ 213 2200 ; place d'Armes)

Barclays Bank (☎ 207 1960 ; Sir William Newton St)

HSBC (☎ 203 8333 ; place d'Armes)

Mauritius Commercial Bank (☎ 202 5000 ; Sir William Newton St). Dispose également d'une agence au Caudan Waterfront, près du Blue Penny Museum.

State Bank (☎ 203 49 13 ; Sir William Newton St)

COMPAGNIES AÉRIENNES

De nombreuses compagnies sont représentées à Port Louis. Certaines sont rassemblées au rez-de-chaussée de l'IBL House, sur le Caudan Waterfront ; d'autres dans le bien nommé Airways Centre, aussi appelé Rogers House, dans la "vieille ville". Air Mauritius dispose de locaux non loin de ce dernier.

Air Austral (☎ 202 8050 ; IBL House, Caudan Waterfront ; ⏲ lun-ven 8h30-16h30, sam 8h30-12h)

Air France (☎ 202 6747 ; Airways Centre, 5 President Kennedy St ; ⏲ lun-ven 8h30-17h, sam 8h30-12h)

Air Madagascar (☎ 203 2150 ; IBL House, Caudan Waterfront ; ⏲ lun-ven 8h30-16h, sam 8h-12h)

Air Mauritius (☎ 207 7070 ; Air Mauritius Building, President Kennedy St ; ⏲ lun-ven 8h30-16h15, sam 8h30-12h)

Air Seychelles (☎ 202 6671, 202 6670 ; Airways Centre, 5 President Kennedy St ; ⏲ lun-ven 8h30-16h15, sam 8h30-12h)

Corsair (☎ 210 2020 ; Caudan Warterfront ; ⏲ lun-ven 9h30-16h30, sam 9h-12h). Non loin de l'Hôtel Labourdonnais.

South African (☎ 202 6737 ; Airways Centre, 5 President Kennedy St ; ⏲ lun-ven 8h30-16h15, sam 8h30-12h)

LIBRAIRIES

Bookcourt (☎211 9262 ; Caudan Waterfront ; ⏲lun-sam 10h-18h, dim 10h-12h30). Dissimulée au cœur des boutiques du Caudan Waterfront, cette excellente librairie propose un vaste choix de livres en français et en anglais, des journaux et magazines français, des guides de voyage et des cartes postales.

L'Atelier (☎208 2915 ; 12 Saint-Louis St ; ⏲lun-ven 9h30-16h). À la fois librairie et café-restaurant (voir p. 62), cette adresse ouverte à l'initiative de l'écrivain mauricien Barlen Pyamootoo propose à l'étage un fonds important de littérature française et mauricienne en format de poche. L'Atelier dispose aussi de quelques ouvrages en créole mauricien et propose régulièrement des expositions sur ses murs.

OFFICE DU TOURISME

Mauritius Tourism Promotion Authority (MTPA ; ☎210 1545 ; www.tourism-mauritius.mu ; Victoria House, Saint Louis St ; ⏲lun-ven 9h-16h, sam 9h-12h). Au 4e étage de l'immeuble Victoria House, dans la "vieille ville". Le personnel est accueillant et désireux de répondre aux questions des visiteurs mais les services restent limités. Vous pouvez également accéder à un service téléphonique de renseignements touristiques en composant le ☎152.

POSTE ET TÉLÉPHONE

Vous trouverez des bureaux de poste près de la gare routière de **Victoria Square** (3 Dumas St ; ⏲lun-ven 8h-16h, sam 8h-11h45) et dans l'**Emmanuel Anquetil Building** (Jules Koenig St ; ⏲lun-ven 8h15-16h, sam 8h15-11h45).

Emtel L'un des principaux opérateurs de téléphonie mobile de l'île a des bureaux au pied de l'Air Mauritius Building, sur President Kennedy St. Vous pourrez y acheter une puce locale pour votre mobile, ce qui permet des communications à moindre coût.

Poste centrale (Port Louis Waterfront ; ⏲lun-ven 8h15-16h, sam 8h15-11h45). Non loin du port, elle a été rejointe depuis quelques années par le Musée postal (voir p. 58).

SÉCURITÉ

Port Louis n'échappe pas à la recrudescence des problèmes de drogue et de criminalité qui touchent l'île. Les habitants déconseillent de se promener dans les rues de la "vieille ville" après la nuit tombée, lorsqu'elle est déserte. En revanche, le Caudan Waterfront est sûr.

Pendant la journée, des pickpockets peuvent sévir dans l'enceinte des marchés, aux abords des gares routières et dans les bus. Dans ces lieux, évitez de vous promener avec un sac en évidence et mettez de préférence votre argent dans une ceinture spéciale, sous vos vêtements.

> **À SAVOIR**
>
> Seules les boutiques précisant clairement "VAT Refund" sur leur devanture permettent de se faire rembourser à l'aéroport une partie des 15% de TVA en vigueur sur l'île.
>
> N'espérez pas écumer les boutiques le dimanche ou en soirée. Port Louis est quasiment une ville morte après 17h et la grande majorité des commerces ferment le dimanche (sauf quelques boutiques du Caudan Waterfront).

SERVICES MÉDICAUX

Reportez-vous à la rubrique *Infrastructures médicales* du chapitre *Santé*, p. 242.

URGENCES

Plusieurs commissariats sont installés en ville. Vous en trouverez notamment un au Caudan Waterfront, près du port de pêche.

Police (☎999 ou 112)

Pompiers (☎995)

Samu (☎114)

Depuis/vers Port Louis

Reportez-vous au chapitre *Transports*, p. 234, pour les informations concernant l'accès par voies aérienne et maritime.

BUS

Port Louis compte deux gares routières situées au nord et au sud du centre-ville.

Les bus à destination du nord et de l'est (Grand Baie, Trou aux Biches, Grand Gaube, Pamplemousses, Poudre d'Or, etc.) partent d'Immigration Square. Capharnaüm de bus, donc des effluves de diesel, cette gare routière est située au nord du centre-ville.

Les bus desservant le sud et l'ouest (Curepipe, Mahébourg, Quatre Bornes, Flic en Flac, etc.) partent du terminus de Victoria Square, au sud du centre-ville, bien plus calme et mieux organisé.

Les bus circulent généralement de 5h30 à 20h. L'affluence est à son comble vers 17h, à la sortie des bureaux. À l'heure où nous écrivons ces lignes, aucun trajet en bus au départ de Port Louis ne dépasse 30 Rs.

TAXI

Vous pourrez avoir recours à leurs services pour gagner d'autres points de l'île. Les tarifs demandés par les chauffeurs, à négocier, sont d'environ 700 Rs pour Trou aux Biches et

1 000 Rs pour Grand Baie ou l'île aux Cerfs. Comptez 1 800-2 000 Rs pour bénéficier d'une voiture la journée entière.

VOITURE

Active et souvent encombrée d'embouteillages, Port Louis n'est pas la ville idéale pour louer une voiture. Hormis Mauritours (p. 238), qui représente Budget, les agences implantées en ville sont rares. Mieux vaut louer au départ de la côte ou de l'aéroport, quitte à faire acheminer le véhicule jusqu'à la capitale.

Comment circuler

DEPUIS/VERS L'AÉROPORT

Aucun bus direct ne dessert l'aéroport Sir Seewoosagur Ramgoolam, mais les bus express qui relient Port Louis à Mahébourg longent le parking et peuvent vous laisser à 300 m du hall d'enregistrement. Par prudence, prévoyez 2 heures pour le trajet. La majorité des voyageurs ont recours au taxi (1 000 Rs environ).

Prévoyez large même en taxi car les embouteillages sont fréquents aux abords de la capitale.

VOITURE

Port Louis se découvre facilement à pied.

À moins de vouloir subir les désagréments des embouteillages, évitez de circuler aux heures de pointe (7h30-9h30 et 14h30-17h30). Si vous arrivez en voiture, le plus simple est de vous garer dans le parking payant du Caudan Waterfront (ouvert de 7h30 à 23h) facilement accessible depuis la M2.

Les taxis sont peu utiles pour circuler en ville.

ENVIRONS DE PORT LOUIS

Dominant Port Louis, Le Pouce (812 m) doit son nom à sa silhouette caractéristique. Relativement facile à gravir compte tenu du dénivelé, il fait l'objet d'une belle randonnée qui offre de superbes panoramas sur toute l'île – à réserver toutefois aux marcheurs motivés. Si on peut l'explorer depuis Port Louis, il est toutefois plus simple de partir de Moka (p. 113).

Au sud de Port Louis, le parc de loisirs du domaine Les Pailles propose plusieurs restaurants ; au nord, le caveau du Père Laval est l'objet d'un pèlerinage très suivi dans l'île.

Domaine Les Pailles

À 5 km au sud de Port Louis, le **domaine Les Pailles** (286 4225 ; www.domainelespailles.net ; tlj 10h-15h30 pour les visites et activités) s'étend sur un vaste site cerné de montagnes. Créé en 1991, ce parc de loisirs présente l'histoire de l'île Maurice à travers de nombreuses animations. L'ensemble est assez factice, et connaît depuis quelques années une certaine désaffection du public ; on y va surtout pour les animations partagées avec les enfants, et ses restaurants.

Vous pourrez vous promener en calèche ou en petit train au milieu des champs de canne et de coton, visiter la réplique d'un moulin à sucre datant du XVIIIe siècle actionné par des bœufs, découvrir la distillerie de rhum qui produit la cuvée spéciale du domaine (mais qui ne fonctionne plus), musarder dans un jardin d'épices et visiter le musée des Masques. Les tarifs varient selon la formule choisie. Comptez 270/105 Rs par adulte/enfant pour une simple visite guidée du domaine, 970/440 Rs pour une demi-journée incluant la visite du musée des Masques, 190/100 Rs pour une visite guidée et un tour en train (210/110 Rs si le tour est en calèche, 270/140 Rs pour les deux) et 1 500/1 000 Rs pour une balade à cheval. Un casino est également implanté sur le site (mêmes horaires que le casino de Caudan Waterfront).

Où se restaurer

Le domaine abrite quatre restaurants.

La Dolce Vita — ITALIEN €€
(pizzas 150-400 Rs plus TVA ; tlj midi et soir). Les pizzas sont logiquement à l'honneur sur la carte de ce restaurant italien un peu vite autoproclamé "trattoria sous les tropiques". Son atout maître est la piscine, à côté de la terrasse (réservée aux clients).

Clos Saint Louis — INTERNATIONAL €€
(plats 175-750 Rs plus TVA ; tlj midi et soir, fermé dim). Installé dans une demeure de style néocolonial, ce restaurant élégant mêle les influences mauriciennes et européennes.

Indra — INDIEN €€
(plats 275-600 Rs plus TVA ; tlj midi et soir sauf sam soir et dim midi). Un restaurant indien de bonne réputation. Luxueux décor rehaussé de boiseries, tentures, fontaines, nappes damassées et serveurs en habit traditionnel.

Fu Xiao CHINOIS €€
(plats 175-1 000 Rs plus TVA ; ⌚dim-ven midi et soir, sam midi). Spécialités en provenance des quatre coins de la vaste Chine.

Depuis/vers le domaine Les Pailles

BUS

Pour rejoindre le domaine, prenez n'importe quel bus circulant entre Port Louis et Curepipe et demandez à descendre au domaine Les Pailles. L'entrée se trouve à 2 km au nord de l'arrêt de bus. De Port Louis ou de Moka, mieux vaut toutefois emprunter un taxi.

VOITURE

En voiture, prenez l'autoroute M2 vers Curepipe et suivez les panneaux.

Caveau du Père Laval

Véritable Lourdes de l'océan Indien, le **caveau du Père Jacques Désiré Laval** (⌚tlj 8h-17h environ) attire les 8 et 9 septembre de chaque année de 100 000 à 200 000 pèlerins. Arrivant du monde entier (en particulier de La Réunion, d'Afrique du Sud, du Royaume-Uni, de France, des Seychelles et d'Australie), ils viennent rendre hommage dans une atmosphère joyeuse à ce prêtre et missionnaire français qui s'illustra à l'île Maurice, entre 1841 et 1864 (année de sa mort), en aidant les anciens esclaves affranchis et les Mauriciens les plus pauvres. Béatifié en 1979, le Père Laval (également surnommé l'apôtre des Noirs), qui avait appris le créole pour exercer son apostolat, est la figure emblématique du catholicisme à Maurice.

Le site, à quelques kilomètres au nord de Port Louis en direction de Pamplemousses, est implanté au pied de la montagne Longue. Rénové en 2014, le caveau, de petite taille, se situe à l'extérieur de l'église, de style moderne. Hormis en période de pèlerinage, il ne présente pas beaucoup d'intérêt pour les non-croyants. Les visiteurs se recueillent devant la tombe et effleurent l'effigie en plâtre du Père avant de toucher le front de leurs enfants. On raconte que ce geste aurait provoqué des guérisons miraculeuses.

Si vous voulez en savoir plus sur le Père Laval et son œuvre d'évangélisation, visitez la boutique ou l'exposition permanente qui présente sa soutane, ses lettres et des photographies.

Depuis/vers le caveau du Père Laval

BUS

Prenez le bus "Père Laval" ou "Cité La Cure" à la gare routière nord. Après environ 4 km, vous rejoindrez directement le caveau et l'église de Sainte-Croix, via Sir Seewoosagur Ramgoolam St, Plaine Verte et Abercrombie.

TAXI

Comptez environ 200 Rs depuis Port Louis.

Baie du Tombeau

Localité littorale la plus proche de la capitale, Baie du Tombeau est devenue au fil du temps une banlieue de Port Louis. Son nom évoque les nombreux naufrages qui y ont eu lieu, dont celui de Pieter Both, gouverneur des Indes orientales néerlandaises, qui y périt en 1615 et donna son nom à l'un des sommets de l'île.

La baie, bien que tranquille, offre peu d'intérêt pour les visiteurs, qui trouveront des sites balnéaires plus agréables et propices à la baignade plus loin sur la côte, mais elle abrite un hôtel fréquenté par ceux qui recherchent la proximité de la capitale mais préfèrent résider sur le littoral.

Où se loger et se restaurer

Les Cocotiers SUR LA PLAGE €€
(☎206 86 00 ; www.cocotiers-hotel-mauritius.com ; Royal Rd, Baie du Tombeau ; d 51-70 € selon saison ; P❄≋📶). Classé deux étoiles, cet hôtel-restaurant, rénové il y a peu, est plutôt confortable. Aménagé en bordure de plage, il propose 48 chambres sobres et bien équipées, un peu petites mais égayées de tons bleus et marron glacé. L'hôtel vise davantage la clientèle d'affaires que les séjours balnéaires : quelques activités nautiques sont disponibles sur demande et on profite d'une petite piscine agrémentée de transats et de cocotiers ; quant à la plage, avec ses galets et ses oursins, elle n'invite pas à la baignade. Bon point pour le personnel, aux petits soins.

Depuis/vers Baie du Tombeau

Baie du Tombeau n'est pas desservie par les bus à destination directe de Grand Baie ou de Trou aux Biches. Le plus simple consiste à s'y rendre en taxi depuis Port Louis, en 20 minutes si les embouteillages ne s'en mêlent pas, ou le bus 42.

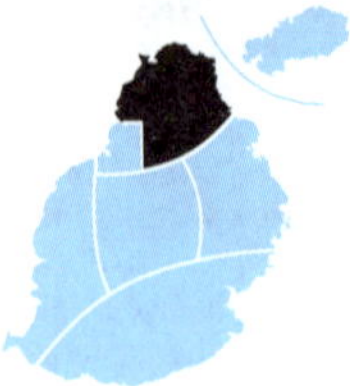

Nord de l'île

Dans ce chapitre ➡

Le top des hébergements

- Veranda Paul et Virginie (p. 98)
- Le Récif Attitude (p. 76)
- 20° Sud (p. 82)
- La Demeure Saint-Antoine (p.101)

Le top des restaurants

- Le Fangourin (p. 72)
- Le Pescatore (p. 80)
- La Demeure Saint-Antoine (p.101)
- La Table du Château (p. 101)

Pourquoi y aller

C'est au nord de l'île que la vocation touristique de Maurice s'exprime le plus nettement. Véritable "capitale touristique" de l'île, Grande Baie présente le visage attendu des villes vouées au tourisme intensif : des hôtels de toutes catégories, à l'architecture pas toujours heureuse, se succèdent en rangs serrés, mettant du même coup sous l'éteignoir ce qui pouvait subsister d'âme et de caractère dans le paysage. Cette évolution a néanmoins un mérite : le nord de l'île offre davantage de services aux voyageurs indépendants, et nombreux sont ceux qui apprécient son ambiance animée, qui fait souvent défaut aux autres localités balnéaires du pays. La région possède par ailleurs, comme à Trou aux Biches, Mont Choisy et Bain Bœuf, quelques-unes des plus belles plages publiques du pays.

Le nord de Maurice ne se limite pas à ses localités touristiques. À l'intérieur des terres, le jardin de Pamplemousses compte parmi les sites les plus appréciés de l'île. Au-delà de Pereybère, la côte livre un aspect sauvage, sans artifice, qui culmine à partir de Cap Malheureux. Le Nord n'a pas une physionomie uniforme et regroupe tout ce qui a fait le succès de l'île : d'étincelantes étendues de sable fin côtoient des rivages plus austères et peu fréquentés ; des enclaves huppées bordent des hameaux ; des adresses branchées frôlent des havres de paix absolus. Goodlands et Poudre d'Or, au cœur d'une région agricole, sont très paisibles et représentatives du mode de vie mauricien. À chacun de s'y retrouver...

Quand partir

L'affluence en haute saison (nov-mars) pourra en rebuter plus d'un, surtout autour de Noël et du Jour de l'An et dans une moindre mesure pendant les vacances de Pâques. Elle s'accompagne généralement d'une hausse sensible des tarifs hôteliers. D'une manière générale, la côte nord est moins venteuse et moins arrosée que les autres régions et les températures y sont plus clémentes tout au long de l'année.

À ne pas manquer

1 Les plages de **Trou aux Biches** (p. 76) et de **Mont Choisy** (p. 76)

2 Une sortie en bateau (p. 85) sur les eaux turquoise du lagon jusqu'à l'**île Plate** ou l'**îlot Gabriel**

3 Une promenade au **jardin de Pamplemousses** (p. 70) doublée de la visite de **L'Aventure du sucre** (p. 72) ou du **château Labourdonnais** (p. 100)

4 L'animation de **Grand Baie** (p. 83)

5 L'église de **Cap Malheureux** (p. 96) et la vue sur l'**île Coin de Mire** (p. 85)

6 Les paysages, la quiétude et l'ambiance sauvage du **littoral entre Cap Malheureux et Grand Gaube** (p. 98)

Pamplemousses

À une dizaine de kilomètres au nord de Port Louis, la localité de Pamplemousses doit vraisemblablement son nom aux agrumes originaires de Java introduits sur l'île par les Hollandais, au XVIIe siècle. Pour les visiteurs, elle est surtout devenue synonyme du jardin dit "Pamplemousses", l'un des sites les plus visités de l'île. Elle abrite également un excellent musée dédié à la canne à sucre et à l'histoire de l'île.

La route de Pamplemousses à Poste de Flacq par l'intérieur des terres est l'une des plus belles de Maurice : traversant des champs de canne ponctués ici et là de maisons coloniales, elle passe devant le lac de la Nicolière qui offre de belles vues panoramiques, avant de grimper un versant de montagne où poussent pins de Chine et papyrus, puis de redescendre vers la plaine côtière.

À voir

Jardin de Pamplemousses JARDIN BOTANIQUE

(carte p. 74, plan ci-contre ; 243 94 01 ; ssrbg.govmu.org ; 200 Rs ; tlj 8h30-17h30). De son vrai nom Jardin botanique Sir Seewoosagur Ramgoolam, ou Royal Botanic Gardens, le jardin de Pamplemousses est avec Chamarel (p. 145) au nombre des sites que tout visiteur inscrit sur son carnet de route. La visite de ce jardin de près de 38 ha qui constitue l'un des piliers du patrimoine de l'île est en effet agréable, tant pour les simples promeneurs que pour les férus de botanique (qui pourraient être cependant frustrés de ne pas trouver d'informations sur les espèces observées). Cependant, il faut avouer que, plus ou moins bien entretenu, il n'a plus la splendeur d'antan et que son attrait s'en trouve diminué. Il constitue surtout aujourd'hui un lieu de promenade.

La majorité des visiteurs accèdent au jardin par l'entrée aménagée sur le parking. Pour voir son entrée d'origine, reconnaissable à son grand portail de métal blanc, tournez à gauche en sortant du parking et remontez sur quelques centaines de mètres.

Histoire

Le gouverneur Mahé de La Bourdonnais acheta en 1735 la demeure Mon Plaisir et y créa un potager. Abandonné pendant quelques années, il fut transformé en jardin botanique en 1768 par le naturaliste et botaniste français Pierre Poivre, qui y fit venir des plantes du monde entier dans l'espoir de commercialiser des épices depuis Maurice. Négligé entre 1810 et 1849, le jardin prit un nouveau départ sous l'impulsion de l'horticulteur britannique James Duncan. Ce dernier mit de l'ordre dans les plantations et introduisit les palmiers d'essences diverses que l'on peut encore voir aujourd'hui. Pamplemousses devint par la suite un site d'expérimentation de nouvelles variétés de canne à sucre. Lorsqu'une épidémie de paludisme frappa l'île en 1866, le jardin accueillit une pépinière d'eucalyptus, utilisés afin d'assécher les marais, foyers de propagation des moustiques.

AVEC OU SANS GUIDE ?

Les guides du jardin de Pamplemousses sont en colère. Il y a encore peu de temps, de nombreux visiteurs faisaient appel à leurs services. Normal : le prix de leur prestation est raisonnable et leurs commentaires permettent réellement de mieux apprécier les beautés naturelles du jardin. Tout a changé depuis que l'État a rendu payante l'entrée du site. Non seulement les guides sont maintenant relégués derrière le guichet d'entrée, mais aucune publicité ne leur est faite au moment de la vente des billets (à la différence des visites en voiturette de golf, bien mises en avant). Injustice, dénoncent les guides, qui estiment qu'ils ont été les premiers acteurs de l'écotourisme à Maurice...

Les guides du jardin de Pamplemousses, qui se partagent les bénéfices à chaque fin de journée, attendent les visiteurs 10 m après le guichet d'entrée. Ils ont certainement beaucoup à vous apprendre, et ce jardin est leur gagne-pain.

Visite du jardin

La meilleure période pour admirer le jardin s'étend de décembre à avril. Son périmètre étant assez vaste, il vous faudra prévoir suffisamment de temps et vous munir d'un plan. Vous découvrirez tous ses secrets en faisant appel à un guide officiel (50 Rs/pers, durée 1 heure environ ; voir l'encadré ci-dessus). Des balades en voiturette de golf (250 Rs les 45 minutes avec conducteur-guide) sont également proposées.

Jardin Pamplemousses

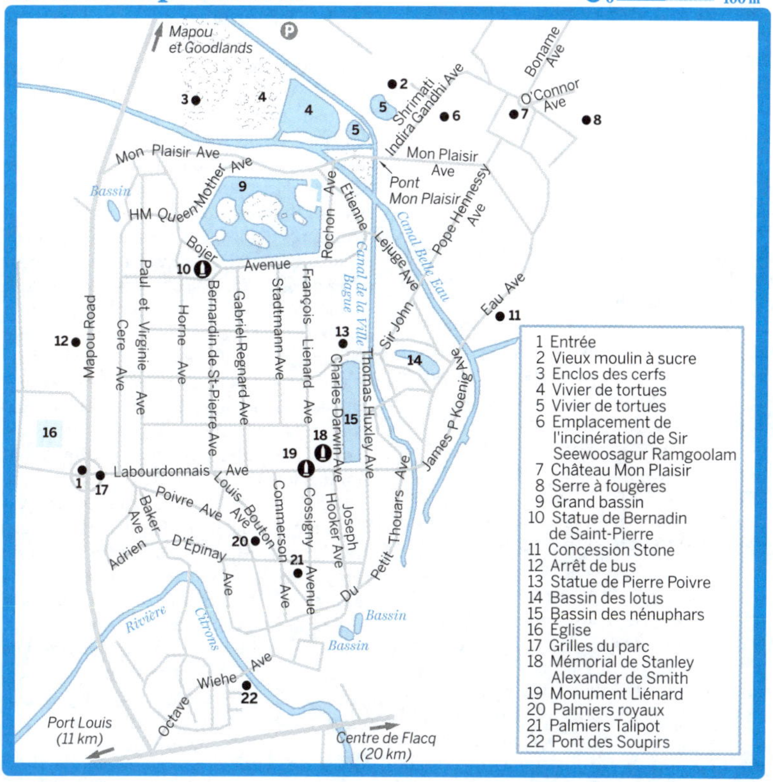

Le jardin abrite plus de 600 espèces d'arbres et de végétaux. Outre les arbres à épices, on peut y admirer des essences rares comme l'ébène, le teck, l'acajou, ainsi que de nombreux arbres fruitiers : litchis, manguiers, ramboutaniers, mangoustaniers, dattiers. Pas moins de 80 espèces de palmiers y sont représentées. Découvrez les allées de talipots (*Corypha*), imposants palmiers qui ne fleurissent qu'une fois, vers l'âge de 100 ans, avant de mourir, et l'allée de palmiers royaux de Cuba (*Roystonea regia*). Le jardin recèle peu de fleurs, mais l'un de ses hôtes les plus remarquables est le nénuphar géant *Victoria amazonica*, représenté en nombre dans un grand bassin. En quelques heures, il peut déployer une feuille ronde pouvant atteindre 2 m de diamètre, assez solide pour supporter le poids d'un enfant. Ses fleurs, blanches à l'éclosion, deviennent rose vif au deuxième jour. Les insectes pollinisateurs reconnaissent ainsi les fleurs blanches, riches en nectar, des roses, déjà visitées et pollinisées. Ne manquez pas non plus les étonnants lotus et leurs tiges en forme de pommeau de douche.

Le jardin est également un plaisir pour l'odorat. Au hasard des allées, vous pourrez humer les senteurs du gingembre, de la cannelle, de la noix de muscade, du camphre, du citron, de l'eucalyptus et du bois de santal, pour ne citer que quelques espèces. Le guide vous aidera à vous y retrouver dans ce foisonnement de parfums.

Le **château Mon Plaisir** abrite une librairie et une bibliothèque, dotées de beaux livres de botanique et d'herbiers à consulter sur place. Une salle multimédia permet de visiter le jardin sur CD-Rom.

Quelques biches et cerfs de Java, ainsi que des tortues, sont rassemblés dans des enclos dans un coin du jardin.

♥ L'Aventure du sucre MUSÉE HISTORIQUE

(carte p. 74 ; ☎243 7900 ; www.aventure-dusucre.com ; Sugar Rd, Beau Plan ; adulte/enfant et étudiant 350/175 Rs ; ⏲tlj 9h-17h). Ouverte fin 2002 à 500 m du jardin de Pamplemousses, cette ancienne sucrerie convertie en musée souligne l'importance de la canne à sucre dans l'histoire de l'île Maurice au travers d'expositions interactives, ludiques et pédagogiques. De son introduction par les Hollandais dans la vallée de Ferney, en 1639, au protocole de 1975 sur les quotas de production, en passant par l'esclavage, l'immigration indienne et le boom sucrier de 1920, rien ou presque n'est oublié. Vous comprendrez au fil de la visite comment et pourquoi 450 000 Indiens sont arrivés sur l'île pour cultiver la canne ; comment le nombre de sucreries est passé de 36 en 1943 à 11 en 2002 ; et selon quels accords l'île Maurice vend chaque année près de 400 000 tonnes de sucre à l'Union européenne et 20 000 tonnes aux États-Unis. Retraçant une aventure humaine, mêlant épopée technologique et réalité économique (le sucre de canne est concurrencé par la betterave, les édulcorants et le sucre de maïs), ce musée est sans conteste l'un des plus intéressants de l'île. Les panneaux explicatifs (parfois un peu longs), les reconstitutions de décors, les objets, les vidéos et les documents se succèdent de façon vivante, selon des principes muséographiques contemporains. La visite n'oublie pas les enfants, à l'intention desquels s'adressent jeux et panneaux spéciaux. Tous les mercredis, une excursion guidée dans les champs de canne permet de découvrir le travail de la coupe, suivie d'une démonstration de cocktail réalisé avec le jus de canne fraîchement pressé. Pour ne rien gâcher, le site est très bien entretenu, et on y trouve un excellent restaurant.

Mitoyenne du musée, la très belle boutique permet d'acheter du sucre et du rhum, et surtout d'apprécier l'étonnante variété des sucres de canne, tant en aspect qu'en goût. Vous y découvrirez toutes les différences entre un muscovado brun, goûteux et imprégné de mélasse, et un demerara sec, aux beaux grains ambrés.

Audioguide disponible sur Appstore et Google Play en 5 langues.

Où se restaurer

♥ Chez Tante Athalie MAURICIEN €€

(hors carte p. 74 ; ☎243 9266 ; Mon Repos, Royal Rd ; menu 488 Rs, plats 150-600 Rs ; ⏲midi tlj sauf dim). "Ici, on veut que les clients goûtent la vraie cuisine créole", dit Marie-Line, la maîtresse des lieux. La mine ravie des clients semble lui donner raison. Le cadre n'a rien d'exceptionnel (un grand hangar et des tables en bois qui donnent sur un jardin près d'une belle maison créole), mais le bonheur est ici dans l'assiette. Si l'on peut faire son choix dans la carte, ce sont surtout les menus du jour qui ont fait la réputation des lieux (beignets de fruits à pain, dorade grillée sauce anisée, tartare de crabe, fleur de calamar fondant...). L'accueil est chaleureux et les amoureux de voitures anciennes trouveront un autre attrait aux lieux. On peut en effet admirer dans le jardin l'étonnante collection de voitures anciennes que Robert, l'associé de Marie-Line, a réunie au fil du temps : Jaguar, Triumph, MG... L'ensemble vous attend à 2,5 km du jardin de Pamplemousses. Pour vous y rendre depuis ce dernier, prenez à gauche en sortant du parking puis encore à gauche au carrefour. Traversez le village de Pamplemousses puis entrez dans Mongout et repérez la mosquée, à gauche. La table d'hôtes est indiquée peu après. Il est prudent de réserver.

♥ Le Fangourin

CUISINE CRÉOLE ET EUROPÉENNE €€€

(carte p. 74 ; L'Aventure du sucre ; plats 295-925 Rs ; ⏲tlj midi). Installé sur le site de l'Aventure du sucre, ce restaurant – qui doit son nom au premier jus extrait de la canne – séduit en premier lieu par sa jolie salle et sa terrasse, qui s'étend sous un immense flamboyant. La cuisine, misant sur la fraîcheur et les produits, est la deuxième bonne surprise. À côté de quelques snacks et plats rapides (omelettes, salades, etc.), Le Fangourin sert en effet des assiettes aussi goûteuses et originales que bien présentées : curry de bourgeois au lait de coco, brochettes de poissons et fruits de mer aux citrons confits, rougail saucisse au piment frit, carpaccio de thon rouge et ses pétales d'artichaut grillés à l'huile de truffe... Les desserts mettent la canne à l'honneur (bananes caramélisées au sucre non raffiné, rhum Muscovado et sorbet de noix coco) et le café est servi avec un bel assortiment de sucres. Le tout dans un cadre serein et vert. Que demander de plus ?

INTERVIEW

"LE SUCRE, POUMON DE L'ÎLE"

Edwige Gufflet est la directrice de l'Aventure du sucre (p. 72). Elle nous explique comment l'industrie sucrière traditionnelle a été remplacée au XXIe siècle par l'industrie cannière, un secteur innovant générateur d'emplois, qui contribue à la préservation de l'environnement.

À Maurice, la canne façonne les paysage. Depuis des siècles, le sol volcanique est travaillé pour devenir fertile. Quatre millions de tonnes de cannes sont acheminées tous les ans vers les 4 sucreries du pays qui tournent de juin à décembre pour produire plus de 400 000 tonnes, dont plus de 90% partent à l'export. Les moulins broient, écrasent et mastiquent les tiges de cannes, rejettent la fibre, appelée bagasse, et avalent le jus qui pénètre dans le circuit digestif de l'usine. Le long des conduits, à travers une succession de cuves et de décanteurs, le jus est clarifié, traité, évaporé jusqu'à devenir une masse sirupeuse que l'on cristallise enfin pour en faire du sucre, mais pas n'importe lequel. La totalité des sucres fabriqués aujourd'hui par l'industrie sont des produits de consommation directe à plus forte valeur ajoutée tels que le sucre raffiné de grade Européen, ainsi qu'une large gamme de sucres non raffinés haut de gamme, appelés sucres spéciaux, tels que le demerara, le sucre mélassé, le Golden Granulated et bien d'autres aux textures uniques et saveurs inégalées.

La canne à sucre est désormais entièrement valorisée et représente une ressource autour de laquelle s'articulent plusieurs enjeux déterminants pour Maurice. Elle permet non seulement à l'île de produire des sucres à haute valeur ajoutée mais également des coproduits importants pour le pays. La bagasse est utilisée comme biomasse pour produire de l'énergie verte. Des centrales thermiques à bi-combustion – bagasse pendant la période de coupe et charbon hors coupe – sont dédiées à la production d'électricité. Ces centrales alimentent les sucreries mais également près de 25% du réseau national. La vapeur d'eau générée dans les centrales (on parle de centrale à cogénération – vapeur et électricité) est quant à elle réinjectée dans les sucreries, lesquelles travaillent en totale autonomie énergétique. À la pointe de la technologie, des centrales thermiques à bicombustion très performantes ont permis de diminuer significativement la dépendance de l'île aux énergies fossiles. Autre aspect important, la combustion de la bagasse délivre un bilan carbone vertueux puisque les émissions sont compensées par le CO_2 absorbé par les cannes, grâce à la photosynthèse chlorophyllienne. Autre exemple de coproduit : la mélasse, ce sirop épais et visqueux issu du processus de cristallisation du sucre, est fermentée et distillée pour être transformée en éthanol. Cet alcool est notamment utilisé pour la fabrication de rhum mais aussi pour la carburation automobile où il prend le nom de bioéthanol.

Depuis/vers Pamplemousses

BUS

Pamplemousses se trouve à 11 km au nord-est de la capitale. Des bus y mènent depuis Port Louis (gare routière d'Immigration Square, direction Grand Gaube, Rivière du Rempart, Poudre d'Or, Goodlands, Roches Noires ou Centre de Flacq). De Pereybère ou de Grand Baie, vous devrez transiter par Port Louis.

TAXI

La solution la plus simple est bien sûr le taxi. Comptez environ 600-700 Rs depuis Trou aux Biches et 600-800 Rs au départ de Grand Baie.

Balaclava – Baie aux Tortues

À mi-chemin entre Port Louis et Grand Baie, toutes deux distantes d'une quinzaine de kilomètres, Baie aux Tortues a miraculeusement préservé son caractère intimiste et sauvage. Incluant le lieu-dit Balaclava, qui ferme la baie au sud, ce site paradisiaque est une enclave de luxe inaccessible aux voyageurs à petit budget. La plage de sable blond qui enserre la baie d'un superbe liseré descend doucement dans le lagon, dont les fonds marins ravissent les baigneurs.

Pamplemousses et ses environs

Pamplemousses et ses environs

Les incontournables

1 Jardin de Pamplemousses B1
2 L'Aventure du sucre B1

Où se loger

3 Angsana Balaclava A1
4 Maritim Resort & Spa Hotel A1
5 The Oberoi... A1

Où se restaurer

Le Fangourin ....(voir 2)

Renseignements

6 Sir Seewoosagur Ramgoolam Hospital B1

Baie aux Tortues est aussi appelée "Baie de l'Arsenal", en référence à l'arsenal qui y fut construit par les Français vers 1740, et explosa en 1774, causant plusieurs victimes.

Où se loger

Maritim Resort & Spa Hotel CINQ-ÉTOILES €€€€

(carte ci-dessus ; 204 1000 ; www.maritim.com ; d avec petit-déj à partir de 300-500 € ; P). On y est accueilli par 12 palmiers dressés au-dessus d'un plan d'eau, avant de découvrir la piscine à débordement qui semble se noyer dans le lagon. Une première bonne impression qui n'est pas contredite par la suite : plus que l'architecture, l'espace, la belle plage et le superbe parc donnent à ce cinq-étoiles du groupe Maritim une vraie personnalité. Les 215 chambres (dont 18 suites supérieures) entièrement rénovées en 2009, réparties dans deux longues ailes de trois niveaux chacune, bénéficient toutes d'une vue, au moins partielle, sur la mer. Elles se distinguent par le soin apporté aux couleurs, la qualité du mobilier en bois et la variété des styles (africain, indien, maritime, etc.). Rien n'a été oublié question confort et détente : 2 piscines, un spa, une très belle salle de fitness, 3 bars (dont un en surplomb des piscines et de la mer), un centre équestre, un golf de 9 trous, une case nautique, un centre de plongée, des courts de tennis et 5 restaurants. Une incontestable réussite. Dans les jardins de l'hôtel se dressent les ruines de Balaclava : une distillerie, une digue et un moulin à blé.

Angsana Balaclava CINQ-ÉTOILES €€€€

(carte ci-contre ; 204 1888 ; www.angsana.com ; d standard/supérieure en demi-pension environ 316-620/500-840 € selon saison + TVA ; P @). Ayant ouvert ses portes en 2011, cet superbe établissement de charme, à l'architecture de type indonésien, réussit le pari de l'hôtellerie de luxe intimiste et s'adresse surtout aux couples en voyage de noces. Il propose 51 suites et villas de différentes catégories (72, 84, 125 et 180 m^2), lumineuses, construites en pierre de basalte et coiffées de toits de chaume soutenus par des poutres apparentes : les plus grandes ont une piscine privée, une baignoire à jet, une station d'accueil pour iPod et une imprenable vue sur le lagon ou le domaine, élégamment paysagé avec ses plantes tropicales et ses bassins. Décorées de façon sobre et chic, mélangeant le bois, la pierre, le rotin et des meubles contemporains, on peut s'y faire servir les repas. Deux restaurants, un bar, un centre esthétique et un spa sont à disposition. Côté loisirs, plongée, pêche au gros, windsurf, voile et fitness sont proposés. Vélos et cours de yoga gratuits.

The Oberoi CINQ-ÉTOILES LUXE €€€€

(carte ci-contre ; 204 3600 ; www.oberoihotels.com ; ste avec petit-déj à partir de 800-1 760 € selon saison ; P). Inauguré en 2001 par the Oberoi Group, c'est l'un des établissements les plus sélects et les plus prestigieux de l'océan Indien. D'emblée, on est conquis par l'architecture et la conception générale, qui marient avec goût influences africaines et asiatiques. Pas de bâtiment massif, mais seulement 71 villas avec piscine, noyées dans un parc de 8 ha, au bord de l'eau. Chaque élément s'harmonise avec le décor ; les toits sont couverts de feuilles de ravenala ; des sculptures sont disséminées dans le somptueux jardin et émergent des plans d'eau. L'ensemble crée une atmosphère raffinée et zen privilégiant les matériaux nobles et les teintes grèges et ocre, tandis que certaines villas sont dotées d'une piscine et d'un jardin privatifs. Côté prestations, l'hôtel mise sur les soins du corps et la remise en forme (le spa est somptueux), sans oublier le tennis et les sports nautiques. Quant aux 2 piscines, dont l'une est entourée de sculptures de pierre importées de Bali, magnifiquement mises en valeur par des jeux d'éclairage, elles sont tout simplement extraordinaires.

Où se restaurer

Vous n'aurez guère le choix en dehors des restaurants des hôtels. Certains, comme ceux du Maritim, sont ouverts aux non-résidents sur réservation.

Depuis/vers Balaclava

TAXI

La course en taxi depuis Port Louis revient à 500 Rs environ.

VOITURE

Du sud, on atteint Balaclava par la route A41 venant de Moulin à Poudre. Du nord, une route zigzague entre Pointe aux Piments et Balaclava.

Pointe aux Piments

Ce littoral a vu surgir de nombreux hôtels haut de gamme mais a réussi à préserver sa quiétude. Hormis quelques trois-étoiles, les adresses bon marché sont, ici encore, rares. Vous pourrez vous promener le long de la côte rocheuse, bordée de filaos et de plateaux herbeux, jusqu'à l'anse de Baie aux Tortues (plus de 3 km). Les plages sont peu nombreuses, excepté celles, artificielles, aménagées par les hôtels. Les amateurs de longues étendues de sable blanc devront pousser plus au nord, jusqu'à Trou aux Biches.

À voir

Mauritius Aquarium AQUARIUM

(carte p. 78 ; ☎261 4561 ; www.mauritiusaquarium.com ; Royal Rd, juste avant le petit temple hindou ; adulte/enfants 300/150 Rs ; lun-sam 9h30-17h, dim 10h-16h). Inauguré en 2005, il est le premier aquarium de l'île à avoir ouvert ses portes. Ses quatre bâtiments, partiellement à l'air libre, sont l'occasion de découvrir plusieurs espèces ; le *The Big Tank* ("le grand réservoir") regroupe de petits requins gris (nourris chaque matin à 11h) et à pointe blanche, d'énormes murènes et des tortues. L'ensemble s'accompagne de panneaux d'information en français, anglais et créole, trop concis pour être vraiment instructifs. Malheureusement, le site n'est pas entretenu, et l'on en fait le tour très rapidement, ce qui rend le billet d'entrée cher pour la prestation offerte. Snack et petite boutique de souvenirs sur place.

Où se loger

BON PLAN **Villas Mon Plaisir** TROIS-ÉTOILES €€

(hors carte p. 78 ; ☎261 7471/261 7980 ; www.villas-monplaisir.com ; Royal Rd ; s/d/tr en demi-pension 60-80/90-110/130-150 € selon saison ;). Bon choix dans cette gamme de prix, à plus forte raison depuis qu'il a été rénové, ce petit ensemble familial de 41 chambres est installé 1 km après le croisement de la route menant à Triolet en direction de Balaclava. Ses atouts ? Un jardin fleuri, un restaurant, une piscine, une petite plage en face de l'établissement (la plage publique est proche) et des chambres typiques d'un trois-étoiles sans esbroufe, avec clim et TV à écran plat. L'utilisation de planches à voile, de kayaks, de pédalos et d'un bateau à fond de verre est incluse dans les tarifs. Centre de plongée. Les tarifs fluctuent selon la saison et l'affluence.

Voile Bleue APART'HOTEL €€€

(carte p. 78 ; ☎265 6800 ; www.voilebleue.mu ; Royal Rd ; studio standard/vue piscine/vue mer avec petit-déj 95-160/105-180/100-200 € selon saison ; P). Des studios de charme tout neufs, dans une résidence très bien tenue par une équipe aux petits soins. Rien d'exceptionnel côté architecture, mais les studios (standard, vue mer ou piscine) sont bien conçus, vastes, lumineux, fonctionnels et très bien équipés (TV plasma, bonne literie, grande kitchenette), avec terrasse. Disposés autour d'un petit jardin et d'une piscine où l'on peut paresser sur les transats, ils jouissent surtout d'un emplacement plutôt agréable sur la plage, bien que la baignade soit rendue difficile par les récifs. Le petit-déjeuner est servi sous une véranda donnant sur la mer (possibilité de dîner).

Le Récif Attitude TROIS-ÉTOILES €€€
(carte p. 78 ; ☎261 0444 ; recif-hotel-mauritius.com ; Royal Rd ; s/d en demi-pension 159-188/242-271 € selon saison ; P❄≋📶). Entièrement rénové, l'ex-Colonial Beach décline maintenant une atmosphère zen et contemporaine, misant sur le blanc, la sobriété et les bois cérusés. Relooking réussi, donc, pour ce trois-étoiles agréable – réservé aux adultes – qui prend des allures de boutique-hôtel à taille humaine, dont les 70 chambres sont divisées en 3 catégories : "standard jardin", "standard mer" et "supérieures". Elles ne sont pas immenses mais sont agréablement décorées dans le même esprit, clair et épuré. La plage, la petite piscine, la salle de sport, le restaurant, le bar lounge face à l'océan, les activités nautiques (kayak, plongée, stand up paddle, catamaran...) et le spa contribuent aux atouts de cette adresse qui a retrouvé le style qui lui faisait défaut.

Le Victoria QUATRE-ÉTOILES €€€
(hors carte p. 78 ; ☎204 2000 ; www.beachcomber-hotels.com/hotel/le-victoria ; s/d avec petit-déj à partir de 88-219 € selon saison ; P❄📶≋). Il faut oublier la première impression : un hall d'accueil qui évoque une gigantesque cathédrale. Passé cette étape où le béton est roi, ce quatre-étoiles "plus" du groupe Beachcomber révèle son vaste parc dans lequel les 254 chambres sont réparties dans plusieurs bâtiments bas. Familial, Le Victoria fait la joie des enfants grâce à sa très belle piscine. Ses points forts incluent aussi une longue plage, un hammam et des chambres particulièrement spacieuses et confortables, égayées de couleurs claires. Toutes disposent d'un balcon ou d'une terrasse et donnent sur la mer. Les tarifs incluent la pratique de nombreux sports (tennis, gymnastique, volley-ball, etc.) et activités nautiques (planche à voile, ski nautique, kayak, aquagym, etc.). Restaurants, spa, centre sportif.

Trou aux Biches et Mont Choisy

Sable, lagon et filaos : la trilogie balnéaire s'affiche ici au mieux de sa forme. Orienté idéalement au nord-ouest, le fin cordon de sable blanc de la plage publique de Trou aux Biches s'étend sur près de 3 km. Dommage qu'il faille slalomer entre les bateaux d'excursions au mouillage pour nager, et entre les parasols et transats des hôtels pour marcher... Plus au nord, celle de Mont Choisy, plus sauvage, ombragée de filaos et plus proche de Grand Baie, est aussi l'une des plus belles des environs ; en fin de semaine elle devient un lieu très prisé des Mauriciens pour admirer le coucher du soleil, et à son extrémité sud on peut voir un petit temple dédié à Kali et Ganesh. Les lieux restent encore abordables et relativement tranquilles en semaine, mais les adresses pieds dans l'eau sont rapidement prises d'assaut. La vocation des lieux est clairement balnéaire, les localités offrant des services limités. À 2 km au sud-est de Trou aux Biches, sur la commune de Triolet (qui est aussi la plus longue de Maurice, s'étirant sur 7 km), se trouve le temple hindou Maheswarnath, le plus grand de l'île, qui fut construit en 1891.

Activités

Plages

C'est le principal pôle d'attraction des lieux. Trou aux Biches et Mont Choisy possèdent en effet des plages publiques qui comptent parmi les plus longues de l'île. Elles débutent au niveau du club de plongée Atlantis Diving Centre et se prolongent vers le nord jusqu'à Mont Choisy. Devant la plage de Trou aux Biches on trouve des taxis, des camions-snacks et des kiosques pour se mettre à l'ombre.

Plongée

Trou aux Biches est un secteur très réputé pour la plongée. Vous trouverez tous les détails sur les sites et les centres au chapitre *Plongée et activités nautiques*, p. 30.

Autres activités

Corsaire Club Killer Sport Fishing PÊCHE AU GROS
(carte p. 78 ; ☎265 5209 ; Royal Rd, Trou aux Biches). Les bureaux du Corsaire Club jouxtent le restaurant Le Pescatore. La flottille comprend une dizaine de bateaux de 12 à 14 m.

Blue Safari SORTIES EN SOUS-MARIN
(carte p. 78 ; ☎263 3333 ; www.blue-safari.com ; Royal Rd, Trou aux Biches). Envie de découvrir le monde sous-marin sans mâchonner un détendeur ? Adressez-vous à Blue Safari, dont les produits sont largement commercialisés dans tout le nord de l'île. L'agence propose des sorties jusqu'à -35 m à bord d'un sous-marin et des "scooters sous-marins" atteignant un modeste -3 m. Comptez (quand même) 3 900/2 300 Rs par adulte/enfant.

Horse Riding Delights – Mont Choisy Sugar Estate RANDONNÉE ÉQUESTRE
(carte p. 78 ; ☎ 265 6159 ; www.horseridingdelights.com ; ⌚ lun-sam midi). À l'entrée nord de Mont Choisy dans un virage, ce centre équestre propose des randonnées à cheval de 1 heure 30 pour 1 900/2 100 Rs par adulte/enfant. Les départs ont lieu à 8h et 15h et le nombre de cavaliers est limité à huit. Le centre est installé sur le domaine d'une ancienne sucrerie. On y accède par l'une des plus belles allées de banians de l'île.

Circuits organisés

Certains hôtels proposent des excursions sur l'île, ainsi que plusieurs prestataires. Vous pouvez notamment vous adresser à :

Nick Tour (☎ 265 5279)

Flambeau Travel (☎ 265 7894 ; 254 3994 ; www.flambeautravel.com)

Où se loger

En règle générale, il est sage de réserver, à plus forte raison si vous cherchez à vous loger en bordure de plage. La gamme d'hébergements est variée, de la pension à l'hôtel de luxe. Solution très intéressante, en particulier si vous êtes nombreux ou accompagné d'enfants : beaucoup d'appartements, et même des villas donnant sur la plage, sont proposés à la location (le meilleur côtoie ici le pire, les petits complexes en béton sans réel charme poussant comme des champignons). L'agence de voyages **Flambeau Travel** (☎ 265 7894/254 3994 ; www.flambeautravel.com) propose des villas et des bungalows en location dans les environs, tout comme **GBTT** (☎ 265 5261/265 5262 ; www.gbtt.com), basée aux Beach Villas (voir p. 87).

Villa Kissen HÔTEL-RESTAURANT €
(carte p. 78 ; ☎ 265 5523/265 6868 ; www.villakissen.com ; Trou aux Biches ; d/appartement 31/39 € ; ❄ 📶). Voilà une adresse qui a de la personnalité ! Avec ses grands bâtiments vert amande soutenus par des colonnes ventrues, la villa Kissen (du prénom de son propriétaire) semble avoir été dessinée par un auteur de contes pour enfants. Les chambres (clim, TV, cafetière et réfrigérateur) sont petites mais rutilantes et bien décorées, tandis que les appartements disposent d'une cuisine américaine très bien équipée. Les propriétaires organisent des excursions en minibus dans les différentes régions de l'île à des prix intéressants et proposent diverses activités. Possibilité de demi-pension. Malheureusement l'environnement proche s'est considérablement densifié en constructions ces dernières années, faisant perdre un peu de charme au lieu.

Villas Mont Choisy LOCATION DE STUDIOS ET APPARTEMENTS €€
(carte p. 78 ; ☎ 265 5934 ; villasmontchoisy.mu ; Royal Rd, Mont Choisy ; studio 50-90 €, appart 75-120 € selon saison ; P ❄ 🏊). Comparables par leur confort aux Beach Villas, et également gérées par Grand Baie Travel & Tours, ces "villas" se composent de studios de 28 m² et d'appartements en duplex de 76 m², fonctionnels et bien aménagés (cuisine, sdb, terrasse, climatisation, TV satellite, etc.), agencés autour d'une piscine. La différence ? Elles sont séparées de la plage par la route, ce qui explique l'écart de prix. Nettoyage quotidien, spa et massages.

Villa Aquamarine CHAMBRES D'HÔTES €€
(carte p. 78 ; ☎ 265 6923 ; aquamarine.maurice.free.fr ; Royal Rd, Trou aux Biches ; studio 40-65 €, app 110 € ; ❄ 📶 🏊 P). L'Aquamarine est certes un peu éloignée du "centre" de Trou aux Biches et de la plage, mais l'accueil tout en gentillesse et le bon rapport qualité/prix équilibrent ce petit désagrément. Rénovée il y a quelques années, et dotée au passage d'une piscine et de la clim, cette villa précédée d'un petit jardin face à la mer loue un appartement de 2 chambres et des studios à la décoration colorée, claires et agréables, pafaits pour quelques jours de farniente. Le littoral n'est pas propice à la baignade en face de la Villa, mais la plage publique se trouve à 10 minutes de marche seulement. Possibilité de table d'hôtes.

La Tonnelle MAISON D'HÔTES €€
(carte p. 78 ; ☎ 5499 6855 ; www.latonnelle-ilemaurice.com ; Royal Rd, Trou aux Biches ; s/d avec petit-déj 50-90/55-110 € selon saison ; P ❄ 🏊 📶). Face à la mer, ces 20 chambres divisées en 3 catégories sont très confortables, décorées au goût du jour dans des tons blanc et gris perle, rehaussés de meubles en bois et de touches de couleurs vives : bonne literie et linge de lit en coton égyptien, clim, TV, minibar et réfrigérateur, douche type pluie, terrasse... tout y est. L'ambiance est décontractée, l'accueil chaleureux, et l'on profite en toute quiétude de la piscine (avec un bar attenant) bordée d'un deck, d'un petit centre de remise en forme, et d'un service de baby-sitting. Côté activités, plongées (un centre est installé sur place) et excursions dans l'île sont organisées à la demande...

Pointe aux Piments, Trou aux Biches et Mont Choisy

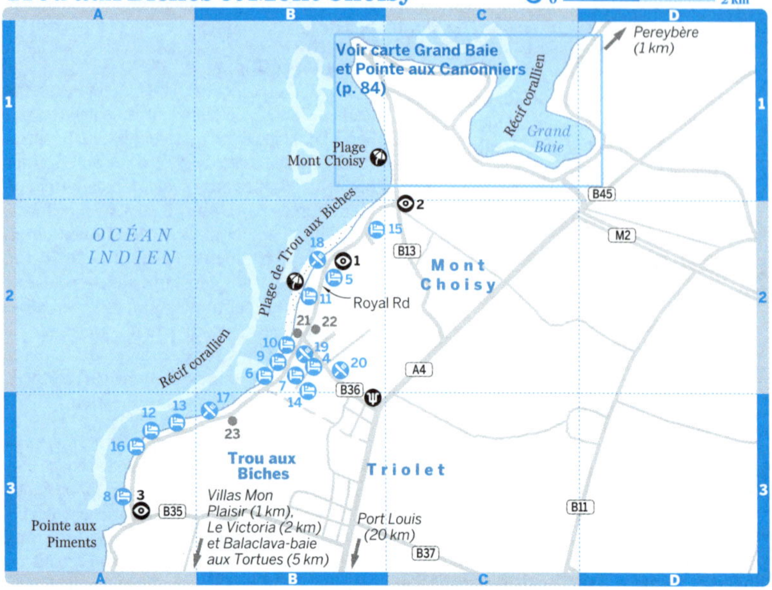

Également un restaurant sur place, et possibilité de location de voiture. Pour vous y rendre en arrivant de Port Louis, prenez 400 m à gauche après le supermarché Popo, puis continuez sur 400 m.

Résidence C'est ici SUR LA PLAGE €€
(carte ci-dessus ; ☎265 5231 ; www.cest-ici.com ; Royal Rd, Trou aux Biches ; studio 2 pers 80 €, duplex 100 €, bung 120 €, appart 90-110 €, villa pour 6 pers 360 € ; ❄ 📶). Havre de paix, cette adresse centrale et agréable vous attend au niveau de la pharmacie de Trou aux Biches. Elle propose un large choix de logements de toutes tailles, indépendants, fonctionnels, bien tenus et équipés d'une cuisine, répartis dans un jardin planté de cocotiers donnant directement sur la plage. Préférez ceux du bâtiment le plus récent, à la belle décoration contemporaine. Diverses prestations sont proposées en supplément, notamment le ménage quotidien, la garde d'enfants, un service de blanchisserie et des excursions.

Be Cosy Apart Hotel RÉSIDENCE €€
(carte ci-dessus ; ☎265 5104 ; www.beapart.com/be-cosy-apart-hotel-ile-maurice-trou-aux-biches.html ; Royal Rd, Mont Choisy ; studio d/tr à partir de 73-98 €, app à partir de 114 € ; P ❄ ≋). En face du poste de police, ces bâtiments blancs contemporains qui bordent une petite piscine longée de palmiers possèdent plusieurs types d'hébergements (du studio de 50m^2 jusqu'à l'appartement familial) aux tarifs proportionnels au confort. L'ensemble est un peu tassé (et un peu bruyant) et situé côté route, que vous devrez traverser pour accéder à la plage, mais la propreté ne souffre aucun reproche, la déco est fraîche et de bon goût, et vous avez tout, de la plage aux commerces, à proximité immédiate. La résidence offre de nombreux services (blanchisserie, spa...). Un bon rapport qualité/prix, réservé à ceux qui ne cherchent pas un hébergement de charme intimiste.

Le Sakoa TROIS-ÉTOILES DE CHARME €€€
(carte ci-dessus ; ☎265 5244 ; www.lesakoa.com ; Royal Rd, Trou aux Biches ; d avec petit-déj basse/moyenne/haute saison 147-243/176-287/233-298 € ; P ❄ @ 📶 ≋). Chic sans être ostentatoire, ce trois-étoiles "plus" à taille humaine brille par sa touche de raffinement et offre de beaux bungalows aux toits de chaume, disposés autour d'une petite piscine face à la plage. L'intérieur des chambres ne trahit pas cette première bonne impression : confortables, vastes et dotées d'une kitchenette, elles sont décorées avec goût et rendues chaleureuses par les boiseries et les tons

Pointe aux Piments, Trou aux Biches et Mont Choisy

À voir et à faire

1 Blue Safari B2
Corsaire Club Killer Sport Fishing .... (voir 18)
2 Horse Riding Delights C2
3 Mauritius Aquarium A3

Où se loger

4 Be Cosy Apart Hotel B2
5 Casuarina Hotel B2
6 La Tonnelle B2
7 Le Palmiste B2
8 Le Récif Attitude A3
9 Le Sakoa B2
10 Résidence C'est ici B2
11 Trou aux Biches Resort & Spa B2
12 Veranda Pointe aux Biches A3
13 Villa Aquamarine A3
14 Villa Kissen B2
15 Villas Mont Choisy B2
16 Voile Bleue A3

Où se restaurer

1974-Da Antonio e Giulia .... (voir 9)
17 La Cabane du pêcheur B3
18 Le Pescatore B2
19 Souvenir Restaurant B2
20 Wild Ippocampo B2

Renseignements

Bureau de poste .... (voir 21)
21 Mauritius Commercial Bank B2
22 Station de police B2
23 Supermarché Popo B3

Transports

ADA .... (voir 18)

clairs. Leur faible nombre – 16 seulement – est un atout supplémentaire. Possibilité de demi-pension, et wellness center. Rançon du succès : l'adresse affiche souvent complet et ses tarifs ont beaucoup augmenté au cours des dernières années.

Veranda Pointe aux Biches QUATRE-ÉTOILES €€€
(carte ci-contre ; ☎265 5901 ; www.veranda-resorts.com ; Royal Rd, Trou aux Biches ; s/d demi-pension à partir de 144-183/222-278 € selon saison ; P ❄ @ ≋ 📶). Également au chapitre des réussites, ce quatre-étoiles du groupe Veranda se distingue en premier lieu par les matériaux employés – pierre, sable, jonc de mer, bois, ravenala, rotin – qui donnent aux lieux une atmosphère chaleureuse, sobre et élégante. Bon point également pour les 3 piscines dont une pour les enfants, et la plage, flanquée à quelques mètres d'une série d'îlots artificiels qui les enthousiasment sans dénaturer le paysage. Le bois brut est l'élément de base de la belle décoration des 115 chambres (44 sont dévolues aux familles, et 30 – un peu à l'écart – aux couples), dont la sdb est séparée par un élégant claustra en bois. Dernière innovation en date : le côté Privilège (double 252-332 € selon saison) mise sur une atmosphère plus calme et zen. Le spa Seven Colors, la salle de remise en forme, les 2 restaurants, les 2 bars et les activités sont les autres atouts de cet ensemble qui ne manque pas de style et mise sur le "naturel".

Le Palmiste TROIS-ÉTOILES €€€
(carte ci-contre ; ☎265 6815 ; www.hotel-lepalmiste.mu ; Royal Rd, Trou aux Biches ; s/d/tr avec petit-déj 104-82/130-234/176-299 € selon saison ; P ❄ @ 📶 ≋). Un peu moins chic que les deux précédents, ce petit hôtel (81 chambres avec terrasses dont 12 chambres familiales) à la façade beige, tranquille, familial et plutôt agréable doit sa personnalité aux grandes persiennes en bambou qui donnent de l'ombre à ses terrasses. Vous devrez traverser la route pour atteindre la plage. Outre des chambres confortables et bien équipées (clim, TV, minibar), vous y trouverez une piscine avec pataugeoire pour enfants, un spa et des possibilités d'activités nautiques. L'ensemble ne manque pas de cachet.

Casuarina Hotel TROIS-ÉTOILES €€€
(carte ci-contre ; ☎204 5000 ; www.hotel-casuarina.com ; Royal Rd, Trou aux Biches ; s/d en demi-pension 75-150/90-180 € par pers selon saison ; P @ ❄ ≋). Avec ses murs chaulés et sa dominante blanche, ce trois-étoiles "plus" est un bel exercice de style architectural. L'atmosphère, avec fontaines, arcades et escaliers extérieurs, fait presque penser à un village grec, calme et reposant. Outre un jardin luxuriant et 3 restaurants, cet hôtel de 109 chambres, fréquenté par des groupes, possède un beau spa, 2 piscines, une salle de fitness, des courts de tennis et un mini-club. Bien qu'en bord de route, le Casuarina a vue sur la mer et dispose d'une petite plage bien aménagée, avec case nautique – il suffit de traverser.

Trou aux Biches Resort & Spa CINQ-ÉTOILES €€€€
(carte ci-contre ; ☎204 6800 ; www.trouauxbiches-resort.com ; Trou aux Biches ; d demi-pension 422-3 265 € selon villa et saison ; P @ 📶 ❄ ≋).

Ouvert en 2010, ce projet pharaonique du groupe Beachcomber totalise 306 suites et villas de grand luxe bordant une des plus belles plages de l'île Maurice (dont il occupe à lui seul au moins un tiers) où les cocotiers remplacent les filaos. Les villas en front de mer disposent de piscines privées, les autres se contentent de très belles piscines à débordement situées au centre d'îlots d'une quarantaine d'habitations. Pas de fausse note au milieu de ce parc tropical de 35 ha. Activités nautiques, spa Clarins, centre sportif, club pour enfants et une immense piscine centrale confèrent un réel cachet à l'établissement. Les restaurants thématiques, six au total, auxquels l'on accède par des pontons participent à cette belle atmosphère face au coucher du soleil. Seul bémol, ce gigantisme nécessite un bon sens de l'orientation et des dispositions pour la marche.

Où se restaurer

Vous trouverez des restaurants adaptés à toutes les bourses mais leur nombre reste limité. Si vous séjournez en location, approvisionnez-vous au supermarché de Trou aux Biches et à ceux de Grand Baie.

BON PLAN Wild Ippocampo — MAURICIEN €

(carte p. 78 ; 5828 0601, 5805 0774 ; Complexe Barnes, Royal Rd ; plats 85-400 Rs, rajoutez 5 Rs pour emporter, livraison 50-100 Rs ; mar-dim midi et soir ;). On aime beaucoup cette adresse toute récente, ouverte par l'adorable Nizam, qui connaît son affaire puisqu'il a été traiteur pendant 10 ans. La salle est chaleureuse, le service souriant et rapide, et l'assiette, à prix tout doux, est une très bonne surprise : pas de grande gastronomie ici, mais du bol renversé aux vindayes, les grands classiques sino-mauriciens sont réussis et copieux. Le poisson entier frit est un délice de simplicité et de fraîcheur. Il faut croiser les doigts pour que rien ne change ! Également des sandwichs à emporter sur la plage. Soirée séga tous les 15 jours le dimanche, et concerts de groupes acoustiques.

La Cabane du Pêcheur — MAURICIEN-BOHÈME €€

(carte p. 78 ; 5711 2729 ; Royal Rd ; Trou aux Biches ; plats 250-450 Rs ; tlj midi et soir). Deux-trois tables posées sur une digue face à la mer au bord de la route, des néons accrochés aux arbres et une baraque à frites jaune qui fait office de cuisine. La Cabane du Pêcheur cultive un confort rudimentaire et une ambiance bohème tropicale qui peut plaire ou pas. Au menu, pain fourré, mine-frites, salade d'ourites, poulet grillé ou spécialités à base de poissons servies en plein air. L'addition peut paraître un peu salée vu le cadre et le service, mais on vient aussi ici pour retrouver une atmosphère authentique en sirotant un ti-punch face à la mer, et en regardant les Mauriciens pêcher en famille à la tombée du jour. Au sud de Trou aux Biches, près du terrain de pétanque.

Souvenir Restaurant — SNACK CENTRAL €

(carte p. 78 ; 291 1440 ; Royal Rd, Trou aux Biches ; plats 100-400 Rs ; tlj sauf dim soir ;). Idéalement situé près de la plage et de l'embranchement vers Triolet, près du poste de police, ce petit restaurant attire la clientèle des baigneurs et des automobilistes de passage. Le cadre est simplissime – une terrasse ombragée – et la carte présente un large choix de plats, des nouilles frites aux crevettes géantes. Tous les visiteurs de passage à Trou aux Biches semblent s'y attabler au moins une fois... Service rapide et aimable.

1974 - Da Antonio e Giulia — MAURICIEN €€

(carte p. 78 ; 265 7400 ; Royal Rd, Trou aux Biches ; plats 300-600 Rs ; tlj jeu-sam midi et soir, dim midi). Dans une atmosphère conviviale, on s'installe sur l'agréable terrasse couverte de voilages de cette maison orange en face du débarcadère pour goûter une bonne cuisine italienne, à base de produits frais et des arrivages de poisson du jour. Les aficionados de la pasta trouveront aussi leur bonheur, avec des *gnocchis à la burrata* ou les *taglioni al nero di sepia* (à l'encre de seiche, avec oursins et tomates cerises). En dessert, une panna cotta au coulis de cassis ou un sorbet à la fraise et au porto achèveront de vous convaincre.

♥ Le Pescatore — GASTRONOMIQUE €€€

(carte p. 78 ; 265 6337, 265 6973 ; www.lepescatore.com ; Royal Rd, Trou aux Biches ; plats 950-3 000 Rs, menus 1 500/2 600/4 000 Rs ; tlj midi et soir). Raffinement du décor, beauté du lieu, qualité du service... cette table gastronomique a fière allure. La terrasse ouvre sur la marina où sont ancrés les bateaux de pêche au gros et l'atmosphère générale, feutrée et intimiste, se prête aux confidences et aux déclarations romantiques. La carte, pour sa part, s'apparente à un supplice de Tantale : ourites confites au combava, thon des grands fonds à l'émulsion de coco et coriandre, crabes et tomates en mille-feuilles et crème d'oursin, poularde au pistou de brèdes... Ces plaisirs ont un prix : le cadre est superbe, la cuisine délicieuse, mais l'addition est très, très chère si on ajoute du vin. Pensez à réserver.

Renseignements

S'il n'existe pas de centre-ville proprement dit dans cette suite de villas, d'hôtels et de petites pensions donnant sur la mer, les abords du **supermarché Popo** (Royal Rd ; lun-ven 7h30-19h30, dim 7h30-12h30), épicentre de Trou aux Biches, concentrent la majorité des services. Les pharmacies sont nombreuses, et ouvertes le dimanche.

Accès Internet

De plus en plus d'hôtels et restaurants disposent d'un accès Wi-Fi. Sinon, vous pourrez vous adresser à la **Poste** en face de la station de police (lun-ven 8h15-16h, sam 8h15-11h45).

Argent

Un DAB est accessible 24h/24 à Trou aux Biches en face de la station de police à proximité de la plage publique.

Depuis/vers Trou aux Biches

BUS

Le bus à destination de Cap Malheureux part de la gare routière d'Immigration Square à Port Louis et s'arrête à Trou aux Biches (30 à 45 min). Comptez une vingtaine de roupies pour rejoindre Grand Baie depuis l'arrêt situé en face du Souvenir Restaurant.

TAXI

De Trou aux Biches, un taxi demande environ 300 Rs jusqu'à Grand Baie et au moins 600 Rs pour Port Louis.

Comment circuler

Un véhicule n'est pas nécessaire pour circuler entre la "ville" et la plage. Quelques adresses de loueurs :

ADA (675 2626). Location de voitures à partir de 35 €/jour. À côté de la State Bank of Mauritius.

Flambeau Travel (265 7894/254 3994 ; www.flambeautravel.com). Scooters et voitures en location.

Pointe aux Canonniers

Dernier havre de quiétude avant Grand Baie, la presqu'île formée par la pointe aux Canonniers abrite de belles villas et plusieurs hôtels de standing, mais aussi quelques surprises à prix intéressants. Un site à privilégier si vous recherchez la tranquillité sans trop vous éloigner des principaux foyers d'animation.

Où se loger

Sous le Badamier MAISON D'HÔTES €€
(carte p. 84 ; 263 4391, 5905 6036 ; www.souslebadamier.com ; X Club Rd, Pointe aux Canonniers ; s/d avec petit-déj 51-58/60-68 €, s/d en demi-pension 65-73/80-97 € ; plats 350 Rs environ, menu soir 600 Rs ;). Ce petit hôtel est tapissé d'œuvres du peintre naïf mauricien Vaco Baissac. Au-dessus d'un petit patio bétonné à l'atmosphère paisible où trône un immense badamier, les 12 chambres déclinent une décoration reposante et fraîche, misant sur l'alternance des teintes claires et des voilages colorés. Elles sont toutes équipées de la clim, TV et minibar. À l'arrière de l'établissement, on trouve un petit bar, et quelques tables où sont servis tapas, pizzas, burgers, crêpes, poissons et viandes grillées, midi et soir. Franck le propriétaire, passionné de plongée, pourra conseiller les plongeurs de passage. Située à quelques mètres de la mer, cette adresse à la personnalité attachante ne possède ni accès ni vue sur la mer, mais on peut profiter d'une petite piscine.

Esprit Libre MAISON D'HÔTES €€
(carte p. 84 ; 269 1159, 5974 3193 ; www.espritlibremaurice.com ; rue Bourdet ; chambre avec petit-déj 60-140€ selon saison et confort ;). Après avoir sillonné la planète, Stéphane et André, anciens restaurateurs à Montréal, ont posé leurs valises dans cette maison d'hôtes avec piscine à l'ambiance décontractée et au service très professionnel. Reprise récemment par Jérôme, on y trouve 12 chambres de charme impeccables de deux standings différents : certaines ont un lit à baldaquin de style balinais, une douche à l'italienne ou une baignoire de balnéothérapie... Bien équipées (TV, clim), elles ont toutes une petite terrasse privative qui donne sur un jardin à la végétation exotique (cocotier, figuier, papayer, bananier...). Cerise sur le gâteau : Esprit Libre est situé à seulement 700 m des plages de Mont Choisy. Possibilité de restauration sur place (déjeuner, dîner, coffee shop, et à emporter). En venant de Grand Baie, Esprit Libre se trouve en retrait de la route sur la gauche, à 500 m du rond-point de Mont Choisy.

Seapoint Beach Bungalows SUR LA PLAGE €€
(carte p. 84 ; ☎696 4804 ; www.seapointbungalows.com ; Pointe aux Canonniers ; studios 50-100 €, app 75-125 €, duplex 90-150 € ; ❄📶🏊). Si les logements de ce petit ensemble avec piscine manquent un peu de charme et de caractère – tout en étant corrects pour le prix demandé –, le site est en revanche idéal et calme. À l'extrémité de la pointe aux Canonniers, vous bénéficierez d'une vue imprenable, notamment sur l'île Coin de Mire et d'une plage qui n'a pas grand-chose à envier à celle du Canonnier. Les 10 studios en duplex ont récemment bénéficié d'une rénovation bienvenue. Propres et fonctionnels, ils se composent d'un salon, d'une cuisine, d'une sdb et de 1 ou 2 chambres. Les appartements et duplex, quant à eux, peuvent accueillir 4 ou 5 personnes. Ménage quotidien, petit-déj 5 €.

Le Canonnier QUATRE-ÉTOILES €€€
(carte p. 84 ; ☎209 7000 ; www.lecanonnier-hotel.com ; Pointe aux Canonniers ; s/d avec petit-déj à partir de 74/194 € selon saison et chambre ; P❄@🏊). Son point fort ? Installé dans un jardin tropical de 7 ha à l'extrémité de la pointe, ce bel hôtel du groupe Beachcomber est construit sur un site jalonné de vestiges historiques. Son mini-club est même installé dans une tour ancienne. Totalisant 284 chambres, Le Canonnier s'adresse avant tout à une clientèle familiale, ravie d'y trouver 3 belles plages, une immense piscine et de nombreuses activités (tennis, tir à l'arc, planche à voile, kayak, yoga...). Les chambres très confortables sont à la fois chaleureuses, colorées et lumineuses, et certaines peuvent accueillir de grandes familles. L'hôtel abrite par ailleurs 3 restaurants, 2 bars (dont Le Planteur, réputé) et une discothèque, ainsi qu'un centre de remise en forme, installé au-dessus de la canopée d'un immense banian centenaire. Orchestre tous les soirs.

Baystone Boutique Hotel & Spa CINQ-ÉTOILES €€€
(carte p. 84 ; ☎209 1900 ; www.baystone.mu ; Pointe aux Canonniers ; s/d avec petit-déj à partir de 179/299-599 € selon saison et chambre ; P❄@🏊📶). Cinq-étoiles de charme situé face à la ville de Grand Baie, le Baystone affiche une allure très moderne et épurée, avec ses tons sobres et clairs et son mobilier design créé par un architecte new-yorkais, Albert Angel. Les 21 chambres et suites, spacieuses et lumineuses, distillent une atmosphère intimiste et élégante, destinée à une clientèle à la recherche de tranquillité et d'un service personnalisé ; depuis leurs terrasses, elles offrent une belle vue sur le chemin côtier de Pointe aux Canonniers ou sur le lagon. Lits king-size, décoration axée sur les formes douces, le blanc et une palette de gris, écran plat LED, station iPod, baignoire de chromothérapie, douche pluie... font partie de leurs atouts. Sur le toit, on trouve une piscine panoramique, et un boat-house propose kayaks, catamarans, dériveurs et wakeboard. Un bon restaurant parfait la prestation.

♥ **20° Sud** QUATRE-ÉTOILES DE CHARME €€€€
(carte p. 84 ; ☎263 5000 ; www.20degressud.com ; Pointe aux Canonniers ; s/d en demi-pension 230-390/320-590 € selon saison, ste australe à partir de 580-930 € selon saison ; P❄📶🏊). Créé par un couple belge pour les amoureux des belles choses, ce petit quatre-étoiles "plus" est un lieu d'exception – et le seul Relais & Châteaux de l'île. Les bâtiments s'articulent autour de 2 belles piscines bordées de cocotiers. La décoration, jouant la carte de la blancheur, est déclinée de la réception aux chambres. Les boiseries, la pierre et le rotin apportent leur chaleur à cette atmosphère zen et raffinée. Privilégiant une atmosphère intimiste, l'établissement ne compte que 30 chambres et 6 suites. Toutes sont superbement décorées, avec une mention spéciale aux nouvelles suites "australes", de 80 m², avec bassin, Jacuzzi ou mini-piscine privative. Les propriétaires ont également racheté le plus vieux bateau à moteur de l'île, ancré devant la plage. Le *Lady Lisbeth*, construit à Maurice en 1929, est utilisé pour des croisières dînatoires gastronomiques de 8 personnes maximum (4 000 Rs/pers, que l'on soit résident ou non). Soucieux de préservation de l'environnement, ils disposent également d'un catamaran de 44 pieds qui permet aux clients de gagner l'île Plate, où l'hôtel a restauré une ancienne bâtisse coloniale aménagée en écorestaurant. Les piscines et les possibilités d'excursion compensent la plage, petite et un peu rocheuse. Une adresse comme on en voit peu.

Où se restaurer

Le Dodo MAURICIEN FUSION €€
(carte p. 84 ; ☎263 6389 ; Royal Rd ; plats 250-500 Rs ; ⏲midi et soir tlj sauf mar). Ambiance familiale et chaleureuse pour cette petite adresse tenue par un Breton, où l'on mise sur l'accueil et la qualité. On y sert une bonne cuisine européenne influencée

par l'océan Indien. La carte est réduite mais la qualité au rendez-vous : salade d'ourites, gratin de crabe, pièce de bœuf, vindaye du jour, grillade de poisson mariné ou langouste... Autre qualité des lieux : on y écoute de la bonne musique mauricienne, et le rhum arrangé y est excellent.

Esprit Libre MAURICIEN FUSION €€€
(carte p. 84 ; ☎ 269 1159, 5974 3193 ; www.espritlibremaurice.com ; rue Bourdet ; petit-déj 295 Rs, plats 200-680 Rs plus 15% TVA ; ⌚ tlj midi, mar-sam soir). Jérôme a récemment repris cette bonne adresse initialement créée par des restaurateurs de Montréal. Il propose dans cette sympathique maison d'hôtes (p. 81) un bon et copieux petit-déjeuner (8h à midi), et un mix de cuisine créole pour le déjeuner (midi à 16h) ou le dîner : tapas, nems, club sandwichs, burgers, salade de palmiste ou d'ourites, thon mi-cuit sauce curry-coco, longe de cerf sauce thym et miel, brochette de porc à l'ananas... Le cadre, avec sa piscine, son bar extérieur et ses tables sous les cocotiers à l'ombre des parasols, est très agréable, tout comme l'accueil.

Hidden Reef BAR-RESTAURANT MAURICIEN €€€
(carte p. 84 ; ☎ 263 0567 ; Royal Rd ; plats 280-790 Rs ; ⌚ midi et soir tlj sauf dim). L'ancienne cuisine style "*anglo-saxon corner*" a laissé place à des plats plus mauriciens, mâtinés d'une touche internationale avec une préférence pour les plats marocains : poulet à la menthe et sauce sweet chili, camarons grillés et flambés au vieux rhum sur risotto crémeux, langouste farcie aux herbes, couscous poulet ou tajine du jour... Vous aurez le choix entre vous attabler dans le jardin sous des parasols ou dans la petite salle aux boiseries sobres et sombres, dont les grandes baies vitrées laissent voir les bambous et palmiers du jardin. Décontracté et agréable, le Hidden Reef est également idéal pour siroter un cocktail (170 Rs) ou un rhum-café. Belle cave à vins.

♥ **La Pomme d'Amour** CUISINE DE LA MER €€€
(hors carte p. 84 ; ☎ 263 45 97, 5765 4797 ; Royal Rd ; plats 350-1 100 € ; ⌚ tlj midi et soir sauf lun midi). Une cuisine raffinée et gourmande sous la varangue d'une grande bâtisse blanche, mitonnée par un charmant couple mauricien complice aux fourneaux, Françoise et Arnaud. Les tables joliment dressées accueillent surtout les produits de la mer : marlin, babone, crabe, thon ou langouste, en salade, carpaccio, tartare, grillés, panés à la semoule de maïs, en papillote, en curry, en mille-feuilles ou en brochette, accompagnés de tagliatelles, de riz... Les desserts, à l'image du gratin à l'orange, sont très réussis. Concert le vendredi.

Où prendre un verre

Le Off BAR-RESTAURANT LOUNGE
(carte p. 84 ; ☎ 5737 2706, 263 6357 ; www.le-off.mu ; Royal Rd ; ⌚ mar-jeu 12h-22h30, ven-sam 12h-1h, dim 11h30-18h). Parfait à l'heure de l'apéro, dans les transats ou les confortables fauteuils du deck autour de la piscine (au milieu de laquelle trône le bar), ou sur les canapés-baldaquins recouverts de toits en chaume ou de voilages, comme à Bali. Jeux de lumière, meubles égyptiens ou marocains, musique lounge... et même un coin pour les enfants. Large choix de cocktails, et brunch le dimanche.

Où sortir

Les Enfants Terribles BAR-DISCOTHÈQUE
(carte p. 84 ; ☎ 263 1076 ; Royal Rd). Les mercredi, vendredi et samedi soir, à partir de 23h, on accourt depuis Grand Baie jusqu'à ce bar-club-discothèque branché dissimulé derrière de hauts murs ocre sur la route de Pointe aux Canonniers. La musique mêle les années 1980 à des sonorités plus récentes et la clientèle est un mélange de touristes, d'expatriés et de Mauriciens.

Depuis/vers Pointe aux Canonniers

Pointe aux Canonniers s'étend à seulement 3,5 km du centre de Grand Baie. Reportez-vous à *Depuis/vers Grand Baie*, p. 92.

Grand Baie

Devenue au fil du temps la "capitale" du tourisme sur l'île, Grand Baie pourrait être n'importe où pourvu qu'il y ait du soleil et une plage à proximité. Certains ne jurent que par son animation et ses commerces, d'autres voudraient l'affubler d'un bonnet d'âne et la taxer de mauvaise élève du tourisme mauricien. Il est vrai que cette station balnéaire, dénaturée par un urbanisme assez anarchique, n'a plus guère de charme. Résidences locatives, restaurants, hôtels et prestataires divers hélant le passant ont proliféré jusqu'à transformer en un immense centre commercial touristico-tropical cet ancien port de pêche.

Grand Baie et Pointe aux Canonniers

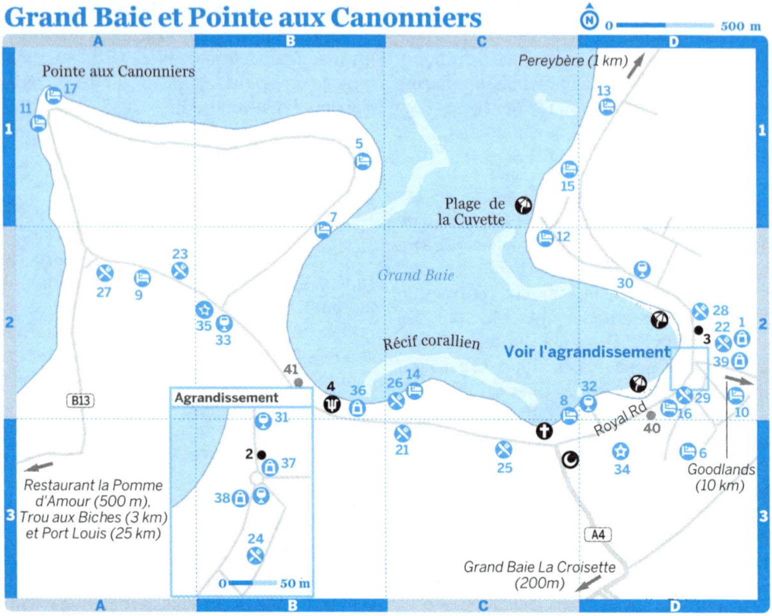

Néanmoins, Grand Baie n'est pas pour autant dénuée d'atouts. La ville présente en effet un visage animé qui fait défaut aux autres localités du littoral et offre pléthore de services à l'attention des voyageurs indépendants, ce qui est rare sur cette île où le tourisme est souvent synonyme de package tout compris. Elle propose par ailleurs de bonnes possibilités de shopping et des plages correctes. Et de plus en plus de Mauriciens et expatriés choisissent justement pour ces raisons de s'y installer.

Nombreux sont ceux qui séjournent dans les localités voisines pour profiter des plages et du cadre, bien plus agréables, et viennent de temps à autre s'immerger dans l'effervescence de Grand Baie.

À voir

Bazar — MARCHÉ

(carte ci-dessus ; ⏲lun-sam 8h-18h, dim 8h-13h). À 200 m en retrait du front de mer, le marché regroupe environ 200 boutiques de vêtements, artisanat et bijoux. Il tourne au ralenti le dimanche mais reste animé et coloré en semaine. La visite plaira autant aux accros de shopping (mais vous n'y trouverez rien de particulièrement original, les produits vendus visant clairement les touristes) qu'à ceux qui recherchent un peu de couleur locale, ou du moins des boutiques moins "branchées" que celles du centre commercial Sunset Boulevard (voir p. 91). N'oubliez pas de marchander !

Temple tamoul — LIEU DE CULTE

(carte ci-dessus ; Royal Rd). Ne ratez pas la visite du grand temple tamoul qui dresse ses stucs colorés en bordure de la route Royale, au sud du centre-ville, non loin du restaurant Le Capitaine. Vous devrez vous déchausser pour approcher les grandes statues de Ganesh et d'autres divinités.

Retour de pêche — SUR LA PLAGE

C'est l'une des rares réminiscences du Grand Baie d'antan... Chaque jour entre 15h et 17h, les pêcheurs se réunissent en face du restaurant Palais de Chine pour vendre leurs prises, avant de jouer aux cartes dans le soleil déclinant. Un spectacle incontournable.

Activités

De nombreux prestataires proposent excursions, sorties en mer et autres activités. Impossible d'en recommander certains plus que d'autres, car ils organisent presque tous le même programme (croisières à la journée à l'îlot Gabriel ou à l'île d'Ambre, croisière en catamaran, marche sous l'eau, bateau à fond de verre) à des

Grand Baie et Pointe aux Canonniers

À voir et à faire

1	Bazar	D2
	Centre nautique	(voir 37)
	Croisières Australes	(voir 37)
2	Ebrahim Tours	B3
3	GBTT	D2
	Monalysa Tour Operator	(voir 38)
	Nessee	(voir 37)
	Solar Sea Walk	(voir 29)
	Sport Fisher	(voir 37)
4	Temple tamoul	B2

Où se loger

5	20° Sud	B1
6	Auberge Miko	D3
7	Baystone Boutique Hotel & Spa	B2
8	Bayview Villas	C3
	Ebrahim Tours	(voir 2)
9	Esprit libre	A2
10	La Sérénade	D2
11	Le Cannonier	A1
12	Le Mauricia	C2
13	Merville Beach Hotel	D1
14	Résidence Peramal	C2
15	Royal Palm	C1
16	Royal Sunset	D2
17	Seapoint Beach Bungalows	A1
18	Sous le Badamier	B2
19	Veranda Grand Baie	C2
	Villa Rajou Veerapen	(voir 14)
20	Villas Floralies	D2

Où se restaurer

	Blue Lagoon Café	(voir 16)
21	Café Müller	C3
22	Dalon	D2
	Esprit libre	(voir 9)
	Happy Rajah	(voir 38)
23	Hidden Reef	A2
24	La Rougaille Créole	B3
25	La Terrasse	C3
26	Le Capitaine	C2
27	Le Dodo	
28	Le Palais de Chine	D2
	The Beach House	(voir 8)
	The Grill	(voir 29)
29	Ti Kouloir	D2

Où prendre un verre

30	Banana Beach Club	D1
31	Cocoloko	B3
32	La Plage des Canisses	D2
33	Le Off	B2

Où sortir

	Casino Ti Vegas	(voir 38)
34	Insomnia	D3
35	Les Enfants Terribles	B2

Achats

36	Camelia	B2
37	GBS Plazza	B3
	Les Z'Amours	(voir 22)
38	Sunset Boulevard	B3
39	Super U	D2

Renseignements

	Banque des Mascareignes	(voir 38)
	Bureau de poste	(voir 38)
	Internet Café	(voir 38)
40	Poste de police	D2

Transports

	Bus	(voir 3)
	Ebrahim Tours	(voir 2)
	GBTT	(voir 3)
41	Holiscoot	B2

tarifs sensiblement identiques. Poussez plusieurs portes, comparez, et demandez à voir le bateau. La plupart des pensions et des hôtels peuvent également servir d'intermédiaires pour ce type d'excursions.

Plages

Les bateaux au mouillage monopolisant l'espace, seule une petite portion du lagon face à la plage publique de la ville est réservée à la baignade. La plage de la Cuvette, à la sortie nord de Grand Baie, est petite mais propre et agréable.

Vous trouverez de plus belles étendues de sable dans les environs de Grand Baie, notamment Mont Choisy, au sud, et Bain Bœuf, au nord.

Sorties vers les îles du Nord

Plusieurs îles sont disséminées au large de la côte nord de Maurice. Les deux plus proches, l'**île Coin de Mire** et l'**île Plate** (la plus grande), sont des sites d'excursion très prisés. De nombreux prestataires indépendants peuvent vous y emmener. Les bateaux n'accostent pas à Coin de Mire, réserve naturelle qui présente des falaises abruptes et un profil déchiqueté, ce qui en fait également un site de plongée recherché. Son nom vient de sa ressemblance avec la cale utilisée pour maintenir la visée d'un canon. En revanche, l'île Plate rassemble tous les avantages : elle est dotée de plages superbes, bordées de filaos, entourée de fonds coralliens préservés propices au snorkeling, et l'on peut effectuer une petite balade à pied jusqu'à un phare, d'où l'on bénéficie d'un panorama époustouflant. Au XIXe siècle, l'île servait de lieu de quarantaine pour les équipages suspectés de véhiculer la peste ou la variole. L'**îlot Gabriel**, à quelques encablures à l'est, était il y a peu plus tranquille, mais les bateaux y sont désormais nombreux.

Plus éloignées, à environ 24 km de la côte, l'**île Ronde** et l'**île aux Serpents** sont deux réserves naturelles, non accessibles aux visiteurs. Véritables sanctuaires ornithologiques, elles accueillent des centaines de milliers d'oiseaux de mer. L'île Ronde, surnommée "le joyau de la Couronne" par les botanistes, regroupe sur 154 ha une végétation unique, riche en espèces endémiques. Elle abrite également des boas et des lézards rarissimes.

Des prestataires installés dans de petits kiosques aux abords de la plage proposent des sorties en mer à la journée vers les îles : îlot Gabriel, île d'Ambre et île Plate, parfois l'île Bernache. Snorkeling et barbecue sur la plage sont généralement compris. Comptez environ 1 000-1 500 Rs pour l'île Plate ou l'îlot Gabriel. Les prestataires proposent également des sorties vers l'île aux Cerfs, dans l'est (800-1 500 Rs) et l'île aux Bénitiers, au sud-ouest (1 500-2 000 Rs). Ces tarifs sont négociables. Vous pourrez par exemple comparer les offres de :

Centre nautique (carte p. 84 ; ☎263 8017, 269 1518 ; www.centrenautique.com ; Royal Rd). Dans l'axe de la rue menant au Super U, près du centre commercial Sunset Boulevard.

Ebrahim Tours (carte p. 84 ; ☎5421 1597, 269 0272 ; www.ebrahimtours.mu ; Royal Rd). À côté de la banque MCB.

Monalysa Tour Operator (carte p. 84 ; ☎263 0991, 263 6236 ; www.monalysatours.net). Sur la route du Super U.

Croisières Australes SORTIES EN CATAMARAN
(carte p. 84 ; ☎210 0884 ; www.croisieres-australes.com ; au départ de la jetée du Sunset Boulevard). Envie de naviguer sur un catamaran de 60 pieds open ? Cette société en possède deux, mouillés face à Grand Baie – dont l'un de ceux qui courut la Route du Rhum, skippé par Florence Arthaud –, plus d'autres bateaux moins sportifs. Les sorties ont lieu tous les jours en saison (départ 9h15) pour l'île du Coin de Mire, mouillage à l'île Plate et l'îlot Gabriel, snorkeling et barbecue à bordet coûtent 21-32/45-65 € selon le bateau par enfant/adulte. Renseignez-vous au bureau installé près de l'hôtel Veranda (p. 79). Croisières Australes propose également des "mariages sur l'eau" et des sorties au coucher du soleil.

Plongée

L'île Coin de Mire offre de beaux sites. D'excellents centres de plongée sont installés dans le secteur de Grand Baie. Reportez-vous p. 40 et p. 45, pour tous renseignements sur les sites et les centres de plongée.

Autres activités

Blue Safari SORTIES EN SOUS-MARIN
(carte p. 78 ; ☎263 3333 ; www.blue-safari.com ; Royal Rd). Installée à Trou aux Biches mais largement représentée à Grand Baie, cette société propose des sorties jusqu'à -35 m à bord d'un sous-marin ou de "scooters sous-marins" à -3m. À partir de 3 900/2 300 Rs par adulte/enfant. L'embarquement a lieu à Trou aux Biches.

Nessee SORTIES EN SOUS-MARIN
(carte p. 84 ; ☎263 8017, 269 1518, près du Sunset Boulevard, Royal Rd). Autre prestation inhabituelle, le *Nessee* est un semi-submersible jaune de 15 m de long à bord duquel vous pourrez vous embarquer pour une balade sous-marine d'une heure (3 départs quotidiens 10h-12h30-14h30, durée 1h45, enfant/adulte 300-600 Rs/pers).

Solar Sea Walk MARCHE SOUS L'EAU
(carte p. 84 ; ☎263 7819, 263 7820 ; www.solarunderseawalk.com ; guichet à côté du Banana Beach Club, Royal Rd ; ⏲lun-sam 8h 30-17h ; 1 400 Rs/pers). Toujours dans le domaine subaquatique, il s'agit ici de pratiquer la "marche sous l'eau" à quelques mètres de profondeur grâce à un scaphandre dont l'alimentation en air est assurée par énergie solaire.

Yemaya Adventures KAYAK DE MER ET VTT
(☎752 0046 ; www.yemayaadventures.com). Cette petite structure installée à Grand Gaube propose des sorties en kayak de mer vers l'île d'Ambre et l'îlot Bernache (journée enfant/adulte 1 250/2 500 Rs), de l'initiation à la sortie de plusieurs jours, et organise chaque année un tour de l'île en kayak, sur 8 jours. Propose également des itinéraires en VTT à l'intérieur des terres du nord de l'île.

Sport Fisher PÊCHE AU GROS
(carte p. 84 ; ☎263 8358, 4235 5015 ; www.sport-fisher.com). Attenant au Sunset Café, ce club dont le retour de pêche est toujours un événement est particulièrement bien équipé.

Circuits organisés

GBTT AGENCE DE VOYAGES
(Grand Baie Travel & Tours ; ☎263 8771 ; www.gbtt.com ; Royale Rd ; ⊙lun-ven 9h-16h, sam 9h-12h). Billets d'avion, organisation d'excursions et activités, réservation d'hôtels et de villas appartenant à l'agence, locations de voitures. Professionnel et efficace.

Où se loger

Certaines adresses de catégorie moyenne feront parfaitement l'affaire pour les voyageurs à petit budget. Les agences **GBTT** (Grand Baie Travel & Tours ; ☎263 8771 ; www.gbtt.com) et **Idyllic Villas** (☎697 16 02 ; www.idyllic-villas.com) proposent des villas à louer aux abords de Grand Baie.

BON PLAN **Villas Floralies** PENSION CENTRALE €
(carte p. 84 ; ☎269 8269/5789 4469 ; www.villas-floralies.com ; d 25 €, app 45 € ; ❄📶). Très corrects pour le prix, ces vastes studios et appartements avec cuisine équipée et TV sont installés à une centaine de mètres en retrait de la route. Leur décoration n'a rien d'exceptionnel mais ils sont bon marché et très propres. À 100 m de la plage, en bordure de la rue principale. Prix négociables.

Ebrahim Tours LOCATION DE MEUBLÉS €
(carte p. 84 ; ☎263 1454, 5421 1597 ; www.ebrahimtours.mu ; Royal Rd ; studio 1 200-1 400 Rs, app 2/3 ch 2 200-2 400/3 200-3 600 Rs ; ❄📶). Ce prestataire touristique loue au-dessus de ses locaux des studios carrelés – sans charme réel mais propres – mais aussi des appartements de 2 ou 3 chambres et des bungalows. Implantés en plein centre de la localité, ils sont dotés d'une kitchenette et d'une terrasse. Ménage en semaine.

Bayview Villas LOCATION DE MEUBLÉS €
(carte p. 84 ; ☎5494 1629, 233 4253 ; Royal Rd ; app jusqu'à 4 pers 420 €/sem, tarifs dégressifs ; 📶❄🏊P). Plus que des "villas", l'hébergement proposé ici est constitué de 6 appartements pour 4-5 personnes, avec cuisine équipée, peints de couleurs vives. Ils n'ont rien d'exceptionnel mais proposent un confort correct. L'avantage des lieux ne réside pas ici. Bayview Villas est en effet l'une des rares adresses de Grand Baie à proposer des logements pieds dans l'eau, face à la plage, à prix réduit. Le petit jardin où l'on peut faire un barbecue et la piscine sont un atout. Seul bémol, mais de taille : la proximité de la route et du restaurant Beach House rendent les lieux particulièrement bruyants. L'accueil a lieu à l'étage (suivez les panneaux "Office").

Villa Rajou Veerapen LOCATION DE MEUBLÉS €
(carte p. 84 ; ☎2689 0849, 777 5390 ; ballog@hotmail.com ; impasse Souvenir-Lane ; studio 1 200 Rs, app 4 pers 1 600-1 800 Rs ; ❄📶). À l'écart du centre-ville, à côté du restaurant Le Capitaine, cette grande maison blanc et bleu abrite des studios et appartements pas toujours très bien agencés (ceux avec terrasse sont nettement plus agréables), mais propres et dotés de la TV et d'une kitchenette. Pas aussi chic que son voisin, la belle Résidence Peramal (voir p. 88), mais un bon rapport qualité/prix.

Auberge Miko HÔTEL €
(carte p. 84 ; ☎263 7048, 706 3754 ; www.aubergemiko.com ; morc. Boucan ; studio s/d 20-25/35-40 € selon saison, app 4 pers 60-70 € selon saison ; ❄📶P). Cette adresse somnolente a repris un coup de neuf sous l'impulsion de ses nouveaux propriétaires, un chaleureux couple finlando-mauricien. Ils louent des studios avec kitchenette et des appartements, vastes mais réduits au plus simple dans leur décoration. L'ensemble est un peu excentré dans un environnement sans charme, à 5 minutes de marche du centre, mais présente l'avantage d'être très calme. Séjour minimum de 3 nuits.

La Sérénade CHAMBRES D'HÔTES €€
(carte p. 84 ; ☎269 3124 ; laserenade.com ; rue Maharna Pratap, lot 14, morc. St-Honoré ; d avec petit-déj 40-60 € selon saison et confort ; ❄📶🏊). À 5 minutes à pied de la plage publique, proche du Super U et des restaurants, cette maison blanche à l'architecture cubique propose 10 chambres avec terrasse (dont des familiales pour 4 personnes, et d'autres avec Jacuzzi et mini-frigo), très propres. Rien de bien exceptionnel côté déco (peintures de fleurs exotiques et dessus-de-lit en soie synthétique) mais les salles de bains sont coquettes, avec leur carrelage bleu et leur douche pluie. Dotée d'une piscine entourée de transats et de verdure, et d'un petit salon d'extérieur (le tout en terrasse, surplombant Grand Baie), elle est plutôt calme malgré son emplacement. Un bon

point : au petit-déjeuner on peut trouver samoussas, rôti, ou gâteaux piment. Possibilité d'excursions.

Résidence Peramal LOCATION DE MEUBLÉS €€
(carte p. 84 ; 263 8109 ; www.residence-peramal.com ; Royal Rd ; studio 2 pers 30-35 €, app 3-4 pers 50 €, clim 5 € supp ;). Difficile de faire mieux ! Une centaine de mètres en retrait de la rue principale et un peu dissimulée derrière le restaurant Le Capitaine, cette résidence offre l'un des meilleurs rapports qualité/prix de Grand Baie. Elle est certes un peu éloignée du centre-ville – 10 minutes de marche – mais ce léger inconvénient est compensé par le calme, la qualité de la prestation et la plus belle vue sur mer de Grand Baie. La résidence comporte une quinzaine de studios et d'appartements de 2 ou 3 chambres, bien équipés et confortables. La décoration est sobre mais agréable et rehaussée de quelques touches de boiserie. La propreté est impeccable (le ménage est effectué tous les jours). Les studios d'angle, plus vastes et dotés d'une belle terrasse, valent bien 5 € de plus. La résidence propose d'organiser transports, excursions et randonnées et est sensible à la protection de l'environnement (produits d'entretien, gestion des climatiseurs).

Royal Sunset HÔTEL-RESTAURANT €€
(carte p. 84 ; 778 7575 ; www.royalsunsethotel.com ; Royal Rd ; s/d/t 45-80/50-90/75-140 € selon confort et saison ;). Impossible de rater ce haut bâtiment moderne coiffé d'un petit toit de chaume, posé au bord de la route principale. Bien que l'ensemble – surtout les parties communes – manque de charme, les chambres (dans les tons jaunes ou rouges) sont vastes, confortables et bien équipées (clim, TV), mais certaines commencent à vieillir un peu... L'hôtel dispose d'une belle terrasse au-dessus de la route qui reste cependant bruyante.

Veranda Grand Baie TROIS-ÉTOILES €€€
(carte p. 84 ; 209 8000 ; www.veranda-resorts.com ; route de Pereybère ; d standard demi-pension à partir de 91-123 € selon saison ; P@). Rénové en 2010, ce trois-étoiles "plus" de 94 chambres du groupe Veranda décline une atmosphère créole en bord de mer, aux portes de la ville. Décontracté et familial, tout en étant assez raffiné, il offre 94 chambres joliment décorées, avec boiseries et teintes douces. Les "superior" sont particulièrement spacieuses, tandis que les "confort", les moins chères, sont un peu plus petites et donnent sur le beau jardin. Les clients disposent d'une plage (de poche), de 2 piscines, dont une pour enfants, de 2 restaurants, d'un bar et d'un spa. Aquagym, kayak, planche à voile, voile et tennis sont proposés gratuitement. Un bon choix dans cette gamme de prix.

Merville Beach Hotel TROIS-ÉTOILES €€€
(carte p. 84 ; 209 2200 ; www.mervillebeach.com ; Royal Rd ; s/d demi-pension à partir de 149-216/220-402 € selon saison ; P@). Ce trois-étoiles "plus" présente une physionomie contrastée : les chambres "standard", les moins chères, occupent un énorme bâtiment blanc assez géométrique, mal intégré à l'environnement naturel. Les "superior" sont en revanche installées dans de grands chalets à toit de chaume, nettement plus attrayants. La piscine est aménagée au bord de la plage. Des activités nautiques sont proposées sans supplément, notamment la voile, le ski nautique, le kayak et le snorkeling. Nombreux extras en supplément.

Le Mauricia QUATRE-ÉTOILES €€€
(carte p. 84 ; 209 1100 ; www.lemauricia-hotel.com ; Royal Rd ; s/d avec petit-déj à partir de 74-200 € selon saison ; P@). L'architecture assez massive de ce quatre-étoiles de la chaîne Beachcomber est sans surprise mais ses 229 chambres à la décoration lumineuse et contemporaine sont bien équipées. Avant tout destiné à une clientèle jeune et familiale, Le Mauricia propose de nombreuses activités : sauna, hammam, mini-club, tennis, discothèque, sports nautiques... Au chapitre des atouts, la vue sur la baie vaut son pesant d'or, la plage a des airs de paradis tropical et les 2 piscines font leur petit effet. Les quatre étoiles nous ont semblé légèrement exagérées.

Royal Palm CINQ-ÉTOILES LUXE €€€€
(carte p. 84 ; 209 8300 ; www.beachcomber-hotels.com/hotel/royal-palm.html ; ste s/d avec petit-déj à partir de 324-944 € selon saison ; P). Du luxe, du luxe et encore du luxe ! Navire amiral du groupe Beachcomber, cet hôtel éblouissant – rénové en 2014 – attire le gotha du show-business, de la politique et du journalisme. Fleuron de l'hôtellerie de prestige dans l'océan Indien, le très sélect Royal Palm réserve une vie de pacha aux hôtes de ses 69 suites avec vue sur mer de 55 à 380 m² époustouflantes.

L'atmosphère feutrée du lieu intègre subtilement l'environnement naturel, avec un mélange de chaume, de bois précieux et de pierres apparentes. Le mobilier privilégie les matériaux nobles comme le marbre gris veiné de fils d'or, le chêne, le noyer ou le laiton. Une nouvelle piscine chauffée de 25 m surplombe la plage, s'ajoutant aux deux premières. Le Royal Princess, yacht de luxe, emmène en excursion à la journée ou pour une nuit à bord. Quant au service, il est, bien entendu, à l'unisson. Est-il besoin de préciser que l'hôtel est au bord d'une plage de carte postale, que ses services et équipements offrent ce qui se fait de mieux et que la discrétion et la prévenance du personnel mettent à l'aise les plus en vue des peoples ? Pour l'anecdote, la suite royale (la plus chère) est facturée de 3 839 à 9 999 € la nuit, selon la saison...

Où se restaurer

Grand Baie compte de nombreux restaurants, installés pour la plupart sur le front de mer. Comme dans tous les endroits très touristiques, la qualité de la cuisine et du service est très irrégulière d'un établissement à l'autre.

Ceux qui souhaitent faire leurs courses trouveront tout ce qu'ils peuvent espérer au centre commercial Super U (p. 92).

La Rougaille Créole
INDO-MAURICIEN €€

(carte p. 84 ; ☎263 8449 ; Royal Rd ; plats 180-500 Rs ; ⏲midi et soir tlj). On n'y va pas pour le décor impersonnel de la salle aux murs orange, mais dans cette "cantine" tropicale, les plats typiques ne déçoivent pas : soupe de crabe, calamars croustillants, daube d'agneau, curry de bœuf, filet de dorade grillé et sa sauce au vin rouge, brochette de poisson sauce safranée ou rougaille de vieille rouge... Les produits de la mer vous sont présentés avant de passer en cuisine, et le service est attentionné. 225 Rs les 100 g de langouste. Mieux vaut réserver le soir.

La Terrasse
MAURICIEN €€

(carte p. 84 ; ☎263 6391 ; laterrasse@mail.com ; Royal Rd ; plats 170-550 Rs ; ⏲midi et soir tlj sauf mardi). Certes terrasse il y a, mais elle ne donne pas sur la mer, sauf dans un coin et surplombe une route passante ; cependant les lieux restent accueillants et joliment décorés. Pour ce qui est de l'assiette, on y retrouve une cuisine mauricienne traditionnelle où crevettes, ourites, langoustes, calamars, poisson et viande sont préparés dans un large choix de sauces, et toujours accompagnés de légumes frais. L'adresse se révèle un très bon rapport qualité/prix à Grand Baie.

UNE JOURNÉE DEPUIS GRAND BAIE

La visite du **jardin de Pamplemousses** (p. 70) et celle de **L'Aventure du sucre** (p. 72), à quelques centaines de mètres, sont des incontournables. De bons restaurants sont implantés à proximité. Ajoutons deux autres choix, opposés par leur ambiance : une journée de visite de **Port Louis** (p. 52), à commencer le matin par l'animation du marché, ou une flânerie le long de la côte jusqu'au paisible **Cap Malheureux** (p. 96).

♥ Dalon
MAURICIEN €€

(carte p. 84 ; ☎5755 6659 ; chemin Bazar ; plats 150-450 Rs ; ⏲tlj midi et soir, service non-stop de 11h à 22h sauf dim soir). Un accueil convivial, une déco dans l'esprit récup', une jolie terrasse bleue ornée de voilages donnant sur la rue, une cuisine fraîche, saine et originale, et des prix très raisonnables, voilà ce qui vous attend chez Dalon ("l'ami" en créole mauricien). Cette toute nouvelle adresse remporte un succès bien mérité : on s'y régale de recettes traditionnelles comme la soupe de crabe, et de saveurs plus métissées à l'image du rougail de poulet aux chevrettes séchées ou de la salade de poulet au combava et ananas. Les jus de fruits, la citronnade au miel et les sorbets artisanaux sont excellents, les pizzas et burgers (au cerf !) plus raffinés qu'ailleurs. Lawrence, le patron, est une mine de bons plans sur Grand Baie, et sait vous donner envie de revenir. Livraison possible.

Happy Rajah
INDIEN €€

(carte p. 84 ; ☎263 2241, 263 2867 ; www.happy-rajah.com ; Royal Rd, complexe Super U ; plats 130-590 Rs ; ⏲tlj midi et soir). Envie d'un *goan machli curry* (curry de poisson au lait de coco), d'un *murg bazari tikka* (suprême de poulet mariné au yaourt, herbes, purée de gingembre et noix de cajou) ou d'un *tawa jhinga* (curry corsé de crevettes aux oignons, tomates et herbes) ? Le "joyeux rajah" est ce qu'il vous faut ! Apprécié pour ses spécialités indiennes, ce restaurant (récemment déménagé près du Super U) vous accueille dans une belle salle tamisée aux couleurs de marché aux épices, autour de spécialités indiennes bien préparées. À emporter également.

Le Palais de Chine CHINOIS €€
(carte p. 84 ; ☎263 7120, 263 9928 ; Royal Rd ; plats 260-900 Rs ; ⏲tlj midi et soir sauf dim). Plusieurs restaurants chinois, facilement reconnaissables à leurs toits en forme de pagode, sont installés au cœur de la ville, en bordure de la route principale. Le Palais de Chine est certainement celui qui tire le mieux son épingle du jeu. Longue carte de *dim sum* et de spécialités sichuanaises et cantonaises.

The Grill INTERNATIONAL €€
(carte p. 84 ; ☎263 8540 ; Royal Rd ; plats 300-900 Rs plus 15% de TVA ; ⏲tlj soir sauf dim). Le restaurant du Banana Beach Club (voir p. 91), attenant au pub, impose une touche de raffinement avec ces nappes banches et ses verres à pied, mais reste dans l'ambiance générale avec ses murs tapissés de guitares et de photos de légendes du rock. Il propose des salades, des poissons et des viandes grillées, et quelques plats plus élaborés comme la tourte de bœuf Wellington avec champignons et foie gras, dans un environnement forcément un peu bruyant. On est loin d'une ambiance typiquement mauricienne mais la cuisine reste correcte. À noter : belle carte de vins d'Afrique du Sud et de France dans les trois couleurs.

The Beach House BAR-RESTAURANT SUD-AFRICAIN €€
(carte p. 84 ; ☎263 2599, 5788 5908 ; www.thebeachhouse.mu ; Royal Rd ; plats 350-750 Rs, plus 15% de TVA ; ⏲mer-lun midi et soir). Très bel emplacement sur la plage pour cette adresse récente, tenue par un Sud-Africain, visité par un grand nombre de ses compatriotes. On pourrait se croire dans l'une des adresses hype des plages du Cap, surtout à l'heure de l'apéro : ça parle anglais en regardant le foot sur l'écran géant, la bière et les cocktails sont énormes, et la déco tout en bois et basalte est très réussie. À la carte, des entrées de fruits de mer, des salades César, grecques ou thaïes, des pizzas, du thon à la sauce ananas ou de l'espadon à l'ail et au pesto, de fameux T-Bones et ribs, et des burgers pantagruéliques. Concerts certains soirs.

Le Capitaine GASTRONOMIE DE LA MER €€€
(carte p. 84 ; ☎263 6867 ; Royal Rd ; plats 420-1 400 Rs ; ⏲tlj midi et soir). Excentré à environ 2 km de Grand Baie en direction de Pointe aux Canonniers, ce restaurant un rien chic a assis sa notoriété sur la beauté de son cadre et la qualité de sa cuisine. Mentionnons la salade de cœurs de palmiste, le poisson cru mariné au jus de citron vert, le gratin de camarons aux cœurs de palmiste braisés ou encore les raviolis de langoustes et quenelles de concombre. Mieux vaut réserver si vous souhaitez dîner sur une table bien placée en terrasse. Un bémol cependant : l'accueil peut être un peu froid.

Sur le pouce

Outre les marchands de *dholl puri* installés face à la plage publique, les deux premières adresses ci-dessous sont idéales pour un en-cas, un petit-déjeuner, un déjeuner léger ou un goûter.

♥ **Café Müller** BRUNCH BAVAROIS €
(carte p. 84 ; ☎263 5230 ; Royal Rd ; crêpes 70-90 Rs, brunch 420 Rs, ⏲8h-17h tlj sauf dim). Qualité, calme et gentillesse sont les maîtres mots de cette adresse qui n'a rien de couleur locale (on est ici quelque part entre la Bavière et l'île Maurice) mais ne manque pas d'atouts pour autant. Dans le cadre paisible et raffiné d'un petit patio verdoyant, légèrement à l'écart de la route, on sert ici un large choix de thés, chocolats et cafés (glacés ou chauds), smoothies, jus de fruits frais, crêpes, pancakes et pain perdu, omelettes, croque-monsieur... Sans oublier d'excellents petits-déjeuners et, le samedi de 10h à 14h, un superbe brunch. La salle, dans les tons bleu turquoise et blanc, est très joliment décorée et donne envie de s'attarder. Idéal pour une pause au cours de la journée.

BON PLAN **Ti Kouloir** MAURICIEN MINIMALISTE €
(carte p. 84 ; ☎5743 5162 ; repas 150 Rs max ; ⏲tlj sauf dim midi). Envie de manger pour trois fois rien dans une ambiance 100% mauricienne ? Ti Kouloir, qui voit peu de touristes, porte bien son nom : un couloir large d'à peine 2 m où sont installés des tabourets sur des coins de table branlants. La patronne y sert avec le sourire des mines frits, et des boulettes *saw mai* (chouchou et poulet), *tu yen* (agneau et gingembre), des bouchons poulet ou crevette, du calamar ou du poisson frit, et des plats végétariens. On peut aussi commander par téléphone. *Tipik* !

Blue Lagoon Café RESTAURANT-SNACK €
(carte p. 84 ; 263 3889, 5786 0690 ; Sunset Blvd, Royal Rd ; jus de fruits 125 Rs, plats 120-350 Rs ; tlj 8h-20h). En bord de route face à la mer, cette adresse vaut autant pour son cadre cosy et l'accueil du patron Moënzo, que pour la fraîcheur de ses salade d'ourites, le fondant de ses pizzas ou le moelleux de son gâteau au chocolat. On peut aussi y prendre un succulent et copieux petit-déjeuner, y acheter un sandwich ou un hamburger (au poulet mariné !) avant de filer à la plage, ou s'attabler pour manger un plat plus consistant (mines frites, thon mi-cuit, gratin de fruits de mer ou même langouste). Et bien sûr, on s'y arrête quand on veut pour savourer en terrasse un café glacé, un jus de fruits frais, une bière ou une pina colada.

Où prendre un verre

Banana Beach Club PUB
(carte p. 84 ; 263 0326 ; www.bananabeach-club.com ; Royal Rd ; 10h-tard dans la nuit). À côté de la station-service Caltex, le très tropical et chaleureux Banana Beach Club, en plein air, est le rendez-vous incontournable des noctambules de Grand Baie, qu'ils soient mauriciens ou touristes. Sur fond de musique reggae-seggae, baigné par une lumière tamisée, prenez place au comptoir ou dans la salle ombragée d'un immense flamboyant, et sirotez l'un des nombreux cocktails et shooters aux noms évocateurs : liaison fatale, banana kiss, plaisir d'amour. L'idéal pour commencer – voire finir ! – la soirée. Concerts certains soirs.

Cocoloko RESTAURANT-BAR-LOUNGE
(carte p. 84 ; 263 1241 ; www.cocoloko.net ; Royal Rd ; tlj midi et soir jusqu'à tard ;). Parmi les adresses "tendance" de Grand Baie, le Cocoloko se distingue en premier lieu par son cadre : une belle terrasse ombragée par des palmiers et des bananiers, et dotée de confortables fauteuils. Le bar-lounge, au-dessus du restaurant (plats environ 190-630 Rs) permet de prolonger la soirée autour d'une bière (100 Rs), d'un verre de vin (150-230 Rs) ou d'un cocktail (225 Rs). *Happy hour* de 16h à 20h, concerts tous les week-ends de 21h à 23h.

La Plage des Canisses BAR-RESTAURANT
(carte p. 84 ; 263 5231 ; lescanisses.restaurant.mu.fr ; Royal Rd ; tlj 12h-22h sauf mardi ;). Parmi les adresses "tendance" de Grand Baie, les Canisses se distingue en premier lieu par son cadre : une belle terrasse de type "tropical chic" sous un toit de chaume, qui donne sur la plage. Si la table du restaurant est honnête (langouste, tartares, salades, pizzas, viandes et poissons), l'endroit est en revanche idéal pour siroter un verre à l'heure de l'apéro, ou après le dîner, en écoutant le bruit des vagues. Des concerts sont régulièrement organisés.

Où sortir

Envie de faire chauffer le dance-floor dans la moiteur tropicale ? Les adresses qui suivent s'animent les mercredi, vendredi et samedi soir.

Les Enfants Terribles (carte p. 84 ; 23h-6h). À Pointe aux Canonniers. Voir p. 83.

Insomnia (carte p. 84 ; 5258 5859 ; www.insomnia.mu ; Royal Rd ; 23h-5h). La discothèque la plus récente, avec un espace lounge, 2 pistes de danse et 2 bars ; clientèle 20-25 ans.

Casino Ti Vegas (carte p. 84 ; 269 1448 ; tivegas.net ; 10h-4h30). Dans le centre commercial Super U.

Achats

Outre le bazar (p. 84), les centres commerciaux ne manquent pas, et le textile domine.

Camellia PANIERS
(carte p. 84 ; 263 6946, 263 6936 ; Royal Rd ; lun-sam 10h-17h30). En face du fleuriste Malini, cette petite boutique très encombrée vend d'adorables et originaux paniers en plastique tressé, très solides, de toutes les couleurs et de toutes les tailles (de 215 à 550 Rs), et en paille (150 Rs).

Les Z'Amours ÉPICERIE
(carte p. 84 ; 5722 4469, 5985 1810 ; chemin Bazar, à côté du restaurant Dalon ; lun-sam 7h-23h, dim 7h-13h et 18h-23h). On aime beaucoup cette toute petite épicerie très colorée, créée par Johnny et Serge, deux jeunes très sympathiques. Ouverte tard, on y trouve vraiment de tout. Un bon plan en centre-ville !

Sunset Boulevard CENTRE COMMERCIAL
(carte p. 84 ; 263 4172 ; Royal Rd). Le meilleur centre commercial de la ville pour trouver des articles de mode ; il regroupe 60 boutiques dans des petits pavillons en plein centre-ville.

Super U CENTRE COMMERCIAL
(carte p. 84 ; ☎263 0502 ; www.superu.mu ; La Salette Rd ; ⏲lun-jeu 9h-20h30, ven-sam 9h-21h30, dim 9h-13h30). Outre le supermarché, vous y trouverez près d'une trentaine de boutiques à la mode et des restaurants.

GBS Plazza CENTRE COMMERCIAL
(carte p. 84 ; ☎263 0556 ; Royale Rd ; ⏲lun-sam 9h-19h30, dim 9h30-13h30). Le dernier-né des centres commerciaux, entre les deux précédents, se distingue par son architecture moderne et profilée. Il compte 15 boutiques réparties sur plusieurs niveaux.

Grand Baie La Croisette CENTRE COMMERCIAL
(hors carte p. 84 ; ☎209 2000 ; Sotisse Rd ; ⏲lun-jeu 9h30-19h30, ven-sam 9h30-21h30, dim 9h30-16h30). Le plus grand centre commercial de la région nord : 80 boutiques et 20 restaurants, mais aussi des bars, un cinéma, un centre sportif, des bureaux et des appartements.

Orientation

Difficile de se perdre à Grand Baie : presque tous les hôtels et services touristiques bordent la route côtière (Royal Rd). L'arrêt de bus principal est situé sur le carrefour faisant face à l'agence de voyages GBTT, au centre de la localité. Un immense centre commercial regroupant de nombreux services et commerces est implanté à quelques centaines de mètres du centre en direction de Goodlands. Étendue sur plusieurs kilomètres, Grand Baie est bordée par deux autres spots balnéaires distants de quelques kilomètres : Pereybère, au nord, et Pointe aux Canonniers, au sud.

Renseignements

ACCÈS INTERNET

Internet Café (carte p. 84 ; ☎263 2478 ; Super U ; 3 Rs/min, minimum 15 min ; ⏲lun-jeu 9h-20h30, ven-sam 9h-21h30, dim 9h-13h30). Dissimulé à l'intérieur du Super U. Bonne connexion, casques pour communications Skype.

ARGENT

Les banques ne manquent pas. La plus utile est la grande **MCB** (carte p. 84 ; Mauritius Commercial Bank ; Royal Rd ; ⏲lun-jeu 9h-15h15 et ven 9h-17h) du centre-ville, qui dispose de plusieurs DAB et d'un bureau de change. Hormis la Banque des Mascareignes du Super U (qui dispose de plusieurs DAB), elles sont fermées le samedi matin. Vous trouverez aussi des DAB dans le complexe Grand Baie La Croisette (voir ci-contre).

DÉSAGRÉMENTS ET DANGERS

Le développement du tourisme dans la région a aiguisé l'appétit des pickpockets et des cambrioleurs qui commettent des infractions dans les bungalows isolés. Les délits sont en général mineurs, mais ne laissez jamais d'objets de valeur sans surveillance. Certains faits plus graves ont été constatés depuis quelques années. Les hôtels recommandent la méfiance à la nuit tombée.

OFFICE DU TOURISME

Même si nombre d'agences privées se sont autoproclamées "tourist offices", il n'existe pas d'office du tourisme officiel à Grand Baie. Vous devrez donc vous en remettre directement aux prestataires et autres agences de voyages.

Côte Nord, un magazine touristique bilingue (français/anglais), disponible dans certains magasins et hôtels, propose une sélection d'hébergements, de restaurants, de clubs sportifs et de sites à visiter.

POSTE

Poste principale (carte p. 84 ; Super U ; ⏲lun-ven 8h15-11h15 et 12h-16h, sam 8h15-11h45). Installée dans le bâtiment de droite du centre commercial Super U, sous les arcades.

TÉLÉPHONE

Vous trouverez des cabines à carte dans le centre commercial Super U.

Depuis/vers Grand Baie

BUS

Un bus express relie Port Louis à Grand Baie par la nouvelle autoroute, tous les jours sauf le dimanche, 2 fois par heure (trajet 30 minutes environ). Une ligne de bus relie également Grand Baie à Pamplemousses. Une troisième passe par la côte (Pointe aux Piments, Triolet, Trou aux Biches, Mont Choisy, Pointe aux Canonniers, Grand Baie, Pereybère, Cap Malheureux et Goodlands).

TAXI

Les taxis sont stationnés face à la plage, en bordure de Royal Rd. Les tarifs annoncés, à négocier, sont de 150 Rs pour rejoindre Pereybère, 300 Rs pour Cap Malheureux, 600-700 Rs pour Port Louis et 1 500 Rs pour l'aéroport.

Comment circuler

SCOOTER

Grand Baie compte de nombreuses sociétés de location de motos et de deux-roues. **Holiscoot** (carte p. 84 ; 263 6229, 5252 9668 ; www.holiscoot.mu ; Royal Rd). demande 700 Rs par jour pour un scooter, assurance tous risques incluse) et le livre sur votre lieu d'hébergement. Prix dégressifs à partir de 5 jours.

VÉLO

Beaucoup d'hôtels, de pensions et d'agences de voyages se chargeront de vous louer un vélo. Le tarif, dégressif selon la durée, est d'environ 150 Rs par jour. Vous pourrez par exemple vous adresser à Ebrahim Tours (voir ci-dessous).

VOITURE

Plusieurs agences de location sont installées à Grand Baie. Faites jouer la concurrence entre les différents prestataires et vérifiez attentivement les conditions. Adressez-vous également à votre hôtel, ou à vos hôtes dans les pensions, qui ont peut-être négocié des tarifs préférentiels avec certaines agences.

Ebrahim Tours/Contract Cars (carte p. 84 ; 263 1454, 421 1597 ; www.ebrahimtours.mu/rental-of/car ; Royal Rd). L'un des moins chers : à partir de 25 €. L'agence dispose également d'un minibus de 7 places (à partir de 80 €).

ADA (carte p. 84 ; 265 6726 ; Grand Baie La Croisette). Environ 50 € par jour, comme toutes les agences internationales.

GBTT (carte p. 84 ; Grand Baie Travel & Tours ; 263 8771 ; Royal Rd). À partir de 39 €/jour. Une agence sérieuse.

Un moyen de locomotion n'est pas nécessaire pour circuler en ville. Il sera en revanche plus pratique que les taxis pour découvrir les environs.

Pereybère

Moins touristique que Grand Baie et encore épargnée par les palaces, la petite localité de Pereybère doit à sa jolie plage d'être appréciée des familles mauriciennes (le week-end) et des voyageurs à petit budget, qui apprécient ses hôtels et ses restaurants bon marché. Mais aussi de nombreux retraités, principalement français, qui viennent passer l'hiver au soleil. Le farniente en bord de mer et la plongée en apnée sont les principaux atouts de cette localité indolente. Vous aurez accès à plus de 1 km de plage avec une vue magnifique sur l'île Coin de Mire en empruntant le chemin qui mène à la **pointe d'Azur**.

À voir

Galerie du Moulin Cassé GALERIE
(727 0672, 263 0672 ; moulincasse@intnet.mu ; rte Old Mill ; ven 10h-18h ou sur rendez-vous). Installée dans une ancienne sucrerie au Cœur d'un superbe jardin, cette galerie à l'architecture étonnante abrite deux expositions permanentes : une consacrée au poète, écrivain et peintre mauricien Malcolm de Chazal (1902-1982) et une consacrée aux photographies de nature de Diane Henry. La galerie accueille aussi des expositions temporaires d'artistes mauriciens et internationaux dans ce bel espace.

Circuits organisés

Malyra Tours AGENCE DE VOYAGES
(263 9169, 257 1213 ; Royal Rd ; www.malyratours.com). Cette dynamique agence, au centre de Pereybère sur la route côtière, propose une large gamme d'activités : plongée avec le club Ocean Spirit (voir p. 45), sorties en mer vers l'île Plate en trimaran (1 500 Rs avec repas), l'îlot Gabriel en catamaran (1 200 Rs avec repas)…

Où se loger

Les adresses en bordure de plage sont rares.

BON PLAN **Villa Malyra** LOCATION DE MEUBLÉS €
(263 6724, 263 9169, 5932 8385 ; www.villamalyra.com ; Royal Rd ; app 25/35 € ; P ❄). L'agence Malyra Tours (voir ci-dessus) loue des appartements au calme dans un immeuble situé derrière l'agence. Confortables et propres, ils sont en outre parfaitement équipés, avec clim, TV et terrasse. La plage publique est toute proche.

La villa **Bal'eau** (5797 1111, 5257 1155 ; baleauvilla@yahoo.com ; studio/app 25/35 €), juste à côté et dépendant également de Malyra Tours, est plus récente (clim, Wi-Fi, ménage quotidien) mais comparable. Un très bon rapport qualité/prix.

Blooms LOCATION DE MEUBLÉS €
(263 8840, 269 1060 ; ratna@intnet.mu ; Paradizo Lane ; studio d 1 000-1 200 Rs selon saison ; ❄ Wi-Fi). Tout près de la plage publique, 7 studios simples dans les tons jaunes et bleux, propres et bon marché, qui présentent un excellent rapport qualité/prix. Climatisation, kitchenette, terrasse, des salles de bains plutôt coquettes… juste ce qu'il faut pour que la clientèle, fidèle, revienne d'une année sur l'autre. Parmi les atouts des lieux : un jardin touffu avec

Pereybère

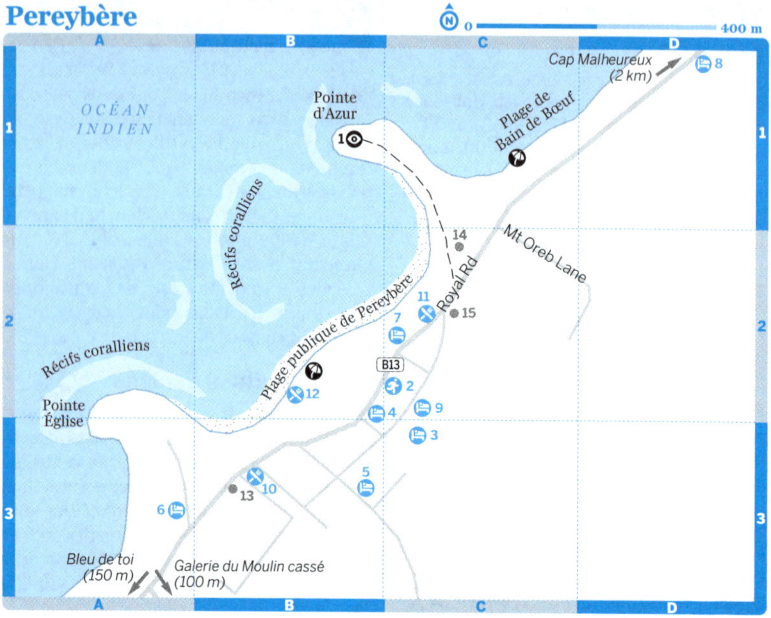

un coin barbecue, une petite piscine, un service de nettoyage quotidien. L'accueil est charmant.

Flowers of Paradise HÔTEL-RESTAURANT €€
(☎934 5320 ; www.hotel-paradise-mauritius.mu ; Beach Lane ; d sans/avec demi-pension 70/110 € par pers ; ❄📶🏊). Cette adresse à la façade orangée, au calme et à 30 m de la plage, donne un petit coup de jeune à l'offre de logement de Pereybère. Ses 18 chambres fonctionnelles avec leurs lits à baldaquin en bois, leur déco colorée qui mêle d'immenses photographies macro et leurs terrasses individuelles sont pimpantes et raffinées. Les chambres sont de différentes tailles, mieux vaut donc opter pour les plus grandes quand l'hôtel n'est pas plein. Les animations musicales certains soirs et la petite piscine sont un plus, tout comme le restaurant correct mais un peu cher.

Les Buissons LOCATION DE MEUBLÉS €€
(☎425 9212 ; guyetmaryse.skyrock.com, jeanlou@intnet.mu ; Royal Rd ; app 2-3 pers 40-53 € selon saison, app 4-5 pers 53-80 €, villa 6-7 pers 65-101 € ; ❄🏊📶). À 800 m de la plage publique de Pereybère, en bord de route, ce petit ensemble bien agencé situé dans un jardin luxuriant offre des prestations impeccables et une touche de charme bienvenue. La conception de chaque appartement, entièrement équipé et à la propreté chirurgicale, est moderne, avec un style épuré du meilleur effet. Une petite piscine a été aménagée dans le jardin. Minimum de 4 nuits, et il est sage de réserver. Un bémol, toutefois : la proximité de la route.

♥ **Dodo La Lodge** HÔTEL DE CHARME €€
(☎5253 9260, 263 8140, 5929 0204 ; www.dodolalodge.com ; Royal Rd, à l'angle de Jolicœur ; d sans/avec kitchenette 58/64 €, petit-déj 7 €, demi-pension 18 €/pers ; P❄📶). Ouvert en 2012, à deux pas de la plage, cet hôtel contemporain et intimiste (que l'on repère de loin avec ses murs blancs et sa toiture à l'indonésienne), doté d'un joli restaurant, est une vraie bonne surprise : de beaux murs hauts en pierre noire, de larges portes en bois, et de petits bassins bordés de plantes vous accueillent dans les espaces communs. Les chambres, dans des tons sobres et décorées de photos en noir et blanc, sont spacieuses, lumineuses et climatisées ; les salles de bains à l'italienne, avec leur carrelage en ardoise et leurs sols composés de galets, sont particulièrement réussies. Les plus grandes chambres disposent d'une kitchenette, et toutes ont une terrasse. Un endroit idéal à

Peyrebère

À voir
1 Point de vue B1

Activités
2 Malyra Tours C2

Où se loger
3 Blooms C3
4 Dodo La Lodge B2
5 Flowers of Paradise B3
6 Hibiscus Beach Resort A3
7 Le Beach Club C2
8 Les Buissons D1
9 Villa Malyra C2

Où se restaurer
10 Café Pereybère B3
11 Le Pêcheur C2
12 Palm Beach Café B2

Renseignements
13 Mauritius Commercial Bank B3
14 Supermarché Winner C2

Transports
15 Ara Tours C2
Malyra Tours .... (voir 2)

Pereybère pour se relaxer, avec une touche de chic, et en prime un service adorable. À ce tarif-là, on ne s'en prive pas !

Bleu de toi CHAMBRES D'HÔTES €€
(269 1761 ; www.bleudetoi.mu ; Royal Rd ; d standard/sup/studio avec petit-déj 72-115/88-135/110-150 € ; P). À l'entrée sud de Pereybère, cette adresse récente vous accueille dans une maison moderne qui dissimule la belle surprise d'une piscine dans un jardin très soigné, et 8 chambres impeccables et bien décorées, dans un style contemporain chaleureux et confortable. Les plus grandes font 40 m². Elles disposent de la clim et de la TV, et leurs tarifs sont négociables pour les séjours de plusieurs nuits. Les résidents disposent d'un bar, et d'un petit salon-bibliothèque cosy où ils peuvent bouquiner en se servant un café, ou emprunter un DVD pour le regarder dans leur chambre. Récemment construit, un beau studio "hippy chic" pour 4 adultes, avec jardin et 2 chambres, est également disponible. L'adresse n'est pas en bord de mer mais la plage est proche. Possibilité de table d'hôtes, d'excursions, de location de voiture, scooter et vélo.

Le Beach Club LOCATION DE MEUBLÉS €€
(263 5104 ; www.le-beachclub.com ; Royal Rd ; studio 2 pers avec petit-déj 54-79 € selon saison, app 4 pers avec petit-déj 79-114 € ; P). Ce petit complexe caché dans un coin de la plage publique offre 9 studios et 7 appartements fonctionnels, agréables et bien équipés. Préférez les studios, plus clairs que les appartements, bâtis à l'ombre. Le principal atout est la proximité de la plage.

Hibiscus Beach Resort TROIS-ÉTOILES €€€
(263 8554 ; www.hibiscushotel.com ; Royal Rd ; s/d demi-pension à partir de 120-200/190-330 € ; P). Annoncé comme l'établissement le plus chic de Pereybère, l'Hibiscus propose de grandes chambres avec clim, TV et minibar, confortables sans être luxueuses, bâties face à la mer et nichées dans un jardin luxuriant planté de badamiers, de cocotiers et d'hibiscus. Toutes sont pourvues d'une terrasse ou d'un balcon. Elles sont décorées avec un goût plus sûr que les peintures de la réception ne le laissent présager. Un bémol : l'hôtel fait face à une plage artificielle lilliputienne, le littoral en face étant rocheux. Vous pourrez cependant vous rendre à la plage publique, toute proche, ou vous baigner dans la petite piscine ou le petit Jacuzzi. Les services incluent salle de fitness, spa, plongée et activités nautiques. L'accueil n'est pas le point fort des lieux.

Où se restaurer

Les restaurants qui retiennent l'attention sont rares. Pour les petites faims, vous trouverez des stands proposant des *dholl puri* et autres en-cas sur la plage publique.

Le Pêcheur INDO-MAURICIEN €€
(5931 5967, 5252 9931, 5865 8828 ; Royal Rd, plage publique de Pereybère ; plats 180-550 Rs, langouste 1 100 Rs ; tlj midi et soir). L'adresse recommandée par les locaux, au bord de la route et face à la plage, très fréquentée par les familles indiennes pour sa fraîcheur et sa qualité : rougail et vindaye bien sûr, mais aussi 7 curries sur leur feuille de banane, tartare de dorade aux fines herbes, gratin de papaye verte à la chair de crabe... Du poisson à la langouste, tout est bon et copieux.

Palm Beach Café VUE SUR MER €€
(263 5821, 5758 9955 ; Royal Rd, plage publique Pereybère ; milk-shake 120 Rs, plats 195-725 Rs ; tlj midi et soir, fermé jeudi soir et dim soir ;). C'est sans conteste l'un des plus beaux cadres de Pereybère.

Ce bâtiment gris monté sur un mur de basalte possède une vaste terrasse face au lagon miroitant, et sert une cuisine fraîche et bien préparée, mettant l'accent sur les produits de la mer : gratin de fruits de mer, tartare de thon aux baies roses, filet de dorade persillée, camarons à l'ail... mais aussi paninis (au marlin fumé, entre autres) burgers, salades composées, grillades et brochettes. À l'heure du goûter, on y trouve glaces, jus de fruits frais, milk-shakes, cappuccinos et pâtisseries variées.

Café Pereybère SINO-MAURICIEN **€€**
(☎263 8700 ; Royal Rd ; plats 265-900 Rs, menus 600-1 190 Rs plus TVA de 15% ; ⏲tlj midi et soir). Idéalement placé au cœur du village, en face de la plage publique, ce "café" est en fait un restaurant sino-mauricien décoré dans la plus pure tradition chinoise. La cuisine, honorable, se décline en une longue carte qui va du *fooyang* de crevettes au cari de langouste, en passant par les poissons grillés.

Renseignements

Les services sont limités à Pereybère. Une agence de la Mauritius Commercial Bank dotée d'un DAB accessible 24h/24 est installée à l'entrée du village en venant de Grand Baie.

Depuis/vers Pereybère

BUS

Les bus pour Cap Malheureux font halte à Pereybère.

TAXI

En taxi, comptez 150 Rs depuis Cap Malheureux ou Grand Baie et environ 1 500 Rs au départ de l'aéroport.

VOITURE ET SCOOTER

Plusieurs agences proposent des voitures et des deux-roues en location. Adressez-vous à :

Ara Tours (☎262 7158/269 3312/262 5162 ; www.aratoursmauritius.com ; Azur Beach Complex). 1 100 à 2 000 Rs/jour selon catégorie de véhicule.

Malyra Tours (p. 93 ; ☎263 9169, 257 1213). À partir de 1 200 Rs/jour. Tarif dégressif.

Cap Malheureux

Ne vous fiez pas à son nom : l'extrémité nord de Maurice, épargnée par les promoteurs, est aussi paisible qu'agréable. Jadis redouté des marins, le littoral séparant Pereybère de Grand Gaube est dépourvu de grandes plages mais compte de nombreuses criques accueillantes et désertes. Ici plus qu'ailleurs, le lagon se pare d'une palette de teintes magnifiques.

Le village de Cap Malheureux, fief de pêcheurs, fera la joie des amateurs de quiétude, qui pourront y passer des journées entières dans la contemplation du plus beau point de vue qui soit sur l'île Coin de Mire. C'est en effet l'un des sites les plus paisibles de la côte nord de l'île.

Le cap doit son nom au débarquement des troupes britanniques le 2 décembre 1810, qui conduisit à la capitulation des forces françaises. D'autres sources affirment qu'il fut nommé en référence aux nombreux naufrages qui ont eu lieu sur ses côtes au fil du temps.

Les services de Cap Malheureux se limitent à un bureau de poste et à une épicerie aux couleurs de la bière Phoenix.

À voir et à faire

Ne ratez pas l'**église Notre-Dame-Auxiliatrice**. Célèbre pour son toit rouge, son petit bénitier et son autel en basalte, c'est le véritable emblème du village. Les couples venus se marier à Maurice (voir p. 229) aiment se faire photographier devant. Il est souvent difficile de trouver à se garer dans ses parages.

Plusieurs prestataires proposent des sorties en mer, vers l'îlot Bernache, l'îlot Gabriel et l'île Plate. Vous pourrez par exemple vous adresser à Percy Prosper – Ti' Maurice (voir ci-dessous).

Où se loger

Percy Prosper – Ti' Maurice LOCATION **€**
(☎562 0236 ; timaurice.free.fr ; Royal Rd). Loue des bungalows au confort simple, pouvant accueillir jusqu'à 8 personnes, à partir de 800 Rs/jour.

Le Coin de Mire HÔTEL CENTRAL **€**
(☎262 8070 ; Royal Rd ; s/d en demi-pension à partir de 136-161/177-203 € selon saison). À ne pas confondre avec le Coin de Mire Attitude, ce petit hôtel-restaurant (voir p. 97) en face de l'église de Cap Malheureux est l'une de ces maisons mauriciennes faites d'ajouts successifs qui aboutissent à un dédale de recoins et d'escaliers étroits. Doté d'une piscine, l'hébergement est ancien et rustique. Lors de notre passage, les lieux étaient toutefois en grands travaux...

De Cap Malheureux à Grand Gaube

De Cap Malheureux à Grand Gaube

Les incontournables

1 Église Notre-Dame-Auxiliatrice B2

Où se loger

2 Coin de Mire Attitude A2
3 Le Coin de Mire B2
4 LUX* Grand Gaube C2
5 Paradise Cove Hotel & Spa B2
6 Percy Prosper-Ti'Maurice B2
7 Veranda Paul et Virginie.................. D3

Où se restaurer

8 Amigo A2
9 Di Sab D3

Coin de Mire Attitude TROIS-ÉTOILES €€

(☎204 9900 ; www.coindemire-hotel-mauritius.com ; Royal Rd, Bain Bœuf ; s/d demi-pension à partir de 90-119/128-226 € selon saison ; P❄📶🏊). Fauteuils en rotin, matériaux naturels et ambiance design... l'ex-Veranda Coin de Mire a bénéficié d'un relooking contemporain qui lui va plutôt bien, surtout côté réception. Ce trois-étoiles est ainsi une bonne surprise, même si les abords de la piscine manquent un peu d'espace. Parmi les 102 chambres de l'établissement, les "deluxe", à la décoration contemporaine sobre et lumineuse sont particulièrement réussies. Les services incluent un spa, une salle de sport, 2 piscines, un mini-club, un court de tennis éclairé la nuit et une série d'activités nautiques. Plusieurs soirées musicales chaque semaine. Vous devrez traverser la route, heureusement peu fréquentée, pour atteindre la plage.

Paradise Cove Hotel & Spa CINQ-ÉTOILES €€€€

(☎204 4000, 204 4040 ; www.paradisecove-hotel.com ; Anse La Raie ; s/d demi-pension à partir de 252-412/350-550 € selon saison, ste d demi-pension à partir de 430-610 € selon saison ; P❄@📶🏊). Idéalement situé face à l'île Ronde, où il semble seul au monde, ce resort estampillé cinq-étoiles (les enfants ne sont pas acceptés) est avant tout apprécié des couples, à plus forte raison durant leur lune de miel. Baigné de tous côtés par le lagon et frangé de superbes plages de sable fin, le Paradise Cove conjugue luxe, charme, quiétude et discrétion. Intimiste, l'hôtel ne compte que 67 chambres et suites, dont le luxe s'inspire avant tout de l'art de vivre indien. Outre les activités nautiques habituelles, des croisières en catamaran à destination des îles du Nord sont proposées. L'établissement possède 4 restaurants, 2 grandes piscines, des dériveurs, des VTT, un centre de plongée, des courts de tennis et un spa 5 Mondes.

Où se restaurer

Amigo FRUITS DE MER €€€
(☎262 8418 ; Royal Rd, Le Pavillon ; plats 175-1 000 Rs ; ⊙tlj midi et soir). À 1,2 km de Royal Rd sur la B45, dans le quartier de Pavillon, ce restaurant réputé pour ses poissons et crustacés (les murs recouverts des petits mots de remerciement des clients en témoignent) est l'une des seules options du coin : gratin de fruits de mer dans sa coquille de bénitier, carpaccio et marinades, langouste grillée au beurre d'ail (1 000 Rs les 500 g) ou assiette de fruits de mer. Dommage que les prix soient surévalués, et que l'accueil soit fluctuant...

Depuis/vers Cap Malheureux

BUS

Des bus circulent toutes les 20 minutes environ entre Port Louis, Grand Baie, Pereybère, Cap Malheureux et Grand Gaube.

TAXI

En taxi, comptez 150 Rs pour Grand Baie et environ 1 500 Rs pour l'aéroport.

Grand Gaube

Changement de décor. L'influence de la côte commence à se faire sentir, à peine passé Cap Malheureux. En l'espace de quelques kilomètres, le littoral bordé de filaos prend des allures résolument sauvages.

Seule localité un peu importante de ce littoral peu fréquenté, Grand Gaube, 6 km au sud de Cap Malheureux, est un village de pêcheurs réputé pour la construction de pirogues traditionnelles en bois noir ou en bois de jaquier, longues de 6,30 m et lourdes de 500 kg. Ce village, qui vit toujours au rythme des marées, ne présente pas un intérêt majeur pour les visiteurs mais cette portion du littoral, isolée, est très calme : on y joue aux dominos ou au karom (jeu traditionnel indien) à l'ombre des arbres, et on peut voir un joli petit temple hindou posé sur l'eau.

Où se loger et se restaurer

Les options sont limitées et l'environnement très, très calme...

♥ Veranda Paul et Virginie TROIS-ÉTOILES €€€
(carte p. 97 ; ☎288 0215 ; www.veranda-resorts.com ; Royal Rd ; d avec petit-déj à partir de 83-113 € selon saison ; P❄📶🏊). Spécialiste des trois-étoiles de charme, le groupe Veranda a encore réussi son coup avec cet établissement qui se hisse sans peine au rang de meilleur choix des environs dans cette gamme de prix. Au cœur du village de Grand Gaube, ses 81 chambres (38 m² pour les plus petites), meublées et décorées avec goût (elles évoquent toutes des scènes du roman de Bernardin de Saint-Pierre), sont équipées de la clim, de la TV et d'un minibar et bénéficient depuis leur balcon ou terrasse d'une vue imprenable sur le lagon et l'île Ronde. L'alliance subtile du chaume, de la pierre apparente et du bois crée une ambiance à la fois rustique et intime. Piscines, restaurants et petite plage sont au rendez-vous, et l'on peut pratiquer l'éventail habituel des activités nautiques, en plus de la plongée. Le spa Seven Colors figure également au nombre des atouts de cette adresse qui mérite ses trois-étoiles "plus".

LUX* Grand Gaube CINQ-ÉTOILES €€€
(carte p. 97 ; ☎204 9191 ; www.luxresorts.com ; pointe Réjane ; s/d avec petit-déj à partir de 162-375/396-609 € selon saison ; P❄📶🏊). Jouissant de vues imprenables sur l'océan, ce romantique hôtel attire une clientèle de couples en lune de miel. Les 198 chambres et suites, orientées vers l'océan, sont hamonieusement décorées : luxueuses et raffinées, dans les couleurs bleue, ocre et sable, elles affichent boiseries et matériaux naturels, créant une ambiance particulièrement zen et apaisante. Au cœur d'un superbe jardin dont le clou est un immense banian sous lequel est installé un restaurant-bar, l'hôtel épouse la forme du rivage et a pour seuls horizons la mer et les îles de la baie. Le LUX* Grand Gaube propose 3 piscines, plusieurs restaurants, dont un gastronomique, un très beau spa, une salle de cinéma de 60 sièges (et un autre aménagé sur la plage le soir une fois par semaine), et une multitude de sports et d'activités. L'unique villa de l'hôtel, avec piscine et Jacuzzi, offre un point de vue exceptionnel sur le lagon.

INTERVIEW

"LA FABRICATION DE MAQUETTES DE BATEAUX EST L'UN DES SEULS ARTISANATS DE MAURICE"

Serge Piat dirige Historic Marine créée par son père il y a 33 ans à Goodlands. Cette entreprise familiale fait travailler 58 employés et fabrique chaque année des centaines de maquettes de bateaux, réputées dans le monde entier. Il nous révèle les dessous de cet artisanat typiquement mauricien.

Comment Historic Marine est-il devenu l'atelier de maquettes de bateaux le plus connu de Maurice ? Mon père, passionné de navigation, a fait son service militaire dans la marine. Avec trois amis, il a monté cet atelier, le deuxième de Maurice à l'époque. Ils ont commencé avec 5 ou 6 plans de bateaux… alors que nous en avons des milliers aujourd'hui. L'ambassadeur de France a montré ces maquettes et celles de José Ramar – de l'atelier Comajora à Curepipe – à Paris. Dès lors, les commandes ont afflué, tant elles étaient de qualité. Dans les années 1990, elles sont devenues très à la mode : tout le monde en voulait, et il y avait près de 200 boutiques spécialisées à Maurice ! Cette période faste s'est achevée avec la crise. À l'époque j'étais skipper dans les Caraïbes ; je suis revenu donner un coup de main, et j'ai développé la construction de maquettes de voiliers modernes et de bateaux moteur, qui a reboosté la production (www.myboatreplica.com). Les propriétaires du monde entier m'envoient des plans et des photos, et nous leur faisons une réplique absolument identique, à la taille de leur choix. Mais nous continuons bien sûr à fabriquer les maquettes de bateaux les plus célèbres de l'histoire maritime : 150 modèles sont exposés dans notre musée, et 200 dans notre catalogue.

Quelles sont les étapes d'une construction de maquette? Nous récupérons les chutes de bois précieux des chantiers de construction des grands hôtels. La première coque est en meranti, léger comme le balsa et facile à travailler. La première couche est collée et clouée, puis on enlève les clous, on ponce et on applique la deuxième couche d'acajou, de teck ou d'ébène selon la teinte que l'on souhaite donner. Le vernis est fait au tampon. Puis on pose les pièces : gréement, mât (en pin souple), voiles (trempées dans du thé pour donner un aspect vieilli), canons… Les cordages sont passés à la cire d'abeille pour leur éviter de s'effilocher en passant dans les poulies, et rester tendus. Les balcons sont passés dans un bain de cuivre. Faire un thonier peut demander une semaine, mais la réplique du *Boulogne* peut prendre jusqu'à un an.

En quoi Historic Marine est-il différent des autres ateliers ? Nous sommes comme une famille, solidaires. Certains sont là depuis 30 ans ; en moyenne, les employés ont 17 ans d'ancienneté. S'ils sont malades, je leur achète des médicaments, je les aide autant que possible financièrement… C'est aussi à leurs femmes que je confie la confection des voiles et des drapeaux, qu'elles peuvent faire chez elle. Je forme aussi les jeunes ; s'ils ont l'œil, la dextérité, la patience, ils restent ; sinon ils partent d'eux-mêmes au bout de 2 jours car ce métier est difficile ! Nos maquettes, même si elles ont un certain prix, sont le fruit d'un travail précis, sérieux. Vous pourrez trouver des maquettes chinoises moulées en plastique pour 50-60 € ; les nôtres valent dix fois plus cher, mais elles sont de qualité !

♥ **Di Sab** BAR-RESTAURANT €€
(carte p. 97 ; ☎288 1146 ; Royal Rd ; plats 375-2 000 Rs ; dim-sam midi et soir). À une centaine de mètres de l'hôtel Veranda Paul et Virginie, dans un cadre ethnique et coloré très réussi qui fait la part belle aux matériaux de récup' : coquillages, abat-jour à base de passoire, cendrier en cannette… Di Sab propose une cuisine créole (salade du pêcheur, spaghettis rougail poisson, vindaye d'ourites) et chinoise de bonne facture. La clientèle visée est clairement celle des hôtels de luxe avoisinants désireux de tester de nouvelles saveurs et les prix s'en ressentent un peu. Bien qu'agréable, la terrasse donne sur une route un peu bruyante devant un arrêt de bus, préférez la salle à l'intérieur.

Goodlands

Cette grosse bourgade animée attire peu les visiteurs mais elle abrite pléthore de services (supermarchés, banques, station-service). Complètement à l'écart des circuits touristiques, elle est sans doute la plus indienne des villes mauriciennes : c'est à pied qu'il faut découvrir ses bijouteries, son bazar, ses échoppes où l'on vend *dholl puri* et *aloudas*, en vous mêlant aux centaines de collégiens en uniforme qui remplissent les rues à l'heure de la sortie des classes. Vous pourrez également y voir un intéressant temple hindou et quelques maisons coloniales et créoles. La plus belle du secteur, le château Labourdonnais, se situe à 5 km de Goodlands en direction de Mapou.

À voir

Historic Marine MAQUETTES DE BATEAUX

(☎283 9304, 283 9405 ; www.historic-marine.com ; route de Saint-Antoine ; ⊙lun-ven 8h30-17h, sam-dim 9h-12h). GRATUIT Depuis trois décennies, c'est l'une des plus grandes entreprises de construction de maquettes de bateaux de l'île implantée dans la zone industrielle Saint-Antoine. On y découvre le minutieux travail du bois en atelier, mais aussi un imposant showroom d'une cinquantaine de bateaux de toutes tailles qui illustre l'étonnante diversité des maquettes réalisées ici, des caravelles de Christophe Colomb jusqu'aux bolides de la Coupe de l'America, en passant par le fameux *Saint-Géran*, associé au roman *Paul et Virginie* (voir p.102), le *Titanic* ou le *Cutty Sark*, célèbre clipper britannique du XIXe siècle qui s'illustra sur la route du thé. Côté tarifs, comptez entre 20 et 20 000 € suivant la finition, le modèle (les plus compliqués demandent jusqu'à 6 mois de travail) et les matériaux utilisés. Sur la gauche, à la sortie de Goodlands en direction de Poudre d'Or.

♥ Château Labourdonnais DEMEURE COLONIALE ET VERGERS

(☎266 9533 ; chateaulabourdonnais.com ; Mapou ; visite libre avec dégustation de rhum enfant/adulte/senior 85/175/160 Rs ; ⊙lun-dim 9h-17h). On chercherait presque Scarlett O'Hara dans les jardins de cette imposante maison coloniale du XIXe siècle, même si ici ce n'est pas le coton mais la canne à sucre qui a fait les beaux jours de cet ancien domaine sucrier. Une majestueuse allée de *Ficus microcarpa*, originaires d'Inde, donne sur cette bâtisse d'inspiration néoclassique italienne. Dotée d'une double varangue circulaire supportée par d'imposantes colonnes en teck, celle-ci fut construite à l'initiative du planteur Christian Wiehe entre 1856 et 1859.

La maison est toujours la propriété de la famille Wiehe qui l'occupa pendant plus de trois générations. L'agencement des pièces est caractéristique des hôtels particuliers du XIXe siècle avec un vestibule central desservant d'un côté la salle à manger et de l'autre le grand salon. La salle à manger avec sa grande table et sa vaisselle en porcelaine rappelle les grandes tablées familiales du siècle dernier ; quant au salon, il présente de beaux meubles en palissandre noirci et un mobilier Napoléon III. On trouve aussi au rez-de-chaussée le bureau-bibliothèque en acajou du maître de maison avec ses carnets de comptes, l'accès à la cuisine et au godon (de l'anglais *go down*), nom exotique donné à la cave.

La rénovation du “château” entreprise entre 2006 et 2010 fut un vrai tour de force, le climat tropical et les insectes ayant considérablement endommagé sa structure et ses éléments décoratifs. Elle nécessita l'intervention d'artisans spécialisés notamment pour la rénovation des tapisseries, comme l'explique un film diffusé à l'étage. On trouvera aussi au premier niveau un petit musée très instructif sur l'histoire des concessions de l'île Maurice ainsi qu'un descriptif des produits fabriqués aujourd'hui sur les terres du Domaine Labourdonnais (350 ha de canne et 50 ha de verger), qui produisent chaque année 2 800 tonnes de sucre et 1 000 tonnes de fruits. De là on aperçoit la cheminée de l'ancienne sucrerie du domaine, démolie en 1960. Promenez-vous dans le verger du château qui regroupe de nombreuses essences, et notamment une cinquantaine de variétés de manguiers plantés au XIXe siècle. Vous trouverez aussi dans le jardin une rhumerie récente en activité que l'on peut visiter. Enfin, pour clore cette escale champêtre, laissez-vous tenter par la dégustation des rhums du domaine Labourdonnais, près de la boutique, et à faire une escale au restaurant (voir p. 101).

Le château Labourdonnais est situé entre Pamplemousses et Goodlands. Pour y accéder depuis Goodlands, prenez la direction de Mapou en tournant à droite à la sortie de la ville en direction de Poudre d'Or.

Où se loger

La Demeure Saint-Antoine

DEMEURE COLONIALE €€€

(282 1823 ; lademeuresaintantoine.com ; Royal Rd, Saint-Antoine ; s/d en demi-pension 80-105/210-250 € selon saison ; P ❄ wifi). Voici sans aucun doute l'une des meilleures adresses de Maurice. Aux portes de l'attachante ville de Goodlands, cette superbe demeure coloniale est un rêve éveillé, un dépaysement total. Construite vers 1835 par la famille de Chazal, dotée d'une varangue en L avec colonnades et d'un magnifique parc au milieu duquel trône un gigantesque banian, La Demeure Saint-Antoine vous charme dès l'instant où vous la découvrez. D'un côté la salle à manger d'époque, de l'autre le grand salon, le billard, et 4 chambres avec salle de bains, très élégantes. Lits à baldaquin, parquet de bois précieux, tapis anciens et gravures du XIXe siècle, fauteuils recouverts de velours... Où que porte le regard, vous êtes transporté dans la Maurice d'antan. Si la maison a une identité très forte, elle n'en est pas moins chaleureuse et reposante, grâce aussi à l'extrême gentillesse du personnel et à l'attention que Pascale Paillusseau porte à chacun de ses clients. En demi-pension, on profite de l'une des meilleures tables de l'île, et de succulents petits-déjeuners servis dans la porcelaine d'antan. Un véritable enchantement sans aucune fausse note, et un rapport qualité/prix défiant toute concurrence. Réservez tôt !

Où se restaurer

La Demeure Saint-Antoine

GASTRONOMIQUE MAURICIEN €€€

(282 1823 ; lademeuresaintantoine.com ; Royal Rd, Saint-Antoine ; plats 185-900 Rs ; tlj midi et soir ; wifi). C'est un grand moment de bonheur qui vous attend à la table de La Demeure Saint-Antoine. Si le cadre exceptionnel est déjà en soi une excellente raison de venir y dîner, les assiettes concoctées par le chef Jimmy Munory sont une merveilleuse surprise : massalé de boucanier au pistil de safran, soufflé tiède d'asperges et croustillant de crevettes à la noix de coco, civet de cerf à la cannelle avec ses brèdes et chutney de pommes d'amour, ou encore l'ananas poché à la menthe. Subtile explosion des saveurs en bouche, maîtrise des assaisonnements, service grande classe et adorable sous la varangue de cette magnifique maison coloniale, à la lueur des bougies et face au luxuriant jardin, ou dans la belle salle à manger avec ses meubles d'époque... L'assurance d'une soirée parfaite et romantique en diable !

La Table du Château

GASTRONOMIQUE MAURICIEN €€€

(266 9533 ; chateaulabourdonnais.com ; Mapou ; menu 1 000 Rs, plats 500-1 000 Rs plus 15% de TVA ; tlj midi, mer-sam soir). Situé dans l'enceinte du château Labourdonnais, le restaurant du chef Fabio de Poli propose, dans un cadre contemporain ouvert sur le jardin et les vergers, de revisiter la cuisine mauricienne en accompagnant viandes et poissons d'épices et de légumes typiquement mauriciens : "poisson du jour déglacé à la vanille, mousseline de fruit à pain et betteraves braisées au miel de Rodrigues, chips de tubercules du potager" ou encore " dry curry d'agneau aux croûtons de pain, amandes grillées et raisins secs, kucha de saison, riz à la vapeur et lentilles noires". Les desserts comme le "cappuccino aux fraises, glace à la pistache et crème au mascarpone" sont aussi de très bonne tenue. Une belle redécouverte des saveurs mauriciennes avec style.

Achats

Panier des Îles

PANIERS ET CHAPEAUX MAURICIENS

(5985 6847 ; panierdesiles@yahoo.fr ; près de l'entrée de la Demeure Saint-Antoine ; tte l'année, sur rendez-vous uniquement). La charmante Lili Tanguy dessine elle-même de superbes paniers en crochet, pochettes, porte-monnaies et chapeaux qu'elle fait fabriquer à Madagascar. Les modèles, très colorés et aux belles finitions, sont bien plus originaux de ceux que vous trouverez sur les marchés et dans les boutiques mauriciennes : ils arborent patchs de vinyle, paillettes, rubans de tissu et renforts en cuir. Dans son petit showroom où elle reçoit sur rendez-vous, vous trouverez forcément votre bonheur parmi les mille sacs en stock, et pourrez essayer capelines et demi-capelines en raphia. De 5 à 75 €, il y en a pour toutes les bourses !

BON PLAN Muslim Budaly

VÊTEMENTS INDIENS

(stand 2.2, 2.3, 2.4 du bazar de Goodlands, mar-ven 7h-16h). Difficile de choisir parmi les milliers de vêtements indiens en vente dans le bazar de Goodlands... Nous aimons bien le stand de Mr Budaly, qui vend de

PAUL ET VIRGINIE

Best-seller pendant tout le XIXe siècle, le roman sentimental de Bernardin de Saint-Pierre, écrit en 1788, continue de hanter l'imaginaire mauricien. En bon disciple de Rousseau, l'auteur y met en scène, dans la nature paradisiaque de l'île de France – où il a séjourné de 1768 à 1770 –, l'amour naissant entre deux jeunes cœurs purs qui ignorent le mal. L'idylle est contrariée quand la jeune fille doit partir contre son gré étudier en France. Dans l'épilogue du roman, le navire qui ramène Virginie à l'île de France est pris dans la tempête et s'échoue sur le récif. Paul se jette à la mer pour secourir sa dulcinée. Mais Virginie, par pudeur, refuse de quitter ses vêtements pour regagner la rive et se noie. Paul ne tarde pas à mourir de chagrin.

Bernardin de Saint-Pierre s'est inspiré pour son récit du naufrage réel du *Saint-Géran*, que la tempête a échoué en 1744 sur les récifs de l'île d'Ambre. Deux femmes qui auraient refusé de se déshabiller pour rejoindre la rive à la nage auraient péri noyées, emportées par le poids de leurs vêtements. On est moins ici dans une histoire d'amour que dans une tragédie de mœurs !

Des restes du *Saint-Géran* sont exposés au musée d'Histoire de Mahébourg (p. 155), tandis qu'un monument a été érigé à la mémoire des naufragés à Poudre d'Or. Quant à Paul et Virginie, vous les croiserez à peu près partout dans l'île, car ils ont largement inspiré les artistes mauriciens. La sculpture des amants par Prosper d'Épinay, conservée au Blue Penny Museum (p. 54), est sans doute la plus connue et la plus réussie.

superbes saris, robes, tuniques et churidars de toutes les couleurs, à des prix bien plus intéressants qu'aux bazars de Port Louis ou Grand Baie (300-600 Rs).

Poudre d'Or

Malgré les belles consonances de son nom, ce petit village de pêcheurs assoupi ne présente qu'un intérêt limité, à l'exception de quelques légendes sur un supposé trésor. C'est en effet au large de Poudre d'Or que le fameux *Saint-Géran*, qui apportait de France des équipements pour la première raffinerie de sucre de l'île, fit naufrage en 1744 au cours d'une tempête. Ce désastre a inspiré le roman de Bernardin de Saint-Pierre, *Paul et Virginie* (voir l'encadré ci-dessus). Une expédition française a exploré l'épave en 1966 et les trouvailles de ces fouilles sont exposées au musée de Mahébourg (p. 155). Un petit mémorial orne l'extrémité de la jetée de Poudre d'Or. Sur la route en venant de Goodlands, vous verrez surgir dans un champ de cannes le clocher en basalte de l'église Sainte-Philomène, à l'étonnante allure gothique.

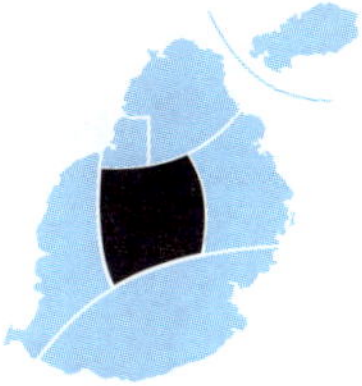

Plateau central

Dans ce chapitre ➡

Le top des hébergements

- Maison Eurêka (p. 114)
- Hong Kong Guest House (p. 107)

Le top des restaurants

- La Clé des Champs (p.110)
- King Dragon (p. 112)

Pourquoi y aller

Quelques centaines de mètres d'altitude suffisent à donner à cette région un visage radicalement différent de celui du littoral. L'essor des villes du plateau central date du XIXe siècle, lorsque la malaria sévissait sur la côte. Nombreux sont alors ceux qui se réfugièrent sur ces hauteurs près du cratère de Curepipe entre 200 et 600 m, en quête d'un air plus sain et de températures plus fraîches. Par la suite, et tandis que la côte précisait année après année sa vocation touristique, les localités du plateau central devinrent des lieux de commerce et d'habitation, à l'écart des itinéraires touristiques. Faite d'une trame urbaine dense et continue où se rassemblent près de la moitié des habitants du pays, cette facette laborieuse de l'île Maurice ne cherche pas à séduire les visiteurs. Vous ne trouverez ici ni palaces ni fontaines couvertes de fleurs, mais des quartiers d'habitation, des fabriques de textile, des usines et des centres commerciaux.

Les villes du plateau central méritent toutefois votre intérêt : hors des circuits balisés du tourisme balnéaire et des clichés "cocotiers-plage-lagon", elles laissent entrevoir l'envers du décor et des facettes plus justes de la vie des Mauriciens. La présence de touristes étant inhabituelle, les contacts avec la population y sont souvent plus authentiques. Le centre de l'île, enfin, compte quelques sites remarquables, dont de superbes maisons créoles ouvertes au public.

Les villes du plateau central disposent enfin d'un atout maître pour attirer les visiteurs : paradis du shopping, elles sont l'occasion de faire des emplettes sur de multiples marchés, boutiques de vêtements et magasins d'usine.

Quand partir

Il pleut davatange sur les reliefs du plateau central que dans les autres régions de l'île Maurice, et ce tout au long de l'année. Moins touristique que le reste de l'île, le plateau central peut se visiter en toute saison.

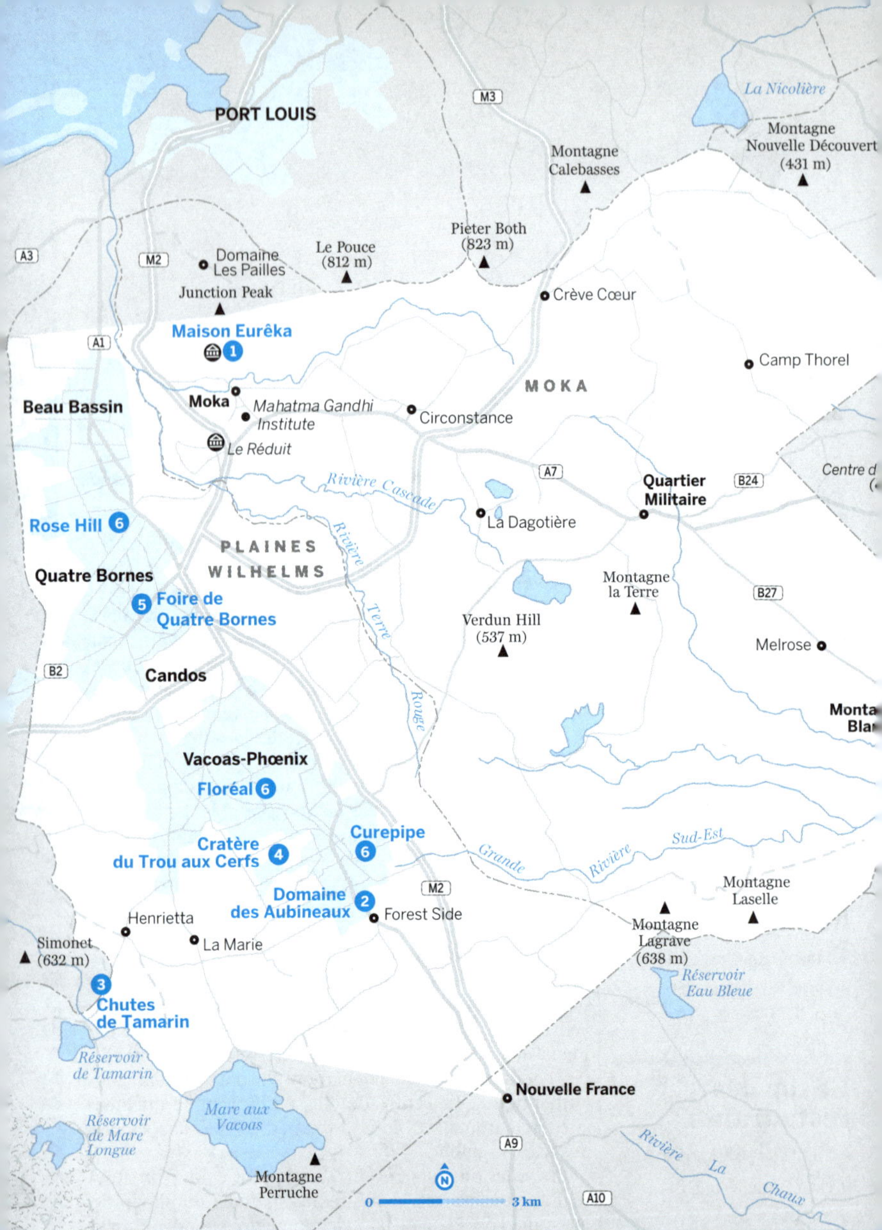

À ne pas manquer

1 Le cadre enchanteur et l'architecture de la **maison Eurêka** (p. 113), à Moka

2 La demeure historique du **domaine des Aubineaux** (p. 105), à Curepipe

3 Les spectaculaires **chutes de Tamarin** (p. 109)

4 Le panorama depuis le **cratère du Trou aux Cerfs** (p. 106), près de Curepipe

5 La foire de **Quatre Bornes** (p. 111)

6 Une virée shopping dans les boutiques de **Floréal** (p. 110), **Curepipe** (p. 108) et **Rose Hill** (p. 113)

UNE JOURNÉE SUR LE PLATEAU CENTRAL

Si vous arrivez le jeudi ou le dimanche, commencez par faire un tour par la **foire de Quatre Bornes** (p. 111) puis mettez le cap vers la **maison Eurêka** (p. 113), où vous pourrez déjeuner (mieux vaut réserver). Rejoignez ensuite le **domaine des Aubineaux** et **Curepipe** (ci-dessous), sans oublier le beau panorama de **Trou aux Cerfs** (p. 106). Arrivé un autre jour de la semaine, débutez la journée par Trou aux Cerfs et le domaine des Aubineaux, déjeunez à Curepipe (ci-dessous) ou à la maison Eurêka (p. 114), que vous prendrez le temps de visiter avant de finir la journée par un peu de **shopping** à Curepipe (p. 108) ou à Floréal (p. 110). Autre option, nature et sportive celle-là : une journée ou une demi-journée aux **chutes de Tamarin** (p. 109) ou sur les pentes du **Pouce** (p. 115). Mieux vaut dans ce cas prévoir un guide.

Curepipe

À mi-chemin entre Port Louis et Mahébourg, la deuxième ville du pays (85 000 habitants) présente à première vue peu d'intérêt pour le visiteur. La ville garde cependant d'intéressantes traces de son passé, notamment les bâtiments anciens de son centre-ville et le superbe domaine des Aubineaux, maison coloniale française de 1872 transformée en musée. Elle est également appréciée des amateurs de shopping pour ses boutiques moins onéreuses que celles des centres commerciaux de la côte. L'ancien cratère du Trou aux Cerfs, non loin, révèle pour sa part un large panorama sur l'est de l'île.

À l'instar des localités voisines de Floréal et de Vacoas Phœnix, Curepipe doit son essor à l'épidémie de malaria de 1867, qui obligea des milliers de Mauriciens à quitter Port Louis pour se réfugier dans les collines, plus salubres. Plusieurs hypothèses se disputent l'origine du curieux nom de la ville : l'une assure qu'il proviendrait d'une localité de Gironde ; selon une autre, ce surnom lui aurait été donné par les soldats français, qui avaient l'habitude d'y faire une halte sur la route du Sud pour fumer et curer leur pipe…

Si quelques bâtiments méritent le coup d'œil, la physionomie générale de la ville n'a guère de raison de vous retenir plus de quelques heures. D'autant plus que Curepipe, à 550 m d'altitude, est particulièrement arrosée.

À voir et à faire

Domaine des Aubineaux DEMEURE COLONIALE
(☎676 3089 ; www.saintaubin.mu ; Royal Rd, Forest Side ; visite et dégustation de thé adulte/-12 ans 400/200 Rs ; ⏲lun-sam 9h-17h). À ne pas manquer, cette demeure coloniale est l'une des bonnes surprises de Curepipe. Bâtie en 1872 dans le style épuré de l'architecture coloniale française, puis transformée en musée en 2000, cette habitation cossue de près de 750 m² et 28 pièces – la première de l'île à avoir été équipée de l'électricité, en 1889 ! – esquisse un portrait de la vie des familles fortunées de Maurice avant l'indépendance.

Au-delà de l'architecture de la maison et de la rigueur de ses jardins pleins de camphriers, les points forts de la visite sont le grenier, où vous pourrez admirer une superbe charpente en ébène, colophane et bois récupéré sur les navires ayant sombré au large des côtes mauriciennes, et les beaux exemples de meubles français, anglais et en provenance de la Compagnie des Indes. Distillerie d'huile essentielle et boutique sont installées dans les anciennes écuries où vous admirerez des photographies prises durant l'Exposition universelle de Paris, en 1900 – décalé, certes, mais intéressant ! Vous pourrez conclure la visite (environ une heure) en dégustant du rhum ou une tasse de thé accompagnée de biscuits sous la varangue ou dans le salon. Également possibilité de petite restauration.

Le domaine des Aubineaux fait partie de l'itinéraire touristique baptisé la "Route du thé" (voir l'encadré p. 172), qui inclut la plantation de Bois Chéri et le restaurant Le Saint-Aubin.

Bâtiments historiques PATRIMOINE MAURICIEN
Reconnaissable à sa varangue, à son perron de basalte surélevé et à ses bardeaux gris-bleu, l'**hôtel de ville** (qui n'est pas la mairie mais une salle de bal !) compte parmi les rares bâtiments de style colonial encore debout à Curepipe. Bâti en 1902, il a été magnifiquement restauré en 1995 ; n'hésitez pas à rentrer si la porte est ouverte, pour admirer moulures et frises

intérieures. Dans le jardin, une statue de bronze du sculpteur mauricien Prosper d'Épinay évoque le plus célèbre couple romantique de l'île, Paul et Virginie (voir l'encadré p. 102). Vous pourrez voir également les statues d'un astronome français, l'abbé La Caille, et du poète Paul-Jean Toulet.

Juste à côté, la bibliothèque municipale, la **Carnegie Library**, abrite une collection unique de manuscrits sur l'histoire des Mascareignes. La **salle de lecture** (☎670 6733 ; ⏲lun-ven 9h-18h, sam 9h-15h) est ouverte au public et offre un choix assez récent de mensuels et de journaux français. Un peu plus loin, dans Royal Rd, le **Royal College** (1813), avec sa façade grise et ses colonnes, est l'un des plus anciens *colleges* anglais de l'hémisphère Sud. De l'autre côté de la route, l'**église de Sainte-Hélène** (construite de 1923 à 1927), d'inspiration néo-byzantine, vaut aussi le détour pour son architecture hétéroclite emrpuntant aux styles byzantin, celtique et roman.

Jardin botanique DÉTENTE ET BOTANIQUE

(⏲tlj 8h30-17h mai-sept, 7h-19h oct-avr). GRATUIT Fondé en 1870, ce jardin d'acclimatation des espèces tropicales, s'étendant à l'ouest du centre-ville sur 2 ha, est loin d'être aussi remarquable que celui de Pamplemousses (p. 70) mais il constitue un lieu de promenade agréable, avec son petit kiosque victorien et ses plans d'eau couverts de nénuphars. On y trouve lataniers, palmiers, tambalacoques, vacoas, bois d'olive, palmistes bouteille... et une aire de jeux pour les enfants.

Trou aux Cerfs CRATÈRE VOLCANIQUE

Situé à environ 1 km à l'ouest du centre-ville, Trou aux Cerfs est un ancien cratère volcanique d'une profondeur d'environ 90 m pour 300 m de largeur. La route de 1,4 km qui l'encercle (puisqu'il est presque

Curepipe

0 — 300 m

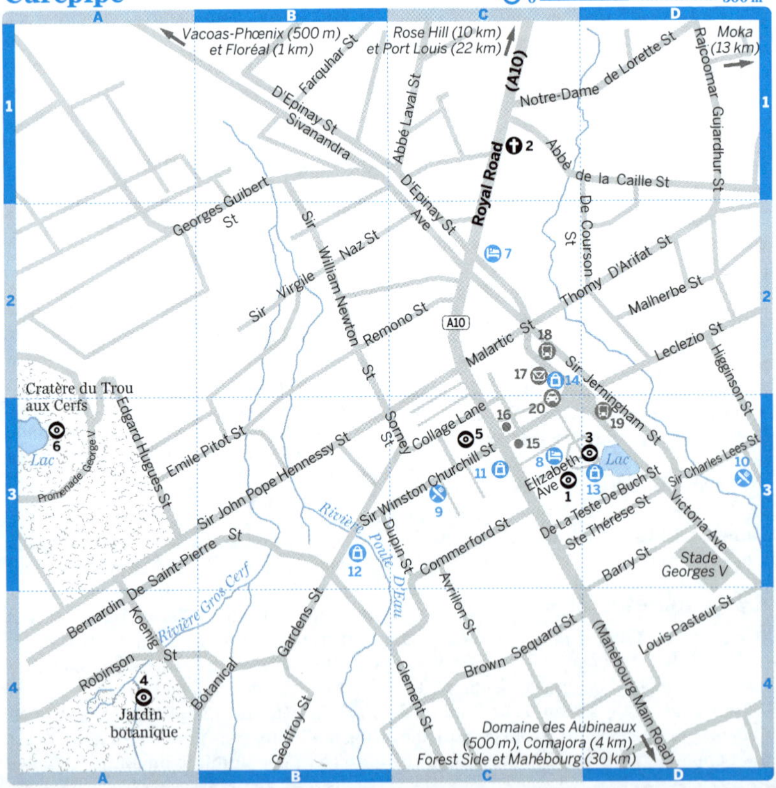

parfaitement rond) est le lieu de prédilection des joggeurs de Curepipe. Vous pouvez, comme eux, en faire le tour pour découvrir un superbe panorama sur les villes des plateaux et la côte ouest. L'idéal est de s'y rendre en fin d'après-midi pour assister au coucher du soleil.

Vertical World CANYONING
(☎251 1107 ; www.verticalworldltd.com ; canyoning aux 7 cascades 2 800 Rs/pers, randonnée Mount Pieter Both 3 900 Rs/pers, randonnée Black River Peak 1 700 Rs/pers, escalade 2 900 Rs/pers). Excellente réputation pour cette structure ultra-sérieuse spécialisée dans les activités outdoor (journée ou demi-journée) pratiquées dans les réserves naturelles mauriciennes, encadrées par des moniteurs passionnés et très diplômés. Montée d'adrénaline assurée en descendant gorges étroites et parois verticales des cascades de Tamarin, celles du domaine de l'Exil, de Chamarel, d'Alexandra, d'Eau Bleue ou de la Mare aux Joncs, avant de plonger dans leurs piscines naturelles. Niveau débutant à confirmé. Vertical World propose aussi des sorties combinées canyoning et VTT, randonnée ou varappe.

Curepipe

À voir
1 Carnegie Library C3
2 Église de Sainte-Hélène C1
3 Hôtel de ville D3
4 Jardin botanique A4
5 Royal College C3
6 Trou aux Cerfs A3

Où se loger
7 Harry Inn C2
8 Hong Kong Guest House C3

Où se restaurer
Ginger .... (voir 12)
9 La Potinière C3
10 Le Petit Journal D3

Achats
11 Galerie Currimjee C3
12 Garden Village C3
13 Lakepoint C3
14 Marché C2

Renseignements
15 Barclays Bank C3
Cybercafé municipal .... (voir 1)
16 Mauritius Commercial Bank C3
17 Poste principale C2

Transports
18 Gare routière C2
19 Gare routière D3
20 Station de taxis C3

Où se loger

Rares sont les visiteurs qui font halte à Curepipe pour la nuit. Pas plus, d'ailleurs, que dans les autres localités du plateau central : le bord de mer n'étant qu'à une vingtaine de kilomètres, la plupart des touristes n'y passent qu'une journée. La ville, par ailleurs, offre peu de possibilités d'hébergement.

Harry Inn HÔTEL-RESTAURANT €
(☎670 6667, 5777 8507 ; harryinn.com ; Jerningham St ; s/d/q 30/45/55 € ; Wi-Fi). Non loin du centre-ville, cette guest-house sans prétention compte 18 chambres variables en confort, qui peuvent accueillir jusqu'à 4 personnes. La chambre pour 4 personnes possède deux grands lits doubles, écran LCD, mini-bar ; les chambres moins chères sont équipées d'un lit superposé. Principal atout des lieux : la propreté et les prix.

♥ Hong Kong Guest House HÔTEL-RESTAURANT €€
(☎670 5033 ; hong-kong-hotel-ile-maurice.com ; 5 impasse Pot-de-Terre ; s/d 850/1 400 Rs ; Wi-Fi). Une adresse très honnête et calme en centre-ville, à proximité de la gare routière. Très bon accueil de Martine et Alexandre, qui se mettent en quatre pour vous assister dans votre séjour (possibilité de prise en charge depuis l'aéroport, et de service traiteur en chambre). Certes, les lieux manquent un peu de charme, mais les 20 chambres – simples mais très propres – ont été repeintes récemment et offrent le confort nécessaire (préférez celles donnant sur le petit patio). Les dizaines de plantes, les lampions chinois, les tissus de couleur vive et les bouddhas posés à même le sol apportent un petit supplément d'âme aux lieux. Un rapport qualité/prix imbattable pour ce secteur de l'île.

Où se restaurer

La gare routière et les abords du marché comptent également nombre d'étals où vous pourrez déjeuner sur le pouce à petits prix.

Le Petit Journal BISTROT PARISIEN €

(☎670 0221 ; Royal Rd, Forest Side ; crêpes 30-150 Rs, panini et bruschetta 90 Rs, salades 160-300 Rs, plat du jour 200-590 Rs ; ⏲lun-sam 8h-17h). Un lieu convivial et cosy, où l'on mange léger et rapidement, créé par d'anciennes hôtesses d'Air Mauritius. Crêpes salées (celle au sarrasin fourrée au marlin avec coulis de tomates, bleu et crème fraîche, est à tomber) et sucrées, salades, omelettes, bruschettas, paninis, et de bons petits desserts allant de la mousse au chocolat à la crème caramel... On trouve aussi des plats du jour plus consistants, comme le filet de bœuf sauce poivre. Le cadre est agréable, plein de livres, de journaux, de photos en noir et blanc : ambiance idéale pour une pause gourmande !

Ginger MAURICIEN-FUSION €€

(☎676 0250 ; centre commercial Garden Village ; plats 300-600 Rs ; ⏲midi et soir tlj sauf dim). La carte manquait cruellement d'originalité – salades, paninis, gamme habituelle de curries et vindayes –, mais le récent changement de propriétaire semble lui avoir donné une orientation plus thaïe assez prometteuse. Les plats (gratin d'arouille violette à la chair de crabe, cari vert thaï au poulet et crevettes au lait de coco...) sont bien dressés, collant avec le cadre assez design de cet établissement du centre commercial Garden Village. Belle carte des vins.

La Potinière MAURICIEN CHIC €€

(☎670 2648 ; 18 Sir Winston Churchill St ; plats 220-500 Rs ; ⏲fermé dim et lundi soir). La petite entrée de ce restaurant situé au rez-de-chaussée d'un immeuble quelconque ne paie pas de mine. Passez outre vos réticences : La Potinière est la table la plus chic de Curepipe. Vous vous en rendrez compte à peine franchi le seuil, en découvrant une belle salle en pierre, avec chaises et tables en teck et tentures rouges. La carte propose d'alléchantes suggestions, à l'image du parmentier de confit de canard aux deux pommes, du rougail de poisson salé, des aiguillettes de pintade au champagne... L'adresse, à vocation gastronomique, propose aussi de bonnes salades. Agréable accueil.

Achats

Marché MARCHÉ ALIMENTAIRE

(Chasteauneuf St ; ⏲lun-ven 6h-18h, dim 6h-12h). Installé dans un édifice en forme de silo à grains, aussi étrange que laid, le marché de Curepipe propose avant tout des fruits et légumes mais est bordé d'échoppes de produits variés. Il mérite une visite pour son animation. Un autre grand marché se tient dans le faubourg de Forest Side le mercredi et le samedi.

Comajora MAQUETTES DE BATEAUX

(☎670 1668 ; rte de la Brasserie, Forest Side ; ⏲lun-sam 8h30-17h30). Parmi les différents ateliers de maquettes de bateaux que recèle Curepipe, c'est à celui de José Ramar que va notre préférence. Les bateaux en bois massif sont entièrement construits à la main dans cet atelier où vous pouvez observer les artisans à l'œuvre dans leur minutieux travail, chacun étant specialisé dans la découpe, l'assemblage, le collage ou le vernis du pont, des mâts... Les modèles, reproductions de bateaux connus comme le *Bounty* ou les *Pen Duick* du navigateur Éric Tabarly, vont de 75 cm à 3 m de long. Les prix commencent à 160 €, jusqu'à 4 700 €.

Galeries commerciales

Curepipe est réputée de longue date auprès des visiteurs pour ses possibilités de shopping (Royal Rd, Chasteauneuf St), meilleur marché que dans les localités de la côte, mais aussi moins axé sur les marques et les boutiques à la mode. L'activité, initialement centrée sur les galeries de la ville, tend à se déplacer vers le centre commercial Garden Village.

Galerie Currimjee GALERIE COMMERCIALE

(angle Royal Rd et Dr Ferrière St). On y trouve principalement des boutiques de mode. Au premier étage, la Galerie des Îles (⏲9h30-17h30) propose des marques mauriciennes.

Garden Village GALERIE COMMERCIALE

(☎675 0321 ; 21 Sir Winston Churchill St). Quelques dizaines de boutiques (vêtements, tissus, artisanat touristique) dans un espace assez aéré. L'ambiance – musicale et lumineuse – est nettement moins agressive que celle des centres commerciaux habituels.

Orientation

Le modeste centre-ville se parcourt facilement à pied. Il s'étend entre Royal Road (l'axe venant de Port Louis et allant au sud vers Mahébourg et Forest Side) et Sir J.H. Jerningham St, une large route à 2 voies qui longe la gare routière et débouche au sud vers la voie rapide. Chasteauneuf St, que prolonge Sir Winston Churchill St, à l'ouest, relie les deux artères.

Renseignements

ACCÈS INTERNET

Cybercafé municipal (bibliothèque municipale, Carnegie Library ; 0,50 Rs/min ; ⏲lun-sam 9h-17h30, sam 9h-15h). Particulièrement central. Ambiance studieuse de collégiens et d'étudiants en uniforme après la sortie des cours.

ARGENT

La plupart des banques sont implantées dans Royal Rd et Chasteauneuf St. Elles sont équipées de DAB et de bureaux de change.

Barclays Bank (Chasteauneuf St ; ⏲lun-jeu 9h-15h30, ven 9h-16h)

Mauritius Commercial Bank (Royal Rd ; ⏲lun-jeu 9h-15h15, ven 9h-17h).

POSTE

Poste principale (⏲lun-ven 8h15-16h, sam 8h15-11h45). Derrière le marché, non loin de la gare routière.

Depuis/vers Curepipe

BUS

Important carrefour de transports, Curepipe est reliée par bus à Port Louis, Mahébourg, Tamarin, Centre de Flacq, Moka et les localités voisines, telles que Quatre Bornes ou Rose Hill. La gare routière s'étend de part et d'autre de l'intersection entre Victoria Avenue et Chasteauneuf St. Les bus à destination du nord sont garés au nord de cette intersection ; ceux pour le sud partent du sud.

TAXI

Vous trouverez un stand de taxis dans Chasteauneuf St. À titre d'exemple, les tarifs à négocier demandés par les chauffeurs sont de 600 Rs pour Port Louis et de 1 500 Rs pour Grand Baie.

Chutes de Tamarin

Succession de sept chutes se déversant dans de belles vasques profondes et fraîches au milieu d'une gorge sauvage, les chutes de Tamarin (Tamarind Falls) comptent parmi les plus spectaculaires de l'île – la plus haute fait 60 m ! Peu fréquentées, elles méritent le détour mais leur accès n'est pas des plus aisés. Une autorisation est théoriquement nécessaire pour visiter les chutes mais elle semble rarement demandée, faute de savoir qui est officiellement habilité à la délivrer. Nous conseillons fortement d'avoir recours à un guide (voir ci-dessous) pour les visiter, d'autant que tous les chemins ne sont pas bien balisés.

Accès aux chutes

Les chutes sont situées au sud du village d'Henrietta, à une dizaine de kilomètres à l'ouest de Curepipe. Des bus desservent Henrietta toutes les demi-heures environ depuis Port Louis ou Curepipe. Vous devrez ensuite parcourir à pied les 2 km qui mènent au début du sentier. S'y rendre en voiture se révèle plus simple : rejoignez la route qui relie Vacoas au Pétrin puis, à l'entrée de Glen Park, suivez le panneau "Tamarind Falls" à droite, jusqu'au terminal des bus d'Henrietta. De là, un autre panneau indique "Tamarin Falls Reservoir", à gauche (le "*view point*", indiqué à droite, ne mène qu'à un panorama lointain et décevant). Vous parviendrez après 2 km au réservoir de Tamarin, où vous pourrez vous garer.

Mieux vaut laisser sa voiture au bord de l'eau qu'en face du sentier. Revenez ensuite une centaine de mètres sur vos pas, en traversant un petit pont, et suivez le chemin qui part en face d'un petit temple : vous verrez un premier promontoire offrant un beau point de vue sur les cascades (un second se situe près d'une petite centrale électrique). Vous atteindrez en 5 minutes de marche l'étroit sentier qui descend vers les chutes. Il se repère à de grosses flèches blanches peintes sur un rocher. Une dizaine de minutes de descente assez abrupte mènent à la rivière. Vous êtes alors en haut de la première chute. Un sentier, en face, permet de descendre à son pied en une dizaine de minutes de marche supplémentaires. Méfiez-vous, car la descente est escarpée et délicate par temps humide : prévoyez de bonnes chaussures. Il est possible de rejoindre la troisième chute et de revenir à son point de départ, ou de voir les sept. Vous pourrez vous baigner, voire prendre une douche, sous certaines.

La première chute, qui s'atteint en une trentaine de minutes, est équipée pour le canyoning : contactez Vertical World, à Curepipe (p. 107).

Guides

Il est nettement préférable d'être accompagné d'un guide, à plus forte raison si vous voulez passer la journée à descendre le cours d'eau, d'une chute à l'autre. Vous pouvez contacter **Goind Govindranath Tanoo** (☎5792 6101), qui connaît parfaitement bien les lieux, est apprécié de tous et se montre aux petits soins avec ses clients. Basé aux abords du terminal de bus d'Henrietta, il propose un programme à la carte : de 1 à 3 chutes (500 Rs/pers) ou les 7 chutes (1 000 Rs/pers) en 1 journée. **Yan** (☎5785 6177 ; www.trekkingmauritius.com) est un autre guide recommandé.

Floréal

À la limite nord de Curepipe, le faubourg résidentiel de Floréal a les faveurs des couches aisées de la population mauricienne, des ambassadeurs et des hommes d'affaires. Les superbes villas perchées sur les collines voisines du Trou aux Biches attestent de son côté chic. L'endroit est également connu pour l'usine de textile du même nom, la plus importante de Maurice.

La (brève) visite des tailleries de diamant et le shopping sont les seuls véritables centres d'intérêt de la localité.

À voir

Deux ateliers-boutiques de taille de diamant sont installés en ville. Leurs visites sont très rapides, mais instructives, et servent avant tout de prétextes pour attirer d'éventuels acheteurs. Les bijoux réalisés dans les ateliers, à partir de pierres originaires pour la plupart d'Afrique du Sud, sont proposés à la vente. Les visiteurs étrangers bénéficient de tarifs hors taxes (paiement à l'atelier, réception des pièces à l'aéroport le jour du départ). Les ateliers sont situés à courte distance l'un de l'autre, dans le quartier de Mangalkhan.

Clédor DIAMANTS
(☎698 8959, 686 7140 ; ⊙lun-ven 9h15-17h, sam 9h15-16h). Brève visite des ateliers de taille et de polissage, où vous pourrez voir les ouvriers s'activer sur leurs tours électriques avant d'admirer leur travail à la loupe de diamantaire. Un panneau, à l'entrée, affirme qu'aucune des pierres taillées ici ne provient d'une zone de conflit.

Adamas DIAMANTS
(☎696 5246 ; ⊙lun-ven 9h-16h15, sam 9h-14h15). Vous ne pourrez assister à la taille que derrière des vitres fumées, mais une petite salle donne de nombreuses informations sur les pierres précieuses, leur taille, les pays producteurs, les plus belles pièces recensées au monde...

Où se restaurer

♥ **La Clé des Champs** GASTRONOMIE €€€
(☎686 3458 ; www.laclefdeschamps.mu ; Queen Mary Ave ; menu 1 000-2 300 Rs plus TVA ; ⊙lun-ven midi et soir, sam soir sur réservation). À 70 ans, Jacqueline Dalais est un personnage connu dans toute l'île pour ses "mille idées de recettes" et son accueil inimitable. Pour beaucoup, sa cuisine représente la quintessence de la gastronomie mauricienne : créativité, perfectionnisme et tradition se mêlent dans son beau restaurant, complètement relooké en 2012, où le service est impeccable. On y retourne encore et encore pour son cœur de palmier braisé, son gratin de pied de porc, son bouillon de fruits de mer, son cappuccino d'oursins et mouillettes de manioc... Un grand moment, que les fins gourmets ne rateront sous aucun prétexte.

Achats

Floréal Square VÊTEMENTS
(☎698 7959 ; 1 John Kennedy St ; ⊙lun-ven 9h30-17h30, sam 9h30-16h). Magasin mitoyen de l'usine textile du même nom, Floréal Square offre un grand choix de T-shirts, chemises, polos et pulls en laine. Les prix sont intéressants et l'assortiment plus vaste que dans les autres boutiques de l'enseigne de l'île.

Depuis/vers Floréal

Les nombreux bus circulant entre Curepipe et Port Louis, Flic en Flac ou Vacoas desservent Floréal.

Vacoas-Phoenix

Cette ville résidentielle est avant tout connue pour abriter la brasserie Phoenix (elle ne se visite pas) et le Gymkhana Club, plus ancien parcours de golf de l'hémisphère Sud. La localité ne présente guère d'intérêt pour le voyageur, à l'exception de son atelier de soufflage du verre.

À voir et à faire

Mauritius Glass Gallery-Hands of Fame VERRE SOUFFLÉ
(☎696 3360 ; lieu-dit Pont-Fer ; 50 Rs ; ⊙lun-ven 8h-17h, sam 8h-12h). Situé non loin de la brasserie Phoenix, cet atelier de soufflage de verre se double d'un petit musée ouvert en 2006. Dans une présentation moderne bien adaptée, le musée présente avant tout des moulages en verre de mains

de personnalités passées sur l'île. C'est certainement l'une des rares occasions qui vous sera donnée de voir les empreintes de Gérard Depardieu ou Patrick Poivre d'Arvor côtoyer celles de Björn Borg, Richard Branson et de stars de Bollywood. L'intérêt est limité mais n'est qu'un préambule au clou de la visite : l'atelier de soufflage de verre, dont les artisans travaillent à la bouche sous vos yeux. Seul du verre recyclé est utilisé, et l'entreprise poursuit un but caritatif via la fondation "Helping Hands", qui aide au financement d'institutions humanitaires. Lampes ou kaléidoscopes sont en vente.

Où se restaurer

Happy Rajah INDIEN €€

(☎427 1400, 427 6400 ; www.happyrajah.com ; centre commercial Jumbo Phoenix ; plats 200-850 Rs plus TVA ; ⌚tlj midi et soir ; wifi). Du *gosht saag wala* (curry d'agneau aux épinards) au *jhinga kadahi* (curry de crevettes au gingembre et poivre vert) en passant par les spécialités cuites au tandoor, on trouve dans ce restaurant un large éventail de spécialités indiennes, qu'on peut également emporter. Succursale du restaurant du même nom à Grand Baie (p. 90), l'Happy Rajah est souvent plein : pensez à réserver !

Marché aux légumes de Vacoas MARCHÉ

(⌚mar et ven). Ce marché très coloré mérite le détour pour son ambiance.

Quatre Bornes

Autrefois uniquement résidentielle, Quatre Bornes a connu un essor commercial considérable au cours des dernières décennies. Cette évolution s'est traduite dans son urbanisme, la rue principale séparant la ville d'origine, d'un côté, et les nouveaux quartiers d'affaires, de l'autre. L'ouverture de Cybercity (voir encadré p. 112), aux portes de la ville, verra sans nul doute cette vocation commerciale se poursuivre dans les années à venir. Pour les visiteurs, le marché bihebdomadaire est le principal – si ce n'est l'unique – attrait de cette localité sans grand charme et souvent embouteillée.

La plupart des commerces et services s'égrènent le long de St Jean Rd, l'artère principale. Vous y trouverez des banques dotées de DAB, le bureau de poste, le marché, les restaurants et hôtels, des chaînes de fast-food internationales. Quelques discothèques mettent un peu d'animation nocturne.

À voir et à faire

Foire aux tissus et aux vêtements MARCHÉ

(St Jean Rd ; ⌚jeu et dim, 6h-18h). Ce marché, qui compte parmi les plus importants de l'île, se tient deux fois par semaine dans l'artère principale de Quatre Bornes. De nombreux acheteurs viennent des îles voisines de La Réunion et des Seychelles pour profiter de ses offres. Les prix sont très intéressants mais la qualité n'est pas forcément au rendez-vous. L'ambiance, en revanche, ne risque guère de vous décevoir. Au même endroit, foire aux fruits et légumes le mercredi et le samedi.

Où se loger

Rares sont les visiteurs qui passent la nuit à Quatre Bornes – Flic en Flac et sa plage ne sont en effet qu'à une dizaine de kilomètres.

El Monaco HÔTEL CENTRAL €€

(☎425 2608 ; www.el-monaco.com ; St Jean Rd ; s/d/tr avec petit-déj 50/75/90 € ; P @ wifi piscine). Cette adresse de la rue principale est une bonne surprise. Havre de tranquillité, légèrement en retrait et protégé des rumeurs de la ville, El Monaco dispose d'une piscine, d'un grand jardin et de 93 chambres au confort minimal mais acceptable. Elles sont toutes équipées d'une sdb, d'un ventilateur et d'un téléphone. Préférez celles du bâtiment entourant la piscine. L'hôtel, meilleur choix de la ville, est fréquenté par de nombreux Réunionnais les veilles et jours de foire. Wi-Fi à la réception.

Gold Crest HÔTEL-RESTAURANT €€

(☎466 3100, 454 5945 ; www.goldgroupofhotels.com ; St Jean Rd, avenue des Girofliers ; s/d avec petit-déj 2 275-4 105/2 840-5 220 Rs selon confort ; clim wifi). Au 3e étage du bâtiment George Town, face à la mairie dans la rue principale, cet hôtel qui prétend au titre de plus confortable de la ville est avant tout fréquenté par une clientèle d'affaires. L'immeuble n'est pas très engageant mais l'établissement a fait quelques rénovations. Les 50 chambres à la décoration ancienne sont assez sombres mais équipées de la clim, du téléphone et de la TV, et raisonnablement confortables. Restaurant, salle de sport et spa.

CYBERCITY : QUAND LES GIGABITS SUPPLANTENT LA CANNE

L'île Maurice est pleine de ressources. Longtemps, l'île a été vantée pour son économie équilibrée reposant sur la trilogie canne/textile/tourisme. Mais les temps ont changé. Si le tourisme se porte bien, les filières sucrière et textile marquent depuis quelques années de graves signes d'essoufflement. Nombreux étaient donc ceux qui appelaient de leurs vœux l'émergence d'un quatrième "pilier" pour l'économie insulaire : les services informatiques (le cinquième pilier étant les services financiers).

Aux portes de Quatre Bornes, Cybercity est le symbole de cette nouvelle direction. Au-dessus des champs de canne, ce quartier d'affaires high-tech abrite les entreprises de service de ce secteur en plein boom : centres d'appel favorisés par le bilinguisme mauricien, entreprises de télécommunications et de développement informatique, mais aussi serveurs de back-up informatiques. L'île, isolée et stable politiquement, est en effet considérée comme une bonne base arrière pour le stockage de données informatiques.

L'**Hennessy Park Hotel** (☎403 7200 ; www.hennessyhotel.com ; 65 Ebene Cybercity ; P ❄ @ ☎ ≋), ex-Four Points by Sheraton, situé au centre de Cybercity est un quatre-étoiles qui attire principalement une clientèle d'hommes d'affaires. Ne cherchez donc pas de touche de raffinement dans cet établissement avant tout fonctionnel qui accueille de nombreux séminaires d'entreprise. Il a cependant l'avantage de proposer un confort inégalé sur le plateau central avec ses vastes chambres, son spa, sa piscine et son centre de remise en forme.

Où se restaurer

Si vous êtes venu pour la foire, vous pourrez faire un repas sur place, au fil des nombreux étals proposant *dholl puri* (variété de crêpe indienne), croquettes et samoussas qui jalonnent le marché. Les restaurants de la ville s'illustrent avant tout dans le registre culinaire chinois.

♥ Hide away Garden Restaurant EUROPÉEN-MAURICIEN €

(☎466 7108 ; www.vaneron.com ; Vanneron Garden Center, route Marbella, Trianon ; plats 225-450 Rs ; ⏲tlj midi ; ☎). Le bon plan encore inconnu des touristes, caché dans une pépinière (où près de 5 000 plantes sont en vente) à la sortie de Quatre Bornes. Dans un jardin enchanteur – d'un calme olympien – où coule une rivière, cette charmante table offre une pause gourmande totalement dépaysante pour la région, à prix très raisonnable. Installé sous les arbres, dans une oasis de verdure, vous dégustez salades (celle aux aubergines confites et marlin est excellente), omelettes, pâtes, paninis et sandwichs, pâtes et plats traditionnels comme le cari de cerf ou la daube de cochon marron. Desserts appétissants, belle carte des vins et des digestifs.

♥ King Dragon CHINOIS €€

(☎424 7888 ; St Jean Rd, La Louise ; plats environ 150-500 Rs ; ⏲tlj sauf mar). Sans nul doute la meilleure adresse de Quatre Bornes, tant côté salle que côté fourneaux : King Dragon fait l'unanimité dans toute l'île pour sa copieuse et excellente cuisine chinoise. Le service est affairé et attentif, l'atmosphère très sympathique, et les prix très corrects. Une valeur sûre !

Dragon Vert SINO-MAURICIEN €€

(☎424 4564 ; St Jean Rd ; plats 110-600 Rs ; ⏲tlj sauf lun). Mitoyen du précédent, le Dragon Vert sert une cuisine moins savoureuse mais bénéficie également d'une salle agréable. Ce lieu se remplit notamment le mardi soir, jour de fermeture du King Dragon.

Depuis/vers Quatre Bornes

Quatre Bornes compte deux gares routières. Les bus pour Flic en Flac, Curepipe, Floréal et Vacoas partent de Railway Square, vers la mairie. Des bus à destination de Rose Hill s'arrêtent dans St Jean Rd.

Rose Hill et Beau Bassin

Considérée comme le cœur culturel de Maurice, la localité plutôt cossue de Rose Hill a abrité de nombreux artistes et écrivains. Son nom anglo-saxon viendrait des couleurs du soleil couchant qui enflamment les crêtes de la montagne voisine du Corps de Garde.

Ses attraits restent limités pour le visiteur. Au centre-ville, vous pourrez jeter un œil au théâtre Le Plaza, récemment rénové et l'un des plus réputés de l'île. Il ouvrit ses portes en 1933 avec une comédie musicale dans laquelle Maurice Chevalier tenait le haut de l'affiche.

Dans le quartier Balfour de la ville de Beau Bassin, plus au nord, s'élèvent encore quelques belles demeures créoles. Le parc municipal, Jardin Balfour, offre une vue magnifique sur les gorges luxuriantes de la rivière des plaines Wilhems.

Achats

Les Mauriciens sont nombreux à venir faire leurs courses à Rose Hill, notamment le samedi. Ils ont le choix entre **Arab Town** et ses commerces hétéroclites, situé au sud de la ville dans Royal Road ; le **vieux marché** qui se tient tous les jours dans le même quartier ; et les nouveaux centres commerciaux qui ont vu le jour ces dernières années dans la ville.

Depuis/vers Rose Hill

Rose Hill est reliée par bus à Port Louis et à Curepipe, ainsi qu'à Centre de Flacq, sur la côte est.

Moka et ses environs

À 10 km à peine de Port Louis, mais intimement liée au plateau central par les paysages, Moka et ses environs révèlent un paysage de cascades, de vallées et de montagnes entre lesquelles sont installés quelques splendides domaines. La région offre ainsi un cadre naturel nettement plus attrayant que les villes du plateau central, plus au sud. Elle est par ailleurs le centre universitaire de l'île et abrite le Mahatma Gandhi Institute, qui a pour objectif la promotion de la culture indienne (voir l'encadré p. 114).

La maison créole Eurêka, associée à l'histoire de la famille du Prix Nobel de littérature J.M.G. Le Clézio, est l'un des principaux attraits culturels de la région. Les adeptes du shopping peuvent se rendre au Mall of Mauritius Bagatelle (www.mallofmauritius.com) pour leurs emplettes.

À voir

Château du Réduit RÉSIDENCE PRÉSIDENTIELLE

(Le Réduit). Ancienne résidence des gouverneurs, ce château magnifique fut bâti en 1778 à la demande de Barthélemy David, successeur de Mahé de La Bourdonnais. Entouré d'un superbe parc d'une centaine d'hectares, il sert aujourd'hui de résidence au président de la République, ce qui lui vaut d'être fermé au public. Vous pourrez voir un film consacré à la restauration de ce bâtiment historique à l'écomusée Touche du Bois du restaurant Varangue-sur-Morne, sur les hauteurs de Chamarel (voir p. 147).

Le château se situe dans la localité du Réduit, à une dizaine de kilomètres à l'ouest du centre de Moka, qui compte l'université de Maurice et de nombreux bâtiments ministériels.

Maison Eurêka MAISON-MUSÉE

(433 8477 ; www.maisoneureka.com ; Mont Ory ; visite maison et jardin 175-200 Rs, maison, jardin et cascades 300 Rs ; lun-sam 9h-17h, dim 9h-15h). Blottie entre son superbe jardin et la haute silhouette du mont Junction Peak, la maison créole Eurêka est l'un des points forts de la visite du plateau central. Demeure historique, musée, restaurant et maison d'hôtes, elle est intimement liée à l'histoire de la famille de J.M.G. Le Clézio, Prix Nobel de littérature 2008 (voir l'encadré p. 213).

Le premier intérêt de la demeure est qu'elle est restée "dans son jus", sans restauration brutale. Construite en 1830 par un Anglais qui désirait se rapprocher de la résidence du gouverneur, située au Réduit, cette demeure coloniale entourée d'une élégante varangue soutenue par de fines colonnades fut achetée en 1856 par Eugène Le Clézio, premier président mauricien de la Cour suprême. Son lointain descendant, l'écrivain Jean-Marie Gustave Le Clézio, s'en inspira pour écrire le roman *Le Chercheur d'or*. Propriété de la famille pendant six générations, la maison fut vendue en 1975 avant d'être transformée en musée et ouverte au public en 1986. Le maître des lieux vous racontera peut-être des épisodes de la vie des Le Clézio qui éclairent l'œuvre du Prix Nobel de littérature.

La visite guidée de l'intérieur de la demeure, dont les 14 chambres sont ornées de belles pièces de mobilier des XVIIIe et XIXe siècles, d'un piano Pleyel et d'un antique gramophone, retrace cette histoire. D'anciennes cartes maritimes couvrent les murs de l'escalier. Vous pourrez également y voir de vieilles photos de Port Louis. La cour, située derrière la maison, est bordée de maisonnettes de pierre qui abritaient autrefois les logements des domestiques et la cuisine.

Ne ratez pas la visite guidée des cascades de la ravine Eurêka, où coule la rivière Moka. Si la succession de cascades n'est pas particulièrement impressionnante, le parcours se révèle agréable et permet d'admirer de magnifiques bois d'ébènes, camphriers, bambous et tamarins. La visite dure environ 1 heure. Il est théoriquement possible de se baigner dans la troisième cascade.

La maison Eurêka est située à 1 km à l'ouest de Moka. En transports en commun, prenez les bus allant vers Saint-Pierre depuis Port Louis, Curepipe ou Rose Hill et descendez à Moka. En voiture, suivez l'autoroute M2 jusqu'à la sortie Moka puis empruntez la route A7 en direction de Moka. Au rond-point situé à hauteur de la station Shell, tournez à gauche en direction de Mont Ory. Eurêka, très bien indiquée, se trouve à 1,5 km sur le côté gauche de la route.

Où se loger et se restaurer

Maison Eurêka DEMEURE COLONIALE €€€
(voir p. 113 ; d avec petit-déj 3 450 Rs, lit supp 1 000 Rs ; P ≋). La maison-musée se double de 3 chambres d'hôtes sous forme de "pavillons" individuels bâtis dans le jardin. Elles présentent le même type de décoration que la demeure, et donc le même charme (bois, mobilier ancien, atmosphère créole chic et désuète) et sont dotées de kitchenette. Les hôtes peuvent utiliser la belle petite piscine en ardoise de la villa du propriétaire, idéalement située face à la ravine. Trois chambres, plus luxueuses, sont situées à l'étage de la maison Eurêka.

Que vous résidiez sur place ou soyez simplement venu visiter la maison, il est possible de déjeuner dans le cadre superbe de la maison Eurêka. La varangue et la terrasse, transformées en restaurant (menu 700-1 000 Rs plus TVA ; réservation conseillée, midi tlj, soir sur réservation pour les groupes), invitent à la langueur par leur ambiance tropicale chic. Le menu propose des plats familiaux créoles (curries, caris, rougails) dont certains sont rarement servis dans les restaurants.

Flying Dodo Brewing Company BIÈRE MAURICIENNE €€
(468 8810 ; www.flyingdodo.com ; Mall of Mauritius Bagatelle ; bières 25 cl 100 Rs, 2 l 690-1 290 Rs ; tapas 190-425 Rs, plats 170-760 Rs). Coup de cœur pour cette microbrasserie artisanale mauricienne "nouvelle génération" ouverte en 2012 par Oscar Olsen, gérant du fameux restaurant Lambic à Port Louis (p. 62). Au Flying Dodo, on peut aussi manger et assister à la fabrication de la bière : les sacs de malt, stockés dans une pièce vitrée, sont transportés jusqu'au bar et brassés dans les cuves (dont une en verre), avant de transiter par les tuyaux pour arriver aux tireuses, tout cela à la vue des clients du restaurant. Dans ce décor de type industriel-chic chaleureux, on avale tapas (gâteaux piment, calamars croustillants, camembert au four), salades, pâtes, fish n' chips, viandes grillées, plats

LE MAHATMA GANDHI INSTITUTE

Implanté à proximité de Moka, l'**Institut Mahatma Gandhi** (Mahatma Gandhi Institute ; 403 2000 ; mgi.intnet.mu ; Mahatma Gandhi Ave) a été fondé en 1970 pour préserver et faire connaître l'héritage indien de l'île Maurice, où plus de la moitié de la population est historiquement originaire du sous-continent. Le **Folk's Museum of Indian Immigration** (lun-ven 9h-15h30) GRATUIT, ouvert en 1991 et rénové en 2010, est partie intégrante de l'Institut. Il renferme des archives et des objets liés à la période du *coolie trade*, dont l'Aapravasi Ghat de Port Louis (voir p. 55) est devenu le lieu le plus symbolique suite à son classement sur la liste du patrimoine culturel de l'humanité de l'Unesco, en 2006. Consacré à l'histoire des 500 000 travailleurs indiens qui quittèrent leur pays pour Maurice dans l'espoir d'une vie meilleure, le centre garde en archives les listes des immigrants, leurs photos, leurs certificats d'immigration, leurs certificats de mariage et leurs contrats de travail, dans plus de 2 000 volumes. On peut également découvrir dans le musée des bijoux portés par ces exilés volontaires, des instruments de musique traditionnels, des livres, et même les marmites utilisées pour leurs repas.

L'accueil des visiteurs n'est cependant pas la vocation première de l'Institut Mahatma Gandhi, qui s'adresse avant tout aux chercheurs et aux étudiants. Il comprend une école secondaire et offre un large éventail de formations sur la culture indienne : musique et danse, beaux-arts, langues et philosophie. Il se situe sur la gauche, à l'entrée de Moka en venant de l'autoroute.

RANDONNER SUR LE POUCE

Si l'ascension du Pouce est possible depuis Port Louis (p. 66), l'itinéraire est plus simple au départ de Moka. Vous pouvez soit faire un aller-retour, soit monter au sommet puis descendre en direction de Port Louis. Comptez moins de 2 heures pour atteindre le sommet et 1 heure de plus pour rejoindre Port Louis. Mieux vaut être accompagné d'un guide (voir p. 221).

En voiture, depuis le sud et l'autoroute, prenez la sortie Moka. Suivez la route jusqu'au rond-point situé à hauteur d'une station-service ; prenez à gauche, en direction de Mont Ory. Au bout de 1,2 km, bifurquez sur la droite, fléchée, indiquant Le Pouce. Continuez sur environ 3 km, jusqu'à un virage sec sur la droite. À hauteur de ce virage, une route part sur la gauche, vers les champs de canne à sucre et la montagne. Empruntez-la, et garez-vous 500 m plus loin, près des champs de canne à sucre.

En transport, prenez depuis Port Louis le bus n°12 en direction de Sébastopol et demandez au chauffeur de vous arrêter au bon endroit.

Itinéraire

Après avoir garé votre véhicule, partez tout droit en direction de la montagne dans les champs de canne, en ignorant les chemins latéraux qui partent vers la droite. Bientôt, le sentier part à l'assaut de la barre rocheuse en décrivant des lacets, au milieu d'une végétation évoquant un maquis arborescent. Au bout d'une petite demi-heure, on découvre la côte sud, avant de passer près d'une minuscule chapelle peinte en bleu sur la roche. On débouche une centaine de mètres plus loin sur un petit plateau, d'où l'on découvre une vue sur les faubourgs de Port Louis et la côte ouest, ainsi que sur les champs de canne formant un immense damier vert.

Le sentier est dès lors plus confus. Sur le petit plateau, il part sur la droite et se perd un peu dans les broussailles, pour monter l'échine de la barre rocheuse. Environ 20 minutes plus tard, vous parviendrez à un autre belvédère d'où l'on jouit d'un panorama splendide sur le sud de l'île, la côte est et même le nord (les îles sont nettement visibles). Vers l'est, on aperçoit une autre barre montagneuse, où l'on repère le sommet caractéristique du Pieter Both. Pour arriver au sommet, vous marcherez environ 20 minutes supplémentaires. Le sentier n'est pas balisé, la montée finale très escarpée et, par endroits, il faut progresser en s'aidant des mains. Au bout de l'effort, la récompense : un panorama à couper le souffle sur l'ensemble de l'île.

végétariens... Le soir, une belle carte des vins, liqueurs, cocktails et whiskys vous attend. Pizzas à emporter, boutique... et spa à la bière au sous-sol, sur réservation (5 500 Rs) !

Le Pouce et la chaîne montagneuse de Moka

Le Pouce (812 m) porte bien son nom : ce sommet, qui domine Port Louis et Moka, a véritablement la forme d'un pouce. Relativement facile à gravir compte tenu du dénivelé, mais à réserver toutefois aux randonneurs motivés (voir encadré ci-dessus), il offre de superbes panoramas sur toute l'île. Les autres montagnes des environs – Junction Peak, pic des Guibies et Snail Rock – offrent également de belles possibilités de balades. Mieux vaut être accompagné d'un guide, faute de balisage.

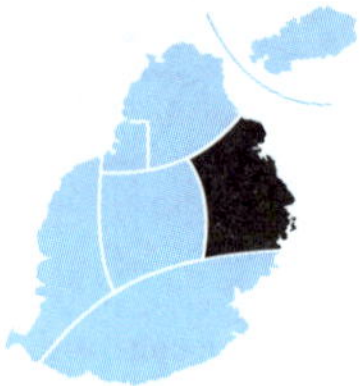

Côte est

Le top des hébergements

- Les Toits Verts Chez Roseline Duvivier (p. 121)
- La Maison d'Été (p. 128)
- La Palmeraie (p.125)
- LUX* Belle Mare (p. 125)
- Otentic (p. 121)

Le top des restaurants

- Chez Tino (p. 123)
- Le Four à Chaux (p.123)
- Auberg'inn (p. 128)

Pourquoi y aller

La côte est illustre le mieux les paradoxes de l'île Maurice d'aujourd'hui : modestes villages créoles et hameaux de pêcheurs d'un côté, *resorts* de luxe de l'autre.

Mais ne boudons pas notre plaisir. Loin de l'activité de Grand Baie ou de Flic en Flac, la côte est respire une quiétude qui n'est pas le dernier de ses charmes. Exposée aux vents dominants, elle reste une enclave paisible que savourent des *happy fews* dans la confidence. De l'île aux Cerfs à Roches Noires, le littoral déroule plages étincelantes frangées de filaos (Belle Mare est la plus grande plage de l'île), discrètes criques rocheuses, bourgades alanguies et lagons scintillants. Quant au climat de cette portion de côte, plus ventée qu'aucune autre, il procure une agréable fraîcheur en saison chaude. Totalement plate au nord, elle est protégée par les reliefs du sud mais réserve cependant des paysages sauvages.

Certes, l'île aux Cerfs a été transformée en quelques années en argument touristique surexploité. Et les quelques discrets palaces installés sur le bord de mer, bordés de parcours de golf qui comptent parmi les plus renommés de l'île (on en compte 5 de 9 ou 18 trous dans un rayon de 20 km !), rappellent que ce qui est possible sur les côtes ouest et nord peut aussi se généraliser de ce côté-ci de l'île. N'empêche : à l'heure où nous écrivons ces lignes, le littoral oriental de Maurice possède un indéniable pouvoir de séduction. Et à côté des hôtels de luxe, certaines localités, notamment la paisible Trou d'Eau Douce, offrent de bonnes options d'hébergement à prix modérés.

Quand partir

Agréable tout au long de l'année, la côte est est parfois soumise à des vents frais pendant l'hiver austral (de juillet à septembre). À cette époque, la température de l'eau avoisine quand même les 24°C.

À ne pas manquer

1. Le site de pleine nature du **domaine de l'Étoile** (p. 118) et ses multiples activités
2. La plage de **Belle Mare** (p. 123), bordée de casuarinas
3. La paisible **Trou d'Eau Douce** (p. 119) et ses adresses bon marché
4. Les plages de l'**île aux Cerfs** (p. 118), à condition d'éviter la foule
5. Le littoral préservé entre **Poste Lafayette et Roches Noires** (p. 128), à l'ambiance intemporelle

Domaine de l'Étoile

Étendu sur 2 000 ha de forêts et de vallées de part et d'autre de la montagne Bambous, ce très beau **domaine** (☎5448 4444 ; www.terrocean.mu ; lieu-dit l'Étoile, Sébastopol ; ⏲tlj jusqu'à 9h-18h), fleuri et bien entretenu, a supplanté en quelques années l'ex-domaine du Chasseur voisin. Historiquement dédié à la chasse, l'Étoile a été ouvert en 2001 au public, qui peut y pratiquer de nombreuses activités. Implanté dans un exceptionnel site de pleine nature, il permet de découvrir l'autre profil de la majestueuse montagne du Lion ou la baie de Mahébourg, mais aussi des troupeaux de cerfs ou des sangliers. Le domaine se distingue par l'élégance de ses installations, auxquelles les boiseries confèrent une atmosphère tropicale raffinée. Havre de paix dans le bruissement de la rivière et le chant des oiseaux, le site est idéal si vous souhaitez découvrir la facette non balnéaire de l'île.

Activités

La majorité des activités sont ponctuées d'arrêts sur les hauteurs du domaine, d'où vous pourrez admirer le panorama. Il est préférable de réserver par téléphone. Un petit parc aventures est dédié spécialement aux enfants : kart à pédales, jet-ski, jeux gonflables et trampoline...

Randonnée À PIED OU À CHEVAL

(randonnée pédestre sans/avec guide 500/1 800 Rs ; randonnée équestre 2 690 Rs avec repas). Quatre itinéraires de randonnée s'offrent aux visiteurs (1 à 3 heures). Le plus fréquenté dure 2 heures : accompagné d'un guide, vous monterez jusqu'à un kiosque surnommé le "pull-over" – il y fait souvent un peu frais –, au sommet de la montagne du Camizard. Un large panorama sur la côte et le domaine du Chasseur s'ouvre depuis ce point de vue. Un autre itinéraire permet de rejoindre la belle vallée de Ferney (voir p. 166) en 3 à 4 heures de marche. Un minimum de 4 personnes est requis. Les randonnées à cheval se font à dos de poney Boer ("boerperds"), originaire d'Afrique du Sud et bien adapté à la montagne. Un niveau Galop 3 est demandé aux enfants de 7 à 12 ans.

Buggy et quad 4 ROUES

(quad simple/double avec repas 4 190/4 880 Rs). Plusieurs circuits en buggy et quad (excellent moyen de découvrir le relief de l'intérieur de l'île) sont proposés selon le niveau des clients (à partir de 17 ans). Après un tour d'essai visant à vous familiariser avec la machine, vous partirez pour une balade de 2 heures qui vous emmènera jusqu'à Ferney, sur les hauteurs de Vieux Grand Port, avant de revenir à votre point de départ. Sorties nocturnes également. Les chemins empruntés sont bétonnés en grande majorité.

Tyrolienne EN HAUTEUR

(670 Rs, 1 125 Rs avec repas). Un circuit long de 3,5 km via 7 tyroliennes, suspendues au-dessus de la forêt. À partir de 12 ans.

Où se restaurer

Restaurant du Domaine SPÉCIALITÉS MAURICIENNES

(☎5729 1050 ; buffet mauricien 690 Rs ; ⏲midi tlj, soir sur réservation). Face à la rivière et confortablement installé dans les fauteuils en bois, vous pourrez déjeuner de spécialités mauriciennes en profitant de la quiétude des lieux et de la beauté du cadre. Réservez.

Depuis/vers le domaine de l'Étoile

Le domaine n'est pas desservi par les transports en commun et une voiture (ou un taxi) est indispensable. Prenez la B27 vers Montagne Blanche depuis Bel Air, à 4 km au sud-ouest de Trou d'Eau Douce. Le domaine est indiqué sur la gauche après 12 km et se trouve après 1 km de piste carrossable s'enfonçant entre les champs de canne.

Île aux Cerfs

Lagon turquoise et plages de carte postale d'un côté, boutiques de souvenirs, sillages de vedettes rapides et surfréquentation touristique de l'autre... À quelques encablures de Trou d'Eau Douce, cet îlot de sable transformé en produit touristique présente deux visages qui semblent se faire la grimace. Gérée par l'hôtel Shangri-La's Le Touessrok Resort & Spa, l'île est devenue l'une des principales attractions touristiques de Maurice. On raconte qu'autrefois les cerfs y avaient été abandonnés dans une vaine tentative de contrôler leur surpopulation à Maurice, mais qu'ils avaient trouvé le moyen de revenir à la nage... À défaut de cervidés, vous y verrez une pléthore de touristes, de bateaux à moteur et de jet-skis. S'y ajoutent quelques voiturettes de golf, depuis qu'une large partie de l'îlot a été transformée en 18-trous.

Reconnaissons toutefois un mérite à l'île : elle est un excellent observatoire des mœurs grégaires de certains touristes, qui s'agglutinent sur la plage bordant les restaurants tandis que des étendues de sable tout aussi belles, situées quelques centaines de mètres plus loin, restent quasi désertes. Bonne nouvelle : il est donc encore possible de profiter des plages paradisiaques de l'île. Éloignez-vous le plus possible du secteur des restaurants, trouvez une petite crique tranquille et vous passerez une journée idyllique.

Pour éviter la forte affluence en saison, mieux vaut profiter de l'île tôt le matin et en repartir avant midi. L'île est également plus paisible entre 15h30 et 17h, heure de la dernière navette. Prévoyez des provisions si votre budget est limité car les tarifs pratiqués sur place ne sont pas bon marché.

L'île aux Cerfs est reliée par une langue de sable à l'**îlot Mangénie** – que l'on peut rejoindre à marée basse –, bien moins fréquenté : ses plages sont sublimes, et l'une d'elles est réservée aux prestataires locaux qui y ont dressé des tables et des barbecues pour y faire déjeuner leurs clients. Lors de notre passage, on chuchotait que cette situation n'allait pas perdurer très longtemps...

Activités

Ses plages sublimes et son lagon turquoise sont évidemment le principal attrait de l'île aux Cerfs. Des activités nautiques et excursions, nettement plus chères qu'à Trou d'Eau Douce, sont proposées sur l'île.

Golf 18-TROUS
(☎ 402 7720 ; www.shangri-la.com/mauritius/shangrila/golf/). Travailler son swing au practice (250 Rs le seau) ou découvrir le parcours 18-trous (à partir de 6 000 Rs avec voiturette) de l'île aux Cerfs est aussi pour les non-résidents de l'hôtel (p. 118) un moyen original de visiter l'île. Qui plus est, la traversée en bateau est gratuite. Réservation obligatoire.

Où se restaurer

Globalement surévalués, les deux restaurants et le snack de l'île dépendent de l'hôtel Shangri-La's Le Touessrok mais n'ont ni l'âme ni le panache de ce palace. Autre option : prévoir ses provisions ou avoir recours aux repas sur la plage proposés par de nombreuses sociétés assurant la navette en bateau avec l'île.

La Chaumière Masala INDIEN €€
(plats 280-750 Rs plus TVA ; ⏲ jusqu'à 16h). Dans un cadre assez idyllique – les tables sont installées sur pilotis dans la végétation – on sert des assiettes composées, des plats indiens et des suggestions végétariennes. Certainement l'établissement le plus agréable de l'île et au meilleur rapport qualité/prix.

Depuis/vers l'île aux Cerfs

Des bateaux assurent la navette quotidiennement depuis Trou d'Eau Douce (voir ci-dessous), une à deux fois par heure selon la saison, entre 9h et 16h30. Inutile de réserver, les rabatteurs viendront à vous dès que vous aborderez en voiture la plage publique. La traversée dure entre 15 et 30 minutes selon l'embarcation. Des dizaines de prestataires assurant la traversée sont rassemblés au niveau du four à chaux de Trou d'Eau Douce. Comptez environ 350-400 Rs l'aller-retour.

Aucun prestataire n'est "officiel", et ceux qui se présentent comme "public ferry boat" ne sont ni plus publics ni plus ferries que les autres.

Trou d'Eau Douce

Enclavée entre les palaces, la paisible Trou d'Eau Douce garde des traces de l'époque où elle était un simple village de pêcheurs. Point de départ pour l'île aux Cerfs, elle vit au rythme du tourisme mais a su préserver le caractère et la quiétude qui font son charme. Une des meilleures destinations balnéaires de l'île si votre budget est limité ! Le village tire son nom d'un bassin marin alimenté par un courant d'eau douce souterrain, et possède une jolie plage ; il abrite une jolie église de basalte (⏲ tlj 6h-18h).

Circuits organisés

Certains prestataires proposent des excursions incluant l'île aux Cerfs et la cascade de Grande Rivière Sud-Est (traversée et cascade 700 Rs). Elles sont le plus souvent proposées dans le cadre d'un forfait incluant le repas (traversées et repas sans/avec langouste 1 200/1 800 Rs). Contactez-les dès votre arrivée à Trou d'Eau Douce, car un nombre minimum de participants, généralement quatre, est requis. Les enfants de 3 à 10 ans paient généralement demi-tarif.

Easterlies CATAMARANS
(☎ 480 2767, 5250 8860 ; www.easterlies-cruise-mauritius.com ; Royal Rd, Trou d'Eau Douce). Sorties à l'île aux Cerfs et aux cascades de Grande Rivière Sud-Est, ainsi que dans la baie de Tamarin, à bord de catamarans de 12 à 17 m.

Bateaux Vicky SORTIES EN MER
(☎ 5808 7736 ; aller-retour 450 Rs). Sérieux, longue expérience et départs réguliers pour l'île aux Cerfs.

Falcon Boats SORTIES EN MER
(☎5755 1483, 480 2680 ; www.falconboats.mu). Falcon Boats propose des excursions privatives en bateau off shore (4 500 Rs), notamment sur l'îlot Mangénie, et organise des sorties pour l'île aux Cerfs.

Activités

L'île aux Cerfs (p. 118) est la principale motivation des visiteurs se rendant à Trou d'Eau Douce. Nombre d'entre eux ne viennent dans le village qu'une journée et n'y passent que le temps d'embarquer dans les vedettes et d'en débarquer. Ceux qui apprécient la tranquillité de Trou d'Eau Douce ne s'en plaignent pas...

Le littoral, exposé au vent, offre un nombre limité de sites de plongée, mais ils sont réputés (voir les prestataires p. 45).

UNE JOURNÉE DEPUIS TROU D'EAU DOUCE

L'**île aux Cerfs** (p. 118) est, bien sûr, l'option balnéaire qui vient en premier à l'esprit, pour peu que vous aimiez les bains de foule ; nous vous conseillons d'y aller très tôt le matin ! On pourra lui préférer la **plage de Belle Mare** (p. 123). Pour une journée plus sportive, dirigez-vous vers le **domaine de l'Étoile** (p. 118) ou initiez-vous au golf à la **Golf Academy** (p. 126) du groupe Constance. Autre option à ne pas négliger : flâner doucement le long de la côte vers le nord, pour s'imprégner de son atmosphère paisible, et déjeuner à **La Maison d'Été** (p. 128).

Ces suggestions sont également possibles depuis Poste Lafayette.

Où se loger

Trou d'Eau Douce et ses environs offrent l'éventail d'hébergements le plus diversifié de la côte est. La localité se distingue notamment par l'excellent rapport qualité/prix de ses adresses petits budgets.

Chez Tino HÔTEL-RESTAURANT €
(☎480 2769, 5795 8762 ; Royal Rd ; d 800 Rs ; ❄📶). Trois doubles sont à louer sur la terrasse surplombant le restaurant éponyme, une cinquantaine de mètres après Le Dodo. Elles manquent de charme mais sont propres et disposent de la TV, d'un coin cuisine pour la plus grande, de la clim avec supplément et d'une grande sdb.

BON PLAN **Appartements Le Dodo** PENSION €
(☎480 0034 ; christa0307@hotmail.com ; Royal Rd ; studio 2 pers 1 000 Rs ; ❄P). À 200 m d'un four à chaux, légèrement en retrait de la route, cette grande bâtisse de 3 étages abrite plusieurs studios à la propreté irréprochable. Il sont plutôt vastes et correctement équipés, et l'on s'y sent rapidement chez soi, même s'ils n'offrent aucun charme particulier. Mention spéciale à ceux de l'étage supérieur, lumineux, avec terrasse, clim, baie vitrée et vue sur mer. Difficile de faire mieux à ce prix...

♥ **Studios Mariella Manguillier** MEUBLÉS €
(☎480 0320, 769 9630, 780 3988 ; studiomanguillier@myt.mu ; Royal Rd ; d avec petit-déj 30-35 € selon confort ; ❄). Située juste derrière la boutique Vicky, à hauteur du Four à Chaux, cette pension agréable propose 4 studios et appartements impeccables avec terrasse, joliment décorés dans les tons jaune et framboise, et très bien équipés (clim, TV, cuisine donnant sur le lagon...). Certains possèdent une mezzanine. Un coup de cœur à prix doux où il est très prudent, voire indispensable, de réserver.

Sous le Manguier – Villa Marie-Line MEUBLÉS €€
(☎480 3855, 748 7347 ; www.villamarie-line.com ; Royal Rd ; studio d 25 €, app 2/4 pers 70/110 € ; ❄). Marie-Line et José louent un studio (20 m²) et 2 appartements avec terrasse (50 m² et 130 m²) dans une maison moderne toute blanche, nichée au fond d'un jardin tropical de 1 500 m². L'ensemble est propre et fonctionnel et vous aurez la vue sur la mer depuis le jardin. L'adresse est avant tout appréciée pour ses repas (voir p. 123).

Appartements Côte d'Or MEUBLÉS €€
(☎480 0436 ; mauritius.cotedor.free.fr ; Royal Rd ; studio d 40 €, app 2/4 pers 75/100 € ; ❄). Juste à côté des appartements Le Dodo, en plein centre de Trou d'Eau Douce, ce bâtiment couleur sable reconnaissable à ses balcons en bois abrite des studios et appartements confortables, bien équipés, à la décoration sobre et fonctionnelle. Certains studios n'ont pas de terrasse, mais le grand appartement avec terrasse est particulièrement accueillant. Tous sont climatisés et étincelants de propreté. Petit-déjeuner 5 €, dîner 12 €.

♥ Les Toits Verts – Chez Roseline Duvivier

VILLAS SUR LA PLAGE €€

(☎480 0503, 5752 5552 ; rduvivier@intnet.mu ; studio d 45 €, app 4 pers 90 € ; ❄ 📶). On en croit à peine ses yeux tellement cette adresse est impeccable, accueillante et décorée avec goût. Rutilants, modernes, très bien équipés (TV, clim, cuisine), ouverts d'un côté sur la plage et de l'autre sur un jardin qui fait la fierté de la propriétaire des lieux, ces 2 appartements et ce studio cumulent les bons points. Aucun panneau ne les indique mais vous les reconnaîtrez à leurs toits verts. Pour vous y rendre, prenez le chemin qui descend vers la mer à 50 m de l'épicerie Sea Breeze puis la première à gauche. Une excellente adresse, et l'une des rares de Trou d'Eau Douce à donner directement sur la plage. Réservation obligatoire. Les locations à la semaine sont privilégiées.

Villas Le Clézio

CHAMBRES D'HÔTES €€

(☎ 5766 3150 ; www.villas-leclezio.com ; Royal Rd ; villas d/q 120/170 € ; ❄ 📶). À 200 m de l'adresse précédente, la sympathique Mme Le Clézio loue 3 villas rustiques (la Villa Talipot, tout en pierre de basalte, est assez sombre, mais extrêmement pittoresque, avec son lit à baldaquin et ses vieilles dentelles) pouvant accueillir de 3 à 6 personnes autour d'une belle maison au toit de feuilles de ravenala. L'une a les pieds dans l'eau ; les autres, au milieu d'un jardin luxuriant, ont accès à la plage. L'accueil de la maîtresse des lieux, qui aime converser avec ses hôtes, et la qualité de l'hébergement au style mauricien d'antan, ont fait la réputation des lieux.

Au sud de Trou d'Eau Douce

Shangri-La's Le Touessrok Resort & Spa

CINQ-ÉTOILES LUXE €€€€

(carte p. 124 ; ☎402 7400, réservation 401 1000 ; www.shangri-la.com/mauritius/shangrila/ ; Royal Rd ; d avec petit-déj/demi-pension à partir de 225-1 250/290-1 315 € selon saison ; P ❄ @ 🏊). Jeux d'eau, passerelles, design, raffinement… ce cinq-étoiles de prestige du groupe Shangri-La n'usurpe pas sa réputation. Outre la somptueuse plage, on notera le délicat équilibre entre boiseries, pierres nobles, toits de chaume et architecture contemporaine, les étonnantes baignoires en forme de coquille d'œuf des suites les plus luxueuses, les restaurants confiés à des chefs de renom déclinant une cuisine internationale, japonaise ou indienne, le raffinement du spa, et l'accès au golf de l'île aux Cerfs (voir p. 119). Inutile de préciser qu'aucun élément de confort n'a été laissé au hasard et que le personnel est aux petits soins…

♥ Otentic

ROBINSONNADE €€€

(carte p. 124 ; ☎5941 4888 ; www.otentic.mu ; Royal Rd, Deux Frères ; 5 000-7 000 Rs/tente selon saison avec petit-déj, tarif dégressif dès 2 nuits ; repas adulte/enfant 550/300 Rs ; P 🏊 📶). Une solution originale et très cosy, à mille lieues des complexes hôteliers qui jonchent la côte. Installées à une dizaine de kilomètres au sud de Trou d'Eau Douce, ces 12 tentes sur pilotis s'égrènent au-dessus de la plus grande rivière de Maurice, Grande Rivière Sud-Est. De type safari, extrêmement confortables avec leurs 50 m², elles comprennent outre les lits (un double + 2 ou 3 simples) une vaste terrasse, une salle de bains avec W-C privatifs, un double toit protégeant efficacement du soleil et de la pluie. La déco, très soignée, utilise des matériaux de récupération. Julien, le sympathique maître des lieux, a installé panneaux et chauffe-eau solaires, citernes d'eau de pluie, et tri sélectif. Les repas traditionnels créoles (parmi les meilleurs de l'île) et les barbecues ont lieu autour de la piscine, entourée de terrasses en bois perchées dans les arbres, à pic sur la rivière. Julien vous indiquera les randonnées locales et les spots de kitesurf, qu'il pratique assidûment. Il organise des excursions (500 Rs/pers) dans les environs, et met gratuitement à disposition de ses clients kayaks, stand up paddles, VTT… Navette gratuite vers l'île aux Cerfs.

Tropical Attitude

TROIS-ÉTOILES LUXE €€€

(carte p. 124 ; ☎480 1300 ; www.tropical-hotel-mauritius.com ; Royal Rd ; d all-inclusive à partir de 174-220 € selon saison ; P ❄ @ 🏊). Rénové en 2012, ce joli ensemble affiche une architecture créole contemporaine se fondant parfaitement au littoral sur lequel il est installé : disséminés sous les cocotiers, les bungalows blancs et lumineux ont tous vue sur le lagon depuis leur terrasse ou leur balcon, et sont sobrement décorés dans les tons taupe. La piscine (proche du restaurant au plancher de bois cérusé et à la charpente blanche soutenant le toit en chaume), les hamacs et les transats installés devant la mer près de vieux canons, le ponton planté dans l'eau turquoise, le spa… tout invite au rêve, pour un bon rapport qualité/prix. Avec ses 58 chambres, cette adresse réservée aux adultes se veut reposante et décontractée, mais sa subtile touche élégante fait toute la différence.

DES COCOTIERS COMME BOUCLIER FISCAL

Ouvert en 2007 au sud de Trou d'Eau Douce, le projet Anahita fait figure de symbole. Résolument élitiste, ce "World Class Sanctuary", tel qu'il est annoncé sur les panneaux, est en effet le premier projet d'envergure ouvert sur l'île s'appuyant sur la loi IRS (Integrated Resort Scheme). Ce texte voté en 2002 ouvre de nouvelles opportunités aux étrangers fortunés. Pour la première fois à Maurice, il permet en effet à des non-Mauriciens d'acquérir des villas haut de gamme sur l'île, à condition d'y mettre le prix : au moins 500 000 $US. Aujourd'hui, les villas d'Anahita sont intégrées à deux *resorts*, le **Four Seasons Resort Mauritius at Anahita** (carte p. 124 ; ☎402 3100 ; www.fourseasons.com/Mauritius ; d/q demi-pension 775-1 950/1 050-6 000 € selon saison et villa) et **Anahita, the Resort** (carte p. 124 ; ☎402 2220 ; www.anahita.mu ; d/q avec petit-déj 388-1 355/607-1 603 € selon saison et villa), dispersées sur une topographie qui mêle les rives du lagon de l'île aux Cerfs et un golf 18-trous.

Pour les investisseurs, l'attrait de l'opération ne s'arrête pas aux cocotiers, aux plages de rêve, aux golfs somptueux et aux villas de luxe. Car pour peu qu'ils résident sur l'île plus de 183 jours par an (cumulés), les heureux investisseurs obtiennent au passage un permis de résident permanent à Maurice, et donc la possibilité d'en faire leur résidence fiscale. Avantageux : l'île Maurice ne connaît pas l'impôt sur la fortune, ou sur les successions, et jouit d'une fiscalité bien plus favorable que celle en vigueur en Europe ou ailleurs. Anahita et les autres projets IRS qui fleurissent sur l'île – notamment autour de Bel Ombre et de Rivière Noire – sont ainsi davantage que de simples refuges ensoleillés pour retraités fortunés : leurs noms tout en suaves nuances sont également synonymes de paradis fiscaux...

En juin 2006, les premiers lots de villas du projet Anahita ont été vendus en 6 heures seulement ! La loi IRS a été complétée en 2007 par un dispositif dont le ticket d'entrée est moins onéreux, baptisé RES (Real Estate Scheme).

Où se restaurer

Les Hollandais PÂTISSERIE €

(Royal Rd ; ⏲tlj 8h30-17h sauf dim). Pour bien commencer la journée, cette petite pâtisserie de la rue principale propose du thé et du café, et surtout de bons croissants et feuilletés à la crème ou à la pâte d'amandes. Face à la petite station-service.

La Case La Paille MAURICIEN €

(Royal Rd ; plats 90-275 Rs ; ⏲lun-sam jusqu'à 20h, dim 16h). En quête d'un repas "typik mauricien", de petits prix et d'une adresse sans prétention ? Jetez votre dévolu sur cette gargote située à 30 m de Chez Tino, de l'autre côté de la route. Pour quelques dizaines de roupies, vous y ferez un repas de plats simples – sauté de mines, riz cantonais, bol renversé – et de la spécialité des lieux, le poisson grillé. On peut même emporter !

BON PLAN **Green Island Beach** BAR-SNACK €€

(☎480 0735 ; Royal Rd ; plats 200-1 000 Rs ; ⏲tlj midi et soir sauf lun). À défaut de briller par l'originalité de sa carte, qui présente les spécialités mauriciennes et asiatiques habituelles, ainsi que quelques plats d'origine méditerranéenne – cari poulet-crevettes, cari poisson-aubergines, ourites à la papaye verte, soupe de crabe, salade de palmiste et de marlin fumé –, cette adresse sans prétention mais très chaleureuse sert une cuisine familiale qui réunit Mauriciens, touristes et expatriés autour du sympathique Giovanni. La raison en est simple : elle est aussi bonne que celle de restaurants plus chics, mais plus copieuse et moins chère. À environ 200 m au nord du Four à Chaux.

♥ **La Kaz Poisson** MAURICIEN €€

(☎480 2681 ; mclaudiaroy@yahoo.com ; Royal Rd ; langouste 1 000 Rs les 500 g ; ⏲tjl midi et soir ; 📶). À 100 m au nord du four à chaux, cette adresse ouverte en janvier 2015 a de quoi séduire : les charmants Claudia et Moïse profitent de la coopérative de pêche toute proche pour proposer du poisson ultra-frais et des langoustes sorties du vivier, qu'on vous présente juste avant de les mettre à griller sous votre nez (vous pouvez même mettre la main à la pâte si vous le souhaitez). Résultat savoureux en diable, avec ce qu'il faut de beurre d'ail en fin de cuisson pour relever le goût. Ils proposent aussi de l'agneau ou du poulet (150 Rs), qu'on peut emporter (90 Rs). Le petit jardin où sont installées les tables est exquis en soirée, la maison de famille rénovée est très belle, l'ambiance est chaleureuse et le service enjoué… Bref, La Kaz Poisson a tout pour plaire !

Chez Tino SINO-MAURICIEN €€
(☎480 2769 ; Royal Rd ; plats 250-600 Rs plus TVA, menu du jour 700 Rs ; ⏲tlj sauf dim soir). Apprécié localement car c'est l'un des lieux de rendez-vous du village, Chez Tino se décline entre une salle plutôt pimpante d'un côté et une terrasse avec jolie vue sur la mer de l'autre. La carte passe en revue tous les classiques de la cuisine créole et sino-mauricienne, vraiment excellente : curry d'ourite à la papaye verte, crevettes au beurre d'ail et *bilimbi*, chop sueys, vindayes, langouste, camarons… nous gardons un souvenir ému de l'ananas rôti en dessert ! Vous pourrez également commander des cocktails, comme le Trou d'Eau Douce : rhum, lait de coco, Malibu, jus d'ananas et de goyave (160 Rs).

Sous le Manguier TABLE D'HÔTES €€
(☎480 3855 ; Royal Rd ; soir table d'hôtes 750 Rs ; ⏲sur réservation). Marie-Line n'a pas son pareil pour concocter de goûteuses spécialités mauriciennes, comme le vindaye de poisson, le cari d'ourites et papayes vertes ou les glaces aux mangues du jardin. Le soir, on s'attable sur la terrasse pour un repas en table d'hôtes, avec apéritif, entrée, plat, dessert et vin. Copieux et chaleureux.

Le Four à Chaux GASTRONOMIQUE €€€
(☎480 1036 ; Royal Rd , plats 325 1 350 Rs ; ⏲tlj sauf sam midi ; 📶🅿). Tenue par des enfants du pays, la table chic de Trou d'Eau Douce vous accueille dans une ambiance raffinée au-dessus de Bateaux Vicky (p. 119). Les tables impeccablement dressées et la déco contemporaine témoignent de l'ambition des lieux, tandis que la carte se veut gastronomique et spécialisée dans les fruits de mer : camarons rafraîchis aux agrumes, langouste grillée (1 350 Rs les 500 g), vindaye de poisson… La cuisine est bonne et copieuse. La carte n'oublie pas les végétariens.

Le Café des Arts RESTAURANT-GALERIE D'ART €€€
(☎480 0220 ; lecafedesarts.restaurant.mu/fr/ ; Victoria 1840, Old Sugar Mill ; repas 2 900-3 600 Rs plus TVA ; ⏲soir, sur réservation uniquement). Étrange adresse ! Situé à 800 m derrière l'église (suivez les panneaux), ce restaurant-galerie qui assume son côté très élitiste est installé dans une ancienne sucrerie qui se dresse sur un terrain gazonné. Pierre sombre, volets peints en jaune vif, petite piscine entre les murs en ruine… les lieux ont de la personnalité. D'autant plus qu'ils servent de cadre à une exposition permanente des peintures d'Yvette Maniglier, élève de Matisse, qui finit sa vie sur l'île. Son fils, créateur des lieux, aime la jet-set. Il a ainsi imaginé cette adresse où l'on sert des mets sélectionnés – foie gras de Madagascar, langouste, bourgeois des Seychelles – dans des assiettes siglées. "Une soirée de rêve", *dixit* le fondateur. Pour qui peut se l'offrir.

Renseignements

Le four à chaux fait office de "centre" au village. Les services sont limités, notamment en ce qui concerne les questions d'argent. Trou d'Eau Douce abrite un bureau de change, et un DAB au rond-point à l'entrée de la ville en venant du sud. Vous trouverez de petits supermarchés dans le bourg.

Depuis/vers Trou d'Eau Douce

Aucun bus direct ne dessert Trou d'Eau Douce. Vous devrez changer à Centre de Flacq. Le n°55 circule entre Trou d'Eau Douce et Centre de Flacq toutes les 30 minutes, entre 6h et 17h environ.

De Trou d'Eau Douce à Belle Mare

Des superbes plages de sable blanc bordées de casuarinas s'étendent sur plus de 10 km entre le nord de Trou d'Eau Douce et la pointe de Flacq. La plage publique de Belle Mare, exposée au nord-est, est particulièrement agréable ; elle devient depuis quelques années un spot de kitesurf très prisé, considéré comme idéal pour les débutants – contactez **Kitesurf Paradise** (☎5743 4298 ; mauritius.kitesurf@gmail.com). Déserte en semaine, elle s'anime un peu le week-end, lorsque les familles mauriciennes viennent y pique-niquer. Quant au paisible centre-ville de Belle Mare, il se transforme depuis quelques années en temple de la consommation avec ses boutiques de grandes marques destinées aux résidents des hôtels de luxe des alentours.

Où se loger

L'offre hôtelière consiste avant tout en hôtels de standing. Les tarifs et le luxe ont tendance à aller crescendo à mesure que l'on se rapproche de Palmar.

De Trou d'Eau Douce à Roches Noires

Les incontournables

1 Plage de Belle Mare B3

À voir et à faire

Golf Academy .... (voir 7)
2 Golf le Touessrok B4
3 Golf Legends A2
4 Golf Links B3
5 Temple de Sagar Shiv Mandir A2

Où se loger

6 Anahita The Resort B4
7 Constance Belle Mare Plage A2
8 Emeraude Beach Attitude B2
9 Four Seasons Resort Mauritius B4
10 Friday Attitude B3
11 Hôtel Ambre B3
12 Jalsa Beach A2
13 La Maison d'été A1
14 La Palmeraie B3
15 Le Prince Maurice A2
16 Long Beach A2
17 LUX* Belle Mare B3
18 One & Only Le Saint-Géran A2
19 Otentic B4
20 Shangri-La's Le Touessrok B4
21 The Residence Hotel B3
22 Tropical Attitude B3
23 Veranda Palmar Beach B3

Où se restaurer

24 Symon Restaurant B2
Auberg'inn .... (voir 13)

Renseignements

25 Mauritius Commercial Bank A2

De Trou d'Eau Douce à Roches Noires

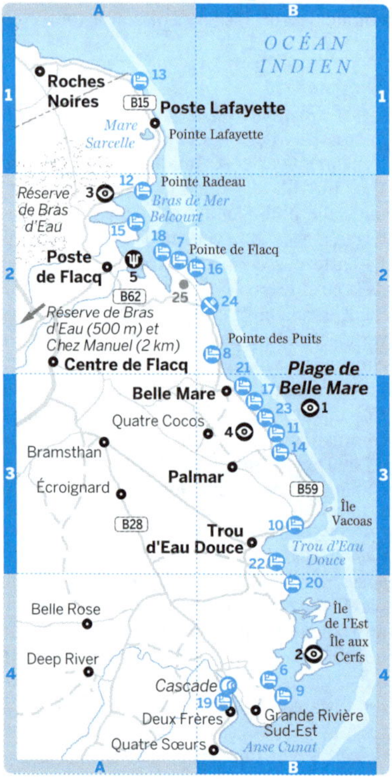

Friday Attitude TROIS-ÉTOILES €€€

(carte ci-dessus ; ☎402 7070 ; friday-hotel-mauritius.com ; Royal Rd ; d standard all-inclusive à partir de 164-195 € selon saison ; P❄📶≋). Environ 500 m après Le Tropical vers le nord, l'ancien Bougainville Hotel a été totalement rénové. Il met désormais l'accent sur la décontraction cosy : vous êtes fortement invité à ne pas mettre de chaussures ! On apprécie sa capacité à taille humaine (51 chambres confortables, dont 16 de 33 m² dédiées aux familles, aux teintes très douces), sa belle plage, le jardin luxuriant et la décoration très zen en pierre et bois qui donne aux lieux une belle ambiance. Les tables du restaurant, près de la piscine sous des parasols blancs, sont très accueillantes. Spa, activités nautiques ou familiales. Un bon point pour la gentillesse du personnel.

Émeraude Beach Attitude TROIS-ÉTOILES €€

(carte ci-dessus ; ☎415 1107, 415 1108 ; www.emeraudebeach-hotel-mauritius.com ; Royal Rd ; s/d pension complète 100-246/144-246 € selon saison ; P❄≋📶). Cet établissement rouvert en 2010 après un sérieux lifting reste une des meilleures options du secteur avec encore un peu plus de charme. Ce petit complexe propose 61 chambres climatisées, réparties dans des bungalows à charpente en bois coiffés d'un toit de chaume. Les chambres gagneraient à être plus lumineuses mais sont néanmoins très correctes, dotées de clim et de minibar, et proposées à un tarif intéressant. L'ensemble, doté de deux piscines et implanté dans un jardin planté de cocotiers, est séparé de la belle plage de Belle Mare par une route peu fréquentée. Une option à prendre en compte si vous recherchez une ambiance d'hôtel balnéaire à prix doux en pension complète. Possibilité de restauration pour les non-résidents (600 Rs le buffet de midi).

Veranda Palmar Beach TROIS-ÉTOILES €€
(carte ci-contre ; ☎402 3500 ; www.veranda-resorts.com ; Royal Rd ; d avec petit-déj à partir de 95-132 € selon saison ; P ❄ ≋ ᯤ). Sur la route côtière en front de mer, ce trois-étoiles aux proportions modestes – 77 chambres – pratique une formule tout-compris et occupe un site agréable en bordure d'une belle plage. Les chambres décorées dans de relaxants tons turquoise et bambou sont claires et bien équipées. Elles se déclinent en "vue mer", "jardin" ou "piscine" (au même tarif) et sont réparties dans deux bâtiments se faisant face, ce qui donne à l'ensemble l'impression d'être un peu tassé sur lui-même. L'hôtel, agréable, propose des activités nautiques. Également un spa, un club enfants, 2 restaurants et 2 bars. Des soirées sont régulièrement organisées autour de la piscine…

Hôtel Ambre QUATRE-ÉTOILES €€€
(carte ci-contre ; ☎402 0100 ; www.ambremauritius.com ; Royal Rd ; s/d en demi-pension 179-499 €/278-558 € selon saison ; P ❄ ᯤ ≋). Racheté par le groupe Sun Resort, l'hôtel a été rénové complètement en 2012. Il propose une formule *all-inclusive* pour les adultes (les moins de 16 ans ne sont pas admis) pour ses 297 chambres et suites nichées sous les cocotiers. Élégance contemporaine, décoration colorée, atmosphère décontractée et service impeccable : une recette qui fonctionne ! Les trois piscines qui se succèdent en enfilade jusqu'à la mer (il y a même des lits géants dessus), les 3 restaurants, le bar design, la discothèque lounge et le spa zen font partie des autres atouts du site. Les chambres sont très confortables, chaleureuses mais paisibles. Un bon rapport qualité/prix pour cette prestation haut de gamme !

♥ **La Palmeraie** QUATRE-ÉTOILES DE CHARME €€€
(carte ci-contre ; ☎401 8500 ; www.palmeraie-hotel.com ; Royal Rd ; s/d en demi-pension 178-255/265-378 € selon saison ; P ❄ ᯤ ≋). Décoration couleur sable, mosaïques d'influence arabe, fenêtres en ogive… La Palmeraie a un pied à Maurice et l'autre aux portes des déserts nord-africains. Les concepteurs de ce quatre-étoiles "plus" ont voulu offrir un vrai dépaysement à leurs clients ; l'ensemble est très réussi, avec son spa, ses petits recoins intimistes, son mobilier en fer forgé et ses tentures multicolores. Les lanternes marocaines se reflétant au-dessus de la belle piscine, les murs en zellige et les teintes de beige, d'ocre et de miel font leur petit effet. Les chambres, dans le même esprit, s'animent d'une touche de couleur en plus (seules les "deluxe" et les suites ont vue sur mer). La taille humaine des lieux – 60 chambres –, les 3 restaurants et l'atmosphère raffinée et chaleureuse comptent parmi les atouts de cette adresse décalée. Personnel charmant.

The Residence Hotel CINQ-ÉTOILES €€€€
(carte ci-contre ; ☎401 8888 ; www.theresidence.com ; Royal Rd ; s/d demi-pension à partir de 295-415/430-1 021 € selon saison ; P ❄ @ ᯤ ≋). Classé cinq-étoiles "plus", The Residence se démarque par son esthétique inspirée de l'architecture coloniale. L'atmosphère est plutôt réussie, même si le béton peine à traduire la finesse des anciennes demeures de planteurs. Le hall majestueux présente des lignes élancées, les aménagements intérieurs allient antiquités asiatiques et camaïeux de beige et de bois exotique. Pas de couleurs vives, mais une composition savamment étudiée de blanc, de grège, de sable, de bois clair et de jeux de lumière qui crée une atmosphère quasi virginale. Même la tenue du personnel s'intègre dans l'ensemble. Les 135 chambres (54 m² pour la plus petite !) et 28 suites, meublées avec raffinement dans le style des années 1930, comportent une grande sdb en marbre et déclinent elles aussi les tons clairs. Un jardin paysager de 10 ha donne sur une splendide plage de sable, blanc comme il se doit. Nombreuses activités, club enfants, 3 restaurants, services et spa.

♥ **LUX* Belle Mare** CINQ-ÉTOILES €€€€
(carte ci-contre ; ☎402 2000 ; www.luxresorts.com ; Royal Rd ; ste avec petit-déj à partir de 162-375/756-968 € selon saison et confort ; P ❄ @ ᯤ ≋). Classé cinq-étoiles "luxe" et rénové en 2014, cet établissement se place parmi les grands de Maurice pour son style et la qualité de ses prestations. L'architecture, très réussie, allie harmonie et originalité, tandis que le design joue subtilement sur les effets de matière et de couleur : toits de chaume, poutres apparentes, mobilier contemporain blanc souligné de touches de couleurs vives… La piscine est superbe, tout comme la plage, qui s'étend sur une langue de sable. Les 162 suites orientées mer – 60 m² pour les plus petites ! – et les 12 villas de très grand luxe se distinguent tant par leur atmosphère que par leur confort et leur équipement. Le magnifique spa s'étend sur 300 m². Practice de golf, sports nautiques et terrestres, 4 restaurants dont un lounge sur la plage, club ado et enfants et cours de fitness sont aussi au programme. Une réussite.

Où se restaurer

Les hôtels pratiquant exclusivement la pension complète, on ne trouve guère de restaurants ayant pignon sur rue sur cette portion de littoral. Vous pouvez cependant réserver une table dans l'un des hôtels et profiter du cadre. Autre option à prendre en compte, Symon Restaurant (voir p. 127), au sud de pointe de Flacq.

Comment s'y rendre et circuler

Le bus n°55 circule entre Trou d'Eau Douce et Centre de Flacq toutes les 30 minutes, entre 6h et 17h environ.

Pointe de Flacq et environs

La pointe de Flacq abrite des hôtels de très haut standing. À moins de résider dans l'un de ces palaces ou d'être un golfeur forcené – la péninsule compte 2 parcours 18-trous – les attraits des lieux sont limités.

Une agence de la **Mauritius Commercial Bank** (MCB ; carte p. 124 ; lun-jeu 9h-15h15, ven 9h-17h) équipée d'un DAB est implantée en face de l'hôtel Constance Belle Mare Plage.

À voir et à faire

Temple de Sagar Shiv Mandir TEMPLE HINDOU
(carte p. 124 ; tlj lever-coucher du soleil). Ce beau temple hindou se dresse sur une petite île face à la localité de Poste de Flacq, reliée à la terre par une digue. La vue est très belle depuis l'hôtel Saint-Géran, de l'autre côté de la baie. Évitez les tenues trop décontractées et déchaussez-vous si l'on vous le demande.

Golf PARCOURS ET COURS
La pointe de Flacq est le paradis des golfeurs. Outre le parcours 9-trous de l'hôtel Saint-Géran (ci-contre), elle abrite deux parcours 18-trous : le **Links**, imaginé par Rodney Wright et Peter Allis, et le **Legends**, conçu par le Sud-Africain Hugh Baiocchi. Ils sont la propriété du groupe hôtelier Constance (Belle Mare Plage et Le Prince Maurice ; voir p. 127) qui les met également à la disposition des clients de l'autre palace des environs, Le Saint-Géran.

La **Golf Academy** (hôtel Belle Mare Plage ; 402 2600 ; www.constancehotels.com/fr/experiences/golf/golf-academy/ ; golfpro@bellemareplagehotel.com), en revanche, est ouverte à tous ceux qui souhaitent prendre des cours. Comptez 3 000 Rs pour 1 heure de leçon individuelle (4 200 Rs pour 2 personnes) et 10 200 Rs pour un forfait de 4 heures de cours. Le parcours 9/18 trous vous reviendra à 6 000/8 600 Rs. Des cours d'initiation, de perfectionnement, ou spécialement adaptés aux enfants sont également proposés.

Où se loger

La pointe de Flacq et ses environs servent de refuges dorés à des hôtels comptant parmi les plus luxueux de l'île Maurice.

Long Beach CINQ-ÉTOILES €€€€
(carte p. 124 ; 402 0100 ; www.longbeach-mauritius.com ; Royal Rd ; s/d à partir de 179-509 €/238-678 € selon saison ; P). Le Coco Beach, rasé en 2010, a laissé place au Long Beach, dernier fleuron du groupe Sun Resorts. L'établissement assume pleinement son architecture contemporaine aux lignes géométriques, mélange de pierre volcanique, bois exotique et béton qui tranche avec la plupart des cinq-étoiles de l'île. Une impression de modernité qui est présente dans les 255 chambres avec vue sur mer (dont une trentaine familiales) au design contemporain. Une thématique moderne et urbaine qui se retrouve aussi autour de sa *piazza* centrale, lieu de vie et d'animation nocturne qui regroupe 5 restaurants thématiques et 2 bars. La nature n'est pas pour autant absente : autour de sa plage longue de 700 m, les jardins de l'hôtel comptent aussi près de 500 000 plantes, dont près de 25 espèces endémiques de l'île. Spa, sports nautiques, accès au golf du Touessrok sur l'île aux Cerfs (p. 119).

Constance Belle Mare Plage CINQ-ÉTOILES €€€€
(carte p. 124 ; 402 2600 ; www.constancehotels.com ; Royal Rd ; s/d demi-pension à partir de 242-870/346-870 € selon saison ; P). Reprenant la recette devenue la signature des hôtels du groupe Constance (matériaux naturels, teintes douces, design étudié et plans d'eau), ce cinq-étoiles doit également son succès à la proximité de deux parcours de golf renommés. La décoration de ses 92 chambres, 100 suites et 20 villas avec piscine privée mêle le bois et la pierre. Le luxe des lieux se décline aussi bien dans les chambres que dans les 8 restaurants (dont l'excellent Blue Penny Café) et bars, ou encore dans l'enceinte tamisée du superbe pavillon dédié aux soins du corps. Inutile de dire que de nombreuses activités nautiques sont proposées : tennis, yoga, sports nautiques...

One & Only Le Saint-Géran CINQ-ÉTOILES LUXE €€€€
(carte p. 124 ; ☎401 1688 ; lesaintgeran.oneandonlyresorts.com ; Royal Rd ; ste d avec petit-déj à partir de 694-2 140 € selon saison ; P❄@≋). Avec son luxe élégant, son intimité, l'excellence de son service et son cadre idyllique, Le Saint-Géran fait partie du cénacle des hôtels de luxe de l'océan Indien. L'emplacement, au bout de la péninsule de Belle Mare, est tout simplement exceptionnel : au milieu d'un jardin tropical, frangé d'une plage immaculée de sable blanc que lapent des eaux turquoise, il est orienté à la fois côté lagon et côté océan. La décoration, de style colonial éclectique, alterne matériaux nobles et nuances claires. Bien entendu, tout est fait pour répondre aux attentes des hôtes. Une piscine, 3 restaurants (dont un gastronomique indien très recommandable), un magnifique spa, 4 bars, une multitude d'activités sportives et nautiques, un court de tennis et un centre de remise en forme font de cet hôtel un éden hors du temps pour *happy fews*. On regrettera en revanche l'architecture un peu "classique" et passée de mode comparée à celle de ses concurrents plus récents. Outre le 9-trous de l'hôtel, les clients ont accès au 18-trous du Links.

Le Prince Maurice CINQ-ÉTOILES LUXE €€€€
(carte p. 124 ; ☎402 36 36 ; www.constancehotels.com/fr/hotels-et-resorts/maurice/le-prince-maurice/ ; Choisy Rd ; d avec petit-déj 305-1 380 € selon saison et confort ; P❄📶≋). Le Prince Maurice, fleuron du groupe Constance, est placé sous le signe de l'eau, constamment présente sous forme de cascades, vasques et bassin, sans oublier la piscine à débordement. Ce cinq-étoiles "plus" est l'une des références de l'hôtellerie de luxe dans l'océan Indien. Dissimulé dans une péninsule près de Poste de Flacq, au bord du lagon et à l'abri des vents dominants, il a l'avantage de n'avoir aucun voisin. Certaines des suites sont aménagées selon les principes feng shui, dans de petits pavillons au-dessus des plans d'eau, tandis que d'autres sont disséminées dans le parc de 60 ha. Pas de couleurs criardes, mais des notes boisées, des parquets en palissandre, du mobilier de Bali et des tons chauds inspirés des épices. Les juniors suites sont aménagées en L ou en I et les seniors suites enveloppées d'une douce lumière filtrant au travers de stores de bois précieux. Les seniors possèdent un Jacuzzi, une petite piscine privée ainsi qu'un bain extérieur. L'hôtel compte plusieurs restaurants (dont un flottant), une extraordinaire cave à vins qu'on peut visiter, ainsi qu'un centre de remise en forme ultramoderne et un spa. Toutes les activités nautiques peuvent être pratiquées, ainsi que le golf (accès au Legends et au Links). Un rêve baigné d'un bienfaisant sentiment de quiétude...

Où se restaurer

Les grands hôtels et leurs formules demi-pension ont eu raison des initiatives individuelles : vous ne trouverez guère de restaurants sur cette portion de côte mais certaines tables des grands hôtels sont ouvertes aux non-résidents, sur réservation. Autre option à prendre en compte : La Maison d'Été, à Poste Lafayette (voir p. 128).

Symon Restaurant MAURICIEN €
(carte p. 124 ; ☎415 1135, 5773 5256 ; www.symonrestaurant.com ; Royal Rd ; plats 200-700 Rs ; ⏲tlj midi et soir, bar jusqu'à 1h). C'est l'adresse qui remporte le plus de succès à l'heure du déjeuner, il faut dire que c'est aussi la plus abordable des environs. Les spécialités indiennes occupent le haut du pavé, à côté des pizzas, des viandes, des produits de la mer, des plats chinois et végétariens. Salle plutôt sombre et tristounette, mais terrasse agréable et service rapide.

Centre de Flacq et environs

Seule localité réellement importante de la côte est, Centre de Flacq est une ville commerçante animée et peu touristique. La majorité des visiteurs ne s'y arrêtent que le temps de changer de bus pour poursuivre leur route vers Trou d'Eau Douce, Palmar et Belle Mare.

Où se restaurer

♥ **Chez Manuel** SINO-MAURICIEN €€
(hors carte p. 124 ; ☎418 3599 ; Saint-Julien ; plats 220-1 200 Rs ; ⏲tlj sauf dim). Appréciée des touristes comme des Mauriciens, cette adresse s'est taillé une solide réputation grâce à une cuisine chinoise qui met l'accent sur des spécialités hongkongaises, comme le poisson à la crème de maïs, mais aussi les fondues, le pot-au-feu aux fruits de mer ou encore le porc au miel. La carte satisfera tous les goûts avec des plats de poulet, crevettes

(de différentes tailles !), poisson (à toutes les sauces !), canard et langouste. Portions copieuses et service rapide. Il est prudent de réserver.

Depuis/vers Centre de Flacq

Le trajet en bus de Port Louis (gare routière d'Immigration Square) à Centre de Flacq est assez long. Des bus relient Centre de Flacq à Rose Hill (via Quartier Militaire), Curepipe, Mahébourg (via la route côtière) et Grand Gaube, dans le nord, via Rivière du Rempart et Poste Lafayette.

Poste Lafayette et Roches Noires

Sauvage, rocheuse et oubliée des itinéraires touristiques, cette côte qui marque la transition entre l'est et le nord de l'île est un havre apprécié des amateurs de calme. La vie s'y écoule paisiblement dans des hameaux encore profondément marqués de culture créole, tandis que les alizés font onduler les filaos qui bordent les plages. Situés entre le luxe de la pointe de Flacq et l'animation tapageuse de Grand Baie, les lieux conviendront aux visiteurs venus se rasséréner dans une île Maurice où le temps et l'arrivée du tourisme semblent avoir peu d'emprise.

À voir et à faire

Le farniente est la principale motivation des visiteurs qui s'arrêtent ici. La côte, balayée par des vents réguliers, réserve cependant quelques bons spots de kitesurf, notamment pour les débutants. La belle route qui traverse la **réserve de Bras d'Eau** peut être un agréable but de promenade : cette forêt de plus de 430 ha, où l'on trouve araucarias, mahoganis, filaos ou eucalyptus, est parcourue par un sentier pédestre de 3 km. Un **centre des visiteurs** (lun-ven 7h-16h, sam-dim 9h-16h ; entrée libre) vous fournira quelques informations.

Grand Baie (voir p. 83) et ses multiples activités sont à une bonne demi-heure de voiture.

Où se loger et se restaurer

Vu l'isolement de cette partie de côte, qui n'est pas le moindre de ses charmes, un moyen de locomotion individuel se révélera pratique.

La Maison d'Été HÔTEL DE CHARME €€€
(carte p. 124 ; 410 5039 ; www.lamaisondete.com ; Royal Rd ; d avec petit-déj 155-205 €, plats 4-20 € ; P). C'est l'un de ces lieux dont le nom passe de bouche en bouche... Trois ans déjà que Brigitte a repris cette adresse bien connue des initiés, située à environ 4 km au sud de Roches Noires. L'accueil tout en sourire et gentillesse, les deux petites piscines autour desquelles vous attendent quelques transats, l'accès direct au lagon par quelques marches, l'espace massages et bien-être, et la déco rendue chaleureuse par les boiseries font de cette "maison d'été" l'une des étapes les plus attachantes de la côte est. Kayak, paddle, cours de yoga sur la plage sont proposés. À mi-chemin entre le petit hôtel de charme et la maison d'hôtes (les chambres et bungalows sont indépendants), cet établissement chaleureux et décontracté propose 16 chambres totalement rénovées, décorées avec une pointe de raffinement et dotées de la climatisation. L'adresse se double du restaurant **Auberg'inn** (tlj lun midi, ouvert aux non-résidents), lui aussi récemment agrandi. Dans une jolie salle ou sur la terrasse, on y sert une cuisine inventive qui mise sur les produits et la légèreté : calamars grillés, tartare de daurade, filet de vieille rouge à la vapeur, soupe de crabe, poulet au lait de coco, délicat mille-feuille au vieux rhum... et buffet à la mauricienne le dimanche. Un vrai coup de cœur.

Jalsa Beach QUATRE-ÉTOILES €€€
(carte p. 124 ; 402 7300 ; www.jalsabeach.com ; Royal Rd ; s/d demi-pension à partir de 74-194/118-310 € selon confort et saison ; P). Sur le site de l'ancien hôtel La Colombière, à 4 km au sud de La Maison d'Été, le Jalsa Beach regroupe 66 chambres, toutes avec terrasse donnant sur le lagon ou les jardins, réparties dans de petits bâtiments sur trois niveaux. L'ensemble, indéniablement confortable, manquait un peu d'âme lors de notre dernière visite mais regroupe tous les éléments du confort balnéaire, notamment un spa, une salle de sport, des équipements nautiques et un agréable bar ouvert sur la piscine. Les quatre étoiles affichées semblent néanmoins un peu exagérées quant au service ; l'hôtel accueille de nombreux clients en voyage d'affaires.

Côte ouest

Dans ce chapitre ➡

Le top des hébergements

- Lakaz Chamarel (p. 148)
- Le Tamarina Boutique Hotel (p. 139)
- The Bay (p. 141)
- Lux Le Morne (p. 151)

Le top des restaurants

- Canne à Sucre – Chez May (p. 135)
- Le Palais de Barbizon (p. 148)
- Domaine Anna (p. 135)

Pourquoi y aller

Entre les déclinaisons de turquoise du lagon et le tapis vert des champs de canne à sucre, la côte ouest est un condensé de l'île Maurice. Sans oublier ses hauteurs, auxquelles le relief donne des nuances plus sombres. Protégée par ces remparts montagneux, cette partie de l'île – l'une des moins arrosées et des plus ensoleillées – décline entre Port Louis et la péninsule du Morne des paysages où la topographie vigoureuse et la douce tournure du lagon se succèdent.

Malgré plusieurs plages superbes, la côte ouest – à l'exception de la péninsule du Morne – fut longtemps épargnée par le tourisme intensif et avait conservé une physionomie sauvage et les faveurs des initiés : surfeurs, plongeurs et adeptes de la pêche au gros. Le développement rapide de Flic en Flac a localement sonné le glas de cette époque.

Le reste de la côte, néanmoins, garde une bonne part de sa quiétude. La vie s'écoule toujours au rythme de la pêche, des travaux agricoles et des salines dans les quelques villages qui émaillent la côte (Tamarin, La Preneuse, Grande Case Noyale, Rivière Noire). Apothéose de l'Ouest mauricien, le Morne Brabant, piton rocheux posé sur le lagon, est l'un des sites les plus emblématiques de la beauté littorale de l'île.

Surplombant la côte, le parc national des Gorges de Rivière Noire offre un décor de vallons boisés, de cascades et de végétation luxuriante, née des précipitations plus importantes qu'au nord.

Quand partir

La région se visite sans problème en toute saison. Les amateurs de pêche au gros préféreront se rendre dans la région pendant la haute saison de pêche qui s'étend d'octobre à avril. Les surfeurs qui voudront s'attaquer à la mythique "gauche" de Tamarin choisiront les mois situés entre juin et septembre. Pour le kitesurf, la meilleure période sur le site du Morne se situe entre juin et novembre mais le spot fonctionne toute l'année.

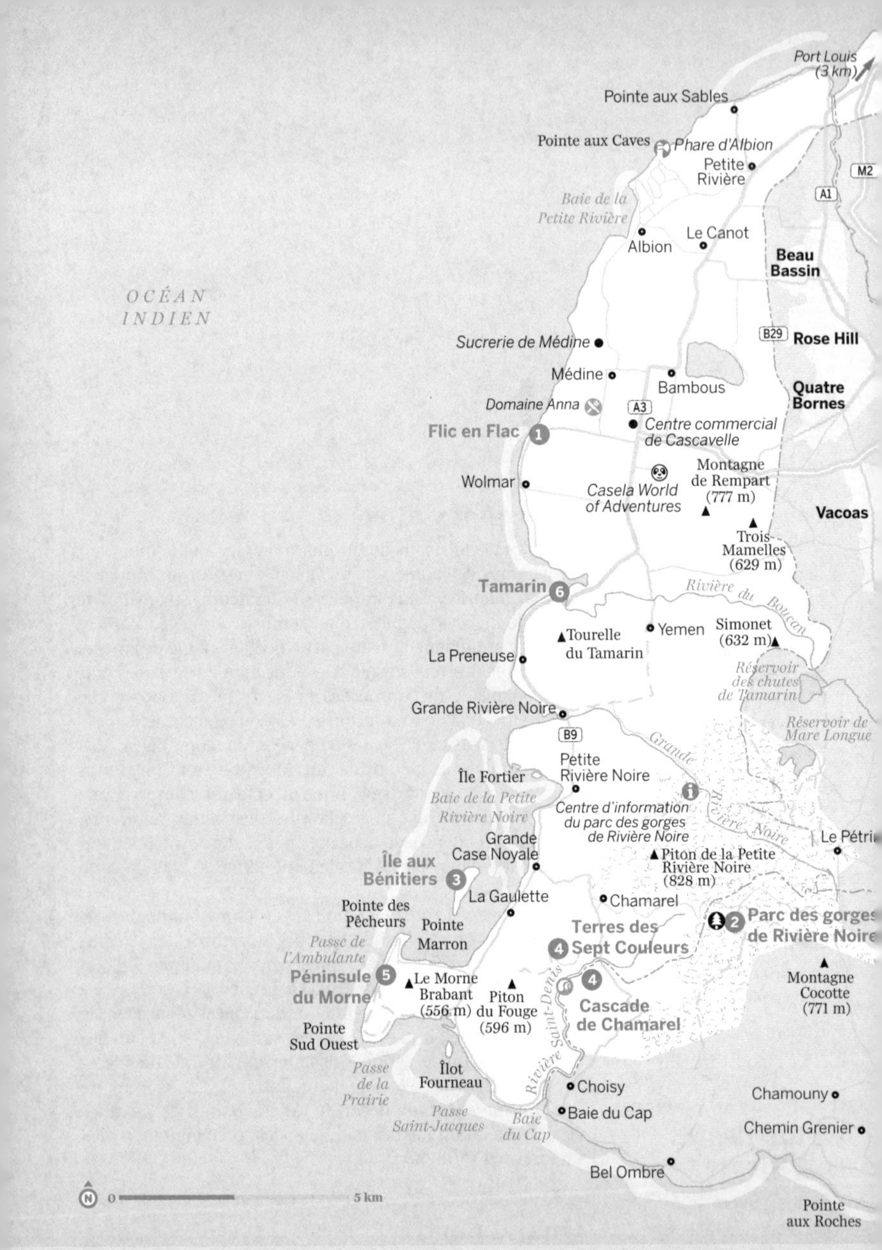

À ne pas manquer

1 Les belles plages de **Flic en Flac** (p. 131)

2 Le cadre sauvage du **parc national des gorges de Rivière Noire** (p. 142) et la route de Plaine Champagne

3 Un pique-nique sur l'**île aux Bénitiers** (p. 151)

4 La spectaculaire cascade et les étonnantes nuances des terres des Sept Couleurs à **Chamarel** (p. 146)

5 Belles plages, ascension du Morne Brabant et kitesurf dans la **péninsule du Morne** (p. 150)

6 Le surf et les salines à **Tamarin** (p. 136)

Flic en Flac

Le curieux nom qui affuble cette station balnéaire viendrait de l'ancienne appellation hollandaise Fried Landt Flaak, qui signifie "terre vide et plate". Vide, la plage publique de Flic en Flac l'est rarement. Les visiteurs sont en effet nombreux à apprécier ce long ruban de sable bordé de filaos posé en bordure du lagon : vendeurs de glaces et de noix de coco, adolescents en goguette, touristes, familles et joggeurs profitent de ce cadre convivial jusque dans la soirée. Principale carte de visite des lieux, elle compense le relatif manque d'attrait de la localité, qui illustre un développement touristique assez anarchique, avec force petits complexes sans âme. Prisée des familles mauriciennes en vacances, cette localité dont on a souvent dit qu'elle serait la "future Grand Baie" a beaucoup perdu de son charme au cours des dernières années mais offre de bons services. Hébergements et restaurants, dans toutes les gammes de prix, y attendent les voyageurs en quête de plage où poser leur serviette. Les hôtels de luxe, pour leur part, ont pris possession du lieu-dit Wolmar, plus au sud.

Circuits organisés

Plusieurs agences de la rue principale proposent des excursions vers nombre de sites touristiques, notamment l'île aux Bénitiers (p. 151), idyllique îlot situé plus au sud.

Bon Plan Voyages (☎453 5402, 721 7454)

Easy World Tours (☎453 8575)

Flic en Flac Tourist Office (☎453 9389 ; www.fftourist.com). En dépit de son nom, cette entreprise affiliée à l'hôtel Escale Vacances n'est pas un office du tourisme officiel, mais bien un prestataire privé.

Fragawills Tours (☎734 4097)

Tropical Dream (☎453 8480, 5764 0329 ; www.tropic-dream.com). Recommandé pour son sérieux.

Activités

La plage et les activités nautiques sont les principales raisons de se rendre à Flic en Flac. Avec sa faune diversifiée et son relief spectaculaire, le secteur est l'un des plus attrayants de Maurice pour la plongée. Adressez-vous à l'un des prestataires de Flic en Flac (voir le chapitre *Plongée et activités nautiques* p. 30).

Hôtel Aanari – Amrita Spa SPA
(☎453 9000 ; www.aanari.com ; centre commercial Pasadena, Royal Rd). Ambiance zen pour ce joli spa avec hammam, sauna et salles de massage en intérieur et extérieur, installé sur la terrasse de l'hôtel Aanari (p. 133), dans le centre commercial Pasadena.

Casela World of Adventures PARC AVENTURE ET ANIMALIER
(carte p. 133 ; ☎452 2828, 5727 6076 ; www.caselapark.com ; Royal Rd, Cascavelle, adulte/3-12 ans 700/450 Rs ; ⏲tlj 9h-17h). À environ 4,5 km de Flic en Flac en direction de Tamarin, ce parc de 140 ha doit son succès (300 000 visiteurs en 2014) à son site bien entretenu et animé, ainsi qu'à ses nombreuses activités. Situé entre Tamarin et l'embranchement qui mène à Flic en Flac (indiqué), il offre une vue magnifique sur la vallée de la rivière du Rempart. Le parc est parfaitement conçu pour mettre en valeur sa belle végétation et ses 90 volières, où vous pourrez découvrir 1 500 oiseaux du monde entier, dont les fameux pigeons roses, endémiques à Maurice. Une partie du parc est par ailleurs aménagée en réserve africaine (que l'on peut visiter en segway, en quad ou en safari-bus) dont les principaux pensionnaires sont des cerfs, des antilopes, des girafes, des zèbres, des autruches, des tigres, des guépards et des lions importés d'Afrique, des tortues géantes, et des macaques à longue queue. Récemment sont arrivés un hippopotame nain et deux rhinocéros blancs.

Diverses visites sont proposées. La plus appréciée est la "marche avec les lions" (3 500 Rs ; ⏲tlj sauf dim), réservée aux plus de 15 ans mesurant au moins 1,50 m. Parmi les autres activités proposées, citons la pêche au tilapia (90 Rs), des randonnées (sur réservation) et des sorties en quad ou en buggy (quad simple/double 1 heure 2 450/1 900 Rs, 2 heures 3 200/2 550 Rs). Le parc propose aussi des activités de pleine nature à la journée : tyroliennes (1 050-2 700 Rs selon parcours), canyoning (2 400-3 000 Rs selon parcours) ou via ferrata (1 900-2 500 Rs). Balades à poney (50 Rs) pour les petits à la mini-ferme, où ils peuvent aussi nourrir les animaux. On trouve un restaurant sur place, et aussi un Discovery Center avec cinéma 4D et une boutique.

Où se loger

Flic en Flac est généreusement pourvue en hébergements pour tous les budgets, du bungalow au cinq-étoiles en passant par

UNE JOURNÉE DEPUIS FLIC EN FLAC

Les nombreuses activités du **Casela World of Adventures** (p. 131) sont une option si vous êtes avec des enfants. Sinon, descendez la côte vers le sud pour découvrir **Tamarin** et ses **salines** (p. 137), Rivière Noire et sa **tour Martello** (p. 140). La **plongée** (p. 45) s'offre aussi à vous, tout comme – pourquoi pas ? – une journée de découverte de **Port Louis** (p. 52). A pied, vous pouvez prendre une demi-journée pour rejoindre la Preneuse depuis Flic-en-Flac, en passant par la baie de Tamarin et Wolmar : 12 km de littoral, un parcours agréable à la découverte de paysages variés sur des sentiers faciles, offrant de belles possibilités de baignade.

les lotissements de location, qui poussent comme des champignons. Les hôtels de luxe se regroupent à Wolmar, un lieu-dit situé à environ 2 km au sud de Flic en Flac bordé d'une superbe plage se finissant en impasse face au Morne.

Flic en Flac

The Nilaya — MAISON D'HÔTES €

(☎453 9037 ; www.nilaya-mauritius.com ; 8 av. des Colombes ; studio d avec petit-déj 50 € ; ❄@). Un havre de paix à prix doux ! Située dans le quartier de Safeland, à quelques minutes de marche du bord de mer, cette pension tenue par un sympathique couple luxemburgo-mauricien occupe une grande maison rose entourée d'un jardin verdoyant, à 5 minutes à pied de la plage. Elle offre 4 studios confortables et bien agencés avec kitchenette, sdb, balcon et ventilateur ou clim (en supplément), décorés par les dessins et tableaux d'artistes locaux (dont la patronne !). Une machine à laver et un accès Internet sont à la disposition des hôtes. Les propriétaires pourront vous conseiller sur les possibilités d'excursions sur l'île et la patronne, qui a fait l'école hôtelière, propose certains soirs d'alléchants menus (15 €). Son accueil, sa gaieté et sa cuisine font l'unanimité. Le quartier est un peu excentré mais l'accueil compense allègrement cet inconvénient.

BON PLAN West Palm — BED & BREAKFAST €€

(☎453 9728, 5781 8863 ; www.westpalm-mauritius.com ; av. de Marie ; ch 60-95 € selon saison ; ❄). Légèrement en retrait de la route principale, l'ancienne Villa Paul & Virginie a été entièrement rénovée il y a peu, et propose désormais 20 confortables chambres climatisées, très propres, à la décoration moderne et pimpante. Elles sont équipées d'une TV à écran plat. Le patio, le bar, la petite piscine entourée de palmiers en pots, la belle terrasse de restaurant et la gentillesse du personnel sont les autres atouts de cette bonne adresse, à 2 minutes de marche de la plage publique.

Escale Vacances — RÉSIDENCE HÔTELIÈRE €€

(☎453 9389 ; www.fftourist.com ; Royal Rd ; app 3 pers 55-65 € selon saison ; P❄). Cette petite résidence hôtelière doit à son jardin, à sa piscine et à son emplacement central d'être un bon choix dans cette gamme de prix. Elle regroupe 12 appartements en duplex équipés (clim, TV, cuisine), sobres dans leur décoration mais suffisants pour un séjour balnéaire. Modernes et propres – le ménage est fait tous les jours –, ils disposent d'une terrasse et d'un balcon et sont agencés autour d'une piscine. Les tarifs sont négociables selon la durée et la saison. Face à la plage, de l'autre côté de la route, et proche des restaurants. Loue aussi des vélos (8 €/jour) et des scooters (12-14 €/jour).

Lagon Bleu Azur — RÉSIDENCE €€

(www.lagonbleuazur.com ; 476 lotissement Safeland, av. Pailles-en-Queue ; app 4 et 6 pers à partir de 80-90 €, villa 6 pers à partir de 140 €, 8 pers à partir de 110-125 € ; P❄). Une villa avec piscine et Jacuzzi pour 6 personnes, et des appartements en résidence, récents, confortables et fonctionnels. Le duplex est composé de 2 bungalows blancs assez design disposant chacun de sa propre piscine et d'un Jacuzzi, d'une cuisine américaine équipée, et de 2 chambres climatisées. La Raie Manta dispose de 3 chambres et 2 salles de bains dans un ensemble créole moderne jaune assez réussi, comprenant une piscine. Plages et arrêt de bus sont tout proches. Accueil aimable, et possibilité de table d'hôtes.

Manisa Hotel — HÔTEL-RESTAURANT €€

(☎453 8550, 453 8558 ; www.manisahotel.com ; Royal Rd ; s/d demi-pension 90/120 € ; P❄). Deux cents mètres après l'adresse précédente, et donc aussi bien placé, cet établissement est plutôt une bonne surprise.

Flic en Flac

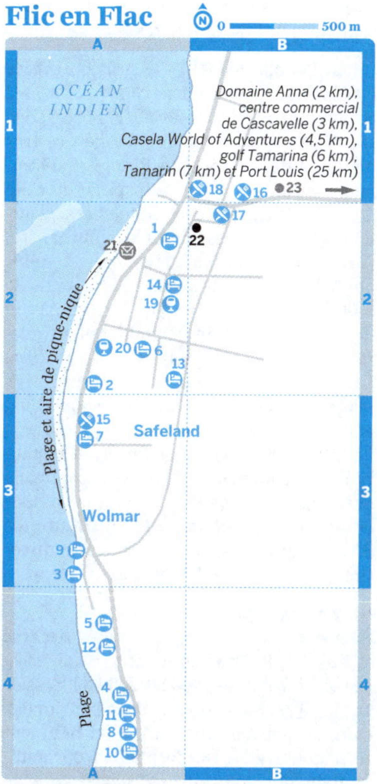

Flic en Flac

Où se loger

1 Aanari Hotel & Spa A2
2 Escales Vacances A2
3 Gold Beach Resort A3
4 Hilton Mauritius Resort & Spa A4
5 La Pirogue A4
6 Lagon Bleu Azur A2
7 Manisa Hotel A3
8 Maradiva A4
9 Pearle Beach A3
10 Sands Resort & Spa A4
11 Sofitel Imperial Resort & Spa A4
12 Sugar Beach Resort A4
13 The Nilaya A2
14 West Palm A2

Où se restaurer

15 Ah-Youn A3
16 Canne à sucre – chez May B1
17 Le Bois Noir – chez Joe B2
18 Sunset Garden B1

Où prendre un verre et sortir

19 Kenzibar A2
20 Shotz-Shout A2

Renseignements

21 Bureau de poste A2
22 Centre commercial Pasadena B2
Police .... (voir 21)
Supermarché Spar .... (voir 22)

Transports

23 Easy Drive B1

Rénové, il se distingue par un jardin calme et fleuri entourant une petite piscine et des chambres aux teintes claires, petites mais confortables et dotées d'une terrasse. Un rapport qualité/prix honorable.

Aanari Hotel & Spa TROIS-ÉTOILES €€
(☎453 9000 ; www.aanari.com ; Royal Rd, centre commercial Pasadena ; s/d demi-pension à partir de 98-157/123-222 € selon saison ; P ❄ @ ≋). Adresse la plus confortable de Flic en Flac, ce trois-étoiles agréable et récent occupe une grande partie de l'ensemble Pasadena, au sein duquel il a réussi à créer une atmosphère assez raffinée. Il se décline en 50 chambres divisées en 4 catégories. Seules les moins chères n'ont pas de terrasse. Les plus onéreuses, baptisées "club famille", disposent d'un accès gratuit au spa et de *l'happy hour* du bar. D'une décoration soignée et assez contemporaine, alternant teintes douces et tons plus soutenus, les chambres sont toutes équipées de la clim et de TV à écran plat. Les autres atouts des lieux sont la salle de remise en forme, la petite piscine, un restaurant chinois et l'agréable spa (voir p. 131), sur la terrasse. L'ensemble est situé en plein centre-ville, face au poste de police. La plage publique est de l'autre côté de la route.

Wolmar

Gold Beach Resort TROIS-ÉTOILES €€
(☎453 8235 ; www.goldgrouphotels.com ; s/d demi-pension environ 4 055/6 200 Rs ; ❄ ≋). Ce petit complexe aux airs de village de vacances se compose de 26 chambres et 5 bungalows, sans fioritures mais vastes et bien équipés, installés dans un jardin joliment fleuri au bord d'une petite plage. La piscine avec ses transats bleus donnant sur la mer est sans doute l'endroit le plus agréable de l'hôtel. Préférez les bungalows aux chambres, proposées au même prix mais dénuées de charme. Convenable sans être exceptionnel.

Pearle Beach
TROIS-ÉTOILES €€

(☎401 6300 ; www.pearle-beach.com ; s/d demi-pension 140/190-300 € selon saison ; P❄📶≋). Spa, piscine à remous, centre de remise en forme, restaurant, activités nautiques... Ce trois-étoiles "plus" de 74 chambres est bâti en bordure d'une jolie petite plage. Les chambres, spacieuses et claires, affichent une décoration sobre et élégante, et sont dotées de belles sdb séparées par un claustra. Évitez cependant celles situées dans l'autre bâtiment, de l'autre côté de l'allée. Spectacles musicaux chaque soir, fort appréciés par la clientèle de groupes, de plus en plus nombreuse...

La Pirogue
QUATRE-ÉTOILES €€€

(☎403 3900 ; www.lapirogue.com ; s/d demi-pension à partir de 149-449/198-598 € selon saison ; P❄@≋). La première image que l'on a de cet hôtel – le toit en ogive moderne et monumental de son hall d'accueil – s'avère trompeuse. Son charme, son style et sa personnalité reposent sur ses petits pavillons de basalte aux toits de chaume, répartis dans une grande palmeraie. Installés en bordure d'une plage de sable blanc et abritant 1 ou 2 chambres seulement, sur un total de 248, ils sont décorés dans des teintes claires rehaussées de touches de couleur. Les supérieures sont 10 m² plus vastes que les standards. Classé quatre-étoiles, l'hôtel communique avec le Sugar Beach voisin, avec lequel il partage de nombreuses activités : plongée, pêche au gros (voir p. 47), sports nautiques, spa... Les points forts de ce bel hôtel sont l'intégration à l'environnement des bungalows, la superbe piscine, la non moins splendide palmeraie et la plage. Orchestre chaque soir.

Sands Resort & Spa
QUATRE-ÉTOILES €€€

(☎403 1200 ; www.sands.mu ; s/d demi-pension à partir de 225-475/285-550 € selon saison ; P❄≋📶). Les boiseries et le bleu éclatant de la belle piscine à débordement confèrent son atmosphère à cet hôtel de 91 suites totalement rénovées, donnant toutes sur l'océan. D'une surface minimum de 52 m², elles ont toutes vue sur la mer et sont équipées de la clim, de la TV, d'un petit salon et d'une terrasse. Outre de nombreuses possibilités d'activités (tennis, VTT, ski nautique, voile, plongée), les services incluent, comme il se doit, un centre de remise en forme et un spa raffiné. Avec sa vue sur le Morne et sa jolie plage, ce quatre-étoiles est une réussite.

Sugar Beach Resort
CINQ-ÉTOILES €€€€

(☎403 3300 ; www.sugarbeachresort.com ; s/d demi-pension à partir de 149-449/198-598 € selon saison ; P❄@≋). Côté cinq-étoiles, ce très bel hôtel du groupe Sun Resort se distingue par son architecture inspirée de celle des plantations de l'époque coloniale : bâtiments blancs et bas entourés d'une galerie, parc de 12 ha. Les 258 chambres et suites ont balcon ou terrasse privée. La piscine de 2 000 m² s'est doublée d'un second bassin depuis la rénovation de 2008, qui a également ajouté à l'hôtel son très zen spa Aura. Le Sugar Beach offre de nombreuses activités (kayak, dériveur, windsurf, snorkeling, aquagym, water-polo, tennis, plongée...), un centre de remise en forme, 3 restaurants, un club pour enfants, et est apprécié des amateurs de golf, le Tamarina (p. 138) étant à environ 20 minutes en voiture. Le Sports Bar se transforme en petite discothèque pour les adolescents le soir venu.

Hilton Mauritius Resort & Spa
CINQ-ÉTOILES €€€€

(☎403 1000 ; www3.hilton.com ; s/d demi-pension à partir de 210-280/360-580 € selon saison ; P❄📶≋). Venant du géant américain, on pouvait s'attendre à un bâtiment trop grand et à l'atmosphère trop continentale...Au contraire, ce cinq-étoiles se distingue par l'épure de son décor, ses touches zen et orientales, la végétation omniprésente et la magnificence des vasques, bassins et plans d'eau. L'ensemble réussit à concilier discrétion et fonctionnalité, et se fond harmonieusement dans le paysage. L'hôtel, qui totalise 193 chambres et suites, compte 4 bars, 2 restaurants et un spa élégant et raffiné. Outre de nombreuses activités nautiques, les clients ont accès au golf Tamarina (p. 138). Une réussite.

Sofitel Imperial Resort & Spa
CINQ-ÉTOILES €€€€

(☎453 8700 ; www.sofitel.com ; s/d avec petit-déj à partir de 435-950/585-950 € selon saison ; P❄📶≋). Situé au bout de la route côtière de Wolmar, ce cinq-étoiles – entièrement rénové il y a peu – bénéficie d'un emplacement de rêve et d'une vue qui s'étend jusqu'au Morne. On y est accueilli par des bassins sur lesquels flottent des nénuphars, entre les reflets des jets d'eau et les ravenalas. L'architecture rappelle des éléments asiatiques, tandis que l'atmosphère des lieux cultive son image de luxe "à la française" – le bar à vins propose par exemple des dégustations accompagnées de fromages et charcuteries. Quant aux 191 chambres, spacieuses, très confortables et parquetées (rare, sous ces latitudes), elles s'ouvrent sur un jardin tropical luxuriant qui précède le lagon, agrémenté de hamacs et baldaquins. La gamme habituelle des sports nautiques est proposée et l'hôtel dispose de 5 restaurants, dont un gastronomique. Parmi les atouts de cette incontestable réussite, citons également la piscine de 1 000 m², la sublime plage et le très beau spa.

Maradiva CINQ-ÉTOILES LUXE €€€€
(☎403 1500 ; www.maradiva.com ; villas 560-4 300 € selon catégorie et saison ; P❄📶🏊). Entre le Sofitel et le Sands, qui appartient au même groupe, le Maradiva loue exclusivement des villas classées cinq-étoiles "plus". Ne vous inquiétez pas si vous trouvez un peu petite la piscine de l'hôtel : chacune des 65 villas dispose de la sienne. Réparties en 4 catégories (sans compter la villa dite "présidentielle", de 2 935 à 6 855 €), elles sont luxeuses. Le service, le parc de 27 ha et le spa spécialisé en ayurvéda et aromathérapie complètent la liste des prestations.

Où se restaurer

Autant le dire tout de suite, la fréquentation touristique de Flic en Flac ne pousse pas forcément les établissements culinaires à se surpasser et les prix ont une fâcheuse tendance à être plus élevés qu'ailleurs (et la TVA à ne pas être incluse dans les prix annoncés !).

Le Bois Noir – Chez Joe MAURICIEN €
(☎453 8820 ; Arcade Nénuphar ; plats 100-695 Rs ; ⏲midi et soir tlj sauf jeu). Simplicité, bon accueil et cuisine simple bien préparée... telle est la recette de cette adresse qui ne paie pas de mine mais attire une fidèle clientèle d'habitués avec ses spécialités créoles à prix doux ; bouillon de crabe, camarons au curry, inévitable langouste... La carte, cependant, n'oublie ni le bol renversé ni la daube de bœuf. La petite salle se remplit vite en soirée. Véritable institution, Le Bois Noir est installé à l'entrée de la ville, sous les arcades. Pensez à réserver.

Ah-Youn SINO-MAURICIEN €€
(☎453 9099 ; Royal Rd ; plats 125-1 000 Rs ; ⏲midi et soir tlj sauf lun). Installé en bord de route, Ah-Youn propose une carte à la mode sino-mauricienne, n'oubliant personne et pour toutes les bourses. La cuisine – des mines frites à la langouste – est sans façon mais généreuse et bien préparée. La salle est souvent bondée, et aux heures d'affluence il peut y avoir un peu d'attente.

♥ **Canne à Sucre – Chez May** MAURICIEN €€
(☎453 9448 ; Royal Rd ; menu 800 Rs ; ⏲sur réservation uniquement). Une adresse authentique, connue seulement des fidèles de Flic en Flac. Dans ce petit restaurant à la façade modeste en bord de route, vous serez conquis tant par les copieuses assiettes que par la bonne humeur de May, qui travaille exclusivement les produits frais qu'elle achète le matin après votre réservation. Le menu – créole forcément – est unique, mais délicieux : poulet, ourite, capitaine, en daube, rougail ou vindaye... May vous cuisinera tout ce qui vous fait envie ! Elle a d'ailleurs son propre piment, qu'il ne faut pas hésiter à lui demander si vous aimez les plats relevés. On s'attarde volontiers sur la petite terrasse couverte pour bavarder avec elle, autour d'un fabuleux rhum arrangé maison.

♥ **Domaine Anna** SINO-MAURICIEN €€
(☎453 9650 ; www.domaineanna.net ; Médine ; plats 375-1 000 Rs ; ⏲midi et soir tlj sauf lun). À environ 2,5 km au nord de Flic en Flac, le Domaine Anna est l'une des adresses les plus recommandables de la ville. On est d'emblée séduit par le cadre, très romantique en soirée : une belle salle de pierre entourée d'une varangue située sur un vaste domaine ponctué de jardins et de plans d'eau, au milieu des champs de canne. Les tarifs restent raisonnables malgré ce cadre raffiné et la cuisine, si elle n'est pas à proprement parler exceptionnelle, laisse un bon souvenir : rôti d'agneau au feu de bois, poulet sauté à l'abalone, calamars à la chinoise, poisson poêlé à la sauce d'asperge... Belle carte des vins (français, sud-africains, argentins et chiliens). Une véritable institution, tant auprès des visiteurs que des Mauriciens.

Sunset Garden SINO-EUROPÉEN €€
(☎453 8614 ; Klondike Rd ; plats 275-800 Rs ; ⏲midi et soir tlj sauf mardi ; 📶). Un cadre agréable, dans un jardin bien entretenu,

sous des parasols blancs. Filet de bœuf, grillades, poulet à l'ananas, calamars frits, curries et salades... Rien de très original dans la carte mais les plats sont à la hauteur, tout comme l'accueil. Musique live tous les samedis.

Où prendre un verre et sortir

En soirée, ce sont surtout les restaurants du bord de route, face à la plage, comme Ah-Youn, ainsi que le Domaine Anna, qui concentrent l'animation de Flic en Flac.

Kenzibar BAR

(☎494 4133 ; av. Petite Marie ; ⊙tlj 18h-minuit). À quelques pas du West Palm (p. 132), c'est le lieu idéal pour passer la soirée à siroter une bière (125 Rs) dans un décor récup' ethnique coloré, et une ambiance (très) décontractée. On peut aussi y manger un morceau, sur réservation 24 heures au préalable (plats 350-650 Rs). Concerts dans le jardin chaque samedi.

Shotz - Shout BAR-DISCOTHÈQUE

(☎453 5626 ; Oasis Complex, Royal Rd ; ⊙mar-jeu 19h30-0h30, ven-sam jusqu'à 5h, fermé dim-lun). Un bar-discothèque prisé des jeunes Mauriciens branchés, avec DJ, néons et écran géant.

Renseignements

La majorité des services de Flic en Flac sont rassemblés en bordure de la route principale, qui longe la plage, et dans les rues avoisinantes.

ARGENT

Vous trouverez un DAB en façade du centre commercial Pasadena. Un autre se trouve sous les arcades, à l'entrée nord de la ville.

Mauritius Commercial Bank (centre commercial de Cascavelle ; ⊙lun-jeu 9h-15h, ven 9h-16h). Dans le centre commercial.

POSTE

Bureau de poste (⊙lun-ven 8h15-16h, sam 8h15-11h45). Derrière le poste de police, non loin du centre commercial Pasadena.

SUPERMARCHÉ ET CENTRES COMMERCIAUX

En plein centre-ville, le **centre commercial Pasadena** est le symbole du nouveau visage de la localité. Il rassemble un hôtel, un restaurant chinois, des boutiques, une pharmacie, un bar, un DAB, l'office du tourisme et un **supermarché Spar** (⊙lun-sam 8h-20h, dim 8h-17h), au sous-sol.

Alternative au centre de Flic en Flac, le rutilant **centre commercial de Cascavelle** (☎452 9060/452 9000 ; www.cascavelleshoppingvillage.com ; ⊙lun-jeu 9h-20h, ven-sam 9h-21h, dim 9h-17h) ouvert en 2011 regroupe un supermarché, une station-service, des DAB, des restaurants, des boutiques Emtel et Orange, 5 restaurants et 48 boutiques à 5 km de Flic en Flac sur la route de Tamarin.

Comment s'y rendre et circuler

BUS

Des bus relient régulièrement Port Louis à Flic en Flac.

VOITURE ET SCOOTER

La ville se parcourt sans problème à pied. Adressez-vous aux prestataires suivants si vous souhaitez louer un véhicule. Toutes ces agences sont installées entre le centre commercial Pasadena et la banque, le long de la route Royale.

Easy Drive (☎453 8557 ; www.easydrivemaurice.com ; Royal Rd).

Flic en Flac Tourist Office (☎453 9389 ; www.fftourist.com)

Fragawills Tour (☎453 8897 ; www.fragawills.com)

Tamarin

Adossée à la magnifique montagne du Rempart, et dominée par celle de la Tourelle (548 m de haut), cette bourgade tire son nom des tamariniers introduits par les Hollandais. Encore à l'écart des sentiers balisés du tourisme à grande échelle, elle attire avant tout de jeunes surfeurs et autres adeptes de vacances actives et décontractées. Tamarin, ville de pêcheurs, est également réputée pour l'observation des dauphins et ses marais salants, au bord de la route.

À l'entrée nord de la ville, le centre commercial Le Barachois regroupe un supermarché, un DAB et quelques commerces.

À voir et à faire

Surf

C'est la grande affaire de la ville. Des surfeurs, parfois venus de loin, s'y donnent rendez-vous pour se frotter à la "gauche" (appelée "la dalle") qui déferle ici entre juin et septembre ; les touristes seront plus à l'aise en bas de la vague, où ils ne dérangeront pas les locaux. Les hôtels de la ville vous renseigneront et pourront vous louer, où vous dire où louer, le matériel.

Tamarin et environs

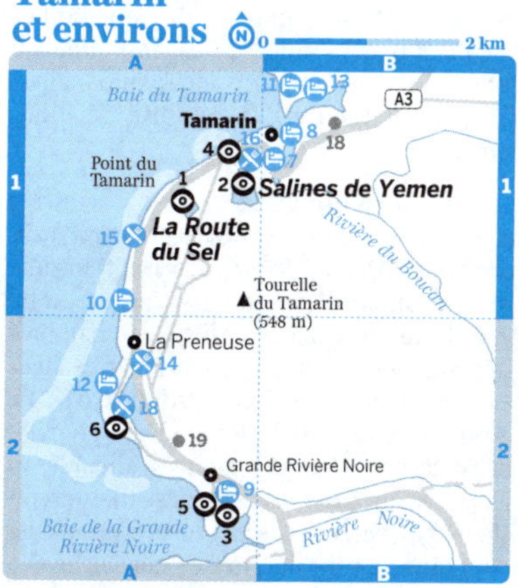

Tamarin et environs

Les incontournables
1 La Route du Sel A1
2 Salines de Yemen A1

À voir et à faire
Croisières Australes .... (voir 5)
3 Dolswim A2
4 Dominique A1
Golf Tamarina .... (voir 11)
5 La Carangue Ltée A2
Morne Anglers Club .... (voir 5)
Musée du coquillage .... (voir 19)
Tamarin Bay Surf School .... (voir 9)
6 Tour Martello A2

Où se loger
7 Chez Jacques B1
8 Hotel Tamarin B1
9 La Mariposa A2
10 Les Lataniers Bleus A1
Marlin Creek .... (voir 5)
Sweet Beach Bungalow .... (voir 7)
11 Tamarina Boutique Hotel B1
12 The Bay A2
13 The River House B1

Où se restaurer
14 Kozy Garden A2
15 La Bonne Chute A1
16 La Cosa Nostra A1
La Kaz à pain .... (voir 18)
La Madrague .... (voir 11)
Le Bamboo Lounge .... (voir 8)
Le Whatever .... (voir 18)
17 Ousaporn A2

Où prendre un verre et sortir
Big Willy's .... (voir 18)

Renseignements
18 Centre commercial Le Barachois B1
19 Centre commercial Ruisseau Créole A2

Dominique LOCATION DE SURF, RÉPARATIONS
(☎5775 1202, 5491 6110 ; domshaper@gmail.com ; Royal Rd). Cet adorable shaper pourra réparer votre planche en cas de casse. Location de matériel également.

Tamarin Bay Surf School ÉCOLE DE SURF
(☎surf 5257 50 50, kayak et SUP 5711 1747, surf 5745 6759 ; ⏲tlj 9h-17h). Cette école dans l'hôtel Tamarin (voir p. 138) dispense des cours de surf, de kayak et de stand up paddle (surf 400-800 Rs selon niveau, SUP 1 000 Rs/h). Location (surf 400 Rs/h, kayak 300 Rs/h).

Observation des dauphins

Plusieurs prestataires, sur la plage ou dans les hôtels, proposent des sorties en mer à la rencontre de ces mammifères marins. Un panneau, sur la plage, rappelle les règles de bonne conduite que les prestataires doivent observer ; cependant, cette activité a pris une telle ampleur ces dernières années que la tranquillité des cétacés ne peut décemment être respectée. Dès 8h, ce sont des dizaines de bateaux qui emmènent les touristes – assez excités et bruyants – se mettre à l'eau là où les bancs de dauphins sont repérés. Le plus étonnant est que malgré cette agitation, ceux-ci continuent de fréquenter la baie...

Michel SORTIES EN MER
(☎5735 8062 ; www.biggamefishingtamarinmauritius.com ; sortie 2 heures 1 000 Rs/pers, min 6 pers max 15 pers). Ce pêcheur (qui fut aussi l'un des premiers surfeurs de l'île, dans les années 1970) est un fin connaisseur de la zone, et vous emmènera très tôt le matin pour que vous ayez une chance de nager tranquillement avec les cétacés. Il peut aussi vous organiser des journées de pêche au gros (max 2 pers, 10 000 Rs) et des excursions à l'île aux Bénitiers (voir p. 151, 1 500 Rs/pers).

Visite de salines

Créées à l'époque française, les salines qui s'étendent en damier à la sortie sud de Tamarin existent depuis près de 200 ans et sont les plus anciennes de Maurice – l'île produit environ 1 300 tonnes de sel chaque année, qui sont consommées sur place. Certaines d'entre elles – il y a ici 1 586 bassins de pierre de basalte – sont ouvertes à la visite.

La Route du Sel SALINES

(☎483 8764 ; Royal Rd ; adulte/enfant 200/100 Rs ; ⊙lun-sam 8h30-17h). Cette visite guidée, d'une vingtaine de minutes, explique les différentes étapes de fabrication, depuis l'extraction de l'eau de mer par pompage à la récolte. Mieux vaut s'y rendre le matin, avant 10h30, pour assister au travail. Le pic d'activité a lieu entre septembre et décembre. En cette saison, le travail débute dès 4 h et jusqu'à 20 tonnes de sel peuvent être récoltées en une journée. Sel et fleur de sel sont en vente à la boutique.

Salines de Yemen SALINES

(☎4838 459 ; Royal Rd ; ⊙lun-sam 7h-11h). GRATUIT Alternative à la visite "officielle" de la Route du Sel, ces salines sont certes plus petites mais toutes aussi belles. C'est ici que nous avons préféré découvrir le travail des paludiers : l'entrée est gratuite, il n'y a pas de boutique – il est toutefois possible d'acheter des sachets de fleur de sel (200 Rs les 500 g) ou de gros sel – et l'on prendra très gentiment le temps de tout vous expliquer. Bref, bien plus authentique et souriant…

Autres activités

Tamarina Golf Club 18-TROUS

(carte p. 137 ; ☎401 3006, 483 0300 ; www.tamarinagolf.mu ; parcours 3 800 Rs, 30 balles de practice 125 Rs). Le golf Tamarina est implanté 2 km environ après Casela, peu avant l'embranchement menant au Black River Gorges National Park. Plus récent des parcours 18-trous de l'île, il s'étend sur les 206 ha d'un ancien domaine de chasse et a été conçu par Rodney Wright. Vous y trouverez un bar, une boutique, un restaurant et une école de golf.

Où se loger

Chez Jacques PENSION €

(☎5715 5108 ; www.guesthousechezjacques.com ; s/d/tr avec petit-déj 1 200-1 400/900-1 100/700-900 Rs par pers ;). À hauteur de l'église de Tamarin, dans le virage, prenez la petite rue qui descend vers la plage publique et l'hôtel Tamarin. Sur la gauche, vous apercevrez une maison blanc et orange décorée d'une frise derrière un muret jaune. Vous êtes chez Jacques, l'un des points de chute des surfeurs à petit budget, et première guest-house construite à Maurice. Bardée d'escaliers et de terrasses, cette adresse, dont l'atmosphère évoque une auberge de jeunesse, propose 9 chambres, nettement embellies depuis les récents travaux de rénovation en 2013. Colorées et confortables, elles ont toutes une salle de bains et des matelas orthopédiques. Jacques pourra aussi vous indiquer où louer des planches de surf, mais aussi voitures et scooters. Possibilité de dîner sur place.

Sweet Beach Bungalow PENSION €

(☎483 8106, 5753 6721 ; www.sweetbungalow.jimdo.com ; s/d 1 200/2 000 Rs par personne). Dans une rue très calme, en face de chez Jacques, cette grande maison jaune abrite des chambres très simples (dont une sans fenêtres mais avec ventilateur ou clim) et studios avec TV et kitchenette, à prix doux, idéale pour les backpackers. L'accueil est très aimable, et Nono, le propriétaire, organise des excursions en bateau (pêche, observation des dauphins…). Petit-déj sur demande.

The River House CHAMBRES D'HÔTES €€

(☎483 0266, 5422 2277 ; www.riverhouse.mu ; Le Barachois ; s/d/ste avec petit-déj 70-85/85-115/120-160 € selon saison ; P). Nichée dans un jardin tropical au bord de la rivière, sur la même plage que le Tamarina Boutique Hotel (voir p. 139), cette charmante maison créole moderne en bois dispose d'une belle suite avec chambre double, salon-cuisine, dressing, salle de bains et véranda privée, décorée de mobilier ancien et de matériaux contemporains qui lui donnent tout son cachet ; on trouve aussi deux grandes chambres, et une plus petite avec un jardin zen et une douche extérieure. Climatisation, piscine, Wi-Fi, TV, minibar, barbecue, kayaks, blanchisserie, hamacs et petites tables pour paresser près de la rivière complètent l'excellent service proposé. Possibilité de manger sur place. Un havre de paix qu'Angela magnifie par sa gentillesse !

Hôtel Tamarin TROIS-ÉTOILES €€

(☎483 4927 ; www.hoteltamarin.com ; s/d en demi-pension 89-251/150-247 € selon saison ; P). L'unique hôtel de catégorie moyenne de Tamarin est idéalement placé en face de la plage publique et a contourné l'obstacle d'une architecture fonctionnelle et sans charme, qui rappelle les années 1960, par une décoration colorée et pimpante assez réussie. Les chambres, climatisées, réparties sur 2 niveaux (celles à l'étage possèdent un petit balcon), ouvrent sur une piscine et un petit jardin planté de palmistes. L'ensemble est un peu surévalué mais confortable et agréable. Les services incluent un mini-club, un club de plongée et une école de surf (voir p. 137). Cartes de crédit acceptées.

Tamarina Boutique Hotel QUATRE-ÉTOILES €€€

(☎404 0150 ; www.tamarinahotel.com ; d demi-pension 232-344 € selon saison ; P ❄ 📶 ≋). Ouvert en 2011, le dernier-né des hôtels de Tamarin ne donne certes pas sur le lagon mais sur l'extrémité nord de la plage publique de Tamarin – très agréable – où viennent s'écraser de belles vagues... et où nagent les dauphins le matin ! S'il vise clairement une clientèle de golfeurs avec la proximité du Tamarina Golf Club, ses spacieuses chambres disposées dans des bâtiments ocre et décorées dans un style africain et ethnique conviendront à tout le monde. Ses 4 piscines en étage reliées par des ruisseaux, cascades et jardins japonais jusqu'à la mer sont une vraie invitation à la détente. Parmi les 4 restaurants sur place, **La Madrague** (ouvert aux clients extérieurs, sur réservation), situé en bord de plage sur une terrasse en teck sous un immense badamier, sort du lot ; le cadre, illuminé de petites touches de lumière, est enivrant à l'heure du dîner. La taille raisonnable, l'emplacement idyllique et les services (golf, spa, cours de yoga) de l'hôtel en font une vraie réussite. La route d'accès se situe 2 km avant le centre-ville de Tamarin sur la gauche, peu après le Casela World of Adventures. Mention spéciale pour l'accueil personnalisé, extrêmement raffiné.

Où se restaurer

La Kaz à Pain BOULANGERIE €

(☎483 8363 ; complexe Le Barachois ; boissons 70-135 Rs, sandwichs 85-175 Rs ; ⏲lun-sam 7h-18h30, dim 7h-12h30). Installée dans un centre commercial regroupant plusieurs boutiques, cette boulangerie permet de prendre un petit-déjeuner comme à la maison, confortablement installé en terrasse : large choix de café, de cappuccino, mocaccino, chocolat chaud ou thé, jus frais, thé glacé maison et milk-shake, sans oublier les viennoiseries, sandwichs, paninis, burgers et quiches.

La Cosa Nostra PIZZERIA €€

(☎483 6169 ; eric-imbert@hotmail.fr ; Royal Rd ; ⏲tlj midi et soir sauf lundi ; pizzas 200-500 Rs, salades 185-380 Rs, pâtes 225-450 Rs). Belle carte de pizzas au feu de bois, sur place ou à emporter, de salades et de pâtes fraîches, qui comblera même les végétariens, dans une jolie salle aux tons jaune orangé et au mobilier en fer forgé.

Le Bamboo Lounge MAURICIEN ET EUROPÉEN €€

(☎483 4927 ; plats 250-525 Rs ; ⏲tlj midi et soir). Le restaurant de l'hôtel Tamarin (p. 138) mise avant tout sur les produits de la mer. À la carte, restreinte mais alléchante, de bons sandwichs et hamburgers, des salades, des camarons au beurre d'ail, du poisson grillé, des grillades, du curry poulet-crevettes... Le cadre, un jardin face à la plage publique, est agréable. L'hôtel sert des plats du jour sur sa terrasse en dehors des heures d'ouverture de ce restaurant. Service très aimable.

Le Whatever BAR À VINS, RESTAURANT, CAVE €€

(☎483 7810 ; www.lewhatever.mu ; La Place, Cap Tamarin ; plat du jour 300 Rs ; ⏲midi et soir mar-sam, cave 10h-22h). Pour ceux qui ont envie de retrouver les goûts du terroir, et profiter d'une sublime carte des vins : près de 150 références ! Ouvert par deux anciens cavistes, Alain et Véro, ce lieu à la jolie réputation vous permet d'acheter des bouteilles hors taxe, mais aussi de goûter une vraie cuisine de bistrot aux accents mauriciens : grillades, salades, saumon mi-cuit, foie gras, "œuf cuit pendant une heure" et "potage Élysée", charcuterie et fromages... Pour ne rien gâcher, le cadre, mêlant couleurs contemporaines et caisses de vin, est des plus charmants. Réservation conseillée.

Où prendre un verre et sortir

Big Willy's RESTAURANT-PUB

(☎483 7400 ; www.bigwillys.mu ; centre commercial Le Barachois ; ⏲midi et soir mar-jeu, ven-sam 12h-3h, fermé dim ; 📶). Dans un jardin tropical orné de cactus candélabres, des tables en bois sous des parasols pour manger, mais surtout pour boire un verre (80-150 Rs) en regardant des événements sportifs sur grand écran avant de se déchaîner le week-end sur le dance-floor. Incontournable dans la région, ce restaurant-bar-boîte de nuit accueille des DJ et groupes les vendredi et samedi soir, et propose des soirées à thème ou des cours de danse. Dress code chic et décontracté ; pas de mineurs après 23h.

Depuis/vers Tamarin

La ligne de bus Quatre Bornes-Baie du Cap dessert Tamarin et Rivière Noire. Vous devrez changer à Baie du Cap pour rejoindre Souillac et Mahébourg, et à Quatre Bornes pour gagner Curepipe et Port Louis. En théorie, vous atteindrez plus rapidement Port Louis en prenant un bus entre Quatre Bornes et Bambous, puis une correspondance pour la capitale.

Rivière Noire et La Preneuse

Alors que Tamarin est renommée dans le monde du surf, Rivière Noire est un lieu culte pour les amateurs de pêche au gros. De novembre à mai, les spécialistes viennent se mesurer aux marlins, thons et requins présents au large de ses côtes. Les baigneurs sont plus circonspects : la proximité de l'estuaire de la rivière rend en effet l'eau souvent trouble. Le village s'étend entre Petite Rivière Noire et Grande Rivière Noire. De nombreux projets immobiliers autour de la péninsule de Rivière Noire, autrefois connue pour ses salines, devraient considérablement modifier la physionomie du secteur dans les prochaines années. Plusieurs projets d'hôtels de luxe sont dans les cartons et certains déjà en construction. Lors de notre passage, la Balise Marina était en train de sortir de terre.

Deux kilomètres plus au nord, le lieu-dit La Preneuse jouit pour sa part d'une belle plage face au Morne et permet de découvrir la tour Martello (jetez un œil au canon sur la plage, en contrebas).

Les deux localités ne présentent pas un intérêt exceptionnel pour les visiteurs mais séduisent par leur relief verdoyant et comptent parmi les plus proches des gorges de la Rivière Noire et des terres colorées de Chamarel, à quelques kilomètres dans l'intérieur des terres. De Grande Rivière Noire, la belle route goudronnée qui mène en 7 km aux gorges de Rivière Noire et à l'entrée du parc national (voir p. 142) mérite le détour.

À voir

Tour Martello ARCHITECTURE MILITAIRE ET MUSÉE

(carte p. 137 ; 5471 0178 ; La Preneuse ; adulte/enfant 80/30 Rs, adulte 60 Rs le week-end ; mar-sam 9h30-17h, dim 9h30-13h ; dernière visite 16h20). Bâtie par les Britanniques entre 1831 et 1834, cette fortification doit son nom à la pointe de la Mortella, en Corse. En 1794, des navires anglais furent repoussés de celle-ci par les armées génoises, protégées dans des tours rondes et basses, particulièrement résistantes aux tirs de canons. Tirant les leçons de leur défaite, les Britanniques firent ériger des édifices comparables (près de 200) en plusieurs endroits du monde, de l'Australie à la Jamaïque en passant par l'île Maurice. Cinq tours furent bâties sur l'île. L'une d'entre elles se dresse, avec ses canons rotatifs, surplombant la plage publique de La Preneuse, non loin de l'hôtel The Bay. Elle était à l'origine en alignement direct avec une deuxième, érigée en face dans la baie de l'Harmonie ; elles auraient permis aux garnisons d'effectuer des tirs croisés sur tout navire ennemi. Restaurée, la tour Martello est aujourd'hui un petit musée ludique, où des visites d'environ 30 minutes ont lieu en français, anglais et créole. Des mannequins en uniforme d'époque évoquent le quotidien d'une garnison au XIXe siècle. Des panneaux vitrés dans le parquet permettent d'apercevoir les citernes où l'eau de pluie était stockée, et les poudrières. À l'étage, on trouve le dortoir et la salle à manger, puis on accède au sommet de la tour, avec ses canons et ses boulets de 12 kg, d'où la vue sur la baie est superbe.

On peut notamment accéder à la tour par l'allée qui quitte la route côtière presque en face du centre commercial Ruisseau Créole.

LE RUISSEAU CRÉOLE

On peut s'étonner de l'emplacement de ce **centre commercial** (carte p. 137 ; 483 8000 ; www.ruisseaucreole.com ; lun-sam 9h30-18h ; P), installé à l'entrée du modeste bourg de La Preneuse. Il est en fait stratégiquement placé entre les hôtels de Wolmar et de la péninsule du Morne. Dans un espace moderne au design assez réussi, l'ensemble regroupe une trentaine de boutiques haut de gamme, mais aussi une galerie d'art, un **musée du Coquillage** (World of Seashells 483 1938 ; lun-sam 9h30-18h ; adulte/enfant 250/125 Rs) présentant 8 000 spécimens, un coiffeur, 5 restaurants et, histoire de n'avoir aucune excuse pour ne pas dépenser son argent, une banque dotée d'un DAB. Certaines boutiques ferment dès 17h les jours de faible affluence.

Activités

Pêche au gros

Plusieurs clubs sont installés aux abords du poste de police de Rivière Noire et de La Preneuse.

Morne Anglers Club PÊCHE AU GROS

(carte p. 137 ; 483 5801 ; www.morneanglers.com ; Colonel Dean Avenue, Rivière Noire). L'un des principaux clubs de pêche au gros de Maurice.

La Carangue Ltée PÊCHE AU GROS
(carte p. 137 ; ☎5729 9150, 5729 9497 ; Royal Rd, La Preneuse)

La Pirogue Big Game Fishing PÊCHE AU GROS
(☎5453 8054 ; www.lapiroguebiggame.com ; La Preneuse). Le club de l'hôtel La Pirogue (p. 134), à Wolmar, opère depuis La Preneuse. Plus touristique que les deux premiers.

Observation des dauphins

Les mammifères marins qui fréquentent la baie sont devenus au fil des années une curiosité touristique.

Dolswim SORTIES EN MER
(carte p. 137 ; ☎5422 9281 ; www.dolswim.com ; La Jetée, Rivière Noire ; sortie 2 heures 30 1 500 Rs/pers). Respectueux des règles de bonne conduite pour observer les animaux sans les déranger, ce prestataire organise des sorties en mer de 2 heures 30 environ à la rencontre des cétacés.

Autres activités

Croisières Australes SORTIES EN MER
(carte p. 137 ; ☎210 0884 ; www.croisieres-australes.mu). Prestataire basé à Grand Baie, Croisières Australes organise depuis Le Morne Anglers Club (voir p. 140) une sortie à la journée vers l'île aux Bénitiers (voir p. 151) à bord du *Harris Wilson 1*, catamaran de 18 m sur lequel Florence Arthaud courut une Route du Rhum. Comptez 65/33 € par adulte/enfant. Un nombre minimum de participants est requis.

Où se loger

♥ **The Bay** HÔTEL-RESTAURANT €€
(carte p. 137 ; ☎483 6525 ; www.thebay.mu ; av. des Cocotiers, La Preneuse ; s/d avec petit-déj 96-144/155-268 € selon saison ; plats 350-600 Rs ; P ❄ 📶 ≋). On est d'emblée séduit par la belle vue sur mer, le petit patio baigné de lumière, la déco vintage-chic aux teintes acidulées et les accueillants fauteuils. Les chambres sont dans le même esprit, gai et paisible. L'hôtel, ça n'est pas le moindre de ses atouts, n'en compte que 16, toutes équipées de la clim et de la TV. Préférez les supérieures, qui disposent d'une terrasse, tout comme les 2 suites. L'accueil, la piscine et le petit coin de plage s'ajoutent aux charmes de cette bonne adresse qui se double d'un restaurant, Les Sirandanes. Il décline une carte mauricienne alléchante : wonton de poisson et bouillon de crustacés à la citronnelle, camarons tandoori, moelleux au chocolat et gingembre... Nombreux services, activités et excursions proposés.

♥ **Les Lataniers Bleus** CHAMBRES D'HÔTES €€€
(carte p. 137 ; ☎483 6541, 5258 5408 ; www.leslataniersbleus.com ; Royal Rd, La Mivoie ; d avec petit-déj 140-180 € selon vue ; table d'hôtes 20 € ; P ❄ 📶 ≋). Également au chapitre des bonnes adresses, cette maison d'hôtes est appréciée de longue date pour son ambiance typiquement mauricienne et sa convivialité. Une douzaine de chambres, d'une propreté immaculée, climatisées et tout confort, sont réparties dans 4 élégantes villas créoles, noyées dans un jardin exubérant qui descend vers une petite plage. Leurs tarifs varient selon la vue – jardin ou plage –, la plus chère étant située directement sur le sable. Vous pourrez soit louer une chambre indépendante, soit une chambre située dans une villa, soit une villa entière. Une piscine, un grand salon confortable avec TV et une belle varangue sont à la disposition des clients. Un copieux repas en table d'hôtes est proposé le soir. Outre la plage qui fait face à l'hôtel et sa piscine, la plage publique de La Preneuse est à 5 minutes.

La Mariposa STUDIOS €€
(carte p. 137 ; ☎483 5048, 5728 0506 ; www.lamariposa.mu ; allée des Pêcheurs, Royal Rd, La Preneuse ; d/app 4 pers 85-130/150-180 € selon saison, petit-déj compris ; P ❄ 📶 ≋). Au sud de la tour Martello, au bout d'une allée privée, un charmant ensemble de bungalows créoles jaunes propose 14 suites climatisées et 2 appartements avec vue sur le lagon. Joli jardin fleuri avec piscine donnant sur la plage et le Morne, chambres confortables avec TV et terrasse, accueil sympathique... Rien à redire !

Marlin Creek LOCATION DE MEUBLÉS €€
(carte p. 137 ; ☎483 7628, 5428 5223, 5491 9727 ; www.ilemauricelocation.fr ; 10 av. Colonel Dean, Rivière Noire ; d/app 4 pers 70-91/120-188 € selon saison ; P ❄ 📶 ≋). Dans un petit ensemble récent et moderne avec piscine, cette résidence hôtelière propose de belles chambres, studios et appartements. Confortables et joliment décorés, ils sont équipés de la clim et de la TV. Certains disposent d'une terrasse et d'une cuisine. Marlin Creek est idéalement placé pour les pêcheurs, juste à côté des clubs de Rivière Noire. Réservation obligatoire.

Où se restaurer

La Bonne Chute GASTRONOMIQUE €€€

(carte p. 137 ; ☎483 6552 ; Royal Rd, La Preneuse ; plats 250-600 Rs ; ⏰midi et soir tlj sauf dim). La carte de cette adresse qui cultive une atmosphère rustico-romantique ne cache pas ses ambitions gastronomiques. Aux côtés du rôti de cerf, du sanglier et du dry-curry de bœuf, spécialités de la maison, elle propose aussi des gratins (de crabe, de fruits de mer…), une cassolette de crevettes ou des calamars sauce safranée. Au niveau de la station-service.

Ousaporn THAÏ €

(carte p. 137 ; ☎483 7061 ; www.ousaporn.com ; La Preneuse Rd, La Preneuse ; plats 150-325 Rs ; ⏰mar-sam midi et soir, dim soir). Une adresse d'initiés, encore inconnue des touristes. Près de la tour Martello, derrière un haut mur donnant sur la rue, se cachent quelques tables dans un mignon petit jardin zen-tropical ombragé. La cuisine thaïe (qu'on peut commander pour emporter) y est excellente, copieuse et à petit prix : salade de papaye, *kao pad* (riz frit avec poulet, porc ou crevettes, œuf, carotte, oignons), *gang kheaw varn* (crevettes ou poulet émincé au curry vert, pousses de bambou, petits pois, lait de coco et riz au jasmin), *choo chee plaa* (poisson grillé à la sauce curry rouge et riz au jasmin)… Mieux vaut réserver.

Kozy Garden MAURICIEN-EUROPÉEN €€

(carte p. 137 ; ☎483 8252 ; centre commercial Tutti Frutti, La Preneuse ; plats 350-600 Rs ; ⏰midi et soir sauf dim ; 📶). L'ancien Balikopy vient tout juste de changer de propriétaire, mais le concept – un bar-restaurant lounge chic – ne change pas. On se détend rapidement, et à n'importe quelle heure de la journée (du petit-déj au dîner) sous ces kiosques en bois intimes très confortables, décorés à l'indonésienne, disséminés autour de la piscine. Tapas, huîtres et oursins, ceviche de dorade, thon mi-cuit au sésame ou "tigre qui pleure" (bœuf mariné au soja, ail et citronnade) ou burgers… à déguster sur de gros coussins mœlleux, en sirotant un cocktail. L'ambiance est si sympa que les surfeurs en ont fait leur repaire le week-end ! Service en continu et *happy hour* le mercredi de 18h à 21h.

Parc national des gorges de Rivière Noire

Créé en 1994, le parc national des gorges de Rivière Noire (Black River Gorges National Park) présente un visage sauvage, accidenté et volcanique. Il pourrait être un paradis pour les amateurs d'écotourisme et ceux pour qui l'île Maurice ne se limite pas à ses plages. Depuis quelques années, des efforts sont réalisés pour faire de cet espace naturel un point fort de l'île auprès des randonneurs, les sentiers qui le sillonnent étant de plus en plus balisés. Les randonneurs les moins aguerris préféreront sans doute les possibilités de balades mieux organisées au domaine de Chazal (p.174) ou au domaine de l'Étoile (p. 118).

Le parc couvre 6 574 ha de montagnes et de forêts, soit 3,5% de la superficie de l'île. Avec plus de 300 variétés de plantes et 9 espèces d'oiseaux endémiques, il constitue un observatoire naturel de choix. Avec un peu de chance, vous pourrez découvrir des bois de natte, reconnaissables à leur forme d'ombrelle, de rares exemplaires de tambalacoque – ou arbre à dodo –, des ébéniers, des bois puants, des camphriers et peut-être apercevoir le vol furtif d'une crécerelle (faucon endémique, très rare) ou d'un pigeon rose, une bande de macaques, des cerfs ou des cochons "marrons" (sauvages). Les rivières et cascades sont nombreuses : l'eau est bien entendu limpide et pure, et il est très agréable de s'y rafraîchir les pieds après une longue marche. La meilleure période de l'année pour visiter le parc est de septembre à janvier, durant la floraison.

La route de Plaine Champagne (voir ci-contre) donne un superbe aperçu des paysages de la région.

Pensez à prendre eau et nourriture, car vous n'en trouverez pas dans le parc. Et emportez aussi votre répulsif anti-moustiques !

Activités

Le parc se prête aux courtes balades, à la simple journée de détente et aux randonnées de plusieurs heures. Dans les deux premiers cas, le mieux est de se rendre au Visitors Center, au départ duquel plusieurs itinéraires sont indiqués. Renseignez-vous au préalable que le sentier que vous comptez emprunter dispose d'un balisage entretenu. Depuis le centre d'information des visiteurs, un chemin de 1,5 km permet de rejoindre un petit kiosque agréable, en bordure de la rivière, où vous pourrez vous adonner aux joies de la baignade. Les lieux sont assez fréquentés le week-end.

Pour une randonnée plus longue, il est préférable de partir du centre d'information du Pétrin (p. 145) ou de la route de Plaine Champagne pour les sentiers de Bel Ombre et de Parakeet (p. 145). Le balisage étant aléatoire, mieux vaut s'assurer les services d'un guide, mais ces derniers sont assez rares (voir notre sélection p. 221).

Il existe également des possibilités de canyoning (p. 220). Les capacités du parc en matière de sports de pleine nature restent malgré tout sous-exploitées.

Route de Plaine Champagne — ROUTE PANORAMIQUE

Bordée de ravenalas, la très belle route qui traverse Plaine Champagne offre un autre excellent moyen de découvrir l'environnement verdoyant du parc. Elle relie Le Pétrin à Chamarel au fil d'un itinéraire où se succèdent de splendides paysages. En chemin, il est possible d'accéder au Parakeet Trail (p. 145), au sentier descendant vers la côte et Bel Ombre (p. 171), ainsi qu'à plusieurs sites, tels que la **cascade Alexandra**. Au niveau du panneau indicateur, empruntez la petite route bordée d'arbres sur 500 m pour profiter d'une magnifique vue sur la côte sud, la chaîne montagneuse de Savanne et la cascade Alexandra (appelée cascade Cécile sur la carte IGN).

Quelques kilomètres plus loin en direction de Chamarel, vous atteindrez un autre superbe **point de vue** (Black River Gorges Point of View). En parcourant 200 m à pied depuis la route, il révèle un panorama spectaculaire sur les gorges de la Rivière Noire et la côte ouest. À droite, on aperçoit une impressionnante chute d'eau ; à gauche, voici les 828 m d'altitude du Piton de Rivière Noire, le point le plus élevé de l'île. Avec un peu d'attention, on peut observer

Parc national des gorges de Rivière Noire

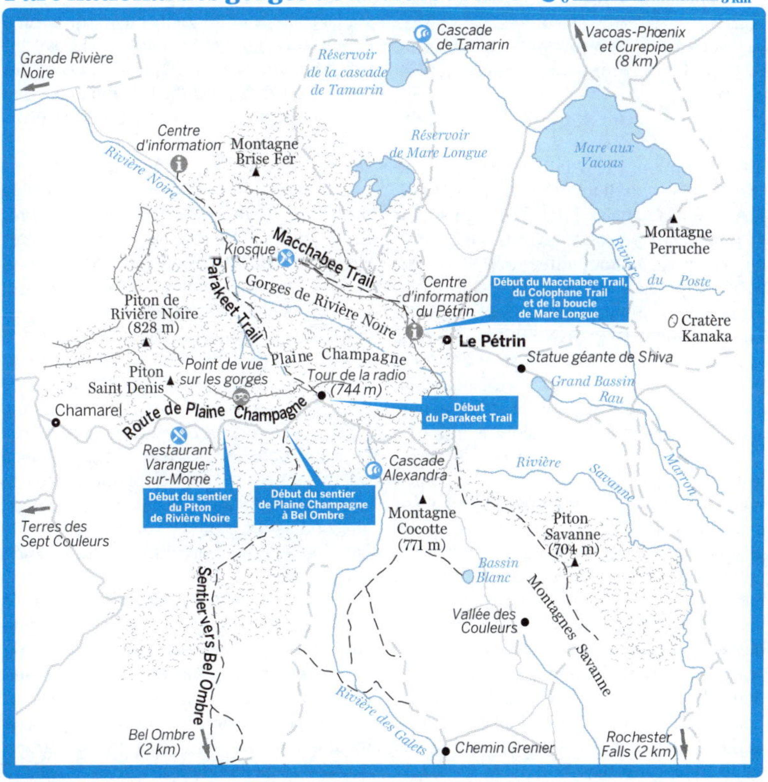

des pailles-en-queue et des chauves-souris planant au-dessus de la forêt.

Vous pourrez déjeuner au restaurant Varangue-sur-Morne (p. 149), et visiter le petit écomusée (p. 147) attenant, avant de poursuivre votre route vers Chamarel et la côte.

Macchabee Trail : du Pétrin au centre d'information RANDONNÉE

Assez ardu, ce superbe itinéraire traverse quelques-uns des plus beaux paysages de l'île Maurice. Le trajet s'étend sur environ 10 km et peut se parcourir en 4 heures. Les moins courageux peuvent se contenter de la première partie de l'itinéraire. **Le Colophane Trail**, 1 km sur la gauche après la jonction de Maccabée, offre une alternative qui permet de descendre dans les gorges plus facilement.

Le sentier débute au centre d'information du Pétrin (p. 145). La première partie, facile et sans dénivelé, suit vers l'ouest la large piste forestière de terre rouge qui part du centre d'information. Continuez sur environ 3,5 km dans un paysage forestier. Vous découvrirez de splendides panoramas sur la **Grande Rivière Noire** et, s'il a plu, vous profiterez d'une vue dégagée sur les cascades.

Après une demi-heure de marche environ, vous parviendrez à un carrefour où une inscription, à la peinture sur une pierre (peu lisible), indique "Kiosk and Black River" sur la gauche. Prenez cette direction et poursuivez pendant environ 40 minutes en terrain plat. Vous atteindrez alors une petite esplanade offrant un beau panorama sur les montagnes boisées et la côte. Les moins aguerris s'arrêteront là et feront le même trajet en sens inverse. Les autres poursuivront leur chemin, en sachant que l'itinéraire devient dès lors nettement plus sportif et présente un fort dénivelé négatif.

La large piste se transforme en un étroit sentier, un peu dissimulé derrière l'esplanade, qui dévale vers le sud-ouest au milieu des arbres. L'itinéraire est abrupt et assez glissant, mais ne présente pas de réelle difficulté, par temps sec, pour les randonneurs chevronnés. Il est cependant conseillé de l'éviter après de fortes pluies. Une descente d'une quinzaine de minutes permet de rejoindre un sentier herbeux, plus large et au dénivelé plus doux. Passant quelques beaux points de vue, il descend en larges boucles et mène, en moins d'un quart d'heure, à une grille en fer (ouverte).

LA CRÉCERELLE, RAPACE MAURICIEN MIRACULÉ

Condamné à disparaître suite aux dégâts provoqués par l'utilisation des insecticides dans les champs (il ne restait que 4 individus à l'état sauvage en 1974, dont une seule femelle fertile), ce rapace a fait l'objet de mesures de préservation intensives. Des efforts qui ont porté leurs fruits : leur population s'élève aujourd'hui à plus de 450 individus. La crécerelle mauricienne est le seul oiseau de proie survivant à Maurice. Mesure entre 20 et 26 cm de long, elle se nourrit surtout de lézards geckos. On la trouve principalement dans et autour les gorges de Rivière Noire et dans les montagnes Bambous.

L'itinéraire se poursuit, à ce niveau, par un sentier étroit qui descend abruptement sur la droite pour rejoindre en une quinzaine de minutes une zone boisée d'eucalyptus. On est alors environné de montagnes, au point qu'il devient difficile d'imaginer que l'on est encore à l'île Maurice... Poursuivez environ 10 minutes vers le bas et vous arriverez à un carrefour où vous prendrez sur votre gauche. Une dizaine de minutes plus tard, vous atteindrez un ultime croisement. Le chemin de droite mène, en 10 minutes environ, au **centre d'information du parc**. (Celui de gauche mène, en un quart d'heure, à la rivière et à un kiosque.)

Comptez ensuite 4 km pour rejoindre **Grande Rivière Noire** en suivant la route asphaltée qui longe la rivière avant de déboucher dans les champs de canne. Plusieurs crécerelles ont élu domicile le long de cette route. Si vous êtes fatigué, essayez d'appeler un taxi par téléphone depuis le centre d'information (p. 145) ou demandez au conducteur d'une voiture garée sur le parking de vous conduire jusqu'à Grande Rivière Noire.

La **boucle de Mare Longue**, sentier de 12 km de difficulté modérée qui demande environ 4 heures, est une variante de cet itinéraire. La **boucle de Macchabee Forest** (14 km depuis Le Pétrin) est d'un niveau plus modéré et propose une belle incursion dans la forêt. Renseignez-vous au centre d'accueil du Pétrin.

De Plaine Champagne à Bel Ombre

RANDONNÉE

Cette belle randonnée de 7 km descend des hauteurs de Plaine Champagne (744 m) jusqu'à Bel Ombre (p. 171), au bord de la mer, en offrant de splendides panoramas sur la côte sud. L'idéal consiste à se faire déposer en taxi au point de départ et de reprendre le bus, ou un taxi, une fois arrivé sur la route côtière.

Le départ se situe sur la très belle route de Plaine Champagne (p. 143), environ 1 km après le point de vue sur les gorges de Rivière Noire et 500 m avant l'antenne radio. Une pierre avec l'inscription "Bel Ombre" indique la direction.

On prend d'abord la direction plein sud sur un plateau, pendant environ 600 m, avant de découvrir une belle vue sur les champs de canne à sucre. La piste dégringole ensuite en lacets au milieu de la forêt et de la végétation en passant par une série de superbes points de vue sur la mer. Le balisage laisse à désirer, mais le parcours descend sans discontinuer vers la mer.

Une fois arrivé dans les champs de canne, prenez l'un des chemins d'exploitation allant vers le sud-ouest. L'itinéraire s'avère un peu confus à la fin mais, avec un minimum de sens de l'orientation, vous vous dirigerez sans trop de difficulté vers la côte. De Bel Ombre, vous trouverez des bus pour Souillac et pour Tamarin.

Parakeet Trail

RANDONNÉE

Avec son fort dénivelé, cet itinéraire plutôt sportif est réservé aux marcheurs motivés, mais il est assez fréquenté et plutôt bien balisé. À 50 m après le poste de police, en direction de Chamarel sur la route de Plaine Champagne, une grosse pierre marquée "Parakeet Trek" indique le départ. Le sentier dévale abruptement vers le nord-ouest et rejoint les gorges de la rivière, avant de se terminer au centre d'information du parc. Comptez environ 3 heures.

Les randonneurs plus aventureux peuvent, aidés d'un guide, descendre dans les gorges par ce chemin et remonter vers Le Pétrin, pour faire une boucle de 15 km.

Piton de Rivière Noire

RANDONNÉE

Depuis la route de Plaine Champagne, 3 heures de randonnée aller-retour (6 km, niveau modéré) jusqu'au sommet du piton de Rivière Noire (Black River Peak), à 828 m d'altitude. Le sentier commence à 300 m du point de vue sur les gorges de Rivière Noire (View Point Black River Gorges) en direction de Chamarel.

Renseignements

Centre d'information du Pétrin (☎471 1128 ; lieu-dit Le Pétrin ; ⏲lun-ven 7h30-15h, sam-dim 9h-17h). Le centre d'information principal du parc vend des cartes détaillées (5 Rs). Informez-vous auprès des gardes forestiers, qui se feront un plaisir de vous renseigner, et vous inviteront à regarder dans un vaste enclos tout proche des pigeons roses récemment réintroduits. Le centre d'information est aussi le point de départ de la randonnée du Macchabee Forest Trail (voir p. 144).

Centre d'information des visiteurs (☎258 0057 ; ⏲lun-ven 7h30-17h, sam 8h-17h, dim 9h-17h). Accessible depuis Grande Rivière Noire ; fermé lors de notre passage. Assez petit, il est aussi plus pauvre en informations que celui du Pétrin. Vous devriez pouvoir y trouver la carte du parc. Plusieurs sentiers de randonnée partent d'ici.

National Park and Conservation Service (Ministry of Agro Industry, Food production and Security ; ☎464 4016, 464 4053, 464 2993 ; npcs@mail.gov.mu).

Depuis/vers le parc national des Gorges de Rivière Noire

Mieux vaut posséder son propre moyen de locomotion pour rejoindre le parc, les moyens de transport en commun étant très limités et peu pratiques.

Le parc compte un point d'accès principal, situé au lieu-dit Le Pétrin, à environ 3 km après Grand Bassin (p. 175), accessible depuis le sud (Souillac, Bois Chéri...) ou le sud-ouest (Chamarel, Plaine Champagne). Vous y trouverez le centre d'information principal du parc (voir ci-dessus).

Un second accès est situé dans les gorges de Rivière Noire, accessible par une belle route goudronnée depuis Grande Rivière Noire (p. 144). Vous y trouverez également un centre d'information du parc (fermé lors de notre passage).

Chamarel

Rendu célèbre par ses terres colorées, le très touristique village de Chamarel est l'un des plus visités du pays. Il fut baptisé en l'honneur de Charles de Chazal de Chamarel, ancêtre du peintre et écrivain mauricien Malcolm de Chazal. Le village

Chamarel et la péninsule du Morne

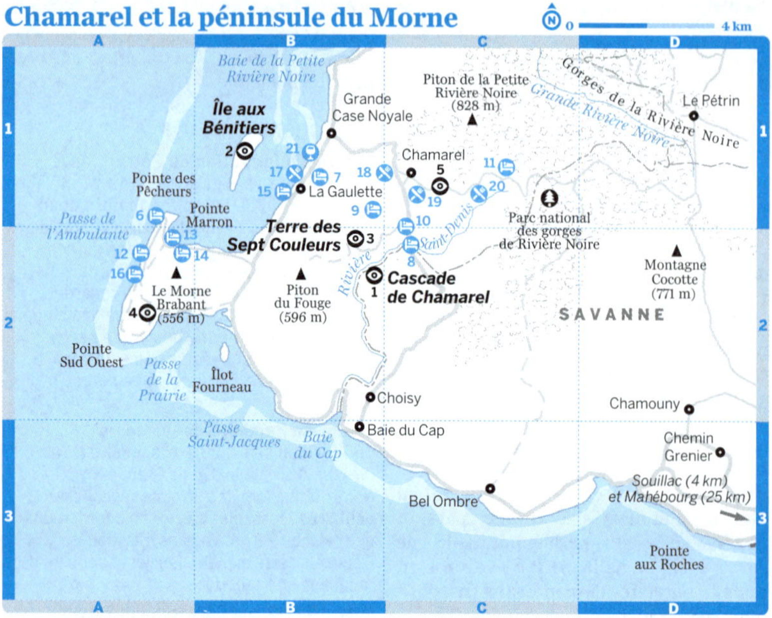

est situé sur une belle route qui serpente au milieu de la forêt et des vacoas depuis Grande Case Noyale. La montée réserve une vue splendide sur le lagon du Morne et l'île aux Bénitiers. Le matin, il n'est pas rare de voir quelques singes sur la route.

À voir et à faire

Terres des Sept Couleurs SITE NATUREL
(Coloured Earths ; ☎483 8298 ; adulte/enfant 200/100 Rs ; ⏱tlj 8h30-17h). Avec l'île aux Cerfs, le Morne et les jardins Pamplemousses, les terres des Sept Couleurs de Chamarel comptent parmi les grandes icônes touristiques de Maurice. Le site, modeste par sa superficie, pourra en décevoir certains. Il se présente sous la forme d'une clairière parsemée de petites dunes de terre dont la couleur passe du violet au bleu et de l'anthracite au marron, à l'ocre et au rouge. Ces variations chromatiques sont dues à l'érosion, qui a ramené au fil du temps à la surface les oxydes minéraux (de fer ou d'aluminium) contenus dans les basaltes issus d'éruptions volcaniques anciennes. Le phénomène est également visible dans la vallée des Couleurs, au sud de l'île, où l'on a répertorié 23 teintes, moins distinctes (voir p. 172).

La guérite qui donne accès au site est installée à la sortie du village, sur la droite. La route, assez cahoteuse, continue ensuite au milieu des champs de canne. Elle commence par mener aux **cascades de Chamarel**, sur la gauche, qui dévalent un à-pic de plus de 100 m. Roulez encore sur 1,5 km pour découvrir les fameuses terres. Des barrières en rondins protègent le site du piétinement mais deux petits kiosques offrent une vue d'ensemble.

La visite est libre. Il n'existe pas de guides officiels sur le site, qui appartient à la sucrerie de Bel Ombre. Vous trouverez un snack sur place (⏱tlj 10h-16h30) et une petite boutique.

Rhumerie de Chamarel TOURISME AGRICOLE
(☎483 7980 ; www.rhumeriedechamarel.com ; Royal Rd ; adulte/-12 ans 350/175 Rs ; ⏱lun-sam 9h30-17h30). Impossible de rater cette rhumerie dont les hauts et beaux bâtiments se dressent sur les hauteurs du village, dans un écrin de verdure enchanteur de champs d'ananas et de canne. Ouverte en 2008, elle témoigne d'un double effort de reconversion de la filière canne, vers le tourisme d'une part, et vers le rhum agricole de l'autre. Conçue dès l'origine pour être ouverte à la visite, ce qui en fait un véritable centre d'interprétation du rhum, l'usine vise en

Chamarel et la péninsule du Morne

Les incontournables
1 Cascade de Chamarel B2
2 Île aux Bénitiers B1
3 Terre des Sept Couleurs B2

À voir et à faire
Curious Corner ..... (voir 3)
4 Haras du Morne A2
Paradis Golf Club ..... (voir 13)
5 Rhumerie de Chamarel C1
Touche du Bois ..... (voir 20)

Où se loger
6 Dinarobin Hotel Golf & Spa A1
7 La Maison Papaye B1
8 La Vieille Cheminée C2
9 Lakaz Chamarel B1
10 Le Coteau Fleuri C1
11 Les Chalets en Champagne C1
12 LUX Le Morne A2
13 Paradis Hotel & Golf Club A2
14 Pik Pik studios A2
15 Ropsen Chawan B1
Rusty Pelican ..... (voir 7)
16 Saint Regis Mauritius Resort A2

Où se restaurer
17 Chez Mailee B1
L'Alchimiste ..... (voir 5)
18 Le Chamarel C1
19 Le Palais de Barbizon C1
Ocean Vagabond ..... (voir 17)
Sugar par Sirokan ..... (voir 15)
20 Varangue-sur-Morne C1

Où prendre un verre et sortir
21 Enso B1

Renseignements
MCB ..... (voir 13)

effet à produire un rhum agricole mauricien de qualité, dans l'espoir qu'il sera à terme reconnu internationalement. Récoltées quotidiennement à la main dès les premières lueurs du jour, les cannes fraîchement coupées arrivent en moins de 4 heures aux moulins de la Rhumerie. Cette proximité, cette sélection et l'absence de "brûlage" des champs de canne sont les garants d'un jus de la plus grande qualité ; effectivement, le rhum Chamarel convainc (on a adoré celui aux épices), et le cadre, extrêmement soigné, ajoute au plaisir de la visite.

La visite guidée (30 minutes environ) permet de découvrir les grandes étapes de la fabrication du rhum. Elle permet aussi de faire la différence entre le rhum traditionnel, à base de mélasse, et le rhum "agricole", plus noble car directement distillé depuis les cannes à sucre. Elle s'achève par une dégustation, près de la boutique.

Restaurant, **L'Alchimiste** (midi lun-sam, soir sur réservation), sur place. Visite et dégustation offertes aux clients.

Touche du bois ÉCOMUSÉE
(483 5710 ; 110 rte Plaine Champagne ; tlj 12h-16h). GRATUIT À quelques kilomètres de Chamarel sur la route de Plaine Champagne, à côté du restaurant Varangue-sur-Morne (p. 149), ce petit musée est entièrement consacré au bois. Le noble matériau y est présenté dans tous ses états : "bois son" (instruments de musique), "bois sacré", "bois guérison" (essences médicinales)...

Curious Corner GALERIE D'ILLUSIONS
(483 4200 ; www.curiouscornerofchamarel.com ; Baie du Cap Rd, en face de l'entrée pour les Terres des Sept Couleurs ; adulte/enfant 275/150 Rs ; tlj 9h30-17h, dernière visite 16h). Un endroit étonnant et très amusant, ouvert il y a peu, idéal à visiter en famille. Dans cette imposante bâtisse en basalte nichée dans un beau jardin tropical, une "galerie d'illusions optiques et sensorielles" abrite plusieurs pièces qui brouilleront tous vos sens. On pénètre d'abord dans une bibliothèque où est ménagée une porte secrète... vous pouvez toucher, soulever, enfoncer tous les objets de la pièce, jusqu'à découvrir le bouton magique qui en actionne l'ouverture. Puis vous entrez dans une cuisine renversée, où tout le mobilier est fixé au plafond, ce qui vous permet de faire des photos étonnantes défiant la gravité. Il y a aussi un labyrinthe de miroirs, un faux ascenseur tombant dans le vide... Petit café dans le jardin, faisant aussi office de boutique de jeux (puzzles, casse-tête...).

Où se loger

Le Coteau Fleurie MAISON D'HÔTES €€
(483 5757 ; www.coteaufleurie.com ; Royal Rd ; ch avec petit-déj 45 €/pers ; P). Bonne surprise, cette belle adresse est installée une centaine de mètres seulement après l'entrée du site des Terres des Sept Couleurs. Mme Fleurie reçoit dans sa gigantesque maison d'hôtes en pleine nature, qui domine depuis une hauteur le paysage des abords de Chamarel et ses plants de café. Elle propose 5 chambres

immenses, toutes avec sdb, meublées avec goût et simplicité en faisant la part belle au bois. Le jardin où l'accueillante maîtresse des lieux fait pousser plantes aromatiques et épices, les grandes terrasses et la gentillesse de l'accueil s'ajoutent aux atouts des lieux.

La Vieille Cheminée FERME DE CHARME €€€
(☎483 5249, 725 5546 ; www.lavieillecheminee.com ; Royal Rd ; s/d 2 800/3 700 Rs, dîner sur commande 475 Rs ; P). Implanté 500 m environ après Le Coteau Fleurie, ce domaine est avant tout fréquenté par les amateurs d'équitation. On le rejoint par une piste qui part sur la gauche depuis la route principale, au milieu d'un champ d'ananas. L'hébergement consiste en 5 maisons créoles rustiques (2 à 6 personnes), confortables et charmantes, dotées d'une kitchenette (une cuisinière peut aussi s'occuper des repas). La piscine offre une belle vue panoramique. Les chevaux des écuries sont disponibles pour des balades dans les environs (1 600 Rs les 2 heures avec guide).

Les Chalets en Champagne CHALETS €€€
(☎5988 7418 ; www.leschaletsenchampagne.mu ; 110 rte Plaine Champagne ; chalet d/q demi-pension 4 000/8 000 Rs ; P ❄). À quelques kilomètres au-dessus de Chamarel sur la route de Plaine Champagne, au niveau du restaurant Varangue-sur-Morne (p. 149), ces 3 chalets en bois bénéficient d'un emplacement de rêve. Isolés au-dessus de la route, en pleine nature et face à un panorama exceptionnel, ils ont salon, cheminée, terrasse, TV et lecteur de DVD, pouvant accueillir 2 ou 4 personnes. Leur décoration raffinée mise avant tout sur le bois, omniprésent, et le plus vaste est doté d'un Jacuzzi. Les tarifs incluent la demi-pension, servie dans les chalets. Une étape de charme pour ceux qui souhaitent avoir l'impression d'être seuls au monde, dans un cadre bucolique et verdoyant, loin du littoral et des foules. Possibilités de randonnée à pied et à VTT (à partir de 20 €).

♥ **Lakaz Chamarel** ÉCOLODGE DE LUXE €€€€
(☎483 5240 ; www.lakazchamarel.com ; Piton Canot ; s/d/ste demi-pension 160-230/260-370/220-525 € selon saison ; P). Le paradis des Robinsons des temps modernes a enfin une adresse. Ces 7 chambres et 13 suites dissimulées dans un parc de 12 ha de plantes et d'arbres endémiques de l'océan Indien au-dessus de Chamarel ne peuvent laisser indifférent. Particulièrement les Garden Suites, et plus encore les Sea View, avec leur panorama splendide sur le lagon et l'île aux Bénitiers (p. 151) et leur piscine privée à débordement. La déco ethnique et épurée des suites qui font toutes environ 100 m² s'appuie sur des matériaux nobles : bois exotique, pierre, douche en basalte. L'établissement est bien sûr aux petits soins pour ses clients – on compte autant de personnel que de clients – dans cette structure résolument élitiste et nature. Au milieu du jardin luxuriant, on compte aussi 2 piscines, un bar, un restaurant, un spa et un plateau de méditation. Les amateurs de marche pourront rejoindre le Piton Canot en 40 minutes et admirer une magnifique vue à son sommet. Demi-pension obligatoire, animations certains soirs.

Où se restaurer

Outre les adresses ci-dessous, plusieurs restaurants et tables d'hôtes vantent leurs "menus créoles" et leurs "spécialités 100% mauriciennes" le long de la route de Chamarel. Leur "succès" s'explique en partie par les commissions qu'ils offrent aux chauffeurs de taxi qui y déposent leurs clients. Préférons-leur quelques valeurs sûres.

BON PLAN **Le Palais de Barbizon** MAURICIEN €€
(☎4834 4178, 5494 0340 ; La Crête, rte de Sainte-Anne ; menu 350 Rs ; midi tlj, soir sur réservation). Cette adresse située à gauche à l'entrée de Chamarel ne se distingue guère par son cadre, une salle-terrasse de bric et de broc bariolée de couleurs vives. Les Mauriciens eux-mêmes affirment que la cuisine leur rappelle celle de leur grand-mère… Le menu fixe servi dans cette chaleureuse cantine créole se compose d'un cari de poulet ou de poisson, de cerf ou de sanglier, copieusement servi avec brèdes (ou manioc ou banane verte…), grains, riz, achards – d'un apéritif et d'un dessert. Pour 50 Rs de plus, vous pourrez goûter un café de Chamarel. Le service du débonnaire Rico n'est pas toujours très véloce mais l'adresse haute en couleur. Un rapport qualité/prix imbattable, pour une vraie authenticité.

Le Chamarel PANORAMIQUE €€
(☎483 4421 ; le-chamarel.restaurant.mu ; La Crête ; plats 350-700 Rs ; midi tlj). Impossible de ne pas être séduit par le panorama de cette adresse posée sur un petit col, environ 500 m avant le village de Chamarel. La belle terrasse en pierre et chaume offre en

effet une vue époustouflante. À droite, le sommet de la Tourelle de Tamarin ; en face, la longue bande plantée de filaos de l'île aux Bénitiers ; à gauche, le Morne Brabant. Voilà pour le décor. La carte est moins spectaculaire : entrecôte d'Australie et côtelettes d'agneau, brochettes de poulet, caris et vindayes habituels. Seul bémol : l'établissement est fréquenté par de nombreux groupes de touristes, ce qui pousse les tarifs vers le haut.

Varangue-sur-Morne PANORAMIQUE €€€

(carte p. 146 ; ☎483 5910, 483 5710 ; 110 rte Plaine Champagne ; plats 750-950 Rs ; midi tlj, soir sur réservation). Sentiment mitigé pour cette adresse qui reçut tous les éloges à son ouverture mais semble maintenant faire quelques déçus. Le cadre ne souffre d'aucun reproche : en pleine nature sur la très belle route de Plaine Champagne, le restaurant est installé sur une vaste terrasse en bois, protégée par une varangue, face à un ample panorama sur la côte sud et le Morne. Grandiose ! Les tarifs, en revanche, font moins l'unanimité. Si la cuisine est correcte, nombreux sont en effet ceux qui la trouvent surévaluée. Un menu à 20 € fait parfois son apparition quand les clients rechignent…

Depuis/vers Chamarel

Il est difficile de rejoindre Chamarel par les transports en commun. De Port Louis, il faut prendre le bus de Baie du Cap en vous arrêtant au village de Case Noyale, puis le bus pour Chamarel. Depuis l'arrêt de bus, il vous restera 3 km à parcourir à pied. Un bus relie Chamarel à Quatre Bornes, mais il est plus simple d'avoir recours à un taxi ou à une voiture particulière.

La Gaulette

C'est souvent le point de chute de ceux qui veulent s'approcher de la péninsule du Morne, mais ne peuvent s'offrir ses hôtels… À environ 2 km du célèbre site, en face de l'île aux Bénitiers, le village de La Gaulette ne présente pas un grand intérêt mais il offre quelques possibilités d'hébergement et de restauration à bon compte. Le rivage n'est pas propice à la baignade près du village mais les superbes plages de la péninsule sont proches.

Les services proposés dans le centre du village sont limités ; vous trouverez un supermarché et quelques boutiques – dont des magasins de surf – à l'entrée du village en venant de Tamarin.

Où se loger

Ropsen Chawan LOCATION DE MEUBLÉS €

(carte p. 146 ; ☎451 5763/5255 5546 ; www.ropsen.net ; Royal Rd ; studio d 35 €, app 4 pers 50 €, villa 125 €). Au centre du village, ce prestataire sympathique propose un large éventail de studios et de villas à louer dans les environs de la localité, notamment sur les hauteurs qui lui font face. Prenez le temps de visiter avant de faire votre choix. Équipés de kitchenette, ils sont bon marché et dans l'ensemble assez confortables et fonctionnels. Ropsen, qui se met en quatre pour ses clients, loue aussi des voitures (à partir de 25 €), vélos et scooters (respectivement 4 et 20 €), et peut organiser des activités dans les environs (pêche au gros, île aux Bénitiers, etc.).

Rusty Pelican MAISON D'HÔTES €€

(carte p. 146 ; ☎5978 9140 ; rusty-pelican.com ; Morc. La Flèche ; appart avec petit-déj 55-60 €). L'adorable et dynamique Corinna, pharmacienne débarquée d'Afrique du Sud il y a 4 ans, propose dans sa belle maison 4 appartements indépendants : 2 en rez-de-chaussée avec cuisine, dans les tons jaune orangé, et 2 à l'étage avec cuisine partagée et balcons privatifs, dans les tons bleu-vert. Décorés avec goût, ils font 70 m², disposent de la clim et du Wi-Fi. Les amoureux de la nature et du calme seront conquis par le raffinement discret des lieux et par la magnifique piscine du jardin. On se sent vite chez soi, tant Corinna est aux petits soins pour ses hôtes : elle connaît tous les bons plans de la région, organise des barbecues et des cours de yoga, loue surfs et stand up paddles, lave votre linge pour 100 Rs et vous prête même un téléphone portable durant votre séjour.

La Maison Papaye MAISON D'HÔTES €€

(carte p. 146 ; ☎451 5976, 5758 9486 ; www.maisonpapaye.com ; Morc. La Flèche ; d avec petit-déj 50/85 € selon confort et saison). Bonne adresse, cette grande maison blanche aux volets bleus ressemble à une ancienne maison coloniale mais offre tout le confort moderne. Outre une agréable piscine et une belle varangue, où sont servis les petits-déjeuners, vous y trouverez 4 chambres à l'ambiance créole et au beau mobilier en bois. Les meilleures sont celles de l'étage, avec balcon. On vous conseillera pour vos activités dans la région. Possibilité de table d'hôtes.

Où se restaurer

Océan Vagabond ITALO-MAURICIEN €€
(carte p. 146 ; 415 5910 ; Royal Rd ; plats 250-700 Rs ; mer-lun midi et soir ;). Idéalement placé au centre du village et tenu par une Italienne, ce sympathique établissement est le repaire des amateurs de kitesurf et de surf venus tester les spots de la région. Au menu, cocktails de fruits, plats créoles, spécialités de la mer, et très bonnes pizzas sur place ou à emporter. Terrasse très agréable pour dîner.

Chez Mailee SINO-MAURICIEN €€
(carte p. 146 ; 415 6218 ; Royal Rd ; plats 120-1 200 Rs ; tlj midi et soir). Une excellente adresse ignorée des touristes, au bord de la route principale. Sur la très agréable terrasse, une vraie cuisine créole comme on l'aime : bouillon de crabe, gratin de fruits de mer, daube d'ourite, curry de langouste, poisson grillé au beurre d'échalote ou au gingembre, et langouste grillée sauce vanille… Tout est bon, copieux, et le service est très souriant.

Sugar par Sirokan MAURICIEN €€
(carte p. 146 ; 451 5115 ; Royal Rd ; plats 250-1 200 Rs ; tlj midi et soir). Murs couverts de ravenala, fauteuils en rotin, tables bien dressées… ce restaurant en bordure de la route à la sortie de La Gaulette est la bonne table locale, tant côté cadre que côté cuisine. L'accueil est souriant et les plats (salade de mangue et concombre, carpaccio de poisson, ourite à l'aubergine en sauce curry, cari de langouste, crabe à l'étouffée, banane sur le feu) laissent un agréable souvenir. On vient vous chercher en navette si vous n'avez pas de moyen de locomotion ! Malheureusement, depuis que la direction a changé, les prix ont augmenté et la qualité semble fluctuante…

Où prendre un verre et sortir

Enso RESTAURANT ITALIEN-LOUNGE BAR €€
(carte p.146 ; 4515 907 ; 1er étage du Village Walk Supermarket Center ; plats 200-790 Rs ;). Tenu par un surfeur, Enso est le spot branché des riders de tous poils qui aiment y prendre un verre, regarder des vidéos de sport extrême sur l'écran géant et jouer au billard en soirée. Il faut avouer qu'avec sa vue mer, ses tables en bois et ses canapés, la terrasse couverte est très agréable. Côté assiette, on trouve burgers (celui au thon frais est plutôt réussi) et bruschettas, pizzas, pâtes, salades, viandes et poissons grillés, ainsi que des sushis tous les jeudis.

Péninsule du Morne

Nul doute que vous l'avez vue avant même d'y être allé. Photographiée depuis le ciel, elle orne en effet la moitié des cartes postales vendues sur l'île. Ce succès n'est que justice : comment ne pas être ébloui par la stature altière des 550 m du Morne Brabant, qui se dresse sur une péninsule parcourue d'une frange de 4 km de plages, bordées par des filaos et un magnifique lagon. La montagne est aujourd'hui un domaine privé, mais des randonnées à pied ou en 4×4 peuvent être organisées en accord avec les propriétaires.

Le site n'est pas passé inaperçu des professionnels du tourisme : la péninsule est un refuge d'hôtels de luxe. N'espérez pas y trouver de logements petits budgets. Sa plage publique, en revanche, est ouverte à tous.

La péninsule est réputée auprès des amateurs de kitesurf. Les professionnels conseillent aux débutants de bien se renseigner sur les spécificités des lieux avant de se jeter à l'eau (voir les prestataires du chapitre *Plongée et activités nautiques*, p. 30). Le "paysage culturel du Morne" a été classé en 2008 sur la liste du patrimoine mondial de l'Unesco, en référence à son importance durant les heures sombres de l'esclavage (voir l'encadré p. 151).

À voir et à faire

Yan GUIDE DE RANDONNÉE
(5785 6177 ; www.trekkingmauritius.com.com). Ce guide spécialiste du Morne Brabant pourra organiser tous les aspects de votre ascension du mont. Comptez 1 500 Rs par personne et 3 à 4 heures d'efforts.

Plage BAIGNADE
Les grands groupes hôteliers semblent monopoliser les plages de la pointe nord et de l'ouest de la péninsule, mais rien ne vous

UNE JOURNÉE DEPUIS LA PÉNINSULE DU MORNE

Mettez le cap vers les hauteurs de l'île : **Chamarel** (p. 145), la **route de Plaine Champagne** (p. 143), le **parc national des gorges de Rivière Noire** (p. 142).

Autres options : la découverte de l'idyllique **île aux Bénitiers** (p. 151) ou, pour les plus sportifs, une initiation au **kitesurf** (p. 151) ou l'**ascension du Morne** (voir ci-dessus).

LE REFUGE DES ESCLAVES MARRONS

Célébré pour sa beauté, le site du Morne Brabant évoque pourtant de tragiques souvenirs. Ses pentes servirent en effet de refuge à de nombreux esclaves fugitifs – appelés esclaves marrons –, entre la fin du XVIIIe et le début XIXe siècle. Ce triste passé vaut au "paysage culturel du Morne" d'avoir été inscrit en 2008 sur la liste du patrimoine mondial de l'Unesco. "La tradition orale autour des marrons a fait de cette montagne le symbole de la souffrance des esclaves, de leur lutte pour la liberté et de leur sacrifice (...). Maurice, une grande escale du commerce des esclaves, a même été connue comme la République des marrons à cause du nombre important d'esclaves échappés qui s'étaient installés sur la montagne du Morne", note l'organisation sur son site Internet. Une légende dit qu'en 1835, des soldats auraient voulu annoncer l'abolition aux "marrons" du Morne : craignant de se faire tuer, ces derniers auraient préféré mourir libres en se jetant du haut de la montagne.

Après l'Aapravasi Ghat de Port Louis (p. 55), c'est le second site mauricien à être classé par l'Unesco sur sa célèbre liste. Son classement s'accompagne de la création d'une zone tampon afin de le protéger des développements immobiliers.

empêche de longer la mer et de vous y installer. Un chemin carrossable permet de faire le tour de la péninsule et rejoint par le sud la route de Baie du Cap.

Une très agréable plage publique, longue de 500 m, ombragée de filaos, commence juste au niveau de l'hôtel Dinarobin et finit vers le Saint Régis.

Île aux Bénitiers SORTIES EN MER
Au milieu du lagon du Morne, ce sublime îlot désert fait face à la barrière de corail et est bordé d'une belle plage frangée de filaos. De 1792 à 1856, l'îlot servit à plusieurs reprises de lazaret lors d'épidémies.

Les pêcheurs de La Gaulette (p. 149) pourront vous y emmener – Ropsen Chawan (p. 149) y organise des pique-nique – tout comme des prestataires de Rivière Noire (p. 140) ou de Flic en Flac (voir p. 131). On peut également gagner l'île à pied à marée basse, à condition d'être accompagné d'un guide connaissant les lieux.

Yoaneye KITESURF
(☎5737 8296 ; www.yoaneye.com). Yoaneye propose des cours de kitesurf sur les spots du Morne. L'équipement est fourni et les sessions peuvent être soit privées, soit collectives, dans la limite de 4 participants par moniteur.

Haras du Morne ÉQUITATION
(☎450 4142, 450 5042 ; www.harasdumorne.com ; Royal Rd). Ce centre équestre organise des randonnées à cheval sur la plage ou en montagne. Des cours d'initiation à l'équitation et des balades en calèche sont également proposés.

Paradis Golf Club GOLF
(☎401 5050 ; www.beachcomber-hotels.com ; 100 €/pers ; ⏲tlj). Le golf 18-trous de l'hôtel Paradis est ouvert aux non-résidents.

Où se loger

D'un côté, les eaux cristallines du lagon ; de l'autre, les falaises abruptes du Morne Brabant : l'emplacement des hôtels du Morne est exceptionnel.

Pik Pik Studios STUDIOS €
(carte p. 146 ; ☎5946 1250, 5821 0045 ; www.pikpik.fr ; Royal Rd ; studio 50 € ; P). La seule adresse "petit budget" sur la zone. Ces 8 studios avec patio ne brillent pas par leur décoration et leur confort, cependant ils offrent tout le nécessaire (kitchenette, TV, Wi-Fi...) et l'ambiance y est plutôt sympathique. On y trouve aussi un terrain de tennis à l'abandon (le filet fait office de fil à linge pour les employés) et une petite piscine.

♥ **LUX* Le Morne** CINQ-ÉTOILES €€€€
(carte p. 146 ; ☎401 4000 ; www.luxresorts.com ; Le Morne ; s/d avec petit-déj à partir de 162-375/396-609 € selon saison ; P). Ce très beau cinq-étoiles du groupe LUX* Resorts & Hotels fait honneur à l'hôtellerie de luxe. Les 149 immenses chambres, orientées vers l'océan, se situent en rez-de-jardin ou à l'étage de petits pavillons disséminés dans des jardins tropicaux, le long d'une magnifique plage de sable blond. L'hôtel abrite 3 restaurants et autant de piscines, dont la principale, vue depuis la réception, semble se confondre avec les eaux cristallines du lagon.

Mention spéciale, enfin, à son très beau spa, avec piscine et salles de massage intérieures et extérieures. Sports nautiques et terrestres.

Paradis Hotel & Golf Club CINQ-ÉTOILES €€€€
(carte p. 146 ; ☎401 5050 ; www.beachcomber-hotels.com ; d 144-735 €, ste d à partir 316-1 050 € selon saison ; P ❄ 📶 🏊). Ce cinq-étoiles du groupe Beachcomber et son golf de 18 trous occupent toute la pointe nord de la péninsule, un emplacement de rêve face au lagon. Proche dans son esprit du prestigieux Dinarobin voisin – un zeste de luxe en moins et une bonne centaine de chambres en plus, et mettant davantage l'accent sur les activités sportives –, l'hôtel ne fait pas mentir son nom. Parc de 150 ha, sublime plage de 5 km, dégradés de teintes sable, boiseries et toits de palmes... Le Paradis associe les atouts d'une décoration raffinée à ceux de son emplacement idyllique. Le même commentaire s'applique aux chambres et suites (286 au total, plus 13 "Beach Villas" plus luxueuses encore), décorées avec élégance et sobriété et bien intégrées dans l'environnement. Le parcours de golf et le spa Clarins complètent la liste des qualités de cette incontestable réussite. Une rénovation totale de l'hôtel est prévue en 2016.

Dinarobin Hotel, Golf & Spa CINQ-ÉTOILES €€€€
(carte p. 146 ; ☎401 4900 ; www.dinarobin-hotel.com ; ste s/d demi-pension 169-902/303-1 288 € selon saison ; P ❄ @ 🏊). Tout simplement sublime... Baptisé du premier nom donné à l'île Maurice, au Xe siècle, le huitième hôtel de la chaîne Beachcomber s'est rapidement taillé une place de choix sur le podium des hôtels de prestige de l'île. Cet établissement somptueux, classé cinq-étoiles et rénové en mettant encore davantage l'accent sur les passerelles en bois et les plans d'eau (piscine, bassins en cascade), s'étend sur un domaine de 150 ha et s'enorgueillit d'un golf international de 18 trous. Aéré, raffiné, élégant, le Dinarobin a une personnalité particulière, faite d'une harmonie de teintes douces sur lesquelles tranche le brun des boiseries. Quant aux 172 suites, traitées dans le même esprit alliant atmosphère tropicale et confort contemporain, elles sont installées dans des petits pavillons séparés par des espaces gazonnés et ponctués de piscines d'eau de mer (en plus de la piscine principale), évitant tout sentiment de foule. On y trouve aussi un spa Clarins, 4 restaurants et 3 bars. En bref : un havre de paix et de luxe au pied du Morne.

♥ **Saint Regis Mauritius Resort** CINQ-ÉTOILES €€€€
(carte p. 146 ; ☎403 9000 ; www.stregismauritius.com ; Le Morne ; d avec petit-déj 330-810 € selon saison ; P ❄ 📶 🏊). Avec son architecture d'influence coloniale, le St Régis, ouvert fin 2012, propose 172 chambres, suites et villas, avec terrasse et vue sur une plage paradisiaque. Déco contemporaine haut de gamme, service de majordome, atmosphère propice au repos, un spa, 6 restaurants et bars, un club pour enfants et une large palette d'activités nautiques... tout y est, sans oublier la piscine agrémentée de lits de repos. Une référence dans le monde de l'hôtellerie de luxe !

Où se restaurer

Vous ne trouverez sur la péninsule que les restaurants des hôtels de luxe. Dirigez-vous vers La Gaulette (p. 149).

Renseignements

Sur la péninsule, les services sont quasiment inexistants en dehors des hôtels. Une banque **MCB** (⌚lun-jeu 9h-15h15, ven 9h-17h) dotée d'un DAB est installée en face de l'hôtel Paradis (voir ci-dessus), au sein d'un petit centre commercial où vous trouverez quelques boutiques.

Depuis/vers la péninsule du Morne

La ligne de bus n°5 qui rallie Quatre Bornes à Baie du Cap passe par la péninsule du Morne.

Sud de l'île

Dans ce chapitre ➡

Le top des hébergements

- Shanti Maurice (p. 173)
- Les Lodges d'Andréa (p. 170)
- Auberge de Saint-Aubin (p. 170)

Le top des restaurants

- La Vielle Rouge (p.159)
- La Case du Pêcheur (p. 167)
- Green Palm (p. 173)

Pourquoi y aller

Encore largement épargné par le tourisme à grande échelle et les tour-opérateurs, le Sud mauricien a gardé son atmosphère sauvage et révèle un cadre naturel presque intact.

Cette côte souvent balayée par les alizés présente un visage avant tout rocheux, bordée par endroits de falaises sur lesquelles claquent des gerbes d'écume. Cette relative rudesse, compensée çà et là par quelques jolies plages, n'est pas le moindre des charmes de ce littoral ponctué de hameaux de pêcheurs. Si les amateurs de farniente trouveront ce décor bien différent des paysages de cartes postales souvent associés à l'île, les voyageurs épris d'authenticité seront à leur aise. La seule grande ville de la région, Mahébourg, à deux pas de l'aéroport, a su préserver son cachet, et seules les plages de Blue Bay, de Pointe d'Esny et de Bel Ombre rappellent que l'île a fondé sa réputation sur les plaisirs balnéaires.

Le Sud mauricien est également l'occasion de porter son regard vers l'intérieur des terres. En contrebas du parc national des gorges de Rivière Noire, plusieurs demeures historiques transformées en musées, restaurants et chambres d'hôtes, invitent les visiteurs à découvrir une facette plus méconnue de l'île.

Quand partir

La région est agréable toute l'année. De juillet à septembre, pendant l'hiver austral, la côte est soumise à des vents violents et à de forts courants qui peuvent limiter les possibilités de baignade. Fin février ou début mars se déroule autour de Grand Bassin la plus grande fête hindoue de l'île, le Maha Shivaratree, dont la date est fixée chaque année selon le calendrier lunaire. Ce pèlerinage, véritable institution, accueille alors plusieurs centaines de milliers de pèlerins, Mauriciens et Indiens. La récolte du thé sur la plantation de thé de Bois Chéri a lieu entre octobre et avril.

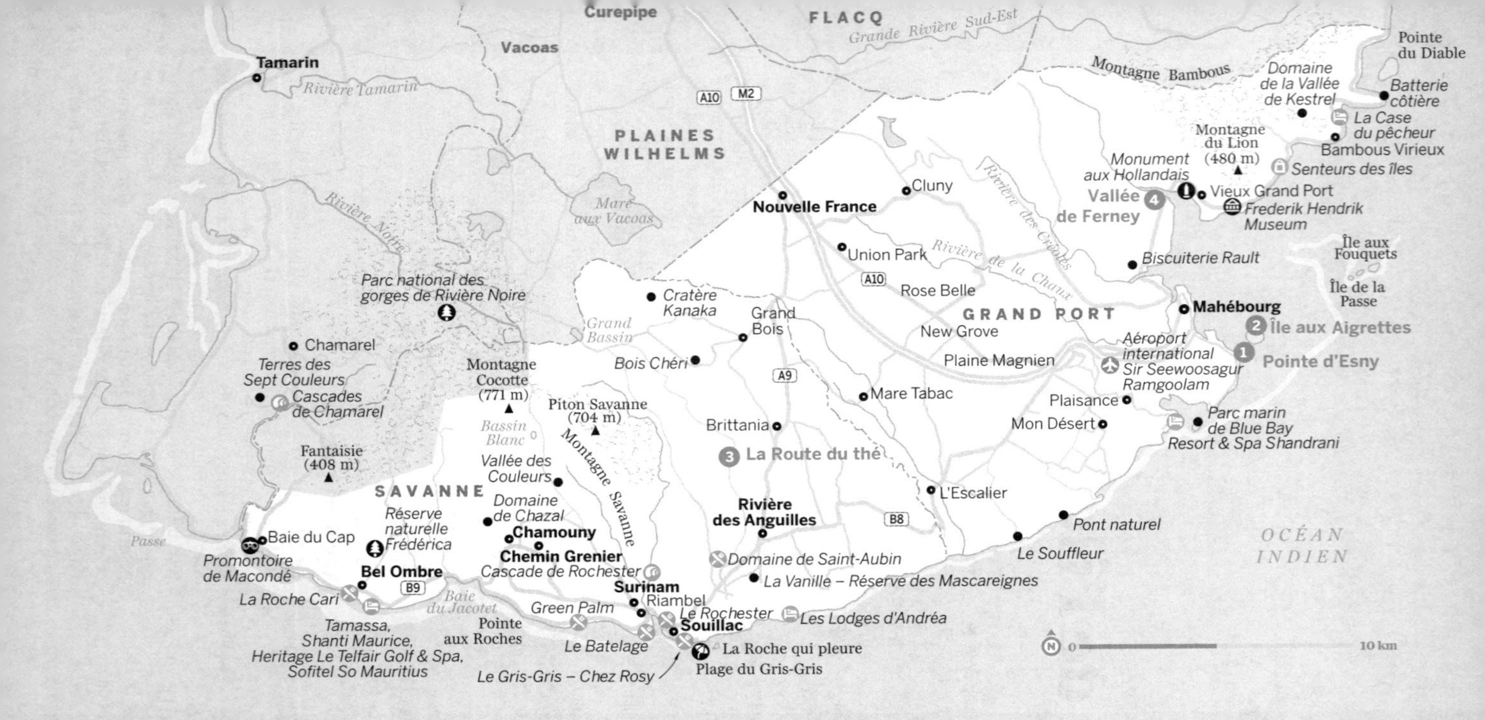

À ne pas manquer

1. La très belle plage de **Pointe d'Esny** (p. 161)
2. Une visite guidée de la réserve de l'**île aux Aigrettes** (p. 162)
3. La **Route du thé** : de Bois Chéri (p. 174) au domaine de Saint-Aubin (p. 169) en passant par le domaine des Aubineaux (p. 105)
4. Le décor préservé de la **vallée de Ferney** (p. 166), pour découvrir la faune et la flore de l'intérieur de l'île

MAHÉBOURG ET SES ENVIRONS

Mahébourg

Baptisée en l'honneur du gouverneur français Mahé de La Bourdonnais (voir p. 203), Mahébourg fut fondée en 1805 à l'embouchure de la rivière de la Chaux, qu'enjambe le pont Cavendish. Deuxième ville du pays, jusqu'à ce qu'une épidémie de paludisme provoque l'exode de sa population vers le plateau central, cette bourgade détendue de 17 000 habitants doit maintenant sa – modeste – fréquentation touristique à la proximité de l'aéroport, et à son caractère authentique. De son passé français, Mahébourg a conservé ses rues en damier et quelques maisons créoles aux varangues bordées de lambrequins. Le centre-ville, haut en couleur, foisonne de petits commerces et s'anime particulièrement le lundi pour la "foire" de Mahébourg, l'une des plus importantes de l'île.

La promenade du front de mer, bâtie en 2001 et ponctuée d'un bouddha, est désormais le lieu de promenade privilégié des familles. Elle offre une vue splendide sur le lagon et les îles de la passe, notamment l'île au Mouchoir Rouge, véritable image de carte postale. À son extrémité nord, une table d'orientation indique la position dans la baie des navires lors de la bataille de Grand Port du 23 août 1810, seule victoire navale d'envergure de Napoléon, figurant sur l'Arc de triomphe.

À voir

Marché alimentaire ATMOSPHÈRE ET PRODUITS LOCAUX
(rue de la Colonie ; tlj). Véritable poumon de Mahébourg, le marché alimentaire se tient tous les jours sous la grande halle et sur la place qui la sépare de la gare routière. Très vivant et coloré, avec ses étals de fruits et de légumes exotiques, c'est aussi l'endroit idéal pour s'initier à quelques petits plaisirs de la cuisine mauricienne comme les *dholl puri* ou goûter à l'*alouda*, boisson à base de lait, de vanille et de glace.

Foire TISSUS ET PRODUITS LOCAUX
(rue de la Boulangerie ; lundi 6h-18h). Chaque lundi, le centre-ville de Mahébourg se remplit d'une foule nombreuse aux abords du stade municipal. Le commerce y est avant tout axé sur les tissus et les vêtements, mais vous y trouverez aussi de nombreux autres produits. Les commerçants commencent à replier leurs étals vers 15-16h.

National History Museum MUSÉE HISTORIQUE
(musée national d'Histoire ; 631 9329 ; Royal Rd ; tlj sauf mardi 9h-16h, dim 9h-12h). GRATUIT Anciennement nommé "Musée naval et historique", le musée national d'Histoire est assez logiquement centré sur l'histoire maritime de l'île. Implanté au milieu d'un vaste parc à l'entrée de Mahébourg, sur la gauche de Royal Rd en venant de l'aéroport, il occupe une superbe maison coloniale du XVIIIe siècle. Elle servit d'hôpital en 1810 pour les commandants des flottes française et britannique blessés lors de la bataille de Vieux Grand Port. On peut y voir les vestiges de *La Magicienne*, frégate anglaise qui sombra au cours de la bataille, ou encore la cloche du *Saint-Géran*, qui coula au large de l'île en 1744 (voir l'encadré p. 102).

Tableaux, gravures, objets, cartes, armes et maquettes sont exposés sur deux niveaux. On notera surtout les belles cartes marines anciennes, touchantes par leur imprécision. L'ensemble est assez bien conçu, des commentaires accompagnant chaque pièce présentée. Quelques panneaux synoptiques sur l'abolition de l'esclavage ou la canne à sucre apportent des éclairages complémentaires. Un canon du XVIIe siècle garde l'entrée du musée.

Dans le parc, l'**espace artisanal de Mahébourg** (entrée libre ; tlj sauf mardi 10h-15h30h, dim 10h-12h) aligne quelques boutiques abritées dans des bungalows.

Église Notre-Dame-des-Anges LIEU DE CULTE
(Royal Rd). Érigée en 1849 mais restaurée à plusieurs reprises, cette église mérite le détour pour sa voûte en bois ornée d'anges, dont le regard semble fixé sur les visiteurs. À droite de l'entrée, remarquez la statue en bois du Père Laval, fleurie en permanence. Le clocher dévoile un superbe panorama sur la ville et le lagon : demandez l'autorisation d'y monter.

Pont Cavendish VESTIGE BRITANNIQUE
Enjambant la rivière de la Chaux au nord-ouest de la ville, cet ouvrage bâti par les Britanniques dans les premières années du XXe siècle mérite le coup d'œil. Initialement construit en bois en 1850, il fut rebâti en béton armé (une première pour l'époque) en 1911. Avec ses 152 m, c'est le plus long pont de l'île Maurice. Il dispose d'accès pour

piétons et il est agréable de s'y promener pour observer les pêcheurs sur la rivière de la Chaux. Il fut longtemps appelé "pont de la ville noire" en référence à l'importante population créole de Mahébourg, mais est le plus souvent désigné comme le pont de Mahébourg.

Biscuiterie Rault FABRICATION ARTISANALE DE GÂTEAUX AU MANIOC (☎ 631 9559 ; www.biscuitmanioc.com ; Ville Noire ; visite adulte sans/avec dégustation 140/175 Rs, enfant 100/125 Rs ; ⏲ lun-ven 9h-15h). Depuis 1870, la famille Rault-Sénèque, d'origine bretonne, fabrique près de Mahébourg des biscuits au manioc qui ont, pour beaucoup de Mauriciens, la saveur de leurs anciens goûters d'enfants. La biscuiterie, installée à Rivière Noire, n'a pratiquement pas changé depuis sa création. Le manioc est lavé, puis broyé et tamisé jusqu'à obtenir de la farine. Une dizaine d'ouvrières font ensuite cuire et dorer les biscuits sur des plaques de fonte, dans un four alimenté par des feuilles de canne. Les biscuits, dans leur emballage fait à la main, se conservent 2 ans et se déclinent en plusieurs parfums, dont beurre, lait, coco, crème vanillée, anis, chocolat ou encore cannelle. Le prix de la visite comprend éventuellement une dégustation de biscuits, accompagnés de thé ou de café. Pour certains, leur goût est décevant (le patron conseille de les accompagner d'un thé) ; pour d'autres, c'est celui de la nostalgie… et pour les addicts du sans-gluten, c'est le paradis : ni conservateur, ni colorant, ni agent de liaison !

Pour vous rendre à la biscuiterie depuis Mahébourg, traversez le pont Cavendish puis prenez à droite à la fourche en direction de Riche en Eau. Dans la ligne droite, cherchez, quelques centaines de mètres plus loin au niveau d'une maison orange, un chemin asphalté qui part à droite (il est possible de se repérer à un panneau sur un arbre indiquant la Hans Doyal Shop).

Mahébourg

Si vous êtes à pied, un sentier plus direct part des abords du pont Cavendish. Demandez sur place.

Où se loger

Mahébourg conviendra aux visiteurs au budget limité, plusieurs pensions et petits hôtels implantés au centre-ville proposant des chambres à des prix très raisonnables. Chillpill B&B et Coco Villa sont les seules de la ville à donner directement sur la mer. Si vous recherchez la plage, choisissez plutôt les établissements de Pointe d'Esny et de Blue Bay (p. 161), plus chers mais installés les pieds dans l'eau.

BON PLAN Tyvabro PENSION FAMILIALE €
(☎631 9674, 252 8003 ; www.tyvabro.com ; 10 rue La Marianne ; d avec petit-déj 27 € ; ❄@🛜). Hassen Jaunbocus, le patron, est fan de la Bretagne au point de proposer des crêpes au petit-déjeuner et d'appeler son adresse "le petit chez-nous" en breton. Les chambres sont petites mais bien équipées (TV satellite, clim, frigo, coffre-fort). L'ensemble, un peu encombré, doit beaucoup à l'accueil et à la terrasse panoramique, avec plantes vertes et hamacs, où est servi le copieux petit-déjeuner. Accès Internet, location de vélo. Le fils d'Hassen, Nadeem, propose aussi des services de taxi et des circuits thématiques à la journée (histoire, botanique) dans le sud de l'île (2 500 Rs/jour). L'adresse remporte un franc succès.

Guest House Orient HÔTEL CENTRAL €
(☎631 2111 ; orient@intnet.mu ; rue des Hollandais ; s/d/q 10/20/35 €). Ce bâtiment blanc et bleu assez kitsch loue de nombreuses chambres plutôt spacieuses et fonctionnelles, avec TV, ventilateur et douche ; certaines ont une option cuisine ou vue sur mer. À défaut d'être très chaleureuses, elles sont particulièrement propres et proposées à un tarif intéressant. Les chambres de l'étage, qui donnent sur une terrasse, sont les plus claires et agréables. L'ambiance est familiale, l'accueil très aimable.

Hôtel Les Aigrettes HÔTEL CENTRAL €
(☎631 9094, 5259 7848 ; www.hotellesaigrettes.com ; rue Chaland ; s/d 600/800-1 200/1 600 Rs ; ❄📺). Dans un ensemble assez encombré – l'une de ces villas faite d'ajouts successifs jusqu'à ressembler à un dédale –, vous trouverez des chambres à la décoration assez kitsch mais propres. Certaines sont équipées de la clim, de la TV et d'un réfrigérateur, et un petit bassin intérieur permet de se rafraîchir. Les moins chères ont vue sur la cour, et l'on voit un petit bout de mer par-dessus les toits.

Coco Villa VUE SUR LAGON €€
(☎631 2346, 631 2192 ; www.mahecocovilla.net ; rue Shivananda ; s/d vue mer avec petit-déj 1 300/1 700 Rs ; ❄📺). Cette grande bâtisse abrite des chambres à la déco d'inspiration bollywoodienne où se mêlent peintures de couleurs vives, déco en coquillages et canapé en skaï... Une ambiance à la limite

Mahébourg

À voir

1	Bouddha	C1
2	Église Notre-Dame-des-Anges	B4
3	Foire	B1
4	Kiosque	C2
5	Marché alimentaire	B2
6	Pont Cavendish	A2
7	Table d'orientation	C1

Où se loger

8	Chillpill B&B	D4
9	Coco Villa	D4
10	Guest House Orient	D4
11	Hôtel Les Aigrettes	C4
12	Tyvabro	A2

Où se restaurer

13	Chez Patrick	B4
14	L'Ajoupa	C3
15	La Colombe	C2
16	Les Copains d'abord	C2
17	Le Monte-Carlo	C1
18	La Vielle Rouge	D3

Renseignements

19	Banque des Mascareignes	B2
20	Commissariat	B2
21	HSBC	B2
22	Mauritius Commercial Bank	B3
23	Orange	B2
24	Poste principale	B2
25	State Bank of Mauritius	B2
26	Station service	C2
27	Station service	C2
28	Supermarché Lo Yeung	C3

Transports

29	Gare routière	C2

LES ÎLES DE LA BAIE

Face à Mahébourg, plusieurs îlots semblent posés sur le vert du lagon. Reconnaissable à la petite maison au toit rouge qu'elle abrite, l'**île au Mouchoir Rouge** est la plus proche du front de mer. Elle doit son nom à l'époque où la bonne société mahébourgeoise faisait des régates le dimanche entre l'île et la ville. Il suffisait alors d'agiter un mouchoir rouge pour signaler que l'on voulait embarquer. Les régates ont toujours lieu chaque mois, et permettent aux pêcheurs de s'affronter dans un climat bon enfant sur des bateaux traditionnels colorés. On peut l'observer de près en rejoignant l'extrémité d'un ponton abrité d'un kiosque, sur le front de mer.

Plus au large, l'**île de la Passe** abrite les vestiges d'un grand fort français, édifié vers 1800. Il joua un rôle-clé dans la seule victoire navale napoléonienne d'envergure sur les Britanniques, en 1810. L'île au Phare, de son vrai nom **île aux Fouquets**, servit de prison au huguenot français François Leguat durant la période hollandaise. Dans son ouvrage *Voyage et aventures de François Leguat et de ses compagnons en deux îles désertes des Indes orientales, 1690-1698*, il raconte comment ses compagnons et lui-même survécurent en mangeant plus de 10 000 œufs d'oiseaux marins pendant leurs 3 années de captivité. Le phare fut construit en 1816 et n'est plus en activité. Le snorkeling y est très agréable.

Enfin, plus au sud face à la pointe d'Esny, l'**île aux Aigrettes** (voir p. 162) est la plus grande des îles de la baie. Cette réserve protégée est le sanctuaire de plusieurs espèces d'oiseaux menacées et abrite les derniers vestiges de la forêt côtière mauricienne.

Plusieurs prestataires proposent des excursions vers les îles : votre hôtel ou votre gîte saura vous conseiller. Vous pouvez notamment contacter **Jean-Claude Farla** (☎423 1322, 631 7090), que nous recommandons particulièrement pour son professionnalisme, et le plaisir que procure la navigation sur sa barque à voile. Comptez de 800 à 1 500-2 000 Rs environ par personne en fonction de la durée et du contenu du circuit ; réservez, car un nombre minimum de participants est souvent requis (généralement 6).

du kitsch qui ne plaira peut-être pas à tout le monde, mais qui a le mérite de l'originalité et permet surtout de séjourner face à la mer à prix doux. Les chambres sont vastes, fonctionnelles, très propres et possèdent pour la plupart la clim. Elles sont dotées dans leur majorité d'un balcon et jouissent d'une superbe vue sur la mer et l'île aux Aigrettes, à quelques encablures. Les tarifs peuvent être négociés selon la durée et la saison.

♥ **Chillpill B&B** VUE SUR LAGON **€€**
(☎5715 7744, 5794 9561 ; www.chillpillmaurice.com ; 6 rue Shivananda ; d/q 30-75 €/59-81 €, chaumière 48-65 €, selon confort et saison ; P❄≋ᯤ). Ne cherchez pas plus loin la bonne adresse de la ville : l'ex-Auberge Aquarella offre un confort et une qualité de prestation inégalés dans cette gamme de prix à Mahébourg. Les 10 chambres, sans être luxueuses, sont claires et agréables, impeccablement entretenues et décorées avec goût. Les n^os^2, 3, 4, 7 et 8, avec leur petit balcon en bois dominant la mer, sont sans conteste celles qui offrent la plus belle vue : elles disposent de la clim, de la télé, du Wi-Fi et d'un mini-frigo... On aime beaucoup la Chaumière, petite chambre rustique surplombant le lagon. Le site est plein de charme, grâce à l'heureuse combinaison de murs en basalte ou blancs, de toits de paille, d'un jardin bien entretenu, et de la petite piscine à débordement avec Jacuzzi face à l'océan Indien. L'auberge sert des repas (menu complet à 500 Rs) qui n'ont rien à envier à ceux de nombreux restaurants : poulet coco avec étouffée de giraumon, grillade de poisson au riz safrané, vindaye d'ourites...

♥ **Nativ Lodge & Spa Hotel** LODGES EN VILLE **€€**
(☎631 1058, 5716 3006, 5716 3008 ; www.nativlodge-spa.com ; Tombeau Lane, juste avant le National History Museum ; lodge d en demi-pension 3 000-3 500 Rs selon confort et saison ; ❄≋ᯤ). Jolie surprise que cette adresse récente, à deux pas de l'artère la plus empruntée de Mahébourg et ménageant pourtant un espace bucolique aussi reposant que dépaysant. Huit bungalows modernes de pierre volcanique sont disposés dans un jardin exotique au bord de la rivière de la Chaux : avec leurs murs de couleur vive, leurs grands stores vénitiens qui donnent sur une piscine privative, les bananiers qui jaillissent par les fenêtres, leurs superbes

salles de bains en béton ciré, on n'a qu'une envie : ne plus en bouger ! Un agréable restaurant décoré de meubles de récup' est installé sous des parasols près des arbres, et propose de bons petits plats, souvent issus de la pêche du jour (menu 600 Rs). Également cours de danse ou de cuisine, spa et massages.

Le Jardin de Beau Vallon CHAMBRES D'HÔTES **€€€**
(☎631 2805 ; www.lejardindebeauvallon.com ; route de l'aéroport ; bungalow s/d 2 500-3 100 Rs ; P ❄ 📶 🏊). À 1,5 km de la ville en direction de l'aéroport, cette belle adresse installée dans une ancienne demeure coloniale est un havre de paix aux portes de Mahébourg. Outre un restaurant (voir p. 160), elle propose 4 bungalows situés dans le jardin. Récents, ils sont un peu trop rapprochés les uns des autres mais se distinguent par leur décoration à thème (colonial, indien, africain, asiatique) et leur confort (clim, Wi-Fi, réfrigérateur). Mention spéciale au "Pavillon", qui doit son surplus de charme à son lit à baldaquin et à sa belle salle de bains. L'adresse dispose d'une piscine.

Où se restaurer

L'Ajoupa SNACK-BAR TROPICAL **€**
(☎290 1268 ; rue Souffleur ; ⏲tlj sauf mer et dim midi ; plats 60-135 Rs). Baptisée en référence aux anciens abris des esclaves marrons (fuyards), cette petite terrasse à la déco colorée séduira les voyageurs à petit budget par son ambiance décontractée, sa bonne musique (reggae, électro, rock...), ses plats à prix doux, et l'accueil très souriant de Morgan. À l'ardoise : samoussas, croquettes de poisson, boulettes de viande, pains fourrés, paninis, burgers, salade de crudités, poissons frits, mines frites et bols renversés, qu'on déguste sur des tables en bois dans un minuscule jardin. Le curry d'ourites ou de calamars, servi avec riz, lentilles et salade (250 Rs), est le plat le plus cher. Ne ratez pas le punch maison !

Le Monte-Carlo MAURICIEN **€**
(☎631 7449 ; rue de la Passe ; plats 75-290 Rs ; ⏲tlj sauf jeu). Le Monte-Carlo a vue sur la gare routière et l'enseigne d'un fast-food international. Mais qu'importe : l'accueil est agréable et l'emplacement idéal si vous arrivez ou attendez un bus. La carte décline la large gamme des spécialités habituelles, des mines frites (75-90 Rs) à la langouste (800 Rs les 500 g) en passant par le calamar aigre-doux, le poisson au gingembre et

UNE JOURNÉE DEPUIS MAHÉBOURG

Commencez par la visite de la **biscuiterie Rault** (p. 156) puis continuez par la route côtière le long de la **côte est** (p. 116), encore largement épargnée par les projets immobiliers. Réservez des activités à la vallée de Ferney (p. 166) ou au **domaine de l'Étoile** (p. 118) et, pourquoi pas, poursuivez jusqu'à la paisible **Trou d'Eau Douce** (p. 119) et l'**île aux Cerfs** (p. 118). Autre option, plus proche de la ville : réservez la visite de l'**île aux Aigrettes** (p. 158) et finissez la journée sur la plage de **Pointe d'Esny** (p. 161).

les crevettes géantes sautées à l'ail ; mais cerf ou bœuf sont également à la hauteur. Service très aimable. En sortant du restaurant, vous verrez sur la droite les vestiges de l'ancienne voie ferrée.

Chez Patrick SINO-MAURICIEN **€€**
(☎631 9298/5251 68 54 ; Royal Rd ; plats 65-675 Rs, menu 800 Rs ; ⏲tlj midi et soir ; P). À deux pas de l'église Notre-Dame, dans l'artère principale de Mahébourg, ce restaurant sans prétention, avant tout fréquenté par les Mauriciens, sert sur des toiles cirées une honnête cuisine familiale sino-mauricienne. À la carte, le rougail de calamars et le poulet à l'ananas côtoient le cari d'agneau et les plateaux de fruits de mer (800 Rs). La langouste occupe le haut de l'échelle des prix, tandis que le bol renversé ou le riz frit s'adressent aux voyageurs au budget serré. Ambiance sans chichis ; ce n'est pas ici que vous serez séduit par la décoration, réduite à sa plus simple expression !

♥ **La Vielle Rouge** MAURICIEN-FUSION **€€**
(☎936 0355, 631 3980 ; angle rue Hangard et Des Mares ; plats 200-1 250 Rs ; ⏲tlj midi et soir). L'adresse, spécialiste du poisson et des fruits de mer, a ses adeptes depuis longtemps. On sert ici une cuisine fraîche, goûteuse, légère et bien présentée : poisson à l'indienne cuit dans une feuille de bananier, curry de langouste, gambas au basilic.... Un bon rapport qualité/prix. Le dîner est particulièrement agréable sur la terrasse aux airs indonésiens, ornée de voilages. Juste à côté du restaurant,

ne manquez pas le petit autel à la Vierge niché sous un immense banian.

La Colombe MAURICIEN CRÉOLE €€
(☎631 8594 ; rue des Hollandais ; plats 210-400 Rs ; ⏲tlj midi et soir). Ambiance créole pimpante et colorée pour cet établissement à l'honnête rapport qualité/prix. La cuisine met avant tout l'accent sur les fruits de mer et les poissons – capitaine à toutes les sauces, curry de poisson au coco, crevettes aigres-douces – mais n'oublie pas la daube de cerf ou les plats végétariens. La qualité de la cuisine serait inégale selon les habitués. Le resto se remplit surtout les soirs où il accueille des musiciens, généralement en fin de semaine. Renseignez-vous si vous voulez échapper aux soirées karaoké !

Le Bistrot GRILL €€
(☎631 9806 ; Royal Rd ; plats 225-475 Rs ; ⏲mar-sam midi et soir). Envie d'une bonne pièce de viande ? Dans sa petite salle chaleureuse tapissée de stars des années 1980, Henri propose – en plus de sa bonne humeur –, des entrecôtes (350 Rs) et des filets de bœuf (475 Rs) d'excellente tenue. On retrouve aussi sur le menu des spécialités mauriciennes comme les crevettes au beurre d'ail ou le poulet créole. Le restaurant est situé un peu à l'écart du centre-ville en direction de Blue Bay et se trouve à l'étage d'un immeuble juste avant le magasin Bato Constance Ltée.

Les Copains d'abord VUE SUR MER €€€
(☎631 9728 ; rue Suffren ; plats 325-550 Rs, menu du jour 700 Rs ; ⏲tlj midi et soir). Face au front de mer, Les Copains d'abord est l'adresse la plus animée et l'une des tables les plus appréciées de Mahébourg, tant pour le cadre avec terrasse que pour la cuisine, même s'il semble que la qualité soit fluctuante depuis quelque temps. À la carte une cuisine mauricienne classique qui mélange poissons, rougails et fruits de mer (vendus au poids, ils peuvent faire s'envoler l'addition). S'ajoutent quelques plats de gibier. On apprécie les produits sélectionnés, comme le poulet issu d'une ferme locale, les plats qui n'exagèrent pas sur les matières grasses et le rhum arrangé offert pour finir le repas. Seul bémol : des portions pas toujours très copieuses au regard des tarifs. Pas de CB.

Le Jardin de Beau Vallon DEMEURE COLONIALE €€€
(☎631 2805 ; route de l'aéroport ; plats 350-990 Rs ; ⏲tlj midi et soir). Un jardin planté de cocotiers, une maison coloniale du XVIIIe siècle, une salle décorée avec goût et une agréable varangue... voilà pour le cadre, raffiné et romantique, à 1,5 km de Mahébourg en direction de l'aéroport. La carte, qui change régulièrement, proposait lors de notre dernier passage une fricassée de fruits de mer au lait de coco et curcuma, l'incontournable langouste, ou encore l'assortiment de 7 caris, plat traditionnel servi lors des mariages, présentés en mini-portions. Concluez d'une crème brûlée vanille-cannelle ou d'un blanc-manger coco-caramel. Le cadre, cependant, est plus exceptionnel que l'accueil ou la cuisine. Le Jardin de Beau Vallon se double d'un autre restaurant, au bord de la piscine, où l'on sert des pizzas, salades, paninis et autres snacks. Réservation indispensable le soir.

☆ Où sortir

Hormis une promenade digestive le long du front de mer, la paisible Mahébourg n'offre guère de miracles en matière de sorties nocturnes. Quelques adresses relèvent cependant le flambeau en fin de semaine, notamment Les Copains d'abord et La Colombe (voir ci-contre), qui accueillent régulièrement des musiciens et organisent des soirées karaoké ou séga.

Achats

Bato Constance Ltée MAQUETTES DE BATEAUX ET D'AVIONS
(☎631 7611/5770 67 67 ; mt.constance@intnet.mu ; Barachois, Royal Rd ; ⏲lun-ven 9h-17h30, sam 9h-12h30 ; prix 400-8 000 Rs). De beaux modèles réduits de bateaux en teck, et un travail de qualité (jusqu'à 400 heures de travail) mené de main de maître par le sympathique propriétaire, Tony Constance. L'atelier, qui emploie une dizaine de personnes, est le seul de l'île à fabriquer également des maquettes d'avions. Les modèles réduits sont emballés dans des caisses permettant de les faire voyager en soute sans dommages.

ℹ Renseignements

ARGENT

Plusieurs banques pratiquant le change et équipées de DAB sont installées en ville.

Banque des Mascareignes (rue des Cent Gaulettes ; ⏲lun-ven 9h-17h, sam 9h-13h)

HSBC (Royal Rd ; ⏲lun-jeu 9h-15h30, ven 9h-16h)

Mauritius Commercial Bank (MCB ; rue des Délices ; ⌚lun-jeu 9h-15h15, ven 9h-13h)

State Bank of Mauritius (SBM ; Royal Rd ; ⌚lun-jeu 9h-15h15, ven 9h-16h)

POSTE ET TÉLÉPHONE

Poste principale (☎631 9553 ; ⌚lun-ven 8h15-16h, sam 8h-11h45). À l'angle de Royal Rd et de Marainnes St.

Orange (rue Marianne). Cabines téléphoniques et vente de recharges téléphoniques Orange. Dans le centre, en face de l'entrée du grand marché.

SUPERMARCHÉS

Supermarché Lo Yeung (rue Labourdonnais). Les rayons de ce petit supermarché devraient satisfaire la plupart de vos besoins.

Centre commercial London Way (carte p. 156 ; ⌚lun-jeu 8h30-19h, ven-sam 8h30-20h, dim 8h30-12h30). Installé à la sortie de Mahébourg en direction de Blue Bay, cet espace moderne regroupe un supermarché, un DAB, une pharmacie et des boutiques de mode.

Depuis/vers Mahébourg

AVION

Tous les vols internationaux pour l'île Maurice atterrissent à l'aéroport Sir Seewoosagur Ramgoolam.

Aéroport Sir Seewoosagur Ramgoolam (SSR ; ☎603 6000 ; aml.mru.aero). Situé à Plaine Magnien, à quelques kilomètres de Mahébourg.

BUS

Face au front de mer, la gare routière de Mahébourg, où s'alignent des bus aux noms évocateurs ("Bad Boy", "Evergreen", "Dreamliner"), est étonnamment bien organisée. Les départs ont lieu de 5h30 à 19h environ. L'express n°198 rallie directement Port Louis toutes les 15 minutes (Compagnie UBS, 28 Rs) et le n°9 part pour Curepipe toutes les 10 minutes (26 Rs). Comptez en moyenne 1 heure de trajet pour ces 2 destinations. Le bus pour Blue Bay part toutes les demi-heures (n°46 ; 18 Rs). Vous devrez changer à Port Louis pour rejoindre Grand Baie. Souillac (via Rivière des Anguilles) et Centre de Flacq (via Vieux Grand Port et Grand Sable), sur la côte est, sont également desservis.

Comment circuler

Le meilleur moyen d'appréhender l'ambiance particulière de Mahébourg consiste à circuler à pied, à vélo ou en scooter. En deux-roues, c'est un plaisir de longer la route côtière (Royal Rd) jusqu'à Blue Bay, à environ 5 km au sud de Mahébourg.

DEPUIS/VERS L'AÉROPORT

Le taxi est le moyen le plus simple pour rejoindre ou quitter l'aéroport. La course entre l'aéroport international et Mahébourg coûte environ 600 Rs. Comptez 1 000 Rs jusqu'à Port Louis, 1 200 Rs pour Blue Bay, 1 700 Rs pour Grand Baie et 1 900 Rs pour Belle Mare. Nous recommandons le très aimable et sérieux **Elvis** (☎5766 3570).

Plus économique mais bien plus long, des **bus express** circulent entre Mahébourg et Port Louis de 6h30 à 18h30, et s'arrêtent devant un petit abri à l'extérieur de l'aéroport (de l'autre côté du parking en sortant du terminal).

VÉLO

Plusieurs hôtels et prestataires louent des VTT, à partir de 250 Rs/jour environ.)

VOITURE ET SCOOTER

Plusieurs prestataires proposent des voitures en location à des tarifs comparables (à partir de 1 200 Rs/30 € environ par jour). Certains disposent de petites voitures automatiques et tous peuvent livrer le véhicule à votre hôtel ou à l'aéroport. Les grandes agences internationales, réunies à l'aéroport voisin, pratiquent des tarifs plus élevés. Vous pouvez également voir avec votre hôtel ou gîte. Citons notamment **JH Arnulphy** (☎631 9806 ; www.henri-vacances.com), installé sur la route de Blue Bay, à 1 km du centre, à droite du bâtiment abritant l'atelier Bato Constance Ltée.

Pointe d'Esny et Blue Bay

Au sud de Mahébourg, la Royal Rd longe la côte et la pointe d'Esny jusqu'à la plage publique de Blue Bay et son magnifique lagon, dont une partie a été transformée en parc marin. Bordant la route, une rangée de villas bordées de plages tranquilles cache le rivage, donnant à cette portion du littoral des airs de villégiature cossue. L'idéal, pour profiter de la mer et de somptueux levers de soleil, consiste à loger dans les pensions ou hôtels de la côte. Sinon, longez la mer depuis la plage publique ou empruntez l'un des passages qui s'insinuent entre les maisons. La pointe d'Esny est appréciée des adeptes débutants de planche à voile et de kitesurf pour ses conditions de vent favorables.

Plus loin, Blue Bay semble résumer les paradoxes de l'île : ce village résidentiel somnolent fait face à un hôtel de luxe, dont il est séparé par un lagon miroitant. Plus populaire, il est un lieu de pique-nique apprécié des Mauriciens.

Pointe d'Esny et Blue Bay

Pointe d'Esny et Blue Bay

Les incontournables

1 Île aux Aigrettes B2
2 Plage de la pointe d'Esny B3

À voir

3 Parc marin de Blue Bay B4
4 Plage publique de Blue Bay A4

Où se loger

5 Astroea Beach A3
6 Chant au vent A4
7 Chez Henri B&B B3
8 L'Oiseau du Paradis B4
9 La Case Mama B3
10 Le Preskil B3
11 Noix de Coco B3
12 Pingouinvillas A4
13 Shandrani Resort & Spa A4

Où se restaurer et prendre un verre

14 Blue Bamboo B3
15 Chez Maryse B4
16 Le Bougainville A4

À voir et à faire

Île aux Aigrettes — RÉSERVE NATURELLE

Réserve naturelle depuis 1965, l'île aux Aigrettes abrite les derniers vestiges de la forêt côtière qui couvrait jadis le rivage de Maurice. Plus de 18 espèces très rares, comme l'ébène, le bois de bœuf, le bois de chandelle ou le bois de fer, poussent dans ce petit paradis de 27 ha, situé à 800 m seulement de la côte. La Mauritian Wildlife Foundation, qui gère l'île depuis 1985, y a implanté une pépinière qui produit chaque année plus de 45 000 jeunes plants destinés à la restauration de biotopes menacés. L'île est également devenue un sanctuaire pour les oiseaux en voie de disparition. De 1990 à 1994, elle a servi de centre de quarantaine pour les pigeons roses et les crécerelles provenant de centres de reproduction à l'étranger, lâchés ensuite dans la nature. Aujourd'hui, environ 400 pigeons roses y ont élu domicile. Ils étaient moins de 10 au début des années 1970, selon la Mauritian Wildlife Foundation.

La **Mauritian Wildlife Foundation** (MWF ; ☎631 2396/5258 8139 ; www.mauritian-wildlife.org ; adulte/enfant 8-11 ans 800/400 Rs ; ⏲départs 9h30, 10h, 10h30, 13h30, 14h et 14h30 lun-sam, et 9h30, 10h et 10h30 dim, sur réservation) organise des visites écotouristiques de l'île au départ de Pointe Jérôme, à 500 m de l'hôtel Preskil. Après avoir consulté les panneaux d'information du centre des visiteurs, on emprunte un sentier à la découverte de l'île, de ses oiseaux, de ses chauves-souris, de ses plantes et de ses tortues terrestres, réintroduites depuis quelques années depuis l'île seychelloise d'Aldabra : "Big Daddy", un mâle âgé de 100 ans, ne vous laissera pas de marbre ! La visite dure de 1 heure 30 à 2 heures. Emportez chapeau et crème solaire.

Parc marin de Blue Bay — RÉSERVE MARINE

Plus de 350 ha du très beau lagon de Blue Bay sont protégés dans le cadre d'un parc marin depuis 2000. La baie le doit notamment aux exceptionnels fonds sous-marins de son "jardin de corail", en face du village. Le classement d'une partie de la baie en zone Ramsar (programme international de protection des zones humides), en 2008, devrait avoir renforcé la protection du site, longtemps jugée insuffisante par les associations écologistes, qui dénonçaient la circulation des bateaux à moteur (le parc marin est divisé en différents secteurs, dont le niveau de protection varie de "protégé" à "strictement protégé"). Dans les faits, le site est très fréquenté, et les bateaux semblent toujours plus nombreux... Quelques panneaux d'information renseignent le visiteur à côté du poste de police de Blue Bay. On y apprend notamment que le parc abrite 72 espèces de poissons et 50 variétés de coraux aux formes exubérantes.

Aucune visite "officielle" n'est organisée. Vous devrez avoir recours aux bateaux à fond de verre amarrés face à la plage publique, qui se font concurrence et demandent environ 400 Rs pour une sortie de 1 heure ou 3 000 Rs pour la journée, snorkeling inclus. Si vous êtes bon nageur et que la météo s'y prête, il est également possible de rejoindre le "jardin de corail" en quelques vigoureux coups de palmes depuis la plage de Blue Bay. Les plongeurs s'adresseront à Coral Diving (voir le chapitre *Plongée* p. 30).

Plage publique de Blue Bay

BAIGNADE ET ACTIVITÉS NAUTIQUES

Au centre du village du même nom, cette plage n'est pas la plus belle mais elle regroupe le plus de services dans les environs : toilettes, bar-restaurant, snacks. C'est également là que sont stationnés les bateaux à fond de verre qui font leur business de la visite des superbes coraux du parc marin.

Plage de Pointe d'Esny

BAIGNADE ET ACTIVITÉS NAUTIQUES

Étalée entre la sortie de Mahébourg et Blue Bay, cette plage est autrement plus belle et propre. Elle est cependant moins facile d'accès : une série de villas fait barrage depuis la route. Vous pourrez en profiter pleinement si vous résidez dans l'un des hôtels qui la bordent. Sinon, un passage public situé entre deux villas à une centaine de mètres de Chez Henri B&B en direction de Blue Bay permet d'accéder à la plage. Elle est réputée auprès des amateurs de kitesurf de niveau moyen (et des débutants lorsque la météo est calme).

Où se loger

Tous les établissements présentés ci-après s'égrènent le long des quelques kilomètres de route côtière qui séparent Mahébourg de Blue Bay. À savoir : la pointe d'Esny est située dans l'alignement des pistes de l'aéroport, dont l'activité, essentiellement diurne, peut perturber la quiétude de certains hébergements.

BON PLAN La Case Mama

CHAMBRES D'HÔTES €

(☎ 5786 1374 ; www.lacasemama.sitew.fr ; 48 Royal Rd, pointe d'Esny ; ch avec petit-déj 25 €/pers, ch demi-pension 35 €/pers ; wifi). Si vous aviez des amis un peu baba cool à l'île Maurice, leur maison ressemblerait certainement à celle-ci. Tenue par le charismatique William Bayon, cette adresse (anciennement connue sous le nom "Chez les frères Bayon"), qui rappelle l'ambiance des auberges de jeunesse, comprend 3 chambres équipées d'une douche et d'un ventilateur. Le confort est simple (mais le toit traditionnel en paille apporte beaucoup de cachet), les lieux ont en décontraction ce qu'ils n'ont pas en intimité, et vous pourrez paresser sous un énorme badamier face à la plage. Le soir, on mange tous ensemble sur une grande table, et on refait le monde ! William peut organiser des grillades le midi, des sorties en bateau, des randonnées, des locations de vélo, kayak et hobie cat. La maison, repérable à un panneau "rooms" orné d'un dodo, est située juste en face de Chez Henri.

BON PLAN Chez Henri B&B

CHAMBRES D'HÔTES €

(☎ 631 9806 ; www.henri-vacances.com ; Royal Rd, pointe d'Esny ; d avec petit-déj 1 800 Rs ; clim wifi). Le sourire de Majo et d'Henry, les maîtres des lieux, donne le ton : on est ici dans une véritable maison d'hôtes, l'une de ces adresses où le mot accueil prend tout son sens. Dans une maison noyée dans la végétation, les 3 grandes chambres avec boiseries, joli mobilier et coin cuisine bien équipé offrent un excellent rapport qualité/prix. Repas concoctés par le patron sur demande (600 RS) et possibilité de location de voiture. L'adresse, située côté route, ne donne pas directement sur la plage mais un sentier d'accès y mène en quelques dizaines de mètres. Henry est aussi le propriétaire du restaurant Le Bistrot (voir p. 160) à Mahébourg.

♥ L'Oiseau du Paradis

CHAMBRES D'HÔTES €€

(☎ 631 5496 ; www.oiseauduparadis.com ; Royal Rd, Blue Bay ; s/d avec petit-déj 25-69/55-78 € selon saison et confort, bung avec petit-déj 87 € selon saison ; clim wifi). À la fois contemporaine et tropicale chic, cette maison d'hôtes de charme que vous trouverez sur la droite au niveau de Chant au Vent, juste avant d'arriver dans Blue Bay, bénéficie d'un cadre relaxant. Elle ne fait pas face à la mer mais dispose d'atouts pour compenser cette lacune : jardin noyé dans la végétation, clim, bassin pour se rafraîchir, chemin d'accès

POURQUOI PAS UNE LOCATION ?

Villas et appartements à louer ne manquent pas à Blue Bay et le long de la route de Pointe d'Esny. À plus forte raison depuis que l'augmentation des baux littoraux pousse les propriétaires à rentabiliser leurs impôts fonciers. Quelques pistes pour trouver votre bonheur :

- **Pingouinvillas** (☎637 3051, 5758 3837 ; www.pingouinvillas.com ; rue des Daurades, Blue Bay ; studio et app 1-2 pers/3-6 pers 275-375/375-420 € par sem selon saison). Appartements et studios récents et bien équipés au milieu d'un jardin fleuri, avec vue panoramique sur la plage de Blue Bay.
- **Idyllic Villas** (☎697 1602 ; www.idyllic-villas.com). Ce prestataire sérieux et professionnel propose une large sélection de villas, de la plus simple à la plus luxueuse, partout sur l'île. À contacter à l'avance.
- **Villas du Lagon** (☎5499 3101 ; villadulagon.jimdo.com ; studio 3 500/4 000 Rs, villas 5 000/10 000 Rs selon saison). Un studio et 2 charmantes villas à la décoration soignée sur le lagon.

privatif à la plage et agréable salon. Les chambres, de deux catégories, s'adaptent à tous les budgets. Les moins chères, un peu exiguës ont une sdb commune, tandis que les plus onéreuses sont particulièrement spacieuses, jouissent d'une terrasse et arborent une jolie décoration mêlant boiseries et teintes acidulées. Un bungalow dans le jardin accueille 4 personnes. Possibilité de restauration sur place ou de préparer soi-même sa cuisine. On regrettera simplement que les tarifs se soient récemment orientés à la hausse.

Noix de Coco CHAMBRES D'HÔTES €€
(☎631 9987 ; www.noixdecocoguesthouse.com ; Royal Rd, pointe d'Esny ; d avec petit-déj 65/83 € selon saison ; ❄📶). Cette très agréable pension réserve à ses hôtes un accueil chaleureux. Les 5 chambres sont impeccables et confortables, sans être luxueuses (frigo, clim...). Leurs tarifs varient selon leur taille et la vue, la plus chère donnant sur la mer. Les espaces communs (terrasse ouvrant sur la mer, salon, coin cuisine) sont également au chapitre des points forts et le petit-déjeuner, qui se prend au salon ou sur la terrasse, face au lagon, ne manque pas de charme. Dorette, la maîtresse des lieux, propose un dîner certains soirs (environ 550 Rs) et peut se charger d'organiser des excursions. Un très bon rapport qualité/prix. Lors de notre dernier passage, une maison était en construction juste à côté...

Chant au Vent PENSION VUE SUR MER €€
(☎631 9614 ; www.chantauvent.com ; Royal Rd, pointe d'Esny ; s/d côté mer avec petit-déj 1 900-2 500/2 500-3 700 Rs selon saison et équipements, s/d côté jardin avec petit-déj 1 600-2 000/2 100-2 800 Rs ; P❄@📶🏊). Reconnaissable à son toit en ravenala, cette pension située en bord de mer à l'entrée de Blue Bay possède 22 chambres (certaines disposent de la clim et d'une kitchenette). Toutes sont agréables, bien que décorées sans grande originalité. De l'autre côté de la route, l'établissement dispose d'une piscine. L'ensemble est décontracté et se prête à quelques jours de farniente à prix raisonnable (le littoral est rocheux en face de la pension mais une adorable petite plage accueille quelques transats). Possibilité de repas (500 Rs). Équipement snorkeling et kayaks sont prêtés aux clients.

Le Preskil QUATRE-ÉTOILES €€€
(☎604 1000 ; www.southerncrosshotels.mu ; pointe Jérôme ; s/d en demi-pension à partir de 164/126 € par pers ; P❄@📶🏊). À 2 km environ au sud de Mahébourg, ce quatre-étoiles de 156 chambres est le premier hôtel que vous rencontrerez en direction de Pointe d'Esny. Bâti à Pointe Jérôme dans un vaste jardin tropical, une péninsule privée ourlée de 800 m de plage de sable blanc, il mise avant tout sur les activités et propose 3 restaurants, 2 piscines, des courts de tennis, un centre de remise en forme et un mini-club. L'architecture est de style créole typique, les chambres aux tons rouille, marron et ivoire sont spacieuses et bien équipées, notamment les très belles "supérieures" et "deluxe" en cottages, dotées de vastes terrasses, de mobilier en bois et d'immenses sdb. L'hôtel, l'un des plus agréables et confortables de cette portion de côte, organise des excursions et accueille le centre de plongée Coral

Diving (voir le chapitre *Plongée et activités nautiques* p. 30).

Astroea Beach HÔTEL DE CHARME €€€
(☎ 631 4282 ; www.astroeabeach.com ; Royal Rd ; s/d en demi-pension à partir de 120/92 € par pers ; @). Juste à côté du Preskil (les deux structures appartiennent au même groupe), ce luxueux hôtel de charme joue la carte du concept "adult only" : les moins de 18 ans n'ont tout simplement pas accès à ces 16 chambres décorées dans un style design, avec terrasse ou balcon donnant sur le lagon, ou sur le jardin pour les moins chères (également plus petites). Service très attentionné, activités nautiques, spa et salles de massage, restaurant haut de gamme et bar complètent cette offre idéale en lune de miel.

Shandrani Resort & Spa CINQ-ÉTOILES €€€€
(☎ 603 4343 ; www.shandrani-resort.com ; Blue Bay ; s/d avec petit-déj à partir de 101/227 € ; P ❄ @ ≋ ᯤ). Offrir une prestation de luxe en formule "all-inclusive" : c'est le pari du Shandrani. Avec ses plages côté océan et côté lagon, face à Blue Bay, ce cinq-étoiles a belle allure. Le cadre est enchanteur et les chambres, disséminées dans de petits bâtiments, sont bien intégrées à l'environnement. Gaies et pimpantes, elles sont particulièrement vastes – même les "standards" – et joliment décorées. Parmi les atouts de l'hôtel, mentionnons les 2 belles piscines, les 5 restaurants, les activités nautiques, le golf 9-trous et les tennis, et ses 2 spas très agréables. Chic sans être pompeux, le Shandrani est, en résumé, une réussite. Quant à la proximité de l'aéroport, elle ne constitue pas vraiment une gêne compte tenu de la faiblesse du trafic. Idéal en famille : 36 appartements leur sont exclusivement dévolus !

Où se restaurer et prendre un verre

BON PLAN **Chez Maryse** TABLE D'HÔTES €
(☎ 978 82 11 ; Royal Rd, Blue Bay ; plats 190-375 Rs ; ⏲ tlj midi et soir). Pas d'enseigne, juste quelques tables colorées sous la varangue posées devant l'entrée de L'Oiseau du Paradis (voir p. 163). L'adresse qui semble cultiver la discrétion accueille le soir venu la clientèle des chambres d'hôtes environnantes ravie par la cuisine mauricienne familiale et copieuse de Maryse : poisson grillé, calamars sauce rouge, poulet créole... Sans nul doute l'endroit le plus authentique des environs.

Blue Bamboo BAR-RESTAURANT €€
(☎ 631 5801 ; Royal Rd, pointe d'Esny ; plats 240-510 Rs ; ⏲ tlj midi et soir). En lieu et place de l'ancien Jardin Créole, Blue Bamboo propose une carte sans originalité misant avant tout sur les pizzas (qu'on peut emporter), mais a l'avantage d'être l'une des rares adresses des environs. L'établissement attire une clientèle plutôt jeune.

Le Bougainville MAURICIEN €€
(☎ 631 8299, 453 59 59 ; Blue Bay ; plats 300-500 Rs + 15% de TVA ; ⏲ tlj midi et soir). La qualité première du principal restaurant de Blue Bay tient à sa terrasse, qui fait stratégiquement face à la plage publique. La carte offre un large choix de salades, de viandes et poissons grillés, de plats créoles, de pizzas et de pâtes à la "sauce locale" comme les spaghettis au marlin fumé. Mieux vaut réserver le soir.

Comment s'y rendre et circuler

BUS

Le bus n°46 dessert Pointe d'Esny et Blue Bay, toutes les 30 minutes environ, depuis la gare routière de Mahébourg (18 Rs). Le terminus se trouve devant la plage publique de Blue Bay.

VÉLO

En vélo, vous pourrez atteindre Pointe d'Esny et Blue Bay sans problème depuis Mahébourg. De nombreux hôtels de Pointe d'Esny et des environs proposent des VTT en location.

ROUTE DU SUD-EST

D'un côté le lagon scintillant bordé de hameaux de pêcheurs ; de l'autre un relief accentué sur lequel sont installés quelques beaux sites de pleine nature... La côte sud-est, préservée de l'exploitation touristique balnéaire, révèle l'écart entre l'île Maurice des hôtels de luxe et celle des cases en tôle. Dans cette zone de l'île, les enfants sont peu scolarisés, et l'on doit souvent pêcher pour assurer sa subsistance ; on voit d'ailleurs de nombreuses barques à voiles sillonner le lagon. Ce bel itinéraire, ponctué de vestiges historiques, suit le rivage sur 25 km jusqu'à Grande Rivière Sud-Est. On peut le prolonger jusqu'à la paisible Trou d'Eau Douce (voir p. 119) et le nord de l'île.

Vallée de Ferney

La vallée de Ferney occupe une place à part dans l'histoire de l'île. C'est en effet ici que furent introduits pour la première fois la canne à sucre et le cerf de Java. Abritant l'une des dernières forêts préservées de Maurice – la majorité ont été coupées pour planter de la canne –, elle faillit être défigurée à jamais en 2005 par un projet de route à quatre voies... Finalement abandonné, celui-ci a donné naissance à une réserve forestière de 200 ha, qui offre l'occasion de découvrir les richesses méconnues de l'intérieur de l'île, sa faune et sa flore. Paradoxe du site qui se veut un sanctuaire naturel, les nombreux miradors en bois qui jalonnent la vallée servent pendant la période d'ouverture de la chasse de mi-juin à mi-septembre pour des battues aux cerfs.

À voir et à faire

Centre des visiteurs MAISON DU PARC
(☎5729 1080, 6340 440 ; www.valleedeferney.com). GRATUIT Situé à quelques centaines de mètres de la route principale à l'entrée du parc, le bureau d'accueil abrite des panneaux explicatifs sur la réserve et fournit toutes les informations utiles aux visiteurs.

Randonnée EN PLEINE NATURE
(adulte/enfant 490/240 Rs, 720/355 Rs avec guide ; ⌚tlj 9h-15h, promenade guidée 10h et 14h). Le point fort de cette réserve est la découverte de la forêt au cours d'une petite randonnée d'environ 2 heures, sur un circuit de 3 km, accompagnée ou non par un guide naturaliste. La marche ne pose pas de difficultés particulières, mais il est impératif de prévoir un anti-moustiques efficace. Le transfert du bureau d'accueil au début du sentier se fait en navette (départ toutes les 30 minutes) : une quinzaine de minutes de piste.

Le sentier monte sur les hauteurs du site puis pénètre dans la forêt, peuplée d'espèces endémiques auxquelles la vallée doit d'avoir été épargnée par les bulldozers. Au passage, le guide vous apprendra qu'il reste moins de 2% de forêt indigène sur l'île, vous renseignera sur les diverses essences rencontrées et vous expliquera la différence entre plantes exotiques, indigènes et endémiques. Avec un peu de chance, vous pourrez apercevoir en chemin des cerfs de Java en liberté, ainsi que des crécerelles de Maurice (ou faucons de Maurice ; on peut assister à leur repas – inclus dans la randonnée, sinon 200 Rs/pers – tous les jours à midi, près du début du sentier). La balade finit par un beau point de vue sur la côte et l'île aux Aigrettes, au-delà des vallonnements de collines, et par une dégustation de café de Ferney dans le restaurant du parc. Également des sorties en 4×4 (adulte/enfant 1 235/615 Rs), à réserver la veille.

Où se restaurer

Restaurant du parc EN PLEINE NATURE
(plats 215-450 Rs). Ce restaurant installé dans un ancien campement de chasse, près du départ du sentier, propose des spécialités créoles et des plats de gibier. On peut aussi y goûter le café de Ferney. Le groupe gère également le **restaurant Falaise Rouge** (sur réservation uniquement), situé sur la côte à 3 km, et auquel on accède par une magistrale allée de cocotiers au milieu des champs de canne.

Depuis/vers la vallée de Ferney

Vous devrez disposer d'un moyen de transport. L'accès à la vallée, bien indiqué, est situé au lieu-dit Ferney, environ 2 km avant Vieux Grand Port en venant de Mahébourg.

Vieux Grand Port et environs

Pour modeste qu'il soit, Vieux Grand Port garde en mémoire un épisode important de l'histoire de l'île. Le 9 septembre 1598, le Hollandais Wysbrand Van Warwick et son équipage, déviés de la route des Indes par un coup de vent, s'échouèrent au bord de la rivière du Vallon, donnant le coup d'envoi du peuplement de Maurice (voir p. 202).

Un monument indiqué par un panneau “Dutch first landing”, en bord de route à 4 km de Mahébourg, commémore ce “débarquement” impromptu. L'implantation des Hollandais ne se fit réellement qu'en 1638, avec l'installation d'un centre administratif à Vieux Grand Port. Épuisés par les cyclones et la sécheresse, ils abandonnèrent l'île en 1710. Les Français leur succédèrent et construisirent leur quartier général à l'emplacement du fort des Hollandais, devenu aujourd'hui le Frederick Hendrik Museum. La baie de Grand Port eut un nouveau rendez-vous avec l'Histoire en 1810, lorsqu'elle fut le cadre de la seule victoire navale napoléonienne d'importance contre les Anglais, inscrite sur l'Arc de triomphe de Paris.

Sur les hauteurs de Vieux Grand Port, le **domaine de la vallée de Kestrel** (carte p. 154 ; ✆634 5011) couvre près de 900 ha d'un décor magnifique et escarpé. Sa forêt abrite notamment des ébéniers, canneliers et arbres du voyageur (ravenalas), ainsi qu'une faune variée mais discrète : cerfs de Java, sangliers, singes et quelques crécerelles endémiques de l'île Maurice – l'un des oiseaux de proie les plus rares au monde – protégées. Lors de notre passage, le domaine était fermé. Une réouverture prochaine était envisagée, mais sans toutefois qu'une date soit arrêtée.

À voir et à faire

Frederik Hendrik Museum MUSÉE HISTORIQUE

(✆634 4319 ; lun-sam 9h-16h, dim 9h-12h, fermé mer). GRATUIT Au bord de la route, à la limite nord de Vieux Grand Port, ce musée (nommé d'après l'officier hollandais qui y fut en poste entre 1625 et 1647) rassemble les vestiges d'anciens bâtiments français et hollandais du XVIIIe siècle. L'ancienne prison (qui ne comportait que deux cellules) et la boulangerie, restaurées, abritent une exposition consacrée au commerce maritime, ainsi que quelques objets (vaisselle, monnaie...) découverts par les archéologues hollandais qui fouillèrent le site en 1997.

Les passionnés d'histoire admireront les vestiges de la **première église catholique** de Maurice, édifiée en 1720 à 100 m du musée, dans le jardin du Community Health Center.

Montagne du Lion RANDONNÉE

Malheureusement non balisée, la randonnée jusqu'au sommet de la montagne du Lion (480 m), qui domine Vieux Grand Port, offre une vue magnifique sur les champs de canne environnants et le lagon. L'ascension se révélant assez ardue, mieux vaut ne pas partir seul et surtout éviter les jours de pluie, durant lesquels le terrain glissant est potentiellement dangereux. Prévoyez environ 4 heures de marche aller-retour. Vous trouverez p. 221 les coordonnées de guides pouvant vous y emmener.

Le sentier commence au niveau du poste de police, au nord du village ; si vous n'êtes pas accompagné d'un guide, ce dernier pourra vous en donner les coordonnées. Il est difficile de donner des points de repère, ceux-ci étant régulièrement modifiés par l'exploitation agricole – les champs de canne changent d'aspect selon la saison. Après ces débuts difficiles, le sentier monte à travers le massif boisé jusqu'à la crête avant de continuer en direction de l'intérieur, vers le pic lui-même. Il est alors clairement visible et suit la crête avant de franchir une zone rocailleuse jusqu'au pic principal. De là, on bénéficie d'une belle vue sur l'intérieur de l'île.

Depuis/vers Vieux Grand Port et ses environs

Les bus effectuant la liaison entre Mahébourg et Centre de Flacq s'arrêtent à Vieux Grand Port.

Bambous Virieux et environs

Étape possible sur la route de la côte est, ce hameau paisible abrite l'un des rares restaurants des environs. Quelques kilomètres plus au nord, **Pointe du Diable** est le site d'une ancienne batterie côtière française. On peut encore apercevoir deux canons, pointés vers l'entrée de la passe et les îles du lagon.

Où se loger et se restaurer

♥ La Case du Pêcheur RESTAURANT ET BUNGALOWS €€€

(✆5252 2246 ; Royale Rd ; Anse Bambous Virieux ; s/d/tr avec petit-déj 1 800/2 300/2 800 Rs ; plats 400-700 Rs ; tlj ; P). En bordure de la route à la sortie nord du hameau, ce restaurant affiche un cadre à la fois rustique et raffiné au bord de l'eau. Le site, bâti à côté d'un ancien vivier ("barachois" en créole), ne manque pas de cachet, et l'on peut admirer une incroyable collection de coquillages, qu'on retrouve partout dans la déco mais aussi dans un micro-musée près des habitations. Le restaurant mise avant tout sur les poissons (bouillabaisse, steak de calamars), les fruits de mer frais (huîtres locales, crabe, langouste) mais aussi le gibier. Les chambres, qui cultivent un aspect dépouillé avec des accents presque sud-américains, sont installées dans des cases en pierre avec terrasse sur pilotis, en bord de mangrove, et donnent sur le barachois. Un sentier en fait le tour et permet de découvrir ce fragile écosystème. Mention spéciale pour l'accueil (on vous prête même du matériel pour pêcher), et le calme extraordinaire de l'endroit, très dépaysant !

Achats

Senteurs des Îles HUILES ESSENTIELLES
(☎634 02 47 ; Providence, Bois des Amourettes ; entrée libre ; ⏲tlj 8h-17h). La côte abrite plusieurs distilleries d'huiles essentielles, entre l'accès vers la vallée de Kestrel et Bambous Virieux. Leurs boutiques proposent notamment de l'huile essentielle d'ylang-ylang, réputée pour soigner l'insomnie et l'hypertension. La boutique de l'adorable Ramdonee vend aussi des huiles essentielles de géranium (excellente pour les problèmes de peau) et quelques produits artisanaux. Comptez 325 Rs pour 15 ml.

CÔTE SUD-OUEST

À l'ouest de Mahébourg, la localité de Souillac ne présente pas un énorme intérêt mais ses environs recèlent quelques sites intéressants. Le pittoresque cimetière marin abrite des tombes du début du XIXe siècle. Vous y verrez également celle du poète mauricien Robert Edward Hart.

Souillac et ses environs

Jumelée avec son homonyme située dans le Lot (France), cette petite bourgade tranquille a été nommée en l'honneur du vicomte du même nom, gouverneur français de l'île entre 1779 et 1787. Le monument qui lui est dédié, près du poste de police et du restaurant Le Battelage, rappelle que le vicomte s'éleva contre l'esclavage, quitta l'île sans fortune, "contrairement à beaucoup d'autres", indique la plaque, et mourut pauvre en 1803. La ville vit aussi dans le souvenir du poète Robert Edward Hart, à qui elle consacre un petit musée.

Les environs de la localité, lieu de passage vers Bois Chéri, Plaine Champagne et le Black River Gorges National Park, sont plus intéressants pour le visiteur que le bourg en lui-même. Les courants marins rendent la baignade dangereuse à Souillac, mais vous trouverez des plages de part et d'autre de la localité.

À voir et à faire

Robert Edward Hart Museum (La Nef) MUSÉE LITTÉRAIRE
(☎625 6101 ; ⏲9h-16h, sam 9h-12h, fermé mar et dim). GRATUIT Robert Edward Hart (1891-1954), poète mauricien renommé, écrivait en français. Ses poèmes à la fois mystiques et mélancoliques illustrent avec bonheur les traits dominants de la réalité mauricienne – diversité des cultures, francophonie, appel de la mer et sentimentalisme. Il passa les 13 dernières années de sa vie à La Nef, un cottage tout en corail bâti en bordure de plage à environ 300 m des jardins Telfair. Transformée en musée, la maison a été rachetée par le Mauritius Institute et ouverte au public en 1967. On peut y voir une collection limitée de copies et d'originaux de lettres, pièces de théâtre, discours et poésies de Hart. Dans sa chambre ou sa cuisine, rien ou presque n'a bougé : son chapeau, sa pipe, la vaisselle sont toujours là.

Jardins Telfair JARDINS
(Telfair Gardens). Les jardins Telfair (du nom du premier magistrat officiant au tribunal de Savanne) s'étendent à proximité de la gare routière de Souillac, sur la route qui mène au Robert Edward Hart Museum et au Gris-Gris. Ils se limitent à une petite esplanade ombragée mais révèlent un beau panorama sur la baie. La vue s'échappe jusqu'au romantique cimetière de Cemetery Point, où Hart repose. Évitez de vous baigner dans les petites criques situées en contrebas, même si vous voyez les enfants le faire : les courants sont très puissants.

Le Gris-Gris et La Roche qui pleure PLAGE ET PANORAMA
Adossée à des falaises de basalte noir sur lesquelles s'écrasent les vagues, la jolie plage du Gris-Gris (qu'on atteint par une série

UNE JOURNÉE DANS LE SUD-OUEST

De Souillac, montez à la **plantation de thé de Bois Chéri** (p. 174). Visitez les ateliers le matin puis déjeunez au restaurant installé sur le site avant de poursuivre vers **Grand Bassin** (p. 175), site sacré de l'hindouisme sur l'île, et les abords du **parc des gorges de Rivière Noire** (p. 142). Continuez avec la découverte des beaux panoramas qui se succèdent sur la **route de Plaine Champagne** (p. 143).

Autre option : visitez **La Vanille – Réserve des Mascareignes** (p. 169), déjeunez au **Saint-Aubin** (p. 171) et poursuivez la **"Route du thé"** (p. 172) jusqu'à Bois Chéri.

de marches) s'étend peu après le Robert Edward Hart Museum ; c'est l'un des rares coins de l'île où la barrière de corail s'interrompt. Vers l'est, un chemin longe la falaise jusqu'au site de La Roche qui pleure, à 1 km environ. Ce rocher, perché au bout d'un promontoire et sculpté par la mer, évoquait un homme en train de pleurer. Ne le cherchez plus : il a été cassé par une vague en décembre 1998. En revanche, le panorama sur l'océan et les rouleaux venant se briser sur la côte sauvage demeure spectaculaire, en particulier en fin d'après-midi.

Cascade de Rochester CASCADE

(Rochester Falls). Haute d'une dizaine de mètres, cette belle cascade composée d'orgues basaltiques se jette dans un bassin propice à la baignade. Une légende locale raconte que la roche fut creusée par les larmes du Christ…

De Souillac, une piste cahoteuse signalée 200 m après l'église traverse les champs de canne sur 3 km en direction des chutes. Vous devrez ensuite marcher une dizaine de minutes pour les atteindre (le chemin de terre peut être glissant après les pluies). Une autre option consiste à passer par le village de Surinam, où un panneau indique la direction ; continuez tout droit sur 2 km de route, puis 1 km de piste, avant d'atteindre la cascade. Il arrive que des individus pas forcément recommandables demandent une contribution pour "surveiller" les véhicules pendant que leurs occupants se rendent à la cascade. Dans le doute, ne laissez aucun objet de valeur dans votre véhicule. Vous verrez peut-être aussi en haut de la cascade des individus vous faisant signe qu'ils vont sauter pour que vous fassiez des photos – prestation payante, bien entendu…

Si vous n'êtes pas motorisé, vous pourrez prendre un taxi depuis Souillac et revenir à pied en empruntant le premier itinéraire.

La Vanille – Réserve des Mascareignes ZOO

(☎626 2503 ; www.lavanille-reserve.com ; Senneville, Rivière des Anguilles ; adulte/enfant lun-ven 395/225 Rs, sam-dim 225/100 Rs ; ⏲tlj 9h30-17h ; repas des crocodiles mer et sam 11h30). Anciennement baptisée Vanille Crocodile Park, cette réserve située à 2 km du village de Rivière des Anguilles fut créée en 1985 pour l'élevage de crocodiles du Nil (importés de Madagascar). Elle s'est ouverte au fil des années à d'autres espèces : tortues des Seychelles (dont Domino, âgé de 95 ans et qui pèse 275 kg), macaques, cerfs de Java, chauves-souris, crabes terrestres, iguanes, mangoustes, geckos… et une incroyable collection réunissant plus de 23 000 insectes et papillons. On trouve aussi un petit aquarium, un musée des tortues et un musée des fossiles. Au-delà des animaux, elle est intéressante pour les nombreuses espèces de plantes qu'elle présente en un ensemble assez luxuriant. Pour peu que l'on soit muni d'un bon anti-moustiques (un insecte très bien représenté parmi les espèces locales !), elle offre ainsi l'occasion d'une agréable promenade dans une similie forêt tropicale parcourue de petits cours d'eau. Un espace est spécialement aménagé pour les enfants, et l'on peut, moyennant finances, se faire prendre en photo avec les bébés crocodiles. Un restaurant est installé dans le parc (voir p. 171). Plus surprenant, on trouve aussi, sur la "réserve", une boutique qui permet d'acheter de la maroquineric (sacs, ceintures, portefeuilles) issue de crocodiles d'élevage.

Domaine de Saint-Aubin PLANTATION ET VISITE-DÉGUSTATION

(☎626 1513 ; www.rhumsaintaubin.com ; Saint-Aubin, Rivière des Anguilles ; adulte/enfant 450/250 Rs). Adossé au restaurant, le beau domaine de Saint-Aubin propose une visite passionnante permettant de découvrir ses différentes productions (rhum, vanille, sucre, thé, qu'on peut déguster et acheter sur place). Le parcours de 1 heure 30 passe par le moulin à sucre, les serres d'anthurium ou le jardin d'épices, permettant de découvrir les subtilités de la distillation d'un rhum agricole ou le long processus de transformation de la vanille, de la fleur à la gousse parfumée. Un musée, une mini-ferme, un jardin botanique et un jardin d'enfants entourent la maison coloniale, qui donne sur une majestueuse allée d'arbres. Elle fut construite en 1819 à l'aide de pièces de bois provenant du *Kent*, navire pris par le corsaire Surcouf : le mât sert de pilier central pour l'escalier en colimaçon qui mène au grenier, et la coque a servi pour le toit. On peut voir dans l'arrière-cour un chorisia, arbre rare de la famille du cotonnier et du baobab.

Où se loger

Hormis les grands hôtels de l'ouest de Souillac, les possibilités d'hébergement à prix modérés sont très réduites dans la région, qui se prête avant tout à la découverte à la journée. Mentionnons néanmoins quelques belles adresses des environs.

LE SOUFFLEUR

La barrière de corail qui encercle presque entièrement l'île Maurice s'interrompt sur une vingtaine de kilomètres entre Souillac et Blue Bay. Rien ne vient alors s'interposer entre les houles océanes et le littoral, formé de hautes falaises noires où viennent se fracasser les brisants.

Au lieu-dit Le Souffleur, l'eau s'engouffre sous la falaise et jaillit par une cavité de la roche en une gerbe pouvant atteindre jusqu'à 20 m de hauteur. Le Souffleur n'est pas toujours très en forme – tout dépend de la mer et du vent – mais la côte, sauvage, est superbe. En longeant les falaises pendant quelque 30 minutes à l'est du Souffleur, vous verrez un beau pont naturel formé par l'effondrement du plafond d'une grotte marine. Pour aller au Souffleur, prenez la route de Plaine Magnien à Souillac (ou un bus de Mahébourg à Souillac). À l'entrée du village de L'Escalier, empruntez la route sur votre gauche, immédiatement après le poste de police. Vous arriverez en vue du moulin à sucre de Savannah. Traversez le domaine du moulin et les champs de canne en suivant les indications pendant environ 4,5 km. En arrivant vers la mer, la piste serpente entre de magnifiques murs de pierre volcanique délimitant les pâturages où paissent des bœufs et des zébus.

En théorie, il faut demander l'autorisation de visiter le site à la propriété sucrière de Savannah, proche du poste de police de L'Escalier ; en pratique, la route est ouverte du lundi au vendredi de 6h à 18h et le samedi matin. Le site est sécurisé par des barrières de bois car la falaise s'effondre par endroits. Ne vous aventurez pas au-delà des barrières. Il est conseillé de bien fermer sa voiture à clé.

♥ **Auberge de Saint-Aubin** CHAMBRES D'HÔTES DE CHARME €€€
(☎626 1513, 252 1055 ; www.saintaubin.mu ; Saint-Aubin, Rivière des Anguilles ; d demi-pension 2 500 Rs/pers ; P ❄ ≋). En face de la belle demeure coloniale abritant le restaurant du même nom (voir p. 171), cette maison récente a été bâtie en préservant au maximum le style des demeures créoles d'antan. Le résultat, avec varangue, boiseries, lits à baldaquin et beau parquet, ne manque pas de charme, tandis que la piscine et le joli salon avec bar font leur petit effet. Les 3 grandes chambres dotées d'immenses sdb, de la TV, d'un lecteur de DVD et de la clim font face à un superbe jardin gazonné et planté de cocotiers. Les dîners et petits-déjeuners sont servis sur la varangue ou dans la belle salle à manger. La route, proche mais peu fréquentée le soir, ne dérange guère la quiétude des lieux. À la tombée de la nuit, les arbres sont par contre pleins de chauves-souris, plutôt bruyantes elles !

♥ **Les Lodges d'Andréa** ÉCOLODGE LUXE €€€
(☎5772 9303 ; www.andrea-lodge.com ; Union Ducray, Rivière des Anguilles ; s/d en demi-pension 2 400-3 200/2 000-2 600 Rs par pers ; P ❄ ≋). Indiqués non loin du domaine de Saint-Aubin, ces lodges de charme situés au calme sur les falaises près des gorges de la Rivière des Anguilles peuvent accueillir jusqu'à 3 personnes. Leurs atouts ? De grandes baies vitrées et des vérandas qui donnent sur la mer ou le jardin, un personnel aux petits soins, une piscine, une décoration contemporaine lumineuse et colorée dans un style marin et un emplacement en pleine nature, loin de l'activité touristique. Le tarif inclut une randonnée guidée, et des activités peuvent être organisées, notamment des randonnées en quad. Minimum de 2 nuits.

Où se restaurer

Le Rochester MAURICIEN €
(☎625 4180 ; www.restaurantlerochester.com ; Royal Rd, Souillac ; plats 200-650 Rs ; ⏲tlj midi et soir sauf mardi soir ; 📶). Une valeur sûre que ce restaurant en bord de route, dans une bâtisse en pierres volcaniques, dont la salle et la terrasse cosy donnent sur un petit cours d'eau (particulièrement agréable en soirée, mais gare aux moustiques !), au calme. La charmante madame Appadu sait conseiller ses clients, et propose une délicieuse et copieuse cuisine typique. Aucune fausse note à déplorer !

BON PLAN **Le Gris-Gris – Chez Rosy** MAURICIEN €
(☎625 4179 ; plage du Gris-Gris ; plats 200-800 Rs ; ⏲midi tlj, soir sur réservation). Le cadre ne paie pas de mine mais la réputation des lieux n'est plus à faire. La raison

en est simple : juste avant la plage du Gris-Gris, Rosy propose des repas de langouste grillée, à la fois copieux et imbattables côté tarifs. Outre cette spécialité, la carte décline une sélection de curries et daubes de crevettes, poisson ou poulet. Ajoutez la gentillesse de l'accueil et tous les ingrédients d'un bon repas sont réunis. Un conseil : téléphonez pour réserver une langouste...

Le Crocodile Affamé VIANDE DE CROCODILE €
(plats 300-700 Rs ; ⏲tlj jusqu'à 16h). Du bassin où ils sont cantonnés à l'assiette, il n'y a que quelques pas... Installé dans le parc La Vanille – Réserve des Mascareignes (voir p. 169), ce restaurant au milieu des arbres se démarque avant tout par ses plats de viande de crocodile, déclinée en cari, en beignets, en brochettes, et même en kebab ! Si la viande de saurien ne vous tente pas, vous trouverez également à la carte des curries de poulet, des salades, snacks, glaces et desserts. Le cadre est agréable. Vous devrez acquitter le prix de l'entrée du parc pour y accéder.

Le Saint-Aubin DEMEURE COLONIALE €€
(☎626 1513 ; Saint-Aubin, Rivière des Anguilles ; plats 125-700 Rs, menus 800-1 500 Rs, visite comprise ; ⏲midi, le soir sur réservation). Installée dans l'une des plus belles maisons coloniales de l'île, cette adresse de charme vous attend à 3 km de Souillac en direction de Rivière des Anguilles. Au-delà d'un déjeuner sous la varangue très agréable (salade de palmiste et marlin fumé, poulet à la vanille de St-Aubin...) de cette maison de planteur de 1819 superbement restaurée, vous pourrez découvrir sur place une Maison de la vanille, un jardin botanique et une distillerie de rhum pur canne. Le domaine de Saint-Aubin fait partie du circuit touristique la Route du thé (voir l'encadré p. 172), et vous pourrez coupler la visite du domaine et le repas. La quiétude des lieux est parfois troublée par l'arrivée de groupes de touristes, mais la demeure et ses jardins, superbes, méritent incontestablement le coup d'œil : n'oubliez pas de jeter un œil au vaste grenier qui abrite un petit musée naval. Également des pizzas à emporter (250-340 Rs).

Le Batelage MAURICIEN GASTRONOMIQUE €€€
(☎625 6083 ; www.lebatelage.com ; Port-Souillac ; plats 700-1 200 Rs plus TVA ; ⏲tlj midi, soir sur réservation). Sentiment mitigé pour cette adresse que vous trouverez à la sortie ouest de Souillac, à côté du poste de police. L'extérieur – une terrasse ombragée en bordure de la rivière Savanne – ne souffre d'aucune fausse note. Quant à la salle intérieure – un ancien entrepôt de sucre avec de hauts plafonds en bois –, elle a une certaine allure. La cuisine, qui mise avant tout sur les produits de la mer – assiette de fruits de mer et langouste, crevettes sauce diable, camarons – mais n'oublie pas les viandes, est réussie sans être exceptionnelle. Le bémol ? Les tarifs, assez dissuasifs...

ℹ Depuis/vers Souillac et environs

Souillac et Rivière des Anguilles se trouvent sur la ligne de bus 133 Curepipe-Choisy. Le bus 6B relie Souillac à Curepipe toutes les 30 minutes, via Rivière des Anguilles. La ligne 8 relie Souillac à Baie du Cap (toutes les 20 minutes en semaine, toutes les 30 minutes environ le week-end).

Ouest de Souillac et Bel Ombre

La côte ne se prête guère à la baignade au niveau de Souillac, mais elle offre de belles étendues de sable et des activités nautiques à l'ouest de la localité. La beauté de cette côte n'a cependant pas manqué d'intéresser les investisseurs. Bel Ombre, notamment, a ainsi vu une série de palaces, souvent bordés de plages artificielles, sortir de terre au cours des dernières années. La **Place du Moulin**, construite sur le site de l'ancienne usine sucrière de Bel Ombre, est un complexe commercial et événementiel offrant un service de proximité aux résidents des propriétés immobilières exclusives et des hôtels de luxe : on y trouve quelques boutiques, des bureaux, et une scène de spectacles intégrée au milieu des arches en pierre et des anciennes turbines.

À côté de Bel Ombre, vous verrez un monument à la mémoire des survivants du naufrage du cargo australien *Trevessa*, qui sombra au large de Maurice en 1923 et dont quelques membres d'équipage réussirent à gagner l'île en canot en 25 jours de mer.

👁 À voir et à faire

Plages SOLEIL ET SABLE FIN
Abritées par le récif corallien, les plages de Riambel et de Pointe aux Roches sont particulièrement agréables. De belles étendues sauvages bordées de casuarinas vous

attendent également après Baie du Cap, en direction du Morne. Attention cependant, la baignade n'est pas possible partout le long de cette côte, en raison de forts courants ; demandez aux pêcheurs où vous pouvez vous mettre à l'eau sans danger.

Surf, kitesurf — ACTIVITÉS NAUTIQUES

Les kitesurfeurs et windsurfeurs trouveront leur bonheur à Baie du Cap, Bel Ombre et Riambel, tandis que les surfeurs ont leurs habitudes dans les environs de Macondé (voir ci-dessous), à Rivière des Galets et à la baie du Jacotet. On raconte qu'un trésor serait enterré sur l'îlot Sancho, à un jet de pierre du rivage en face de cette dernière.

Promontoire de Macondé — POINT DE VUE

Juste après Baie du Cap en direction du Morne, la route côtière dessine un impressionnant virage en épingle autour du promontoire rocheux de Macondé. Ce dernier ménage une vue panoramique sur la côte sud qu'on admire depuis un promontoire aménagé de l'autre côté de la route, juste au-dessus de la mer. Ce petit cap tient d'ailleurs son nom du gouverneur Jean-Baptiste Henri Condé qui fut le premier à y aménager un point de vue sur les rochers. Soyez vigilant en vous garant sur la bande d'arrêt d'urgence !

Vallée des Couleurs — SITE NATUREL

(☎251 8666 ; www.lavalleedescouleurs.com ; Mare Anguilles ; adulte/6-10 ans 7/5 €, gratuit -5 ans ; ⌚9h-17h tlj). Sur les hauteurs de Chemin Grenier, entre Souillac et Bel Ombre, la vallée des Couleurs concurrence le site de Chamarel (p. 146) et se double d'un petit parc, peuplé de tortues, macaques ou cerfs, qui offre une jolie vue sur la côte sud. L'histoire du site a débuté en juillet 1998, lorsque des ouvriers découvrirent des terres colorées en creusant des bassins d'aquaculture dans d'anciens champs de canne. Au total, 23 couleurs (contre 7 à Chamarel) du bleu charbon à la terre de Sienne, dues à des phénomènes d'origine volcanique, ont été identifiées. Des chemins aménagés permettent de découvrir cette curiosité géologique, ainsi qu'un petit jardin botanique, 4 belles cascades (baignade et pique-nique possibles), une mini-ferme et un restaurant. Quelques activités sont proposées sur place : tyroliennes, pêche, quad... Il est possible de rejoindre la route du Pétrin et de Plaine Champagne depuis le site.

Centre équestre de Riambel — BALADES SUR LA PLAGE

(☎5729 4572 ; www.centreequestrederiambel.com ; Montocchio Lane, Riambel ; balade 1 heure 2 500 Rs ; ⌚lun-sam 11h-19h). Ce centre réputé, caché dans les champs de canne, propose des balades à cheval sur la plage quasi déserte de Riambel, longue de 2,5 km – on peut même nager avec les chevaux. Différentes formules s'offrent au cavalier débutant comme au confirmé. Accueil très pro et chaleureux d'Arumina.

LA ROUTE DU THÉ

Dans la mouvance d'une tendance apparue il y a maintenant quelques années sur l'île, la **Route du thé** (www.saintaubin.mu) propose aux visiteurs de découvrir une autre facette de Maurice. Tournant le dos au sable et au lagon, cet itinéraire met l'accent sur le patrimoine au travers de la visite de trois sites de charme dont l'intérêt dépasse de loin le thé.

Le **domaine des Aubineaux** (p. 105) regroupe une demeure coloniale bâtie en 1872, transformée en musée, et un beau jardin. La **plantation de thé de Bois Chéri** (p. 174) est depuis 1892 le premier producteur de thé de l'île. Outre la visite de l'usine, vous pourrez faire un tour dans les champs de thé verdoyants, assister à la récolte et déjeuner dans un agréable restaurant. Vous verrez comment les feuilles de thé sont cueillies jeunes, déshydratées, broyées puis fermentées, avant d'être découpées, triées et séchées trois mois durant dans des silos avant d'être empaquetées. Le **domaine de Saint-Aubin** (p. 169) regroupe, pour sa part, un musée, un restaurant, des chambres d'hôtes, une maison de la vanille et une distillerie de rhum pur canne artisanal. La visite, très intéressante, se conclut par une dégustation.

Si l'architecture coloniale créole vous intéresse, pour pourrez compléter l'itinéraire avec la célèbre **maison créole Eurêka** (p. 113) et le restaurant **Le Jardin de Beau Vallon** (p. 160), à la sortie de Mahébourg.

Réserve naturelle Frédérica
(☎623 5522, 623 5615, 5729 4498 ; www.domainedebelombre.mu/fr/frederica.html ; Bel Ombre ; rando à pied 800 Rs/pers, 4x4 1 950 Rs/pers, quad simple 3 500 Rs/pers, quad double 1 750 RS/pers). Au cœur du domaine de Bel Ombre, la réserve naturelle de Frédérica couvre 1 300 ha de paysage vallonné et protégé, entre autres par la Mauritian Wildlife Foundation (voir le chapitre *Environnement* p. 214) qui l'aide à protéger sa biodiversité, dont le merle de Maurice ou la grosse cateau verte. Forêts endémiques, champs de canne, vastes plaines et cours d'eau entrecoupés de cascades (dont une de plus de 160 m de haut), cerfs de Java, sangliers, singes, chauves-souris, perroquets… c'est tout cela que vous découvrez en partant en excursion guidée à pied (départ 9h ; 2 heures 30), en quad (départ 9h et 13h ; 2 heures) ou en 4×4 (départ 9h et 13h ; 2 heures 30).

Où se loger

De nombreux hôtels de luxe se sont implantés à Bel Ombre depuis quelques années. Voici notre sélection.

Heritage Le Telfair Golf & Spa CINQ-ÉTOILES €€€€
(☎601 5500 ; www.heritageresorts.mu/fr/le-telfair/bienvenue.aspx ; domaine de Bel Ombre ; d demi-pension 388-818 € selon saison ; P❄@📶🏊). Intégré dans le complexe du domaine de Bel Ombre, Le Telfair se distingue par son architecture inspirée de l'époque coloniale : jardins avec fontaines, exotiques bâtiments blancs… Apprécié des amateurs de golf du fait de la proximité d'un parcours de 18 trous, ce cinq-étoiles propose à ses hôtes 158 chambres décorées dans une déclinaison moderne de style néocolonial chic (varangue, parquet de bois précieux, coussins en soie sauvage…), un spa Seven Colors, 2 piscines, un tennis, des activités nautiques à foison, 5 bons restaurants et un bar très british. Tous les services d'un cinq-étoiles sont bien sûr proposés et l'hôtel est bordé par la "réserve naturelle" de Valriche.

♥ **Shanti Maurice** CINQ-ÉTOILES BIEN-ÊTRE €€€€
(☎603 7200 ; www.shantimaurice.com ; Rivière des Galets, Chemin Grenier ; ste d avec petit-déj à partir de 300 €, villa avec piscine à partir de 492 € ; P❄@📶🏊). Luxe, teintes douces, bois et végétation… la recette des adresses de grand luxe de Maurice est ici reprise en y ajoutant un plus : un très beau spa de 7 000 m² (l'un des plus grands de l'île, entièrement repensé en 2014) qui propose quatre types de soins holistiques : asiatique, indien et "Naturelle Bio". Plus qu'à un séjour à l'île Maurice, c'est à un voyage en eux-mêmes que les propriétaires indiens de ce cinq-étoiles "plus" invitent leurs clients. Les 61 suites et villas sont immenses : 81 m² pour les plus petites, dont près de la moitié occupée par la sdb, avec douche extérieure pour celles du rez-de-chaussée. Si vous voulez bénéficier du spa sans dormir au Shanti Maurice, sachez que les clients extérieurs à l'hôtel sont acceptés sur réservation. Également un club enfants et plusieurs restaurants. De nombreuses excursions sont proposées.

Sofitel So Mauritius CINQ-ÉTOILES €€€€
(☎605 5800 ; www.sofitel-so-mauritius.com ; domaine de Bel Ombre ; suite 670-880 € ; P❄@📶🏊). Ouvert en 2011, cet hôtel se démarque à la fois par son design qui mêle le blanc, des lignes épurées et des touches florales signé par le couturier japonais Kenzo Takada et un site préservé à la végétation luxuriante traversé par une rivière. Le tout ravira les Robinsons des temps modernes, la réception est ici remplacée par un accueil en voiturette où un majordome aux allures de Sinbad vous emmène dans votre villa. Celles-ci, toutes de plain-pied, sont dotées d'un jardin et d'une petite piscine et d'équipement high-tech. Les prestations attendues pour ce type d'établissement coté cinq-étoiles "plus" sont bien sûr au rendez-vous : spa, fitness, piscine à débordement… L'hôtel est par ailleurs déjà réputé pour son restaurant gastronomique Le Flamboyant qui, à l'image de l'ambiance générale, mêle architecture traditionnelle à l'extérieur et intérieur très contemporain.

Où se restaurer

♥ **Green Palm** INDIEN €
(☎625 8100 ; Royal Rd, Riambel ; plats 200-475 Rs ; ⏱tlj midi et soir). Une adresse qui ne paie pas de mine en bord de route, mais on y mange très bien et à petit prix ! La carte invite à découvrir la presque totalité des plats indiens typiques, du curry de poulet vindaloo au dhal ou au riz à l'oignon. On y trouve aussi quelques saveurs mauriciennes. Tout est très frais, l'art de la cuisson et des épices est ultra-maîtrisé… et pour ne rien gâcher, l'accueil de Pravin est particulièrement aimable, et le service très attentionné.

BON PLAN **La Roche Cari** MAURICIEN €
(☎5773 0508 ; Royal Rd, Bel Ombre ; ⏲tlj midi, le soir sur réservation ; plat du jour 250-300 Rs). L'adorable Marylin a ouvert cette table toute simple mais à la décoration vive et coquette, où elle propose chaque midi un plat traditionnel "comme chez grand-mère". Désireuse de faire redécouvrir les saveurs d'autrefois, elle mitonne en chantonnant dans sa petite cuisine le "cari Jacques" de son enfance, du poulpe, du poisson ou du poulet selon l'inspiration et les produits de saison. Tout est très bon, frais, copieux, parfaitement relevé, et on prend vite ses aises tant la chaleur humaine est ici palpable. Une adresse encore inconnue des touristes... Profitez-en !

Depuis/vers l'ouest de Souillac

Bel Ombre et les autres localités de l'ouest de Souillac sont situées sur la ligne de bus reliant Baie du Cap à Mahébourg. Vous devrez avoir votre propre moyen de locomotion pour rejoindre la vallée des Couleurs.

DE SOUILLAC AU PARC DES GORGES DE RIVIÈRE NOIRE

Changement de décor. Au nord de Souillac, l'A9 pointe vers les hauteurs de l'île, entre les champs de canne et les plantations de thé. Passant aux abords du domaine de Saint-Aubin et de la réserve des Mascareignes (p. 169), ce bel itinéraire qui reprend en partie celui de la Route du thé (voir l'encadré ci-dessous) offre une parenthèse avec les paysages de la Maurice balnéaire et permet de découvrir des sites qui comptent parmi les plus sauvages – et donc les plus intéressants du sud de l'île. Le parcours aboutit au Black River Gorges National Park, doucement mis en valeur depuis quelques années. Il peut se poursuivre vers la belle route de Plaine Champagne, Chamarel et la côte ouest (voir le chapitre *Côte ouest*, p. 129).

Domaine de Chazal

Perdu dans les reliefs verts et sauvages du sud de Maurice, ce **parc** (☎622 7234, 5422 3117 ; www.chazalecotourismmauritius.com ; impasse de la Forêt, Chamouny ; tyrolienne 2 300 Rs, rivertrekking 2 300 Rs, randonnée 1 400 Rs ; déjeuner compris pour toutes les activités) dédié aux familles et très joliment aménagé propose plusieurs activités : un parcours de tyroliennes de 2 heures 30 au-dessus de la rivière des Galets (dès 4 ans, départ 8h30 et 12h30), du "rivertrekking" (on dévale des toboggans naturels en rivière, on nage dans les canyons et on se fait masser sous les cascades – dès 14 ans, durée 2 heures 30, départ 8h30 et 12h30), des randonnées (guidées ou non) sur des sentiers aménagés habités par 1 200 cerfs de Java et des centaines de chauves-souris, qui vous amènent jusqu'à de fantastiques points de vue (dès 12 ans, durée 2/3/4 heures). Une table d'hôtes propose un curry de poulet avec fricassée de légumes et chutney : tout est bio et provient du domaine. Une mini-ferme accueille les plus petits. Réservation 24 heures à l'avance.

Bois Chéri

Introduit à Maurice en 1770 par Pierre Poivre, le thé a longtemps constitué la deuxième culture de l'île après la canne à sucre. Aujourd'hui, cette activité traverse une période difficile du fait de la concurrence internationale et de la baisse des prix du marché mondial. La visite des **plantations de thé et de l'usine de Bois Chéri** (☎617 9109 ; www.saintaubin.mu ; Bois Chéri ; adulte/enfant 350/165 Rs ; ⏲lun-ven 8h30-15h30, sam 8h30-11h30), qui produit 650 tonnes de thé par an, soit 75% de la production totale de l'île, vous apprendra tout sur cette plante, de sa cueillette à la dégustation. Mieux vaut s'y rendre tôt le matin pour assister aux opérations de traitement des feuilles. Un petit musée retrace l'histoire de la culture du thé à Maurice et dans le monde.

La plantation fait partie de l'itinéraire touristique de la "Route du thé".

Où se restaurer

Le Bois Chéri AVEC VUE €€
(☎471 1216 ; plats 245-425 Rs ; ⏲tlj, midi seulement). Impossible de ne pas être séduit par le cadre, qui vaut à lui seul la visite. Sur le côté de l'usine de thé, une piste carrossable bordée de fougères arborescentes et d'allées de palmiers mène en 500 m à un petit lac bordé de jacarandas et de plants de thé. Ouvert en 2008, le restaurant bordé d'une agréable varangue se dresse au-dessus de ce décor. La carte, restreinte mais plutôt bon marché compte tenu du cadre, mêle plats créoles et spécialités originales, à l'image du poulet au thé vert ou du sorbet au thé.

MAHA SHIVARATREE

Le pèlerinage de Grand Bassin est la plus grande fête hindoue annuelle se déroulant en dehors de l'Inde. Chaque année, en février ou en mars selon les cycles lunaires, plusieurs centaines de milliers de pèlerins se rendent en procession sur les rives de ce lac volcanique considéré comme sacré par les hindouistes, afin d'honorer Shiva durant trois jours de fête.

Selon la légende, Shiva et son épouse Parvati tournaient autour de la terre sur un char fleuri lorsqu'ils remarquèrent la beauté d'une île et de la mer couleur émeraude qui l'entourait. Shiva, qui portait le Gange sur sa tête pour protéger la terre des inondations, décida de s'y poser. Après une descente mouvementée, quelques gouttes d'eau se répandirent et tombèrent dans un cratère pour former un lac. Le Gange, fleuve le plus sacré de la religion hindouiste, n'apprécia pas l'idée qu'une partie de son eau soit abandonnée sur une île déserte, mais Shiva lui répondit que des hommes originaires de ses rives viendraient un jour s'installer sur cette île et effectueraient un pèlerinage annuel, durant lequel l'eau du lac serait recueillie et présentée en offrande.

Certains pèlerins se vêtent de blanc et marchent en procession en portant un *kanvar* – temple miniature en bois, couvert de fleurs et de miroirs – ou une arche décorée de fleurs en papier. Les fidèles effectuent également leurs dévotions sur les rives du lac : au cours d'une *puja* (cérémonie rituelle), ils brûlent de l'encens et du camphre et déposent des offrandes de nourriture et de fleurs. À l'issue des trois jours de célébrations, le lac est entièrement recouvert d'offrandes. Toute la scène évoque le grand rituel sur les rives sacrées du Gange.

Les visiteurs sont les bienvenus, à condition de faire preuve de discrétion et d'être vêtus de manière appropriée (pas de short ou de jupe courte, par exemple). Avant d'entrer dans un temple, pensez à vous déchausser.

Grand Bassin (Ganga Talao)

Grand Bassin est un lieu sacré pour les hindous de Maurice depuis plus d'un siècle. L'histoire remonte à 1898, lorsqu'un dévot indien du nom de Shri Jhummon Giri Gosagne vit en rêve que ce lac de cratère, situé à 700 m d'altitude entre Bois Chéri et les gorges de la Rivière Noire, était relié aux eaux sacrées du Gange (voir l'encadré ci-dessus). Appelé Ganga Talao par les hindous, ce qui peut se traduire par "la mare du Gange", le lac est depuis le plus important site religieux hindou de l'île.

Des cérémonies y ont lieu régulièrement, mais c'est durant la fête du Maha Shivaratree que le lac sacré est le plus fréquenté. Les immenses parkings qui le bordent sont alors remplis, permettant de mesurer l'importance du site pour une large population de l'île. À cette occasion, en février-mars, plus de 300 000 pèlerins, dont certains ont fait le voyage depuis l'Inde, s'y rendent pour honorer Shiva durant ces trois jours de fête.

L'un des plus récents ajouts au site est monumental. Inaugurée en 2007, une **statue de Shiva** arborant ses serpents et sa lance, haute de près de 30 m, surplombe le lac. Lors de notre dernier passage, une autre gigantesque statue de Maa Durga – incarnation de Devi, la déesse-mère, qui symbolise l'unité des forces divines et épouse de Shiva –, haute de 33 m, était en construction, un peu en amont de la route bitumée ; cette dernière, flambant neuve, est large comme une autoroute américaine !

Le plan d'eau est bordé d'une demi-douzaine de **temples**, au pied desquels les familles viennent prier et déposer des offrandes les samedi et dimanche. L'accès au site est libre, mais on vous demandera de vous déchausser à proximité des temples.

Pour avoir une vue d'ensemble, grimpez les 200 marches qui mènent au temple le plus haut, sur le côté gauche du site. Il est dédié au dieu singe Hanuman. Des singes (qui peuvent être agressifs si on s'approche trop près ou s'ils sentent de la nourriture) sont en général présents dans les parages.

Rodrigues

Dans ce chapitre ➜

Le top des hébergements

- Tekoma (p. 193)
- Le Bakwa Lodge (p.196)
- Domaine de la Paix (p. 190)
- Case Corail (p.193)

Le top des restaurants

- Chez Jeannette – Le Tropical (p.191)
- Tirozo (p.186)
- Le Marlin Bleu (p.189)

Pourquoi y aller

À 560 km de Maurice, Rodrigues semble aux antipodes de sa "voisine". Loin de la carte postale et du tourisme standardisé, cette île de poche (18 km de long et 8 km de large) a préservé son âme, juste et sincère. Plus créole que Maurice – car peu touchée par la culture indienne – et chrétienne à 98%, l'île abrite 38 000 habitants, la plupart descendants d'esclaves africains et malgaches, et vit au rythme de la pêche, de l'élevage, de l'agriculture et d'un tourisme naissant.

La "Cendrillon des Mascareignes" affiche d'âpres paysages volcaniques, et un relief plissé d'une grande beauté qui descend jusqu'aux plages de sable fin. Les maigres pâturages, les collines pelées criblées de blocs de basalte, la végétation broussailleuse, les hameaux, quelques plages éparses et la franche simplicité de la population peuvent semer le trouble chez le nouveau venu, habitué à des visions tropicales plus convenues. Certes, le sublime lagon de 200 km² qui lui sert d'écrin, paradis des plongeurs, colle déjà plus aux stéréotypes de l'océan Indien. Mais d'emblée, on comprend que Rodrigues cherche ses affinités du côté de l'écotourisme (les sacs en plastique sont d'ailleurs interdits sur l'île). Plus qu'aux sens, Rodrigues plaît à l'âme. On y vient se ressourcer et marcher sur ses sentiers solitaires, au rythme de la mer et du ciel.

Quand partir

De climat plus chaud et sec que Maurice, Rodrigues se visite en toute saison. L'hiver austral, de mai à octobre, ménage des températures un peu plus douces (la mer l'est aussi !), ce qui permet également d'éviter la saison des cyclones (janvier-mars). Ceux-ci restent rares mais sont souvent plus destructeurs qu'à Maurice du fait de la faiblesse des infrastructures. La fête de l'Autonomie (12 octobre) est une date importante du calendrier, largement célébrée. Le trail de Rodrigues (mi-novembre ; www.trailrodrigues.com) est un nouveau temps fort de l'île. Les amateurs de kite préféreront la période qui s'étend de juin à septembre pour les conditions de vent.

À ne pas manquer

1 La superbe **balade entre Pointe Coton et Graviers** (p. 180) à l'est de l'île

2 Une excursion à la paradisiaque **île aux Cocos** (p. 197)

3 La **réserve François Leguat** (p. 196) avec ses tortues géantes et sa caverne

4 Une sortie **plongée** (p. 41) dans le somptueux lagon

5 Le **Festival de kitesurf** de Rodrigues se tient à l'anse Mourouk chaque année en juin

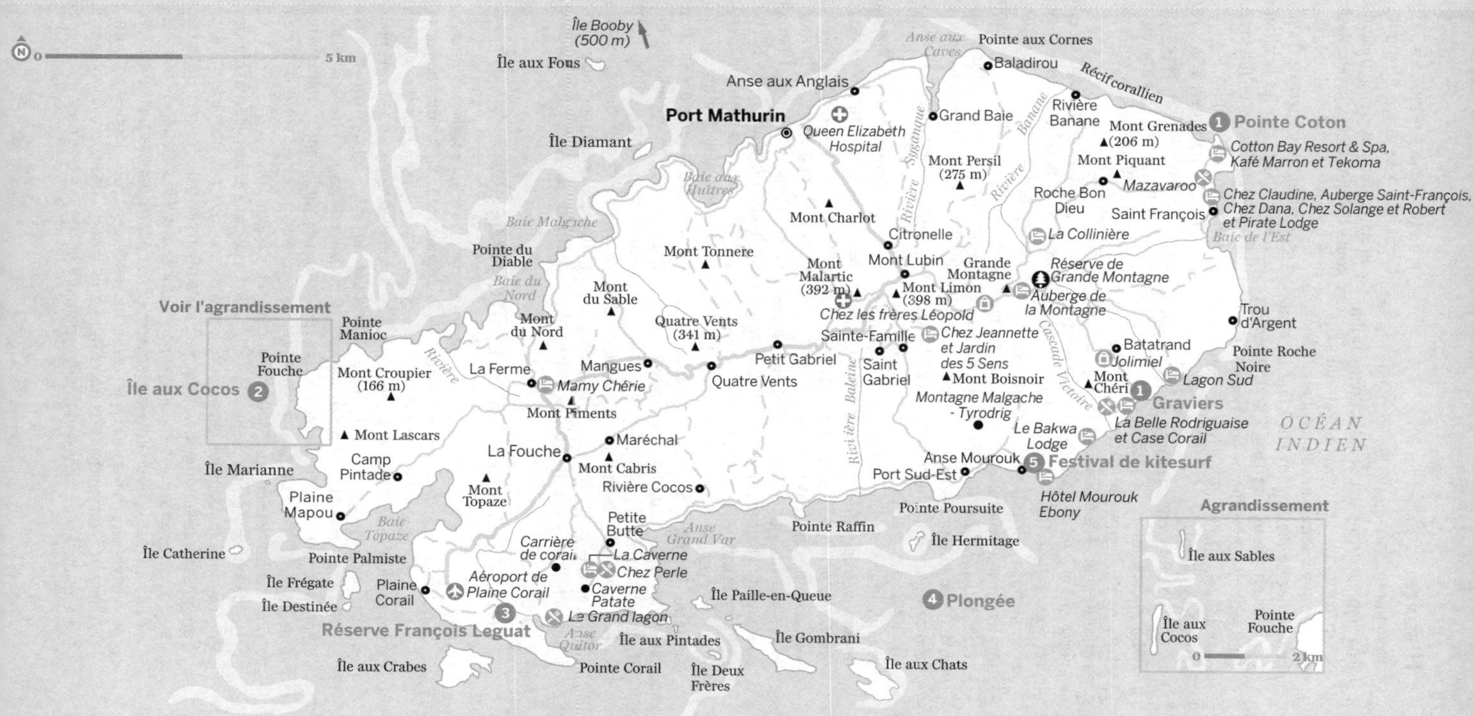

Histoire

Au début du XVIe siècle, les Portugais furent les premiers Européens à débarquer sur l'île. Selon certaines sources, la reconnaissance de Rodrigues serait due au navigateur Diego Fernandez de Pereira, en 1507. D'autres l'attribuent au pilote Don Diego Rodriguez, en 1528, qui lui aurait donné son nom. Vinrent ensuite les Hollandais, qui l'occupèrent entre 1601 et 1611.

La véritable colonisation de Rodrigues débuta cependant en 1691, avec l'arrivée d'un petit groupe de huguenots français, conduits par François Leguat. Fuyant les persécutions religieuses consécutives à la révocation de l'édit de Nantes, Leguat et ses compagnons s'installèrent en Hollande puis fondèrent une communauté protestante sur cette île isolée. La solitude et les cyclones eurent cependant raison de leur détermination : ils quittèrent Rodrigues pour Maurice en 1693. Le journal de Leguat, intitulé *Voyage et aventures de François Leguat et de ses compagnons en deux îles désertes des Indes orientales*, offre un compte rendu saisissant de ces deux années.

Les marins qui accostèrent à Rodrigues par la suite chassèrent impitoyablement les milliers de tortues géantes, qui constituaient une réserve de nourriture essentielle. Le solitaire, un gros oiseau endémique incapable de voler, connut le même sort que le dodo à Maurice.

Les Français revinrent au début du XVIIIe siècle pour tenter, à nouveau, de coloniser Rodrigues. Ils l'abandonnèrent à la fin du siècle. En 1807, les Britanniques en firent une base provisoire pour attaquer l'île Maurice, dont ils s'emparèrent en 1810. Au cours du XIXe siècle, la population passa peu à peu d'une centaine d'habitants à près de 3 300 âmes, avec l'arrivée d'anciens esclaves africains libérés par les Britanniques.

En 1901, l'Eastern Telegraph Company installa un télégraphe sous-marin reliant Maurice à Rodrigues. L'île devint ainsi le point de liaison d'un réseau reliant l'Australie et l'Europe – les anciens locaux de la Cable and Wireless sont encore visibles à la pointe Vénus.

Au cours de la Seconde Guerre mondiale, près de 1 000 Rodriguais servirent dans l'armée britannique en Afrique et en Italie. Entre 1955 et 1968, l'île développa progressivement son agriculture, en particulier grâce aux programmes de terrassement agricole instaurés par Philip Hotchin, un agronome anglais.

Malheureusement, le passage régulier de cyclones, les difficultés d'approvisionnement en eau et la surpopulation n'ont jamais permis à Rodrigues d'atteindre l'autosuffisance. Dans les années 1980, de nombreux Rodriguais ont ainsi pris le chemin de l'exil vers Maurice, La Réunion ou l'Australie.

Sur le plan politique, Rodrigues s'est distinguée à la veille des élections d'août 1967 portant sur l'indépendance de l'archipel en se déclarant contre à plus de 90%. Les Rodriguais préférèrent alors rester britanniques plutôt que de tomber sous la coupe des Indo-Mauriciens. Après des décennies de lutte

RODRIGUES À L'HEURE DE L'AUTONOMIE

Le mois d'octobre 2002 a marqué l'histoire rodriguaise : c'est en effet à cette date que le statut d'autonomie "interne maximale" de Rodrigues, voté à l'unanimité quelques mois plus tôt au parlement mauricien, est entré en vigueur. Politiquement, l'île est maintenant dotée d'un gouvernement régional, constitué d'une assemblée régionale de 18 membres – qui s'est donné comme devise "Le travail, la solidarité, la fierté" – et d'un conseil exécutif.

Ce nouveau statut s'est accompagné d'une série de "grands travaux", visibles dès la sortie de l'avion : la "route de l'autonomie" déroule maintenant son bitume flambant neuf entre l'aéroport et la "capitale", une nouvelle aérogare est sortie de terre à Plaine Corail et les rues de Port Mathurin ont été rebaptisées...

L'île a découvert au passage les affres de la politique et des alternances de gouvernement. Dans les faits, Rodrigues, aidée par des instances internationales, progresse très lentement. Ses dernières évolutions en date concernent notamment les soins de santé et les énergies renouvelables, avec l'installation d'éoliennes, le développement des chauffe-eau solaires et des efforts dans la gestion des déchets. Les problèmes récurrents de l'île, en revanche, demeurent : développement, lutte contre la pauvreté d'une partie de la population, amélioration de l'approvisionnement en eau (une usine de dessalinisation vient cependant de voir le jour à Anse aux Anglais).

QUEL TOURISME POUR RODRIGUES ?

La “Cendrillon des Mascareignes” deviendra-t-elle un jour une destination touristique de premier ordre ? Nul ne peut le dire, mais la question semble sans cesse posée à Rodrigues. Certains appellent de leurs vœux davantage de touristes ; d’autres redoutent un développement comparable à celui de l’île Maurice. On en est loin. D’autant plus que Rodrigues se tourne de plus en plus vers l’écotourisme, les petites structures et autres formules permettant de découvrir l’île sans la transformer en “produit touristique”. Nombre de Rodriguais ont en effet conscience du fait que le premier atout de leur île est son côté paisible et tranquille, et les défenseurs de l’environnement comme l’ONG Shoals Rodrigues réfléchissent aux alternatives pour suppléer la pêche hors saison afin de mieux protéger la faune marine, qui compte plus de 1 000 espèces de coraux et poissons. Le parc marin de Rodrigues a ainsi été créé en 2005 pour aider les pêcheurs à se reconvertir vers l’écotourisme (d’une superficie de 35 km^2, cette aire marine protégée s’étend de la baie de Mourouk à la Grande Passe, et comprend les îlots de l’Hermitage, l’île Chat et l’île Plate). L’éloignement et la faible desserte aérienne, qui ne permettent pas d’assurer la rentabilité d’un tourisme à grande échelle, vont dans le même sens. Les *happy fews* qui visitent cette île du bout du monde s’en frottent les mains…

visant à faire reconnaître sa spécificité par l’île Maurice, Rodrigues a obtenu un statut d’autonomie interne en octobre 2002. Voté à l’unanimité par le parlement mauricien, il a doté l’île d’un gouvernement régional habilité à adapter les lois mauriciennes à ses propres caractéristiques. Une initiative saluée de tout cœur par les Rodriguais.

Les 18 membres de la première assemblée régionale rodriguaise ont été élus le 29 septembre 2002. L’actuel commissaire général de l’île est Serge Clair suite aux élections de février 2012. L’essor du tourisme, freiné par la faible desserte et la modeste fréquentation, reste l’un des enjeux majeurs.

Faune et flore

Le déboisement intensif mené depuis la colonisation afin de créer des pâturages a eu raison de l’épaisse couverture forestière qui existait naguère à Rodrigues. L’île présente ainsi un aspect aride et pelé, surtout en période de sécheresse. La végétation secondaire qui a remplacé les forêts est constituée essentiellement d’espèces végétales introduites par l’homme, souvent invasives et peu adaptées aux ressources en eau de l’île. Les arbres et les arbustes les plus répandus sont les filaos, les lataniers, les aloès, les vacoas, les citronniers et les vétivers. Les 39 variétés de plantes endémiques qui ont subsisté sont majoritairement considérées comme menacées, vulnérables ou rares. La survie de certaines espèces dépend d’un ou deux spécimens existant dans la nature, comme le café marron, le bois pipe, le bois Pasner et le bois papaye.

Désormais soucieuses de préserver les zones végétales de première importance, – Grande Montagne, Anse Quitor, la vallée de Mourouk, les cascades Pigeon et Saint-Louis –, les autorités ont pris des mesures ces dernières années. Ces zones sont clôturées pour empêcher les déprédations animales et on contrôle soigneusement les végétaux importés, à croissance plus rapide. Des plants d’espèces rares sont produits dans des pépinières aménagées sur l’île, puis replantés dans des secteurs spéciaux où ils ont de meilleures chances de survivre et de prospérer. On espère que ces espaces serviront de refuge aux spécimens rares de la faune endémique, comme la fauvette de Rodrigues, le foudi et la roussette de Rodrigues.

Menacées virtuellement d’extinction dans les années 1980, les fauvettes ont connu un certain regain de vitalité, puisqu’on estimait leur population à 4 000 individus en 2010. Chez le foudi, en danger critique dans les années 1960, le nombre de représentants, en progression également, se montait à 8 000 environ en 2010. La vallée située à quelque 4 km de Port Mathurin, vers Mont Lubin, constitue le lieu de prédilection des chauves-souris roussette (*Pteropus rodricensis*).

Près de 18 fois plus petite que Maurice mais dotée d’un lagon presque aussi grand, Rodrigues se double d’un exceptionnel espace maritime. Un parc marin de 43,7 km^2 a été créé dans le sud et sud-est de île, avec de nombreuses zones de conservation pour protéger le corail, les stocks de poissons et de poulpes. Le parc marin reste néanmoins ouvert aux activités touristiques tels le kitesurf et la plongée. Sous l'égide de la société Discovery Rodrigues (voir p. 197), des visites de l'île aux Cocos, située au large de la côte nord-ouest, sont organisées pour découvrir les colonies d'oiseaux de mer, comme les sternes et les noddis, qui y nichent. À quelque centaines de mètres au nord de l'île aux Cocos, l'île aux Sables est une réserve ornithologique stricte, fermée au public.

Circuits organisés

Des agences de Port Mathurin proposent des sorties pour découvrir les principaux sites de l'île. Vous pouvez également vous adresser à votre hôtel. Réservez : un nombre minimum de participants est souvent requis.

Rotourco (carte p. 186 ; 831 0747 ; www.rotourco.com ; place François Leguat, Port Mathurin). Particulièrement efficace, cette agence de Port Mathurin propose des visites de tous les sites de l'île et loue des voitures et des scooters.

RodTours (carte p. 186 ; 831 2267, 831 2249 ; rodtours@intnet.mu ; Camp du Roi, Port Mathurin). Filiale de Mauritours, prestataire reconnu à l'île Maurice.

2000 Tours (carte p. 186 ; 831 4703 ; www.rodrigues-2000tours.com ; rue Max Lucchesi, Port Mathurin). Excursions sur l'île et location de voiture.

Patriko Tours (carte p. 186 ; 831 2575, 587 2575 ; patrikotours@yahoo.com ; place François Leguat, Port Mathurin). Circuits et locations sur l'île, location de voitures et scooters.

Christophe Meunier (5875 4442, 5499 4442 ; www.aubergelagonbleu.com ; Anse aux Anglais). Sorties pêche et snorkeling, vers l'île aux Cocos ou l'île Catherine. Tient également une galerie à Port Mathurin (p. 185). Chambres et table d'hôtes (p. 187).

Eco-Ballade (230 5787 6096 ; www.rodrigues-ecoballade.com). Randonnées et balades à Rodrigues, snorkeling aux îles du Sud et l'île aux Cocos.

Activités

Randonnée

La marche est sans doute le meilleur moyen de découvrir l'île pour s'imprégner de son ambiance si particulière et pour rencontrer les Rodriguais. Il est difficile de se perdre, la mer étant toujours à portée de vue. Si vous êtes fatigué, il suffit de rejoindre la route la plus proche et d'attendre l'un des nombreux bus qui sillonnent l'île. Un conseil : procurez-vous un exemplaire de la Carte Verte, excellente initiative locale qui décrit 8 itinéraires de marche à Rodrigues (voir l'encadré ci-contre).

L'une des plus belles randonnées va **de Pointe Coton à Graviers**, le long de la côte est de l'île. Cette promenade côtière d'environ 6 km s'effectue en 3 heures 30, mais vous pouvez y consacrer une journée en alternant marche, baignade et rencontre avec les pêcheurs. Le sentier débute au niveau de l'arrêt de bus de Pointe Coton. Il longe les belles plages vierges et généralement désertes de l'anse Fumier et Ally, avant de rejoindre la superbe plage de Saint-François, où l'on peut faire une halte sous les filaos. On découvre ensuite, sur une côte plus rocheuse et déchiquetée, une succession de superbes criques bordées de falaises et d'arbustes, se rejoignant presque au niveau de la mer : Anse Philibert, Trou d'Argent (la plus connue), Anse Bouteille, Pointe Roche Noire... Dans le doute, suivez toujours le chemin le plus proche de la mer. Il est possible de poursuivre jusqu'à l'hôtel Mourouk Ebony, en une bonne heure de marche supplémentaire qui vous mènera à une longue plage prisée des kiteurs.

Autre option pour plus courageux : la randonnée qui rejoint **Port Mathurin depuis Pointe Coton** (3 heures) en passant par Rivière Banane et la belle plage de Baladirou. Un bus relie Port Mathurin à Pointe Coton via Rivière Banane 2 fois par jour.

La pointe ouest vers **Plaine Mapou** offre des paysages extraordinaires où le bleu du lagon se mêle au jaune de l'herbe brûlée par le soleil ; on y voit quelques maisons isolées. Vous pouvez prendre un bus jusqu'à Camp Pintade, puis rejoindre Plaine Mapou en longeant les criques ponctuées de quelques cabanons de pêcheurs. De là, suivez le littoral en direction du nord jusqu'à Pointe Fouche pour admirer la vue sur l'île aux Cocos et l'île aux Sables. On peut continuer le tour jusqu'au village de La Ferme mais il n'existe pas de chemin tracé.

Du centre de l'île, la descente jusqu'à **Port Sud-Est** et son magnifique chenal bleu sombre zigzaguant dans le lagon constitue une autre superbe balade, où vous croiserez de nombreux pêcheurs sur leurs pirogues

CARTE VERTE : 8 ITINÉRAIRES DE BALADES À DÉCOUVRIR

Née à l'initiative de l'**Association Rodrigues Entreprendre au Féminin** (AREF ; ☎832 4240), une association de 150 femmes active dans le tourisme et le développement de l'île, la Carte Verte détaille 8 circuits de découverte de l'île, de 1 à 3 heures de marche, sur un parcours totalisant 25 km. Le document, très bien conçu, décrit les accès, les itinéraires, et propose une carte pour chacun. Vous pourrez ainsi partir à la découverte des sites de Baladirou ou de Trou d'Argent, voire vous lancer sur les traces du roman *Le Chercheur d'or*, du Prix Nobel de littérature J.M.G. Le Clézio.

La Carte Verte est vendue dans les kiosques face à la bibliothèque publique (100 Rs) et parfois au marché.

sans moteur. À Saint-Gabriel ou Sainte-Famille, demandez le chemin conduisant au panorama sur la cascade Victoire. Ensuite, descendez vers Port Sud-Est en longeant le bord ouest de la profonde vallée sauvage qui s'étend à vos pieds. Avec un peu de chance, vous y verrez des pailles-en-queue.

Kitesurf et windsurf

Avec des vents réguliers et relativement forts, soufflant la majeure partie de l'année sur un vaste et superbe lagon peu profond, le sud et l'est de Rodrigues constituent un véritable paradis pour les véliplanchistes et surtout les kitesurfeurs. La période la plus favorable s'étend de juin à septembre. Plusieurs centres proposent sur la plage de l'anse Mourouk des initiations, des cours, la location du matériel, des sessions d'entraînement accompagnées par un bateau et des sorties en kite à la journée.

Andy kitesurf (☎5875 8457 ; www.kitesurf-andy.com). Propose aussi surf et kitesurfari.

Osmosis (☎832 3051 ; www.osmosis-rodrigues.com). Propose aussi surf et SUP.

Kite for fun (☎54 28 2553, 5724 1741 ; www.kiteforfun-rodrigues.com)

The Nest Kitesurfing (☎5724 1773, 832 3180 ; www.thenestkitesurfing.com)

Plongée

La plongée est l'une des activités vedettes de Rodrigues. Les sites, répartis au sud et à l'est de l'île, sont pour la plupart multiniveaux et se différencient nettement de ceux de Maurice. Plusieurs centres de plongée sont implantés sur l'île, notamment au Cotton Bay Resort & Spa, au Mourouk Ebony, au Tekoma, ou encore Ecoévasion à Port Mathurin. Reportez-vous p. 41 pour davantage de précisions.

Pêche au gros

Rodrigues est l'une des meilleures destinations de pêche au gros dans l'océan Indien, du fait de l'exceptionnelle richesse halieutique de ses eaux : marlin bleu, thon à dents de chien, espadon-voilier, dorade coryphène... La meilleure saison s'étend de septembre à mi-juin. Pour certaines espèces, on pratique le *catch and release* (le poisson est relâché après avoir été touché). Contactez :

L'Oiseau des îles II/Défi d'ailleurs (☎832 1574, 5739 1865, 5761 8812 ; www.defidailleurs.com). Sorties d'une journée à plusieurs jours en mer, à 100 ou 200 km des côtes.

Rod Fishing Club (☎5875 0616 ; www.rodfishingclub.com). Yann Colas est l'un des plus anciens prestataires de pêche au gros de Rodrigues.

Où se loger

L'offre hôtelière rodriguaise, relativement réduite il y a encore 5 ans, s'est considérablement diversifiée et enrichie depuis peu : pensions de famille, gîtes, chambres d'hôtes, appartements, bungalows, grands hôtels... Vous ne trouverez cependant pas d'établissements au luxe comparable à celui des hôtels de Maurice. De plus en plus d'adresses sont pressées par les réglementations pour se mettre “aux normes”, ce qui se traduit par une augmentation des tarifs, mais pas nécessairement par un rafraîchissement des bâtiments, qui arborent pour certains une déco quelque peu surannée.

Séjourner à Port Mathurin offre l'avantage de la proximité des services et de la gare routière, qui donne accès aux quatre coins de l'île. La localité n'offre cependant pas, ou presque, de possibilité de baignade. Le secteur d'Anse aux Anglais est un bon compromis : vous bénéficierez à la fois de plages (qui ne sont pas les plus belles de l'île) et de la proximité de Port Mathurin, que vous pourrez même rejoindre à pied. La majeure partie des structures d'hébergement est concentrée dans ce secteur, entre Port Mathurin et

LES PIQUEUSES D'OURITES

Vision toute rodriguaise : tous les matins, à marée basse, des centaines de femmes arpentent le lagon dans le secteur de Port Sud-Est, Terre Rouge ou Crève-Cœur pour "ferrer les ourites", c'est-à-dire pêcher le poulpe. Armées d'une *foëne* (une longue tige métallique), elles entrent dans l'eau parfois jusqu'à la taille, scrutent et explorent le moindre interstice dans le corail susceptible de cacher une ourite. Une fois l'animal repéré, il faut vite le piquer avec la *foëne* et l'enfiler sur un fil de nylon. Les mollusques sont ensuite revendus à une coopérative, ou mis à sécher comme du linge sur des portiques en bois pour être ensuite utilisés dans les curries.

Si le travail de ces femmes donne lieu à des scènes très prisées par les touristes, il faut garder à l'esprit qu'il s'agit d'une activité peu gratifiante et mal payée. Les pêcheuses souffrent par ailleurs souvent de crampes, causées par les longues heures passées dans l'eau. Les tentacules des ourites, en se collant sur la peau, peuvent également provoquer des blessures sérieuses.

Depuis quelques années, les perspectives s'assombrissent pour les piqueuses d'ourites, qui sont désormais rejointes par les hommes dans cette activité. Trop pêchés, les poulpes se raréfient dans le lagon, et la pollution naissante n'arrange rien. Quant aux écologistes, ils dénoncent les dommages que provoque ce type de pêche sur le platier corallien, piétiné quotidiennement. La pêche est désormais réglementée par une fermeture annuelle de 2 mois (d'août à octobre) pendant la reproduction, mesure qui semble donner de bons résultats.

Grand Baie. C'est un bon choix si vous souhaitez circuler sur l'île, de même que les quelques établissements situés dans l'intérieur de l'île. Le sud et l'est, isolés, offrent les plus belles plages – toutes les photos montrant le sublime lagon de Rodrigues ont été prises sur ces côtes. Ce secteur est idéal pour un farniente complet, loin de tout...

Si vous possédez une tente, vous pourrez en théorie camper n'importe où. Tous les établissements de l'île viennent vous chercher à l'aéroport si vous en faites la demande, et la plupart peuvent organiser des excursions ou la location d'une voiture.

Où se restaurer

Qu'ils résident en hôtel ou dans une pension de famille, la plupart des visiteurs optent pour la formule demi-pension. D'où le nombre restreint de restaurants, essentiellement concentrés à Port Mathurin. L'offre n'en est pas moins diversifiée, avec des tables d'hôtes, des restaurants classiques et les restaurants des hôtels. N'hésitez pas, si vous le pouvez, à sortir du cadre un peu contraignant de la demi-pension. Plusieurs pensions de famille proposent une formule table d'hôtes au dîner, idéale pour partager un repas avec une famille rodriguaise et goûter à des spécialités locales. La réservation est indispensable.

Où sortir

La nuit rodriguaise est réputée pour... son calme, même si quelques discothèques comme Le Cocotier ont fait récemment leur apparition à Port Mathurin (ouvertes le vendredi et le samedi). Attendez-vous davantage à passer vos soirées en regardant les étoiles qu'en vous déhanchant sous les néons. Avec un peu de chance, vous pourrez aussi croiser des groupes de musiciens interprétant d'anciennes danses européennes, telles que la scottish, la valse et la mazurka, devenues *kotis*, *val* et *mazok*. Ils dansent également une version plus africaine du séga, le séga tambour, au rythme rapide et ne comportant pas de paroles mais seulement des exclamations, qui racontent les faits de la vie quotidienne. Le mélodian (un accordéon diatonique) est l'instrument le plus couramment employé. On voit aussi des tambours, triangles, maravannes (petite boîte plate remplie de grains) ou des bobres (arc musical). Parmi les groupes locaux les plus populaires, mentionnons Les Camarons, ou le groupe Arc-en-Ciel, originaire de Rivière Cocos, qui s'est produit dans plusieurs festivals étrangers de musique folklorique.

Les hôtels Cotton Bay et Mourouk Ebony organisent régulièrement des soirées musicales, au cours desquelles se produisent des groupes locaux ou des chanteurs réinterprétant des standards de la chanson française.

Des kermesses familiales, appelées *fancy fairs*, sont parfois organisées le dimanche et annoncées quelques jours à l'avance par des affiches. Elles se déroulent en plein air, dans les écoles ou autres bâtiments communautaires, et sont animées par des chanteurs et des musiciens. La tradition orale est toujours vivace, avec les conteurs d'histoires et de légendes qu'on rencontre lors des grands rassemblements populaires.

Achats

Rodrigues est célèbre pour ses articles en vannerie, faits de feuilles de vacoa et de vétiver. De nombreuses boutiques de Port Mathurin proposent des paniers, des malles et des chapeaux traditionnels. Mieux vaut s'y rendre tôt car elles ferment dès 15h-16h. Vous pourrez aussi acheter des articles de vannerie, des bocaux de piments et de limons, des épices, des confitures, du miel et des poulpes séchés au marché de Port Mathurin (p. 185).

Renseignements

ACCÈS INTERNET

Poste centrale (carte p. 186 ; 831 2098 ; rue de la Solidarité, Port Mathurin ; 25 Rs/20 minutes ; lun-ven 8h15-16h, sam 8h15-11h45). Le bureau postal propose deux ordinateurs connectés à Internet, mais on peut venir avec son proper ordinateur. Débit lent.

Port Mathurin Public Library (carte p.186 ; Alfred North-Coombes Building ; Port Mathurin ; lun-ven 9h-16h30, sam 9h-14h). Quelques postes en accès libre à l'étage de la bibliothèque, et Wi-Fi gratuit à l'extérieur du bâtiment.

ARGENT

Vous trouverez des agences bancaires à Port Mathurin, Mont Lubin et La Ferme, ainsi que des DAB à l'aéroport. Les principales agences de Port Mathurin, qui pratiquent toutes le change et sont équipées de DAB, sont les suivantes :

Barclays Bank (carte p.186 ; lun-jeu 9h-15h30, ven 9h-16h)

Mauritius Commercial Bank (carte p.186 ; lun-jeu 9h-15h15, ven 9h-17h)

SBI Mauritius (carte p.186 ; lun-jeu 9h15-15h45, ven 9h15-16h15)

SBM (carte p.186 ; State Bank of Mauritius ; lun-ven 9h-15h, ven 9h-16h)

CARTES

La carte *Ti Boussol*, vendue par certains tour-opérateurs de l'île et aussi à l'office du tourisme (100 Rs), est la meilleure. Rodrigues est également couverte par la carte IGN *Île Maurice*, au 1/100 000.

INFORMATIONS TOURISTIQUES

Office du tourisme (carte p.186 ; 832 0866, 832 0867 ; www.tourism-rodrigues.mu ; Ex-Administration Building, rue de la Solidarité, Port Mathurin ; lun-ven 8h-16h, sam 8h-12h, dim 8h-10h). Installé dans une maison créole jaune datant de 1879, au centre de Port Mathurin, l'office du tourisme propose la carte "Ile Rodrigues, paradis intouché" (100 Rs), des informations sur les sites à voir, les hébergements, et une liste des bateaux accrédités pour emmener des visiteurs sur l'île aux Cocos, avec leurs numéros de téléphone.

DÉSAGRÉMENTS ET DANGERS

Rodrigues ne pose pas de problème particulier au visiteur. L'eau du robinet n'est pas toujours de bonne qualité. Il est préférable de boire de l'eau en bouteille. Soyez vigilant si vous louez une moto ou un scooter, certaines routes étant assez défoncées ; un 4x4 est idéal.

POSTE

Poste centrale (carte p. 186 ; 831 2098 ; rue de la Solidarité, Port Mathurin ; lun-ven 8h15-16h, sam 8h15-11h45). Quatre autres petits bureaux sont implantés à La Ferme, Grande Montagne, à Mont Lubin et Rivière Cocos.

SERVICES MÉDICAUX

Les infrastructures médicales sont réduites. Deux petits centres médicaux se trouvent à Mont Lubin et à La Ferme.

Queen Elizabeth Hospital (carte p.186 ; 831 1628 ; Crève-Cœur). Le personnel est compétent mais les moyens techniques limités. Service d'urgence. Chirurgie, pédiatrie, urgences dentaires.

Pharmacie (carte p. 186 ; 831 2279 ; rue de la Solidarité, Port Mathurin ; lun-ven 7h30-16h30, sam 7h30-15h, dim 7h30-11h). Dans le centre de Port Mathurin, face au marché.

Pharmacie d'Arcy (carte p. 186 ; 832 1428 ; rue Mamzelle Julia, Port Mathurin ; lun-ven 7h-16h45, sam 7h-16h45, dim 7h-12h). La deuxième pharmacie de l'île, plus spécialisée dans la puériculture.

TÉLÉPHONE

Rodrigues est reliée aux réseaux de téléphonie mobile mauriciens Mauritius Telecom/Orange, et EMTEL.

Depuis/vers Rodrigues

AVION

Air Mauritius est la seule compagnie aérienne à desservir quotidiennement Rodrigues, depuis l'île Maurice. Depuis mai 2015, la compagnie Air Austral relie Rodrigues à l'île de La Réunion par un vol direct pendant les vacances scolaires réunionnaises.

Aéroport de Plaine Corail L'aéroport (☎832 7888) a été rebaptisé Sir Gaëtan Duval Airport mais tout le monde continue à l'appeler de son ancien nom. Il est situé à l'extrémité sud-ouest de l'île, à 15 km de Port Mathurin, et a été réaménagé pour permettre l'atterrissage d'ATR 72, bimoteurs de 72 places. Outre un bureau d'Air Mauritius, vous y trouverez un DAB, quelques boutiques, un duty-free, un bar-restaurant, des agences de location de voiture et des taxis.

Air Mauritius (www.airmauritius.com) assure 3 vols quotidiens entre l'île Maurice et Rodrigues. Le trajet dure 1 heure 20. L'aller-retour pour un séjour compris entre 3 et 30 jours coûtait environ 8 000 Rs lors de nos recherches. Les bagages sont limités à 15 kg par personne. Les avions ayant une capacité de 65 passagers, mieux vaut réserver votre place le plus tôt possible. Il est très important de confirmer la réservation de retour dès votre arrivée, en période d'affluence. Si vous prenez un vol Air Mauritius depuis l'Europe pour l'île Maurice, retenez votre passage pour Rodrigues depuis votre point de départ en même temps que votre billet Europe-Maurice : les passagers internationaux sont en effet prioritaires pour la correspondance et vous garderez dans ce cas le bénéfice de vos 23 kg de bagages en soute.

La compagnie dispose d'un **guichet à l'aéroport** (☎832 7700/832 7701 ; ⏲à l'arrivée des vols) et d'un **bureau à Port Mathurin** (☎831 1558, 831 1632/831 20 88 ; ADS Building, rue Max Lucchesi ; ⏲lun-ven 8h-15h30, sam 8h-12h).

BATEAU

Depuis Maurice, Rodrigues est desservie par le bateau **Mauritius Trochetia** (www.mauritiustrochetia.com ; 57-103 €/cabine selon confort) 1 ou 2 fois par mois selon la saison. Ces liaisons sont très utilisées par les Rodriguais et il est indispensable de réserver tôt. Le voyage dure 36 heures environ en direction de Rodrigues et 29 heures dans le sens contraire, en raison des alizés. Ce navire passagers-fret dessert également Madagascar et La Réunion.

Les billets sont vendus par la **Mauritius Shipping Corporation Ltd** (☎831 0640 ; msclrod@intnet.mu ; rue François Leguat ; ⏲lun-ven 8h-16h, sam 8h-12h), basée à Port Mathurin. Vous pouvez également contacter ses bureaux de l'île Maurice : **MSCL Coraline Ship Agency Ltd** (☎217 2285 ; mscl@coraline.intnet.mu ; Nova Building, 1 Military Rd, Port Louis).

VOILIER

Le régime dominant des alizés rend difficile la traversée à la voile entre Maurice et Rodrigues. Très peu de voiliers tentent cette traversée qui peut durer une semaine. Le voyage du retour, en revanche, est plus aisé et rapide.

Comment circuler

La réfection complète de la route reliant l'aéroport à Port Mathurin, baptisée "route de l'Autonomie", a nettement amélioré la circulation sur l'île. Il est ainsi devenu facile de se déplacer sur l'axe central de Rodrigues. Les routes moins fréquentées, notamment celles se dirigeant vers l'est et le sud, peuvent en revanche être par endroits en assez mauvais état, hormis celle qui se dirige vers Saint-François.

DEPUIS/VERS L'AÉROPORT

L'aéroport Sir Gaëtan Duval-Plaine Corail se situe à 15 km de Port Mathurin. Un bus quitte la gare routière de Port Mathurin vers l'aéroport, toutes les 30 minutes le matin, puis toutes les 40 minutes, pour une vingtaine de roupies. Il existe également un service privé, baptisé Supercopter. La majorité des visiteurs ont cependant recours à un transfert organisé par leur hôtel. Les agences de voyages et la plupart des hôtels proposent ce service, dont le tarif dépend de la distance.

À PIED

La marche est le meilleur moyen de découvrir cette île aussi âpre et minérale que ses habitants sont chaleureux. Rodrigues est suffisamment petite (18 km de long et 8 km de large) pour qu'aucun lieu ne se situe à plus de quelques heures de marche du point où vous vous trouvez.

BUS

La **gare routière de Port Mathurin** s'étend à la sortie est de la ville, en direction d'Anse aux Anglais. Des bus aux noms évocateurs (Concorde, Ciel de Paris, Super Force, Air Jumbo...) desservent presque tous les villages de l'île entre 6h et 16h30 ou 17h selon les destinations (le trafic est réduit après 17h et le week-end). Vous pourrez rejoindre Pointe Coton, La Ferme, Mont Lubin, Rivière Cocos ou encore Baie du Nord via Baie aux Huîtres. Aucun trajet ne dépasse 25-30 Rs.

TAXI

Plus d'une trentaine de taxis, de gros pick-up 4x4, circulent à Rodrigues. La station de taxis se trouve à la gare routière. Comptez environ 800 Rs jusqu'à l'aéroport, et au moins 600 Rs pour tout trajet sur l'île. La location d'un taxi pour une journée entière revient à 1 600-2 000 Rs selon le trajet.

Fareed (☎58758509/57337253, disponible à tout moment). Super sympa et sérieux, transfert aéroports, excursions..

VOITURE

La plupart des routes de Rodrigues sont asphaltées mais la conduite à gauche sur des routes étroites, sinueuses et à forte déclivité n'est pas toujours de tout repos. La plus célèbre est celle qui rejoint Port Sud-Est à l'hôtel Mourouk Ebony, surnommée "route des 52 virages".

Les agences de voyages locales, les hôtels ainsi que certaines pensions de famille proposent des locations de voiture. Les tarifs débutent à 1 200 Rs la journée pour une voiture légère et 1 600 Rs pour un pick-up 4x4. Vous pouvez vous adresser aux prestataires organisant des excursions (voir p.220) et aussi à **Golden Spirit** (☎5737 6428, 5875 6691)

Une station-service est implantée à Port Mathurin (voir carte p.186) et à Mont Lubin (voir carte p.186). Une troisième était en construction à Grand La Fourche Corail lors de nos recherches.

Port Mathurin

"Capitale" et centre administratif et commercial de l'île, Port Mathurin est une attachante petite ville assoupie, arborant encore quelques maisons anciennes avec bardeaux ou balustrades ; elle abrite l'unique port de l'île. Elle porte le nom de Mathurin Bréhinier, un des premiers immigrants français de la région. Le visiteur cherchera en vain monuments et sites remarquables dans cette ville qui se vit plutôt qu'elle ne se visite. Son charme réside avant tout dans l'ambiance de ses rues commerçantes étroites, bordées d'échoppes aux couleurs vives. Dès 7h, les bus chargés d'écoliers animent les rues, qui se remplissent de chalands se pressant vers les boutiques. Les commerces ferment vers 15h ou 16h, transformant Port Mathurin en ville morte.

À voir

Marché AMBIANCE ET PRODUITS LOCAUX

(rue de la Solidarité ; tlj 4h-14h). Le marché de Port Mathurin face à la gare routière est ouvert tous les jours et le monde y afflue dès 5h. Mais il serait dommage de ne pas y aller le samedi, jour où toute l'île s'y donne rendez-vous. Fermiers, planteurs, artisans et artistes viennent alors y vendre fruits, légumes, épices, confitures, poisson salé, ourites séchées, piments, achards, préparations au limon et objets usuels ou décoratifs. L'activité tend à se ralentir après 13h.

Où se loger

Pension Ciel d'Été PENSION €

(☎831 1587 ; rue François Léguat ; d avec petit-déj 800 Rs). Certainement l'adresse petits budgets la plus accueillante et agréable de Port Mathurin. Cette pension installée dans une maison de style créole, au milieu d'un petit jardin touffu, est un bon point de chute. Les 15 chambres, avec sdb et ventilateur, offrent un confort simple mais suffisant – mention spéciale pour les panneaux "Dieu est amour" placés au-dessus des lits. La proximité de la gare routière rend les lieux bruyants à certaines heures mais le trafic s'arrête tôt.

Gîte Bellevue – Gérard Édouard LOCATION DE MEUBLÉS €

(☎831 1665 ; www.gitebellevue-rodrigues.com ; Crève-Cœur ; studio en demi-pension s/d 35-60/90 €, app en demi-pension 70-130 € selon saison ;). Sur les hauteurs de Port Mathurin, près de l'hôpital, cette pension se compose de 7 studios (2-4 pers) et d'un appartement (pour 6) équipés, avec une belle vue sur le lagon et un agréable jardin. Ils disposent tous d'une terrasse. Les lieux sont un peu excentrés mais vous vous y sentirez en famille. La déco n'a rien d'exceptionnel mais l'accueil est chaleureux et de bons repas peuvent être préparés à la demande (10 €/pers).

Escale Vacances HÔTEL €€

(☎5772 9303 ; www.escale-vacances.com ; Fond La Digue ; s/d 104/174 €, s/d balcon 116/185 €, s/d en demi-pension 92/150 €, s/d balcon et demi-pension 104/162 € ; P). L'option la plus confortable – et la plus chère – de Port Mathurin vous attend à 400 m du centre-ville, dans un environnement calme. Cette résidence hôtelière moderne et sans mauvaise surprise dispose de 23 chambres propres avec sdb et clim, confortables sans être exceptionnelles. Une piscine, un bar et un restaurant spacieux complètent les prestations. Séjour de 2 nuits minimum.

Où se restaurer

Café La Gare PIZZAS ET RODRIGUAIS €

(☎5448 0169, 5875 7898, 5875 0965 ; Snack n°1, gare routière ; 8h-17h fermé quelques dimanches ; salades 90-250 Rs, pizzas 130-360 Rs, plats 275 Rs). Un bon plan que ce snack près de la gare routière, idéal pour le petit-déjeuner avec ses cafés, gaufres, crêpes, smoothies et jus frais (tamarin, limon, Passion...). Dans la journée, de bonnes pizzas (optez pour la Rodriguaise, à l'ourite !), paninis, sandwichs, salades, steaks ou crevettes en sauce attendent les affamés. Livraison possible.

Port Mathurin

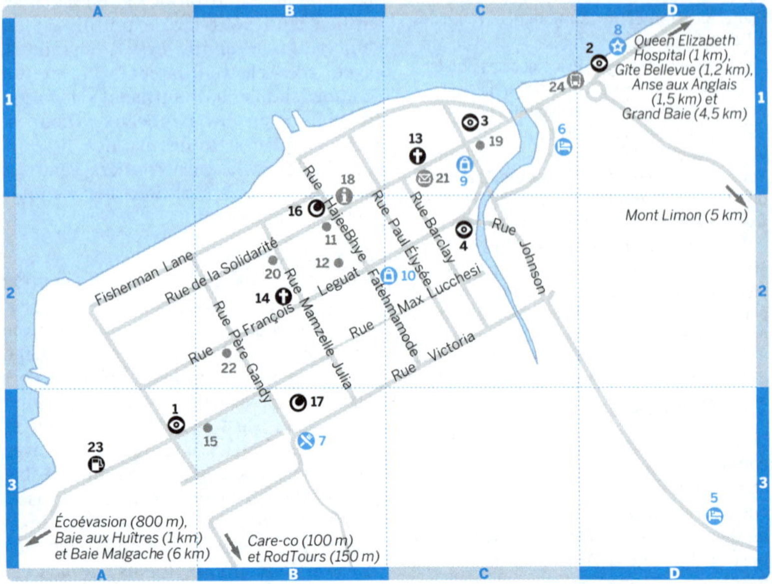

Tirozo CAFÉ-RESTO RODRIGUAIS €

(☎832 1586 ; rue Père Gandy & Victoria, Mont-Fanal ; plats 195-300 Rs ; ⊙midi et soir tlj sauf dim ;). Coup de cœur pour cette adresse cachée dans une case en tôle jaune, tout près de la mosquée de Port Mathurin, qui propose une cuisine rodriguaise fraîche et goûteuse. Sous un plafond charpenté traditionnel de roseau tressé, on déguste d'excellents beignets de poisson ou acras au bœuf, calamars au beurre d'ail, aigre-doux de crevettes, ou sauté de porc et brèdes. L'accueil est charmant et les desserts à tomber ! Une petite arrière-cour permet de prendre un café au soleil.

Aux Deux Frères FRANCO-RODRIGUAIS €€

(☎831 0541 ; Patriko Building, place François Leguat ; plats 195-415 Rs ; ⊙lun-sam midi, ven-sam soir). Au-dessus de l'agence de voyages Rotourco, ce restaurant à la bonne réputation marie les influences créoles au savoir-faire culinaire de deux frères français, Émeric et Corentin : carpaccio de bœuf, gratin de fruits de mer, thon jaune à la normande ou tartare de wahoo... sont copieux et réussis. La salle peinte en blanc, sobre mais décorée avec goût, précède une agréable terrasse qui permet de prendre un peu de hauteur sur Port Mathurin.

Où sortir

Safari Bar BAR-DISCOTHÈQUE

(☎832 1168 ; Baie Lascar ; ven-sam 22h30 jusqu'à l'aube). Sur la piste de danse de cette discothèque située sur la route reliant Port Mathurin à l'Anse aux Anglais, juste après la gare routière, la température est particulièrement chaude en fin de semaine dans une ambiance bon enfant.

Achats

Lez'arts d'ici GALERIE D'ART ET ARTISANAT

(☎5875 4442, 5499 4442 ; Baie Lascar, en face de la gare routière ; www.aubergelagon-bleu.com ; ⊙lun-ven 9h-12h et 14h-16h, sam 8h30-12h et sur le marché ; tableaux 50-600 €, excursions snorkeling 800 Rs/pers, journée 1 400 RS/pers, départ selon horaires de marée). Christophe Meunier, pêcheur et peintre, voue une passion aux piqueuses d'ourites, qui sur ses toiles se transforment en déesses de la mer plutôt sexy ! On peut visiter l'atelier à l'étage. Dans sa jolie boutique, il vend paniers, sets de table, plateaux, arrosoirs, lampes à pétrole ou tirelires en boîtes de conserve qu'il peint avec goût. On trouve aussi des T-shirts, des bijoux en coco, et de belles cartes postales. Le sympathique

Port Mathurin

À voir et à faire	
1 2000 Tours	A3
2 Christophe Meunier	D1
3 Marché	C1
4 Patriko Tours	C2
Rotourco	(voir 4)
Où se loger	
5 Escales Vacances	D3
6 Pension Ciel d'été	C1
Où se restaurer	
Aux deux frères	(voir 4)
Café La Gare	(voir 24)
7 Tirozo	B3
Où sortir	
8 Safari Bar	D1
Achats	
9 Coco Zone	C1
Léz'arts d'ici	(voir 2)
10 Sea Pearl of Rodrigues	B2
Renseignements	
11 Barclays Bank	B2
12 Bibliothèque publique	B2
13 Église Saint-Barnabas	C1
14 Église Saint-Cœur de Marie	B3
15 Mauritius Commercial Bank	B3
16 Mosquée	B2
17 Mosquée	B3
18 Office du tourisme	B2
19 Pharmacie	C1
20 Pharmacie d'Arcy	B2
21 Poste Centrale	C1
22 SBI Mauritius	B2
SBM	(voir 16)
23 Station service	A3
Transports	
24 Gare routière	C1
Station de taxis	(voir 24)

Rodriguais organise aussi des excursions (voir p.180) sur sa barque à voile, comprenant partie de pêche, snorkeling, visite des îles aux Cocos ou Catherine avec repas inclus.

Coco Zone BOUTIQUE HUMANITAIRE
(rue Johnson ; lun-ven 8h-16h, sam 8h-12h). Cette petite boutique propose un bel artisanat réalisé à partir de noix de coco (bijoux, plats, saladiers...) et du miel. Ces objets sont fabriqués par des personnes handicapées dans l'atelier de l'association **Care-Co** (831 1766 ; careco@intnet.mu ; Careco Centre, Camp du Roi ; visite atelier lun-ven 8h-16h). Cette association créée en 1989 par Paul Draper est située à 100 m de la caserne des pompiers, un peu à l'écart du centre. Son objectif vise à former des personnes handicapées et à leur fournir du travail.

♥ **Sea Pearl of Rodrigues** ATELIER-BOUTIQUE DE MODE
(5850 4323, 5829 8677 ; rue HajeeBhye Fatehmamode ; seapearlrodrigues@yahoo.com ; lun-ven 8h30-16h, sam 7h30-14h). Ouverte fin 2014 à l'initiative d'une coopérative de femmes rodriguaises, cette belle boutique se veut un espace d'exposition et de vente de sacs (100-800 Rs), vêtements et bijoux (75-800 Rs) privilégiant l'esprit récup'. La population est invitée à ramener sac de riz, boîte de jus et lait, tissus... qu'elles leur paient 25 Rs/pièce et recyclent avec talent, encourageant ainsi toute l'île à perdre le réflexe de tout jeter systématiquement. Également des pendentifs en véritable nacre de Rodrigues, ramenée par les pêcheurs. Vous pouvez passer commande selon votre fantaisie et repartir avec un objet personnalisé.

Anse aux Anglais

C'est dans cette anse située à 2 km de Port Mathurin que se concentre l'essentiel des infrastructures hôtelières de l'île. La plage de l'Anse aux Anglais est loin d'être la plus belle de l'île mais elle a l'avantage de concentrer un peu d'animation le soir autour du restaurant Le Marlin Bleu (p. 189).

Où se loger

Auberge Lagon Bleu – Chez Henry CHAMBRES ET TABLE D'HÔTES €
(carte p.188 ; 5706 7988 ; www.aubergelagonbleu.com ; Caverne Provert ; s/d/tr 600/800/1 000 Rs, demi-pension +600 Rs/pers, table d'hôtes 500 Rs). Fils de l'un des pionniers du tourisme à Rodrigues, pêcheur et peintre (voir p. 180),

D'Anse aux Anglais à Grand Baie

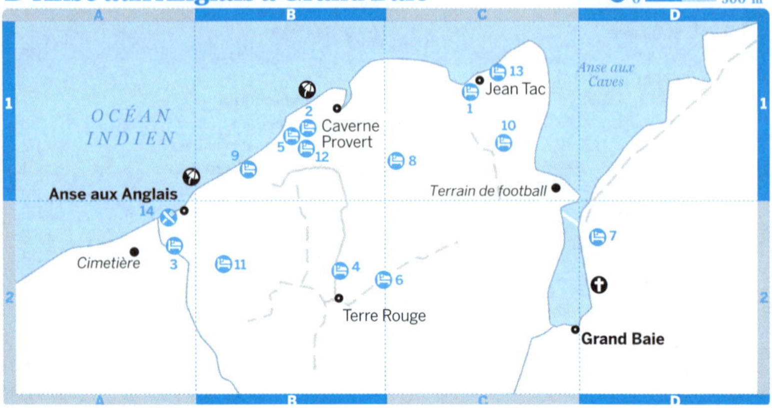

Christophe Meunier propose 4 chambres d'hôtes (1 à 3 pers), simples, avec sdb et ventilateur. Perchée sur une hauteur, à la sortie d'Anse aux Anglais, la maison offre une vue imprenable sur la mer mais peu d'intimité. L'adresse rencontre un certain succès auprès des voyageurs à petit budget. Petit-déj 200 Rs.

Villa Mon Trésor – Chez Marie-Louise CHAMBRES ET TABLE D'HÔTES €

(carte ci-dessus ; 831 1660 ; villatresor@intnet.mu ; Caverne Provert ; d en demi-pension 1 600 Rs ;). Dans sa grande maison couleur saumon ornée d'un petit jardin et encombrée de meubles de famille, Marie-Louise propose 3 chambres au confort modeste, propres et calmes (2 ont la douche en commun, la plus grande a une terrasse et une salle de bains privative), mais c'est surtout sa gentillesse et sa bonne table d'hôtes qui font sa réputation. Toujours conviviale, cette adresse où l'on se sent vite en famille est fréquentée par des habitués : pensez à réserver !

BON PLAN Ti Pavillon PENSION €

(carte ci-dessus ; 875 0707, 8321 567 ; www.tipavillon.com ; s/d/tr et studio 700/1 200/1 600 Rs ;). Il suffit parfois de pas grand-chose pour faire la différence. Une décoration colorée, une grande varangue, la plage toute proche, un agréable jardin et des petits prix… telle est la recette de Ti Pavillon, qui semble faire l'unanimité auprès des voyageurs à petit budget. Les 12 chambres au confort simple sont assez petites mais leur décoration est chaleureuse. Atmosphère conviviale, repas en commun. Clim en option (350 Rs/jour).

Chez Claude et Benet CHAMBRES D'HÔTES €€

(carte ci-dessus ; 831 0033 ; chezclaudebenet@orange.mu ; Terre Rouge ; s/d/tr avec petit-déj 1 600/1 800/2 400 Rs ; repas 750 Rs/pers ;). Entourée d'un jardin d'arbres fruitiers, cette maison d'hôtes aux murs saumon est située sur les hauteurs de Caverne Provert, à 10 minutes à pied d'Anse aux Anglais. À l'étage, les 3 chambres au sol de béton ciré sont simples mais propres ; chacune dispose d'une terrasse avec vue panoramique sur le lagon et d'une salle de bains privée. Le soir, sur réservation, les repas sont servis sous la varangue. Quand il n'est pas en cuisine, Benet peut vous emmener faire du snorkeling ou de la pêche au gros sur son bateau.

Auberge Les Filaos RÉSIDENCE HÔTELIÈRE €€

(carte ci-dessus ; 831 1644, 831 0896 ; www.rodrigues-eco-evasion.com ; Anse aux Anglais ; s/d/tr en demi-pension 1 400/2 400/3 500 Rs ;). L'une des premières adresses que l'on rencontre en arrivant à Anse aux Anglais (juste après le cimetière), où l'on est accueilli par un arbre du voyageur. Ce petit complexe hôtelier offre des chambres ventilées, simplissimes dans leur décoration mais manquant un peu d'entretien. La piscine, le jardin et les petites terrasses sont néanmoins des atouts indéniables. Climatisation en option pour 300 Rs/nuit. La plage est de l'autre côté de la route.

Coco Villa RÉSIDENCE HÔTELIÈRE €€

(carte ci-dessus ; 831 0449, 5875 9015 ; www.rodrigues-cocovilla.com ; Caverne Provert ; studio demi-pension 2 800-3 600 Rs selon confort. Ces 4 studios avec balcon (dont 2 communiquant, idéals pour les familles) sont plutôt

D'Anse aux Anglais à Grand Baie

Où se loger

1 Auberge du Lagon ... C1
2 Auberge Lagon Bleu – chez Henry ... B1
3 Auberge Les Filaos ... A2
4 Chez Claude et Benet ... B2
5 Coco Villa ... B1
6 Domaine de la Paix ... B2
7 Le Cactus ... D2
8 Le Ravenal ... C1
9 Les Cocotiers ... B1
10 Résidence Foulsafat ... C1
11 Ti Pavillon ... B2
12 Villa Mon Trésor – chez Marie-Louise ... B1
13 Villas Vetiver ... C1

Où se restaurer

14 Le Marlin Bleu ... A2

une bonne surprise : la décoration est typiquement insulaire – tout en carrelage, fibre de coco et couleurs vives – et ils sont plutôt confortables et bien entretenus. Seul un appartement bénéficie de la climatisation. Le jardin donne presque sur la plage. Accueil agréable. Table d'hôtes sur réservation.

Les Cocotiers HÔTEL-RESTAURANT €€€
(carte ci-contre ; ☎831 1059 ; lescocotiers@intnet.mu ; s/d demi-pension 104-136/150-194 € selon saison ; P). Cet hôtel situé face à la mer accueille principalement une clientèle de groupes. Outre une piscine, une petite plage et une ambiance plus touristique que les autres établissements de l'île, vous y trouverez 42 chambres confortables mais à la déco vieillissante, avec TV, clim et terrasse (pour la plupart). Attention, les chambres près du bar peuvent être bruyantes. Le service souriant ne suffit malheureusement pas à compenser ce rapport qualité/prix un peu trop élevé…

Où se restaurer

Le Marlin Bleu RODRIGUAIS ET PIZZAS €€
(carte ci-contre ; ☎832 0701 ; megamarlinblue@yahoo.com ; plats 200-350 Rs ; tlj midi et soir, fermé mardi ;). Le seul restaurant d'Anse aux Anglais est aussi un vrai coup de cœur. On prend vite ses habitudes sur cette chaleureuse terrasse en bord de route, face à la plage, en se délectant de l'accueil dynamique de Méga, et de sa fameuse salade de kono-kono. Poisson grillé ou à la sauce gingembre, poulet sauté oignons et piment, crevettes au beurre d'ail ou curry d'ourites, tout est bon et joliment présenté. Touristes et locaux ne s'y trompent pas et plébiscitent cette adresse : mieux vaut réserver pour avoir une table. Musique live le samedi soir.

Jean Tac et Grand Baie

À quelques minutes de marche d'Anse aux Anglais, le lieu-dit Jean Tac abrite quelques adresses sympathiques surplombant le lagon. De là, Port Mathurin n'est qu'à une trentaine de minutes à pied. Encore plus à l'est, Grand Baie possède une petite plage à marée haute ; à marée basse la possibilité de déambuler les pieds dans l'eau réjouira les enfants à la recherche de coquillages. L'endroit est très calme sauf en fin de semaine où les abords du terrain de football s'animent un peu. Grand Baie est aussi le point de départ pour rejoindre à pied la belle plage de Baladirou (45 minutes).

Où se loger et se restaurer

Résidence Foulsafat CHAMBRES ET TABLE D'HÔTES €
(carte ci-contre ; ☎831 1760, 5875 0770 ; www.residencefoulsafat.com ; Jean Tac ; d demi-pension 35-40 €/pers ; P). Un petit chemin pentu conduit à cette adresse attachante perchée sur une butte en retrait de la route. Le sympathique Benoît Jolicœur, ancien ministre de Rodrigues et intarissable sur son île, a aménagé 4 gîtes indépendants, en pierre volcanique ou en bois, ventilés et très propres, comprenant 1 à 3 chambres, ainsi que 2 chambres d'hôtes au rez-de-chaussée de sa maison. Tous les bungalows sont dotés d'une véranda et d'un coin cuisine, mais la majorité des clients préfèrent goûter les spécialités rodriguaises concoctées par Antoinette. L'une des adresses les plus accueillantes et conviviales de l'île, ce qui compense le relatif isolement – mieux vaut prévoir un scooter ou une voiture. La table d'hôtes est ouverte sur réservation aux non-résidents.

Le Ravenal CHAMBRES ET TABLE D'HÔTES €
(carte ci-contre ; ☎831 0644/5875 0606 ; ravenal.e-monsite.com ; Jean Tac ; s/d demi-pension 45/70 €, bung familial demi-pension 160 € ;). Peu après la résidence Foulsafat, cette adresse reconnaissable à ses toits bleus s'étend sur un joli jardin avec vue sur la mer, quelques centaines de mètres au-dessus de la route.

Les 9 chambres (dont 2 regroupées dans un bungalow familial très bien équipé) sont disséminées dans plusieurs maisons créoles modernes : claires, vastes, elles jouissent de tout le confort et d'une terrasse, et la décoration est davantage au goût du jour que dans la plupart des établissements rodriguais, notamment dans les salles de bains. La petite piscine et la cuisine du terroir le soir sont un plus.

Le Cactus CHAMBRES D'HÔTES €
(carte p. 188 ; ☎ 831 1094, 5875 6564, 5875 8080 ; www.lecactus-rodrigues.com ; ch demi-pension 32 €/pers ; ❄ P). Dary, peintre à ses heures, et Fabrina proposent 3 chambres, dont 2 donnent côté mer, un appartement avec cuisine équipée, et un studio avec kitchenette, confortable, dans une maison moderne proche de la plage publique. Toutes les chambers sont climatisées et possèdent une salle de bains individuelle. La plage de Baladirou est à 30 minutes à pied.

Auberge du Lagon RÉSIDENCE HÔTELIÈRE €€
(carte p. 188 ; ☎ 875 0707, 831 2825 ; www.tipavillon.com ; s/d/tr 1 750/2 390/3 550 Rs, demi-pension 2 250/3 300/4 850 Rs, app 4 000 Rs ; ❄ ≋ P). Ouvert début 2012 par les propriétaires de Ti Pavillon (p. 188), cet hôtel familial propose 15 chambres très colorées et propres qui offrent une belle vue sur mer depuis leurs terrasses individuelles, un restaurant et une sympathique piscine à débordement près du rivage. Pas de plage, mais le snorkeling est possible. Un appartement pour 5 personnes est également disponible. Clim en option (350 Rs/jour).

♥ **Villas Vetiver** VILLAS €€
(carte p. 188 ; ☎ 5498 2870 ; www.villasvetiver.com ; bung 100 €, villa 200 € ; ❄ P ☰). Le charmant Alain Wong So propose dans un site idyllique surplombant la mer une villa très confortable (230 m², idéale pour 6 personnes) et deux bungalows flambant neufs (115 m²), jouissant d'une petite plage privée en contrebas. Les 3 chambres de la villa ont leur propre salle de bains, le salon et la cuisine-salle à manger sont immenses, et la décoration se veut résolument moderne. La varangue et la terrasse de 45 m² sont particulièrement agréables au coucher du soleil ! Les bungalows comprennent 3 chambres et 2 salles de bains, un salon avec cuisine américaine très équipée et une terrasse de 30 m². Possibilité de location de voiture. Un excellent rapport qualité/prix !

♥ **Domaine de la Paix** CHAMBRES ET STUDIOS €€
(carte p. 188 ; ☎ 5933 7770 ; www.vacances-rodrigues.com ; Terre Rouge ; ch 95-130 €, studio 130-165 €, selon confort et saison ; ≋ ❄ ☰). Une adresse de charme, différente de ce qu'on voit d'habitude à Rodrigues. Tout y est : une architecture et une déco design faisant la part belle à la pierre volcanique, au bois, aux perspectives et à la végétation, le confort, le calme, et une vue imprenable sur le lagon. Les studios avec terrasse (30, 40 et 55 m²) sont équipés de très grands lits avec matelas orthopédiques, de la TV satellite et de lave-linge. Quatre chambres (dont 2 rondes comme une yourte) avec terrasse sont aussi disponibles. Cerise sur le gâteau, on bénéficie d'une thérapie basée sur l'absorption des minéraux à chaque tête que l'on pique dans la superbe piscine au magnésium. Beau bar ouvert sur la mer ; séjours de 3 nuits minimum.

Intérieur de l'île

Pour un regard sur Rodrigues encore plus authentique... Malgré son attrait touristique limité, c'est dans cette région au relief vallonné, sillonné de murets en pierre volcanique et marqué par des paysages agricoles, que bat le cœur de l'île. La foule qui se presse le dimanche pour la messe de l'église de Saint-Gabriel en est une bonne illustration. C'est là aussi que se trouve le mont Limon, point culminant de l'île (398 m) et la réserve naturelle de Grande Montagne où l'on trouve les espèces endémiques tels le café marron, le bois de fer, le bois d'olive... Les quelques établissements présents dans le secteur, principalement des chambres et tables d'hôtes, sont une bonne alternative à Port Mathurin et à Anse aux Anglais comme base pour visiter l'île.

À voir et à faire

Église Saint-Gabriel LIEU DE CULTE
Malgré son isolement, l'église du village de Saint-Gabriel, au centre de l'île, est l'une des plus grandes du diocèse de Port Louis. La nef, en pierre et en bois, dépasse 50 m de long et 19 m de large et peut accueillir plus de 2 000 fidèles. Entreprise en 1936, sa construction s'acheva trois ans plus tard. Des centaines de volontaires, femmes, hommes et enfants, transportèrent depuis la côte, sur leur dos ou leur tête, les tonnes de sable, de ciment, de pierres et de coraux

nécessaires à son édification. Les messes du dimanche rassemblent des centaines de Rodriguais. Lors de notre dernier passage, elle était en rénovation.

Mont Limon POINT DE VUE

Point culminant de Rodrigues, le mont Limon (398 m) offre un panorama splendide sur toute l'île, en particulier au coucher du soleil ; par temps humide cependant, la zone est souvent plongée dans un épais brouillard. Pour vous y rendre depuis le village de Mont Lubin, prenez la route de Palissade. Après 200 m, un panneau indique "View Point Mt Limon". De là, un chemin grimpe dans la végétation jusqu'au sommet. Comptez 10 à 15 minutes de marche.

Réserve de Grande Montagne RÉSERVE NATURELLE

Cette réserve naturelle a permis à la forêt primaire rodriguaise de survivre, alors qu'elle ne représentait plus en 1981 que 1% de sa surface initiale. Un sentier balisé de 7,5 km (comptez 4 heures de marche aller, niveau facile) traverse une végétation dense et permet de découvrir le bois carotte, le bois chauve-souris, le bois d'ébène ou le bois puant. 2 000 plants d'hibiscus Liliiflorus, grandis en pépinière, ont été réintroduits alors qu'il n'en restait que 3 à l'état naturel. Au sommet de la réserve, on a une jolie vue sur les villages alentour. En descendant vers Vainqueur, on croise un petit ruisseau, et on rejoint la plage de Baladirou via Rivière Banane. Pour visiter les lieux avec un guide (fortement recommandé), contactez RodTours (voir p. 180).

Jardin des 5 sens JARDIN BOTANIQUE

(carte p. 177 ; ✆831 5860 ; jardincinqsensrodrigues@yahoo.com ; Montagne Bois Noir ; adulte/enfant 250/150 Rs ; ⏲tlj, visite 10h, 11h, 13h, 14h, 15h). Attenant au restaurant Chez Jeannette–Le Tropical, cet adorable petit jardin botanique, ouvert fin 2012, propose des visites guidées d'une heure sur le thème des 5 sens : les enfants apprécieront de pouvoir toucher et sentir plus de 100 espèces dont l'ayapana, l'endémique latanier jaune, le baume du Pérou ou le limon de Rodrigues. Les plantes médicinales sont à l'honneur, et on a même droit à une dégustation d'infusions des plantes du jardin, près d'un mur orné d'expressions créoles qu'on s'amuse à décrypter. Également des ateliers pédagogiques et une petite boutique.

Tyrodrig PARCOURS EN TYROLIENNE

(✆5499 6970 ; Montagne Malgache ; ⏲tlj 9h-17h ; 1 000 Rs/pers, max 6 pers). Voler suspendu dans les airs, 120 m au-dessus du sol, c'est ce que propose Tyrodrig grâce à ses 5 tyroliennes géantes – entre 110 et 420 m de long – posées sur un câble au-dessus de la vallée du Mourouk. En l'air, la vue sur le lagon et la forêt est splendide et il n'est pas rare d'apercevoir des pailles-en-queue. Après chaque portion de tyrolienne, on rejoint un nouveau point de départ accompagné d'un guide. L'activité ne dure pas plus d'une heure. Accessibles aux enfants. Pour rejoindre Tyrodrig, prenez la direction de Montagne Bois noir à Palissandre et continuez tout droit après le gîte Chez Jeannette (ci-dessous).

Achats

Les Frères Léopold ARTISANAT

(carte p.177 ; ✆875 3227, 474 7394 ; ⏲lun-sam 8h30-16h30 ; Palissade Ternel). Repérez la salle de sport du bourg de Palissade Ternel : juste à côté, une boutique rouge framboise vend d'adorables paniers, sacs, chapeaux, plateaux ou sets de table tressés en aloès, bambou, vétiver et vacoa... de toutes les formes et toutes les tailles ! On dit que ce sont les plus beaux de l'île. Vous pouvez aussi passer commande d'un objet en particulier.

Où se loger et se restaurer

La Collinière CHAMBRES D'HÔTES €

(carte p. 177 ; ✆831 8558, 875 6824 ; fificolliniere@gmail.com ; Brûlé ; d demi-pension 35 €/pers ; wifi). Dans leur chaleureuse maison surplombant une vallée, sur la route de Rivière Banane, les incontournables Jacky et Fifi (pionniers de la plongée à Rodrigues) ont aménagé 3 agréables chambres avec salles de bains individuelles et terrasse, et une plus spécifiquement dédiée aux enfants (demi-tarif pour les 3-12 ans). La vue panoramique est à couper le souffle, et la réserve de Grande Montagne est toute proche : calme assuré ! L'ambiance est décontractée, et la cuisine aux accents asiatiques de Fifi accompagne merveilleusement le ti-punch.

♥ **Chez Jeannette – Le Tropical** CHAMBRES ET TABLE D'HÔTES €

(carte p. 177 ; ✆5722 5665, 831 5860 ; www.gite-letropical.com ; Montagne Bois Noir ; demi-pension 30-35 €/pers, repas environ 14 €, sur réservation ; P wifi). Posé sur les hauteurs de Montagne Bois Noir, accroché à un piton rocheux surplombant le lagon,

Chez Jeannette vaut tant pour son excellente et copieuse cuisine rodriguaise que pour l'accueil sans chichis et la chaleur communicative de la patronne et de son équipe. Les grandes tablées où l'on mange tous ensemble – clients, personnel et amis de passage – n'y sont sans doute pas pour rien. Les chambres sont vastes, la plupart avec balcon, la déco rustique rappellera à certains les chalets de montagne, mais elles sont bien équipées (TV, ventilateur...). La salle de restaurant ouverte donne sur un jardin luxuriant soigneusement entretenu. La maison oublie rarement l'apéro et possède sa propre salle de concert qui s'anime fiévreusement de temps en temps avec des musiciens locaux. Sa position centrale sur l'île peut constituer une bonne base pour rayonner. Pour s'y rendre, prenez la direction de Grande Montagne depuis Mont Lubin, puis suivez les panneaux sur la droite de la route à hauteur de l'arrêt de bus de Palissade.

Mamy Chérie CHAMBRES ET TABLE D'HÔTES €€
(carte p. 177 ; ☎5749 0565 ; raffyrodrigues@yahoo.com ; La Ferme ; d sans/avec demi-pension 2 000/4 600 Rs ; menu 1 000 Rs/pers, plat du jour 350 Rs ; ⏲tlj midi, soir sur réservation, fermé samedi midi). La truculente Raffaella est tombée amoureuse de Rodrigues, et elle sait comme personne vous raconter son île d'adoption, bien loin de son Italie natale. Autour d'un adorable jardin, 2 petites chambres à croquer, avec leurs murs gris anthracite rehaussés de touches de couleur vive, et de charmants petits meubles réalisés dans un esprit récup'. Chaque chambre a accès à la cuisine, d'où sort chaque jour un menu différent, mêlant produits du terroir rodriguais et recettes italiennes. Les pâtes sont maison, le poisson est pêché par son compagnon, viandes et volailles sont choisies chez les meilleurs éleveurs... Nul doute que ses gnocchis au fruit à pain vous laisseront un souvenir impérissable !

Pointe Coton et la côte est

Face au lagon et peu fréquentées, les côtes est et sud-est concentrent les plus belles plages de Rodrigues : Pointe Coton, anse Ally, anse Fumier, Saint-François, la crique de Trou d'Argent, encadrée par deux falaises abruptes (la plus photographiée), et enfin anse Bouteille, idéale pour le snorkeling en début de marée montante.

Au nord, Pointe Coton offre de belles possibilités de randonnées (voir p. 180) et compte un superbe hôtel, installé de longue date et récemment rénové. Plus au sud, Saint-François concentre la majorité des hébergements du secteur mais pourrait perdre un peu du charme de sa beauté somnolente. Graviers se développe lui aussi timidement, et compte également quelques plages agréables.

Où se loger

Pointe Coton

Kafé Marron CHAMBRES ET TABLE D'HÔTES €€
(carte p. 177 ; ☎5706 0195 ; www.kafemarron.com ; d en demi-pension 2 000-2 300 Rs ; ❄📶). Impossible de rater cette maison colorée à la façade jaune et au toit turquoise située face au Cotton Bay Hotel. Dorothy et Éric y proposent 4 chambres d'hôtes spacieuses (dont 2 se partagent les sanitaires) et décorées avec soin donnant toutes sur une terrasse. La table d'hôtes reprend les spécialités rodriguaises traditionnelles : rougail d'ourites, kono-kono, bouillon de poisson servi avec des haricots rouges... Si l'on ajoute que l'adresse est située à une centaine de mètres du lagon, on ne s'étonnera pas qu'elle remporte un franc succès. Climatisation 300 Rs/jour.

Cotton Bay Hotel Resort & Spa TROIS-ÉTOILES €€€
(carte p. 177 ; ☎831 8001 ; www.cottonbayhotel.com ; d en demi-pension 142-171 €/pers selon saison). Lové dans un cadre magnifique au nord-est de l'île, cet hôtel récemment rénové respire un bien-être tropical qui lui vaut ses étoiles. Rien ne manque pour rendre le séjour agréable : la plage de sable blanc, les filaos, le lagon turquoise, la piscine, un bar-restaurant cosy, 60 chambres confortables, 10 suites nuptiales et 2 villas familiales, face à la mer, à la décoration lumineuse rehaussée de boiseries et d'anciennes photos de l'île en noir et blanc... Vous pourrez également profiter d'activités nautiques (kayak, pédalo), d'un centre de plongée, d'un court de tennis, d'un spa zen avec sauna, hammam et soins au coco et limon, et de toute la gamme de services et d'excursions et de promenades dans l'île.

Tekoma QUATRE-ÉTOILES €€€€

(carte p. 177 ; ☎483 4970, 831 8805 ; www.tekoma-hotel.com ; Pointe Longue, anse Ally ; d vue mer demi-pension 290-417 € selon saison, d vue jardin demi-pension 243-347€ selon saison ;). Au sud de Pointe Coton, ce tout nouveau boutique-hôtel a de quoi séduire : situés sur l'une des plus belles plages de l'île, avec une vue époustouflante sur le lagon, ses 15 bungalows de 65 m² jouent la carte de l'intime et de l'exclusif : lits king-size, mobilier en teck massif, vasque en pierre et douche à l'italienne dans les salles de bains, écran plat et baignoire extérieure pour buller sous les étoiles en amoureux... Un spa, un wellness center, une petite piscine et son restaurant Beach Club (plats 200-800 Rs), et l'excellent centre de plongée Jacky Diving (voir p. 45) complètent ce tableau des plus idylliques. Possibilités d'excursions, de baby-sitting et location de voiture.

Saint-François

Chez Claudine CHAMBRES ET TABLE D'HÔTES €

(carte p. 177 ; ☎831 8242 ; cbmoneret@intnet.mu ; d demi-pension 1 300/1 500 Rs par pers ;). Avant tout réputée pour sa cuisine (poissons, porc et fruits de mer cuisinés au feu de bois), cette adresse est un bon choix pour quelques jours de robinsonnade dans un cadre au confort simple mais accueillant à quelques mètres de la plage de Saint-François. Claudine loue 4 chambres avec sdb, à l'arrière de leur maison, ainsi que 2 studios récents dans les tons orange. Confortables, propres et vastes, elles sont dotées d'une terrasse mais pas orientées face à la mer. Vos hôtes pourront vous aider à organiser votre séjour. Les plus belles criques de l'île, notamment Trou d'Argent, sont facilement accessibles à pied.

Auberge Saint-François CHAMBRES ET STUDIOS €€

(carte p. 177 ; ☎831 8752 ; www.auberge-rodrigues.com ; s/d/tr 19-45/38-90/57-135 € selon confort, maison créole 110 €). À quelques centaines de mètres de la plage, cette adresse autrefois connue sous le nom de Décidé Plages propose des chambres doubles et familiales (avec terrasses pour certaines) et des studios accueillants, impeccables et décorés avec simplicité : les douches sont en ardoise et bois, et on y retrouve les tableaux de Christophe Meunier et ses piqueuses d'ourites (voir p. 182). Une grande maison accueille 6 adultes (3 chambres et 2 salles de bains). L'ambiance est familiale, et l'accueil très gentil et efficace (ménage tous les jours).

Pirate Lodge LOCATION DE MEUBLÉS €€

(carte p. 177 ; ☎831 8775 ; www.piratelodge.com ; villa 160 € ;). Mitoyenne des adresses précédentes, un peu en retrait de la route, cette nouvelle structure est la plus confortable de Saint-François. Le "lodge" se compose de 5 grandes villas ventilées à deux niveaux, impeccables, décorées avec soin, dotées de deux sdb, de lits king-size et d'une cuisine entièrement équipée. Elles disposent d'une terrasse et peuvent loger jusqu'à 6 personnes. L'ensemble, avec piscine et bar, fait face à une rangée de cocotiers et est situé à deux pas de la plage. Petit-déj possible.

Graviers

♥ **Case Corail** CHAMBRES ET TABLE D'HÔTES €€

(carte p. 177 ; ☎832 4351, 5923 9865 ; www.casecorail.com ; d 50-70 € selon confort, repas 20 €/pers ;). Un vrai havre de paix, plein de charme, que ces 5 chambres dont les terrasses donnent sur la mer ou sur Montagne Chérie. Les moins chères ont une salle de bains partagée, une autre dispose de couchages pour 2 ou 3 enfants. Toutes baignent dans une atmosphère relaxante où le blanc est roi : lumineuses et décorées de bois flotté, de corail, de superbes tissus ethniques, et d'artisanat rodriguais, elles invitent au rêve et sont idéales pour un couple en lune de miel qui souhaite éviter les plus grosses structures. Quant à l'accueil d'Hervé et de sa famille, il vaut tout l'or du monde...

La Belle Rodriguaise CHAMBRES ET TABLE D'HÔTES €€

(carte p. 177 ; ☎5875 0556, 875 0591 ; www.labellerodriguaise.com ; d sans/avec demi-pension 30/50-70 € per pers selon saison ;). Ouverts en 2010, ces bungalows posés sur une petite colline face au lagon ne manquent pas d'atouts : piscine, vue imprenable et restaurant réputé... Réparties dans trois bâtiments, les 12 chambres sont un peu petites mais confortables et accueillantes, dans un style bord de mer aux tons blanc, bleu et jaune. Décorées dans des teintes claires, elles disposent de la clim et d'une véranda. L'ambiance est familiale et décontractée. Attention, le chemin qui y mène est réservé aux véhicules 4×4 sur plusieurs centaines de mètres.

Lagon Sud FACE À LA MER €€
(carte p. 177 ; ☎832 4543, 5908 0492, 927 0976 ; lagonsud-rodrigues.com ; s/d demi-pension 2 400/3 400 Rs ; ❄). Difficile de faire mieux pour cette adresse récente ouverte par une famille sino-mauricienne. Elle plaira aux amateurs de calme qui veulent profiter du lagon sans négliger le confort. Les 4 chambres posées à quelques mètres du lagon derrière un rideau de filaos sont modernes, confortables et plutôt coquettes ; celles du haut sont un peu plus spacieuses, et les salles de bains sont particulièrement réussies. Les repas, qui font la part belle aux fruits de mer et aux poissons grillés, se dégustent dans une cabane en tôle, juste à côté. Possibilité de négocier sans la demi-pension.

Où se restaurer

Chez Dana ÉPICERIE €
(carte p. 177 ;☎58757245 ; ⌚tlj midi et soir, épicerie 7h-20h ; au sud de la plage de St-François ; plats à partir de 250 Rs). Cette petite épicerie tenue par la souriante Dana surplombe la plage de Saint-François. Même si ce n'est pas à proprement parler un restaurant ni un snack, on y trouve cependant deux ou trois plats du jour (poulet-riz-haricots rouges, poisson mariné, salade d'ourites...) préparés à la demande et qu'on savoure sur l'une des deux tables posées en terrasse. On peut aussi y prendre un rafraîchissement, en profitant simplement de la vue.

BON PLAN **Chez Solange et Robert** LANGOUSTES ET SAUCISSES GRILLÉES €
(carte p. 177 ; ☎5733 1968 ; plage de Saint-François ; ⌚tlj midi). En face de l'Auberge Saint-François, au bord de la route, les adorables Robert et Solange proposent sous une petite paillote de très bonnes saucisses et langoustes grillées à déguster face au lagon ou sur les quelques tables en plastique. Tarifs très raisonnables (750 Rs pour 500 g de langouste).

Mazavaroo RODRIGUAIS-JAPONAIS €€
(carte p. 177 ; ☎831 8816 ; Saint-François ; plats 285-400 Rs ; ⌚midi tlj, soir sur réservation). À deux pas de la plage de Saint-François, cette petite adresse décontractée – qui doit son nom à une préparation de piment rodriguaise – est idéale pour une pause le long du sentier côtier. On y mange en extérieur, dans un décor branché, des produits locaux travaillés à la japonaise : légumes à la plancha, nems de thon, porc teriyaki, carpaccio de poisson ou encore cari d'ourites. La carte change tous les jours, on regrettera les portions un peu petites.

Achats

BON PLAN **Jolimiel** MIEL €
(carte p. 177 ; ☎831 5262, 832 4352, 5875 4061, 5876 7217 ; Batatrand, Graviers ; ⌚8h-17h). Depuis 25 ans, la famille Jolicœur produit l'un des meilleurs miels de Rodrigues ; contrairement à certains trouvés sur le marché de Port Mathurin, aucun risque que celui-ci soit frelaté ! Prenez le chemin escarpé (de préférence en 4×4) à droite sur la route qui mène de Batatrand à Graviers, et descendez jusqu'à la maison de ce producteur passionné. Il vous montrera peut-être ses 25 ruches, occupées par les 10 000 abeilles qui offrent ce nectar bio et parfumé, grâce à l'absence de pollution atmosphérique de Rodrigues. 500 kilos de miel d'eucalyptus sont récoltés d'octobre à février : vous pouvez acheter au détail, toute l'année (et même vous faire livrer dans l'île) pots et bouteilles de 100/200/250/500 ml (75/125/200/300 Rs).

Ouest et sud de l'île

Si cette partie de l'île recèle peu de possibilité d'hébergements, elle possède pourtant quelques atouts. À commencer par la route sinueuse qui descend vers Port Sud-Est surnommée la "route des 52 virages". Il est peu probable que vous trouviez le temps d'y compter les virages, subjugué par les vues époustouflantes qu'elle offre sur la mer et la Grande Passe qui serpente dans les eaux du lagon.

À l'est de Port Sud-Est, l'anse Mourouk est un spot réputé de kitesurf, où se tient chaque année un festival à l'ampleur grandissante (voir interview ci-contre et les prestataires proposant cours et matériel p. 45).

Plus à l'ouest, jusqu'à l'aéroport de Plaine Corail, l'île ne compte pas de plages de sable mais quelques curiosités dues aux caprices de la géologie comme la caverne Patate ou la carrière Corail. Enfin, il serait dommage de ne pas visiter un des îlots baignés par les eaux du lagon dans cette portion de l'île où il atteint sa largeur maximale.

INTERVIEW

"RODRIGUES, NOUVELLE DESTINATION PHARE DU KITESURF"

Le Rodriguais Andy Albert fut l'un des premiers à ouvrir une école de kitesurf sur son île en 2004. Directeur technique du Festival international de kitesurf (la prochaine édition se déroulera pendant 5 jours en juin 2016), il nous explique pourquoi cette discipline est en train de modifier le visage touristique de Rodrigues.

Pourquoi Rodrigues est-elle si parfaitement adaptée à la pratique du kitesurf ? Rodrigues est alimentée par un régime de vent assez régulier qui souffle de sud-est, entre 14 et 35 nœuds (26 et 65 km/h), et ce 220 jours par an minimum. De plus, le lagon est magnifique, et surtout immense : 200 km²... ça fait une sacrée surface de jeu, et on peut rider pendant des dizaines de kilomètres sans s'arrêter, sur une eau limpide parmi les plus propres au monde ! Autre atout de ce lagon : sa faible profondeur, idéale pour les débutants, d'autant que le vent est la plupart du temps parallèle à la plage, ce qui facilite le décollage. La barrière de corail nous protège de la houle, mais aussi des requins. Et pour clore le tout, notre île visant un tourisme mesuré, les pratiquants ne seront importunés ni par les jet-skis ni par de dangereux speed-boats ; au mieux, ce sont des pirogues à voile qu'ils croiseront lors d'un downwind ! Bref, Rodrigues est un spot de rêve encore confidentiel, et les kiteurs du monde entier commencent à se passer le mot !

Quelles sont les particularités des cours de kitesurf rodriguais ? L'apprentissage du kitesurf est à la portée de tous ; il suffit d'être en bonne condition physique, juste un peu tonique, pour progresser rapidement ; c'est d'ailleurs l'une des raisons pour lesquelles ce sport de glisse attire un nombre croissant de femmes. Passer par une école permet de naviguer sur un spot adapté aux conditions météo, à son niveau technique et au matériel. On se sent vraiment encadré, en sécurité, et c'est rassurant ! Assez vite, on se familiarise avec la notion de " fenêtre de vol ", dans laquelle l'aile développe plus ou moins de puissance selon l'endroit où elle est placée par rapport au vent. On apprend à redécoller l'aile tombée dans l'eau, puis on s'essaie à la nage tractée : se faire tirer par l'aile, à plat ventre, est une étape essentielle avant le waterstart (le départ assis dans l'eau). Les stages d'initiation se déroulent sur 4 jours : les cours durent 2 heures (9h30-midi et 14h-16h30) en petit comité : un moniteur pour un ou deux élèves. À l'issue de ces 4 jours, on commence à être autonome, à tirer des bords, à piloter l'aile d'une main... À ce stade, je peux emmener les stagiaires en "descente" de 2 heures, où je les suis en bateau. Pour les plus aguerris, le programme est différent : on va kiter au niveau de la barrière pour taper les petites vagues, on revient sur de longues descentes ou en slalomant entre les îlots... J'organise même des "kitesurfaris" : on ride toute la journée avant de rejoindre un îlot sur lequel on monte le campement, on fait un feu pour griller le poisson, on passe une bonne soirée sous les étoiles, on se réveille avec la marée, et hop, direction un autre îlot... La haute saison du kite, ici, c'est en juillet et août ; 80% des riders viennent de France métropolitaine ou de La Réunion, toute proche.

Depuis 3 ans, le Festival de kitesuf attire de plus en plus de monde. Comment se déroule-t-il ? Il se tient à l'anse Mourouk, dans le lagon sud, là où sont installées toutes les écoles de kitesurf, qui se sont associées il y a quatre ans dans le but de créer cet événement. En 2014, 50 participants (venus d'Australie, de La Réunion, de Maurice...) sont venus s'éclater pendant 5 jours dans une ambiance super, à la fois très sportive et décontractée. Il y a les kiteurs locaux, qui s'entraînent ici toute l'année, mais aussi des champions internationaux, et des amateurs avec un très haut niveau. Tout le monde se donne un coup de main, rigole. Et sur l'eau, ça envoie : grandes descentes de 20 puis 30 km, mini-raids, slaloms de 10 km, épreuves de free-style... On fait le tour de tous les spots : l'île Catherine, Graviers, Plaine Corail, etc. De nombreux photographes venus des quatre coins du monde font également le déplacement pour immortaliser cette manifestation exceptionnelle, festive et colorée. La population se joint à l'événement : il y a des stands pour manger local, des pique-niques, et le soir la fête continue sur la plage avec DJ, troupes de danse et de musique traditionnelle. Nicolas Hulot a parrainé l'édition 2015 !

À voir et à faire

Réserve François Leguat

RÉSERVE NATURELLE

(carte p. 177 ; The François Leguat Giant Tortoise and Cave Reserve ; ☎832 8141 ; www.tortoises-cavereserve-rodrigues.com ; anse Quitor ; adulte/enfant 320/160 Rs ; ⏲tlj visites 9h30, 10h30, 13h30, 14h30 ; P). Ouverte en 2007 et baptisée en l'honneur de François Leguat, premier habitant français de Rodrigues, cette réserve d'une vingtaine d'hectares vise à présenter l'île comme la décrivait l'explorateur dans ses récits à la fin du XVIIe siècle. Rodrigues était alors surnommée "l'île aux tortues" et comptait des centaines de milliers d'individus.

Scientifique australien sympathique et passionné, Owen Griffith, le créateur des lieux, a ainsi décidé de réintroduire les tortues géantes à Rodrigues. L'espèce endémique ayant été décimée au fil du temps et du peuplement, il s'est tourné vers sa plus proche cousine, la tortue géante de l'île seychelloise d'Aldabra. Environ 1 000 spécimens ont ainsi été réintroduits sur ce site, aux côtés de tortues étoilées de Madagascar, dont 700 sont nées dans la nurserie de la réserve. On peut les caresser dans un canyon long de 700 m où elles évoluent en liberté. Sur les chemins alentour, on retrouve le vacoa, le bois carotte, le bois de pomme, le sureau ou benjoin. Dans les arbres, vous pourrez observer les énormes chauves-souris roussettes de Rodrigues (unique mammifère endémique de l'île). Près de 115 000 arbustes et arbres indigènes ont ainsi été replantés, certains étant extrêmement rares. Le canyon, bordé de parois calcaires, présente aussi une dizaine de grottes. La plus grande, longue de 500 m, et mieux aménagée que la caverne Patate, dévoile d'impressionnantes stalagmites et stalactites qu'on découvre avec un guide sympathique. Enfin, un petit musée est consacré à l'histoire de l'île, à son environnement et à sa géologie, et un restaurant (plats 255-290 Rs) très correct permet de boire un verre ou de déjeuner.

Carrière de corail

CURIOSITÉ GÉOLOGIQUE

(carte p. 177). La pointe sud-ouest de Rodrigues, baptisée Plaine Corail, est formée d'un plateau de corail surélevé au cours du temps par des phénomènes tectoniques, qui crée un contraste saisissant avec le basalte omniprésent ailleurs sur l'île. Ces 2 000 ha de calcaire constituent la plus vaste carrière du genre dans les Mascareignes. Les Rodriguais exploitent cette curiosité géologique en découpant des briques dans des carrières de corail pour la construction des maisons, mais cette activité a été interdite en 2002. Vous pouvez visiter la carrière à ciel ouvert de Petite Butte (à 500 m de la caverne Patate), même si elle n'est plus active.

Caverne Patate

GROTTE

(carte p. 177 ; ⏲tlj 9h, 11h, 13h, 15h ; visite guidée 45 minutes adulte/enfant 5-12 ans 100/75 Rs). L'érosion du plateau calcaire de Rodrigues a laissé d'impressionnantes grottes (près de 25 en tout). Celle de la caverne Patate, vers l'aéroport, s'étend sur près d'un kilomètre de long et certaines salles avoisinent 25 m de haut. La visite est accompagnée d'un guide qui vous expliquera, avec beaucoup d'imagination, les formes tourmentées des stalagmites et des stalactites. Le sol est souvent glissant et il est conseillé de porter de bonnes chaussures ; munissez-vous d'une torche. Pour vous rendre sur le site, suivez la route de Petite Butte. La guérite du gardien se trouve en bas d'un petit chemin, près du centre communal. Vous pouvez prendre un bus pour La Fouche et demander au chauffeur de vous déposer. La plupart des hôtels et des agences de voyages proposent des visites organisées de la grotte.

Où se loger et se restaurer

♥ Le Bakwa Lodge

HÔTEL-RESTAURANT DE CHARME €€€

(carte p. 177 ; ☎832 3700, 832 0300 ; www.bakwalodge.com ; Var Brûlé, Port Sud-Est ; s/d/villa en demi-pension 84-113/73-99/90-116 € par pers selon saison ; ❄📶). Surplombant une immense plage de sable blanc et le lagon, dans un écrin de verdure, ces 8 bungalows (une chambre, 6 suites pour 3-4 personnes et une villa pour 8) nichés sous les filaos sont un enchantement. On adore l'architecture mêlant structures traditionnelles et luxe épuré, mettant à l'honneur les matières végétales et l'artisanat local : des persiennes et caillebotis aux morceaux d'épaves de pirogues accrochés comme des tableaux sur les grands murs blancs, tout enchante le regard et rend zen. Un très bon **restaurant** (ouvert aux non-résidents ; plats 120-350 Rs ; ⏲tlj midi, le soir sur réservation) propose chaque jour des plats différents : poisson ou poulet grillé aux herbes et épices locales, calamars croustillants, crostini et salades, gâteau coco... Service très attentionné.

Hôtel Mourouk Ebony TROIS-ÉTOILES €€€

(carte p. 177 ; ☎832 3351 ; www.mouroukebonyhotel.com ; s/d en demi-pension 140-245/200-304 € selon saison ; ❄). Réputé pour ses activités sportives (kitesurf, plongée...), ce bel ensemble à taille humaine, situé à environ 15 km de Port Mathurin, rivalise avec le Cotton Bay Hotel Resort & Spa, et s'enorgueillit d'un emplacement idyllique, avec piscine, au bord d'un magnifique lagon. Un grand bâtiment avec une large terrasse sous varangue abrite le restaurant, ouvert aux non-résidents. Les 30 chambres, confortables sans être exceptionnelles, sont réparties dans 10 bungalows de style créole au toit rouge qui s'égrènent le long de la plage ; malheureusement, malgré la désaffection d'une clientèle fidèle regrettant le vieillissement et le manque d'entretien des lieux, les travaux annoncés depuis des années n'ont toujours pas commencé...

BON PLAN **Le Grand Lagon** TABLE D'HÔTES €

(carte p. 177 ; ☎832 8101, 876 0284, 875 1462 ; plats environ 300 Rs, fondue sans/avec langouste 850/1 050 Rs par pers ; midi tlj). Posé au bord du lagon qui atteint ici une longueur inhabituelle, l'établissement sert sous une varangue des plats issus de la pêche du jour. Mais il serait dommage de venir jusqu'ici sans goûter leur spécialité : la “fondue rodriguaise”, à base de poissons et de fruits de mer frais décortiqués que l'on trempe dans un bouillon réchauffé par quelques charbons. Mieux vaut avoir l'estomac vide avant de venir ! Réservation impérative la veille pour la fondue. Pour arriver au Grand Lagon, continuez la route goudronnée après la réserve François Leguat sur quelques centaines de mètres. Même si le restaurant a l'air fermé, n'hésitez pas à vous manifester, la patronne n'est jamais bien loin !

BON PLAN **Gîte La Caverne** CHAMBRES ET TABLE D'HÔTES €

(carte p. 177 ; ☎831 7409, 832 8297 ; gitelacaverne@yahoo.com ; 400 Rs/pers sans demi-pension, 800 Rs/pers en demi-pension ; P). En face du chemin qui mène à la caverne Patate, l'adorable famille Prudence vous accueille dans leur grande maison posée sur une colline, où l'on se sent vite chez soi. Vaches, moutons, chèvres, volailles et chiens se promènent autour de cette bâtisse colorée et ornée de centaines de plantes, qui offre 4 chambres et un studio très propres. Outre l'extrême gentillesse des hôtes, leur délicieuse cuisine (300-400 Rs, sur réservation) est une autre bonne raison de choisir cette adresse tranquille, dans un coin de l'île où les hébergements sont rares.

Chez Perle TABLE D'HÔTES €

(carte p. 177 ; ☎831 7429 ; chezperle.over-blog.com ; Corail Petite Butte, près de la boutique de la Caverne ; menu 500 Rs/pers ; sur réservation). Excellente réputation pour cette table perdue dans la campagne, au bout d'un track road. Réserver chez Perle, c'est l'assurance de découvrir le meilleur de la cuisine rodriguaise : accras de manioc, gratin de callebasse, gâteau de patate douce, salade de papaye verte... sont préparés avec les produits du jardin.

♥ Île aux Cocos et les îles du Sud

Des dix-sept îlots émaillant le lagon autour de l'île Rodrigues, l'**île aux Cocos** est la plus visitée. Longue de 1,5 km et large d'une centaine de mètres, cette petite merveille, vierge et protégée, culmine seulement de 4 m au-dessus du niveau de la mer. La majorité des cocotiers auxquels elle doit son nom ayant été emportés par les cyclones, elle est maintenant plantée de filaos. À 3,5 km de la côte ouest, elle est surtout remarquable pour son ambiance digne de Robinson et les centaines d'oiseaux nicheurs et migrateurs qu'elle héberge, dont le noddi et la sterne.

L'île servait naguère au ramassage du guano. Ses seuls habitants sont maintenant les gardiens qui s'y relaient tous les deux jours. L'accès à cette réserve, gérée depuis 2007 par **Discovery Rodrigues** (☎832 1062 ; discoveryrodrigues@intnet.mu), est restreint, et une partie de l'île est totalement interdite aux visiteurs afin de protéger les oiseaux en période de ponte.

À côté de l'île aux Cocos, l'**île aux Sables**, deux fois plus petite, est une réserve totalement inaccessible. Aucun permis n'est requis pour visiter l'**île aux Crabes** et l'**île Hermitage**. La première se trouve à environ 20 minutes en bateau de la pointe Corail. Ne vous attendez pas à voir beaucoup de crabes : on y élève des moutons ! La seconde, un îlot minuscule renommé pour sa beauté (et les trésors qui y seraient enfouis !), est accessible depuis Port Sud-Est (25 minutes environ) ou Petite Butte (1 heure 30 environ).

SAINT-BRANDON, AGALEGA ET LES AUTRES...

Outre Rodrigues, Maurice possède, ou revendique, 4 autres îles ou groupes d'îles de l'océan Indien.

Cargados Carajos (Saint-Brandon)

Cet atoll composé de 28 îlots éparpillés dans un lagon de 250 km², à 370 km au nord-est de l'île Maurice, est un paradis pour les plongeurs et les ornithologues. 13 d'entre elles appartiennent à la compagnie Raphaël Fishing, qui a récemment obtenu l'autorisation de les exploiter touristiquement en construisant des écolodges de luxe et en organisant la pêche à la mouche pour clients fortunés. Les pêcheurs sillonnent ses eaux, campent sur Albatros (au nord) et Coco (au sud) et maintiennent une base à Raphaël (dans la partie centrale), mais il n'existe pas d'implantation permanente. Des milliers de tortues vertes et des centaines de tortues à écailles s'y reproduisent chaque année.

Agalega

Plus de 400 personnes travaillent pour l'industrie du coprah (amande de coco décortiquée) sur ces 2 îles situées à 1 100 km au nord de Maurice. L'île du nord (12 km de long et 1,5 km de large) et l'île du sud (7 km de long et 5 km de large) s'étendent sur environ 26 km², presque complètement recouverts de cocotiers. Agalega est réputée pour abriter de larges colonies de tortues marines.

Tromelin

Bien que revendiquée par Maurice, cette île de 1,7 km² appartient à la France (d'après un accord conclu en 1954 entre elle et la Grande-Bretagne, au temps où ce pays administrait encore Maurice). Faisant partie des îles dites "éparses de l'océan Indien", elle est gérée par les Terres australes et antarctiques françaises (TAAF). Située à 450 km au nord-est de Madagascar, recouverte de broussailles et entourée de barrières de récifs, Tromelin possède, en tout et pour tout, une station météorologique et une piste d'atterrissage, qui assure un lien avec le reste du monde.

Archipel des Chagos

Autrefois administré par l'île Maurice, cet archipel de 60 îlots a été acheté en 1966 aux Seychelles par les Britanniques, qui l'ont incorporé à leurs territoires de l'océan Indien (BIOT). Ils ont ensuite loué l'île principale, Diego García, aux États-Unis pour y installer une base militaire (le contrat court jusqu'en 2016). Les 3 000 habitants des Chagos, à qui le Royaume-Uni a versé des indemnités compensatoires, estimées insuffisantes par certains, ont été transférés à l'île Maurice à la fin des années 1960. L'actualité de cet archipel du bout du monde a rebondi en 2010, lorsque les Britanniques ont annoncé vouloir transformer les îles en parc marin. Un projet qualifié par l'île Maurice d'"hypocrisie", d'"insulte à la souveraineté mauricienne" et d'"éco-impérialisme". Les Chagos et les îles avoisinantes représentent une zone économique et de pêche de 550 000 km².

Renseignements

Les oiseaux sont surtout présents de mars à octobre.

Depuis/vers l'île aux Cocos et les îles du Sud

Les bateaux partent généralement de Baie du Nord ou de Port Mathurin et mettent de 45 minutes à 1 heure 30 pour atteindre l'île, en fonction de la marée. Le lagon est peu profond et il est parfois nécessaire de pousser le bateau à marée basse. Comptez 1 000 Rs avec repas sur l'île.

L'office du tourisme (p. 183) dispose d'une liste de la vingtaine de bateliers accrédités pour y emmener des visiteurs (la majorité des hôtels pourront vous aider à prendre contact avec eux). Vous pourrez par exemple contacter :

Christophe Meunier (☎58 75 44 42).

Antonio Jolicœur (☎58 75 57 20).

Comprendre Maurice et Rodrigues

L'île Maurice aujourd'hui

Les années fastes de l'économie mauricienne semblent aujourd'hui dans le rétroviseur. Si le pays ne paraît jamais à bout de ressources et affiche des résultats encore fort honorables, sa croissance, qui atteignait 6% dans les années 1990, est redescendue à 3,3% en 2014. Fer de lance de l'économie, le secteur du tourisme continue sa course effrénée, avec plus d'un million de visiteurs en 2014 : une fréquentation exponentielle qui commence à poser problème.

À lire

Le Chercheur d'or (1985 ; Folio, Gallimard, 1988) : Une quête éperdue à la recherche d'un trésor chimérique, dans la Rodrigues du début du XXe siècle. Par le Prix Nobel de littérature J.M.G. Le Clézio.

Sens-plastique (1947 ; Imaginaire Gallimard, 1985) : Recueil de pensées de l'écrivain mauricien Malcolm de Chazal.

Paul et Virginie (IPC, 2015) : Belle adaptation en BD du célèbre roman de Bernardin de Saint-Pierre, par Shenaz Patel et Laval Ng

À écouter

Zulu (2014) : Premier album du chanteur Zulu.

Île Maurice - Hommage à Ti Frère (1991) : Le roi du séga typique.

Best of Kaya : Seggae Experience (1999) : Disque du chanteur Kaya.

À voir

Mon père ce héros (Gérard Lauzier, 1991) : Une adolescente en vacances à l'île Maurice avec son père fait passer ce dernier pour un agent secret afin de séduire un garçon. Avec Marie Gillain et Gérard Depardieu.

Bénarès (Barlen Pyamootoo, 2006) : Un portrait de Maurice entre huis clos et road-movie. Premier film d'un réalisateur mauricien, avec des acteurs mauriciens, tourné en créole mauricien.

La nouvelle donne économique

Trois des piliers de l'économie de Maurice – le sucre, le tourisme, l'industrie textile, les services financiers et les technologies de l'information et des télécommunications – connaissent aujourd'hui de profondes mutations. La canne à sucre connaît une grave crise structurelle qui se traduit par des licenciements ; le textile subit les affres de la mondialisation, de main-d'œuvre moins chère venant de la Chine, du Sri Lanka ou du Bangladesh, et de nouveaux accords internationaux ; et le secteur du tourisme, malgré sa croissance continue, doit faire face aux aléas du pouvoir d'achat des touristes étrangers frappés par la crise. Seul le secteur des services financiers semble échapper à ce ralentissement, boosté par les investissements étrangers, malgré l'incertitude pesant sur le traité Maurice-Inde de non-double imposition.

Par ailleurs, certaines mesures emblématiques, comme la libéralisation de l'espace aérien ou l'autorisation donnée aux étrangers de s'installer sur l'île et de bénéficier d'avantages fiscaux dans le cadre du programme IRS, renforcent l'impression que l'île Maurice s'est lancée ces dernières années dans une politique libérale débridée destinée avant tout à attirer le maximum de capitaux et de touristes.

Les politiciens, pendant ce temps, ont repris leurs jeux d'alliances, parfois teintés de rivalités ethniques, qui semblent être leur spécialité et font parfois ressembler la vie politique mauricienne à une éternelle histoire de famille entre les clans Bérenger, Duval, Ramgoolam et Jugnauth. En mars 2012, Anerood Jugnauth a démissionné de son poste de président de la République pour rejoindre l'opposition au côté de Paul Bérenger. Cela moins d'un an après que son fils, Pravind Jugnauth, a dû démissionner du gouvernement de Navin Ramgoolam, suite à un scandale politico-financier. Navin Ramgoolam a été battu aux élections de décembre 2014 au point de ne plus pouvoir siéger au Parlement comme simple député. Voici donc de retour aux commandes du pays Anerood Jugnauth, encadré par une équipe dont son fils fait partie.

Derrière la carte postale

L'afflux toujours plus important de touristes sur une île déjà densément peuplée commence à soulever des concerts de protestations. La population mauricienne, tout d'abord, supporte de moins en moins la privatisation de l'espace public, que ce soit sur des plages "réservées" aux touristes ou sur un lagon que les pêcheurs doivent abandonner aux activités nautiques et aux bateaux de plaisance. Par ailleurs, de nombreuses organisations environnementales commencent à tirer la sonnette d'alarme sur les effets néfastes du développement touristique (impact sur les réserves en eau, destruction des écosystèmes coralliens...).

L'île Maurice doit se rendre à l'évidence : être bordée de lagons ne suffit pas non plus à se protéger de certains maux du monde moderne, comme la criminalité, la corruption ou les problèmes liés à la drogue. Tandis que le taux de chômage officiel atteint 8% et qu'une part de la population assiste à la baisse de son niveau de vie, le ralentissement de la croissance économique révèle au passage certains problèmes sous-jacents de la société mauricienne, notamment l'inégale répartition des richesses. Les créoles, plus que les autres communautés, sont ainsi touchés par la pauvreté.

N'est-il pas paradoxal que ce pays soit à la fois vanté pour ses hôtels de luxe et sa main-d'œuvre à bas coût ? L'île Maurice, de plus en plus, ressemble à un pays "à deux vitesses". D'un côté les palaces et les golfs, de l'autre les coupeurs de canne, les cases en tôle et les vendeurs ambulants. Les fruits du "miracle économique" ne sont en effet pas équitablement partagés, dénoncent certaines voix et les créoles font souvent figure de laissés-pour-compte, ce qui n'est pas sans provoquer des frustrations qui dérivent en frictions interethniques, les Indiens étant accusés de monopoliser les cartes. Si les communautés se côtoient sans heurt au quotidien, elles restent en effet cloisonnées et animées par une rivalité sous-jacente. Dans ce contexte, l'accession fin 2003 de Paul Bérenger au poste de Premier ministre, devenu le premier non-hindou à occuper cette fonction, a été vécue par beaucoup comme un indéniable pas en avant du rapprochement interethnique. L'expérience a été de courte durée : en 2005, Paul Bérenger a dû céder la place à Navinshandra Ramgoolam. L'équipe dirigeante ne rate jamais une occasion de rappeler que l'unité est la clé du succès de l'île Maurice, afin de désamorcer à l'avance toute friction interethnique.

NOMBRE D'HABITANTS : **1 322 250 (DONT RODRIGUES : 38 050)**

SUPERFICIE DE L'ÎLE MAURICE : **1 866 KM²**

SUPERFICIE DE L'ÎLE RODRIGUES : **109 KM²**

NOMBRE DE PASSAGERS ACCUEILLIS PAR L'AÉROPORT DE MAURICE EN 2011 : **2,7 MILLIONS (3 MILLIONS ATTENDUS EN 2015)**

Sur 100 personnes à l'île Maurice

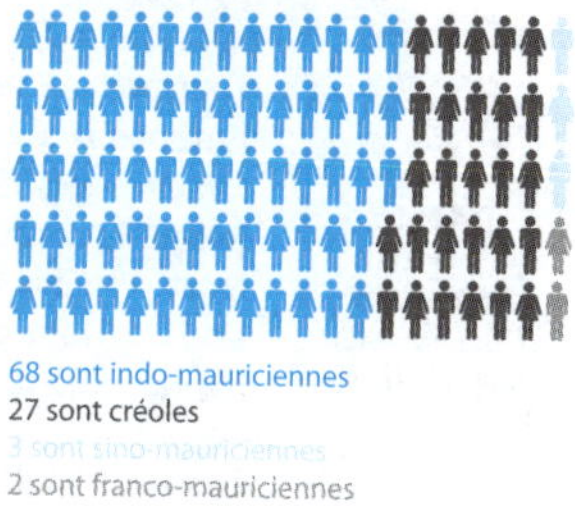

Religions
(en % de la population)

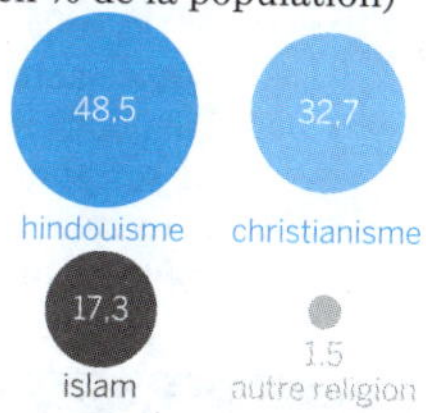

Population au km²

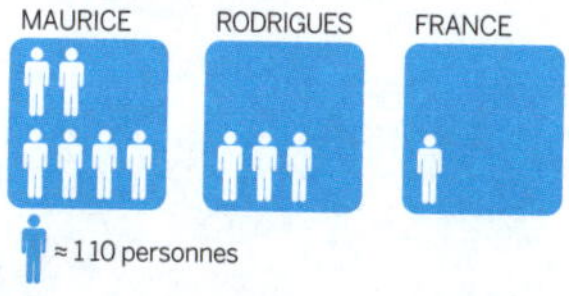

Histoire

L'histoire de l'île Maurice a été profondément marquée par le colonialisme. Entre l'installation du premier colon sur ses rivages déserts, en 1598, et son indépendance, en 1968, l'ancienne "Isle-de-France" a changé quatre fois de "propriétaire". Cette situation s'est accompagnée d'un système économique fondé sur la canne à sucre, qui a contribué à dessiner le visage métissé de l'île Maurice d'aujourd'hui en faisant venir sur l'île une population d'origine africaine, indienne et chinoise.

Portugais et Hollandais

Des navigateurs arabes avaient connaissance de l'île Maurice – qu'ils appelaient Dinarobin – dès le Xe siècle, mais ne s'y installèrent pas. Tout porte à croire que les explorateurs portugais furent les premiers Européens à poser le pied sur ses rivages déserts, dans le sillage de la fameuse expédition de Vasco de Gama autour du monde via le cap de Bonne-Espérance, en 1498. Les Portugais préférèrent cependant établir leurs colonies sur la côte orientale de l'Afrique, en Inde et en Indonésie. En 1511, Domingo Fernandez jeta brièvement l'ancre à l'île Maurice, qu'il baptisa Ilha do Cerne (île du Cygne). Nul ne saurait dire s'il s'agissait du nom de son navire, ou s'il faisait ainsi référence au dodo, gros oiseau aujourd'hui disparu, qu'il aurait pris pour une sorte de cygne.

Dinarobin (Xe siècle), Ilha do Cerne (1511), Mauritius (1598-1710), Isle-de-France (1715-1810), Mauritius (1814-1992) et désormais île Maurice, Mauritius ou République de Maurice... l'île est une habituée des changements de nom !

Rodrigues, à 600 km au nord-est de Maurice, doit son nom à un autre navigateur portugais, Don Diego Rodriguez, qui la baptisa ainsi en 1528. C'est également en l'honneur d'un Portugais, l'amiral Don Pedro Mascarenhas, que Rodrigues, Maurice et La Réunion furent baptisées les Mascareignes. Les Portugais laissèrent pourtant peu de traces à Maurice. Ils cédèrent vite la place aux nouveaux rois des mers : les Hollandais.

Les voiles de ces nouveaux venus s'annoncèrent à l'horizon en 1598. Le vice-amiral Wybrandt Van Warwyck débarqua sur la côte sud-est de l'île, dont il prit possession au nom des Pays-Bas. C'est en l'honneur de son souverain, le prince Maurice de Nassau, qu'elle fut rebaptisée Mauritius. Il fallut cependant attendre encore une quarantaine d'années avant que les Hollandais – qui l'utilisaient jusque-là comme

CHRONOLOGIE

1498
Des explorateurs portugais posent le pied à Maurice.

1598
Les Hollandais débarquent et baptisent l'île "Mauritius". Ils importent la canne à sucre.

1710
Départ des Hollandais.

base de ravitaillement sur la route de Batavia, l'actuelle Jakarta – s'intéressent réellement à la colonisation de leur nouvelle possession. Ils s'implantèrent à proximité du lieu de leur premier débarquement. Les ruines de leur première base sont encore visibles aux abords de l'église de Vieux Grand Port, près de Mahébourg.

La colonie ne prospéra jamais véritablement, et les Hollandais la quittèrent définitivement en 1710. À leur départ, Maurice s'était enrichie de quelques espèces animales et végétales – cerf de Java, sanglier, tabac – mais le dodo avait disparu. La caractéristique majeure de la période hollandaise reste cependant l'introduction de la canne à sucre et de son sinistre corollaire : l'esclavage.

Le temps de l'Isle-de-France

Cinq ans après le départ des Hollandais, le capitaine Guillaume Dufresne d'Arsel arriva de La Réunion, alors appelée île Bourbon, et prit possession du territoire au nom de la France. Mauritius fut alors rebaptisée "Isle de France" et cédée à la Compagnie des Indes orientales, afin d'y créer une base commerciale.

Si le peuplement français commença en 1721, l'île ne prit son essor qu'à partir de 1735, avec la nomination au poste de gouverneur de Bertrand François Mahé de La Bourdonnais. Sous son administration, les installations portuaires furent améliorées, on construisit le premier moulin à sucre, le premier hôpital, et le réseau routier enregistra de notables progrès. C'est également à cette époque que se produisit l'un des plus célèbres événements historiques de l'île Maurice : la tragédie du *Saint-Géran*. Pris dans une tempête alors qu'il s'apprêtait à entrer à Port Louis pour décharger des équipements destinés à un nouveau moulin à sucre, ce navire fit naufrage en 1744 au large de l'île d'Ambre. Cet événement inspira à Bernardin de Saint-Pierre l'un des premiers romans à succès – certains diront à l'eau de rose – de la littérature : *Paul et Virginie* (voir l'encadré p. 102).

L'histoire de La Bourdonnais fut bien moins romantique : parti en 1746 combattre les Britanniques en Inde, il prit la ville de Madras mais fut accusé de traîtrise et emprisonné à la Bastille dès son retour. Son action décisive dans l'essor du comptoir français de l'île Maurice ne fut reconnue que par une tardive réhabilitation.

La Compagnie des Indes orientales périclita au cours de la seconde moitié du XVIIIe siècle, lorsque les Britanniques acquirent la suprématie dans l'océan Indien. Parallèlement, l'industrie sucrière prit son essor. Port Louis devint à la fois un port de commerce libre et un refuge pour les corsaires. Robert Surcouf fut le plus célèbre de ces flibustiers agissant avec la bénédiction de leur gouvernement. Les pirates "indépendants", notamment britanniques et français, qui

Bernardin de Saint-Pierre : Voyages à l'île Maurice et La Réunion (Magellan et Cie, 2004) rassemble les observations de l'écrivain et botaniste sur les animaux, les plantes, le climat et les habitants lors de son voyage à Maurice en 1768.

1715
Arrivée des Français, qui rebaptisent Mauritius "Isle de France".

1810
Les Anglais prennent Maurice à la France, qui leur concèdent officiellement 4 ans plus tard. L'île reprend le nom de "Mauritius".

1835
Abolition de l'esclavage à Maurice, qui prend effet en 1839.

1936
Sir Seewoosagur Ramgoolam et le Labour Party militent pour l'indépendance.

opéraient avec succès depuis Madagascar dès la fin du XVIIe siècle, durent ainsi se rendre à l'évidence : ils avaient servi d'exemple à ces forbans patentés et devenus respectables.

En 1789, les colons français de l'île Maurice se rallièrent à la Révolution française et se débarrassèrent de leur gouverneur. Ils refusèrent en revanche de libérer les esclaves lorsque l'abolition de l'esclavage fut décrétée à Paris, en 1794.

L'Union Jack flotte sur Maurice

Les Britanniques se lancèrent à l'attaque des corsaires et de l'Isle-de-France durant les guerres de l'Empire, à partir de 1810. Ils commencèrent par subir une défaite, la bataille de Vieux Grand Port, unique victoire navale française inscrite sur l'Arc de triomphe de Paris. Ils débarquèrent ensuite au Cap Malheureux, sur la côte nord, et s'emparèrent de l'île.

Quatre ans plus tard, le traité de Paris cédait l'Isle-de-France, Rodrigues et les Seychelles à la Grande-Bretagne. Les Britanniques redonnèrent à la première son nom de Mauritius mais laissèrent aux Franco-Mauriciens leur langue, leur religion, leur système juridique (le Code Napoléon) et leurs plantations de canne. Les esclaves, libérés en 1835, commencèrent à céder leur place dans les plantations à des travailleurs indiens et chinois poussés à l'exil par la misère. Attirés vers l'île Maurice par des promesses souvent mensongères et engagés sous contrat, ceux-ci connurent souvent un sort peu enviable durant leurs premières années sur l'île. Au total, ce sont près de 450 000 Indiens qui arrivèrent ainsi pour cultiver la canne. L'inscription en 2006 sur la liste du patrimoine mondial de l'Unesco de l'Aapravasi Ghat, quai où débarqua la majorité de cette population d'"engagés" est venue tardivement saluer la mémoire de cet épisode déterminant de l'histoire de l'île (voir l'interview p. 59).

Mémoires d'un botaniste et explorateur (La Découvrance, 2006), de Pierre Poivre (1719-1786), raconte les années de recherches et de voyages de cet aventurier, humaniste, passionné de botanique, créateur du jardin Pamplemousses à Maurice.

Avec l'ouverture du marché international au sucre (due à la bonne gestion des sucreries) la canne devint la raison d'être de l'île au cours des 150 années qui suivirent. La politique en faveur de l'immigration de milliers de travailleurs indiens sous contrat continua, et les premières grandes familles de "barons du sucre" firent leur apparition. Grâce à leur importance numérique, les Indiens finirent peu à peu par acquérir plus de poids dans la gestion du pays. La venue du Mahatma Gandhi, en 1901, qui prôna les droits civiques sur l'île, leur donna un salutaire coup de pouce.

Maurice fut relativement épargnée par les deux guerres mondiales. Le pays et sa monoculture furent plus affectés par les cyclones, les épidémies de malaria – celle de 1865 à 1867 décima la moitié de la population de Port Louis –, les fluctuations du marché sucrier, qui connut son apogée vers 1920, et le déclin du rôle de relais de l'île dans le trafic maritime.

1840
Début de l'immigration indienne (208 000 personnes en 2 décennies) et chinoise.

1865
Une épidémie de malaria ravage l'île Maurice et fait près de 50 000 victimes.

1968
Indépendance de l'île Maurice. Sir Seewoosagur Ramgoolam est élu Premier ministre.

➡ Statue de sir Seewoosagur Ramgo

En 1936, le Labour Party fut fondé afin de défendre les droits des travailleurs. Il monta en puissance après la guerre, notamment grâce à la nouvelle Constitution qui accordait le droit de vote aux habitants de plus de 21 ans capables d'écrire leur nom.

Sous la houlette du Dr Seewoosagur Ramgoolam, qui fut anobli par la suite, le Labour Party devint très puissant au cours des années 1950. La principale force d'opposition, le Parti mauricien social démocrate (PMSD), rassemblait la population blanche et créole.

Indépendance, turbulences et miracle économique

Conséquence de l'évolution de la politique coloniale de l'Empire britannique, Maurice devint un État indépendant le 12 mars 1968. Sir Seewoosagur Ramgoolam, qui reste la principale figure historique de l'île, fut élu Premier ministre. Il resta en poste durant 13 ans, gouvernant en coalition avec le PMSD (Parti mauricien social démocrate) à la fin de son mandat. Jusqu'à sa mort en 1986, à l'âge de 86 ans, il continua à jouir d'un prestige extraordinaire. Son nom a depuis été donné à une multitude d'édifices publics.

L'économie mauricienne, fondée sur la trilogie canne/textile/tourisme, obtint d'excellents résultats dans les décennies suivantes (sur l'économie mauricienne, voir *L'île Maurice aujourd'hui*, p. 200). Le secteur financier prit son envol dans les années 1990, et les TIC (Technologies de l'information et des télécommunications) environ dix ans plus tard. La vie politique du pays fut cependant particulièrement cahotique. En 1982, le Mouvement militant mauricien (MMM), parti politique de "gauche" (terme très relatif à Maurice) réunissant les mouvements de Paul Bérenger et d'Anerood Jugnauth (Mouvement socialiste mauricien ; MSM), parvint au pouvoir. Jugnauth devint Premier ministre et Bérenger ministre des Finances. À la surprise de tous, car considéré plus à gauche que Jugnauth, Bérenger adopta une politique économique très libérale qui conduisit à l'abandon des mesures de protection sociale promises avant les élections. Il favorisa également les investissements sud-africains dans les hôtels mauriciens, mesure à laquelle Jugnauth était farouchement opposé. La tension qui en résulta, outre le fait que les dirigeants du parti voulaient officier depuis leur comité central et non du siège du gouvernement, et l'antagonisme personnel entre Jugnauth et Bérenger, aboutirent au renvoi de ce dernier. Jugnauth rompit avec le MMM mais resta Premier ministre. Il fonda le Mouvement socialiste mauricien (MSM) et s'allia au Labour Party, au PMSD (dirigé par sir Gaëtan Duval) et à deux autres partis.

À travers des récits et des portraits d'explorateurs, de marins et d'illustres personnages (Mahé de La Bourdonnais, Bougainville, Lapérouse, Pierre Poivre...), *L'Île Maurice, sur la route des épices, 1598-1810* (Pacifique, nouvelle édition 2010), de Denis Piat, présente l'histoire de l'île, qui fut marquée par les colonisations successives.

1983

Début du "miracle économique" mauricien.

1992

Maurice devient officiellement une république. Débuts de l'exportation des services financiers grâce à l'externalisation.

2002

Après des années de militantisme, les Rodriguais obtiennent le statut d'"autonomie maximale". Ouverture du 1er projet immobilier basé sur la loi IRS, qui permet aux étrangers d'acquérir des villas de luxe sur l'île.

2003

Paul Bérenger devient le premier Premier ministre non hindou de l'histoire de l'île. Les urnes redonnent le pouvoir aux hindous deux ans plus tard.

"Sous les Français nous roulions à droite, sous les Anglais à gauche. Depuis l'indépendance, on roule où on veut." Un chauffeur de taxi à Port Louis.

Les trois principaux partis politiques du pays sont : le Parti travailliste (PTr) de l'ancien Premier ministre Navin Ramgoolam, le Mouvement militant mauricien (MMM) de Paul Bérenger, et un mouvement né dans les années 1980 de la scission du MMM, le Mouvement socialiste militant (MSM) fondé par Anerood Jugnauth.

En août 1983, cette coalition remporta les élections et mena une politique moins radicale visant à satisfaire le plus grand nombre, Afrique du Sud comprise. Jugnauth demeura Premier ministre et Bérenger fut maintenu à l'écart. Tout semblait fonctionner parfaitement lorsque, en 1986, trois députés mauriciens furent arrêtés à l'aéroport d'Amsterdam en possession d'héroïne. L'enquête aboutit à un véritable scandale, d'autres députés étant impliqués dans le trafic de stupéfiants. Le vice-Premier ministre Harish Boodhoo dut démissionner et renoncer à son siège de député. Il fut remplacé par sir Gaëtan Duval.

Bérenger choisit ce moment pour refaire surface. Les années suivantes virent plusieurs alliances successives se mettre en place et le pouvoir passer de main en main. Cette période a démontré au passage, s'il en était besoin, que la question ethnique occupe une importance primordiale dans la politique mauricienne, dans laquelle les hindous occupent le devant de la scène. En 1999, l'équilibre interethnique fut quelque peu bouleversé suite à des émeutes entre créoles et hindous causées par la mort suspecte du chanteur Joseph Topize, alias Kaya, dans la cellule d'un commissariat.

L'alliance entre le MMM de Paul Bérenger et le MSM d'Anerood Jugnauth remporta les élections législatives de septembre 2000. Les deux hommes tombèrent d'accord sur un principe d'alternance original : sir Anerood Jugnauth serait Premier ministre durant trois ans, au terme desquels il céderait ce poste à Paul Bérenger durant les deux dernières années avant les élections générales de 2005 et deviendrait président de la République. La passation eut lieu comme convenu. Elle a constitué une petite révolution pour Maurice : pour la première fois, un non-hindou, le créole blanc Paul Bérenger, occupait le poste de Premier ministre de l'île. L'expérience fut de courte durée : les hindous ont mis les bouchées doubles pour reconquérir le pouvoir et Paul Bérenger a dû céder la place à Navinshandra Ramgoolam (fils de Seewoosagur Ramgoolam) au terme de son mandat.

Anerood Jugnauth, que beaucoup considèrent comme le père historique de ce que l'on appelait naguère le "miracle économique mauricien", fut le quatrième président de la république de Maurice jusqu'à sa démission en mars 2012. En décembre 2014, il revint au pouvoir à la tête d'une alliance composée du MSM, du PMSD et d'un nouveau parti comprenant d'anciens adhérents du MMM ; le Labour Party et le MMM, réunis au sein d'une Alliance de la Modernité et voulant instituer un système présidentiel à Maurice, ont essuyé une cuisante défaite.

2005

Les déboires des filières sucrière et textile menacent l'économie mauricienne, pour laquelle le tourisme est de plus en plus stratégique.

2012

Démission, en mars, du président de la République sir Anerood Jugnauth, en conflit avec le Premier ministre.

2014

Élection de sir Anerood Jugnauth au poste de Premier ministre pour la troisième fois de sa carrière.

2015

Ameenah Gurib-Fakim, biologiste et doyenne de la faculté des sciences, est la première femme du pays à être élue Présidente.

Culture et société

Pays mosaïque, terre de fusion très influencée par l'Inde – autre ancienne nation colonisée qui a réussi à trouver sa voie –, la république de Maurice est animée par la fierté de ceux qui se sont faits seuls, "à la force du poignet" diraient certains. Minuscule bout de terre au milieu du vaste océan Indien, l'île Maurice indépendante a réussi à se forger une identité, à surmonter le handicap de son isolement, à se bâtir une économie viable.

Économie

Symboles de la réussite sur laquelle repose la fierté mauricienne, les résultats économiques du pays occupent une grande place dans les préoccupations quotidiennes de l'île. Ils ont longtemps été excellents : la très libérale Maurice a en effet réalisé un petit miracle économique après son indépendance, en 1968. Elle a réussi cette prouesse en s'appuyant sur trois "piliers" historiques - le sucre, le textile et le tourisme - maintenant complétés par les services, notamment financiers et informatiques. L'île est ainsi passée d'une économie de pays pauvre, fondée essentiellement sur l'agriculture, à une économie diversifiée et en croissance soutenue.

Auparavant, l'économie mauricienne s'est longtemps résumée à un mot : sucre. Cette filière, vieille de plus de 200 ans, représentait plus de 90% des exportations. La canne couvrait la plus grande partie des terres fertiles du pays, employant une part importante de la population active. La bonne santé de l'économie a ainsi longtemps dépendu uniquement de la récolte, laquelle est toujours à la merci d'un cyclone ou d'une chute des cours mondiaux du sucre. Aujourd'hui, le sucre ne représente "plus que" 30% environ des exportations et moins de 2% du PNB de Maurice. Si le nombre de sucreries n'a cessé de diminuer depuis une cinquantaine d'années, leur capacité de production augmente et la surface totale plantée en canne diminue peu. Il n'en demeure pas moins que le secteur connaît une grave crise, qui se traduit par des licenciements de main-d'œuvre à faible qualification, qui trouve difficilement à se recycler dans d'autres branches économiques (voir l'interview p. 73).

Le sucre et le textile, les deux premiers "piliers" économiques de l'île, connaissent une crise depuis quelques années.

C'est afin de diversifier l'économie, trop dépendante de l'industrie sucrière, qu'a été créée en 1970 la zone franche manufacturière. Grâce à elle, et aux incitations fiscales qui en découlent, les capitaux étrangers ont afflué et les exportations ont régulièrement augmenté, jusqu'à employer plus de 130 000 personnes. Elles s'illustrent notamment dans le domaine textile, qui a connu un fort développement depuis le milieu des années 1970. Mais ici aussi, l'horizon s'est assombri. Le secteur a dû faire face à des concurrents meilleur marché, à Madagascar puis en Asie. De fait, il est de plus en plus courant de voir des articles textiles "Made in China" ou "Made in Thailand" sur les marchés de l'île, là où le "Made in Mauritius" était encore de règle il y a quelques années.

Autre moteur de l'économie mauricienne, le secteur tertiaire et financier offshore permet à des entreprises et à des banques étrangères de bénéficier d'exonérations fiscales particulièrement avantageuses. Maurice s'est ainsi taillé une place enviable dans le domaine des services financiers internationaux. Elle s'illustre aussi dans les services informatiques et des *call centers*, visibles notamment dans la Cybercity (voir l'encadré p. 112). Ces secteurs prometteurs contribuent à l'émergence d'une classe moyenne mais ne se satisfont pas de la main-d'œuvre à faible qualification issue des filières sucrière et textile.

Le tourisme, enfin, est une manne pour l'île, qui ne ménage jamais ses efforts pour vendre son image de paradis tropical. Il fait de plus en plus figure d'ultime recours pour le pays. Maurice cherche avant tout les faveurs d'une clientèle internationale fortunée (au point de considérer parfois que les voyageurs à petit budget nuisent à son image haut de gamme...). En 2014, plus d'un million de touristes ont visité l'île : ils viennent principalement d'Europe – France métropolitaine et La Réunion, Angleterre, Allemagne, Italie, Suisse... – mais aussi d'Inde, de Chine, de Russie ou d'Afrique du Sud. La majorité des touristes séjournent 10 jours en moyenne à Maurice. Plus de 16% de la population active, soit près de 60 000 personnes, travaillent dans les hôtels ou les restaurants, et on estime qu'une seule chambre d'hôtel dans un établissement de luxe fournit du travail à 7 personnes. La loi IRS (Integrated Resort Scheme ; voir l'encadré p. 122) a ouvert la porte en 2002 à une nouvelle forme de développement touristique. Pour la première fois dans l'histoire du pays, elle permet aux étrangers fortunés d'acquérir des villas sur l'île, à condition d'y mettre au moins 500 000 $.

L'Aapravasi Ghat, où débarquèrent entre 1834 et 1920 près d'un demi-million de travailleurs sous contrat en provenance d'Inde, a été inscrit sur la liste du patrimoine de l'humanité en 2006.

Le tourisme, comme d'autres secteurs de l'économie, bénéficie d'un atout de taille de la société mauricienne : son bilinguisme. Hérité du colonialisme, il est une réalité au quotidien dans cette île où le français, l'anglais et le créole mêlent leurs accents. Le secteur se trouve cependant limité par la réalité immobilière : il est de plus en plus difficile de trouver de nouveaux sites où bâtir des hôtels sur l'île. D'où l'augmentation des baux littoraux que doivent payer les propriétaires de terrains en bord de mer, qui ne fait pas la joie de tous...

LA COMMUNAUTÉ SINO-MAURICIENNE

Au XVIe siècle, des travailleurs agricoles venus de Penang et Singapour furent recrutés par les Hollandais et amenés sur l'île. Une autre vague de volontaires chinois, plus conséquente, suivit un siècle plus tard, encouragée suite à l'abolition de l'esclavage en 1835. Les commerçants chinois, souvent installés à proximité des plantations, vendaient en premier lieu aux communautés formées par les anciens esclaves puis aux ouvriers agricoles indiens. La "boutik sinois" (la boutique chinoise en créole"), qui vend au détail et est tenue principalement par des hommes, fleurit dès lors. À la veille de l'indépendance de Maurice, ils furent nombreux à s'expatrier en Europe, aux États-Unis et au Canada. En 1971, la création de la zone franche d'exportation dynamisa leur activité.

Pour cette communauté réputée travailleuse et ambitieuse, la réussite sociale est fondamentale : il faut gagner plus que la génération précédente, afin de permettre aux enfants de faire des études, si possible à l'étranger. Ainsi, ces dix dernières années, la population chinoise mauricienne a considérablement chuté, préférant s'expatrier pour accroître les possibilités de carrière des membres de la famille. Elle représente aujourd'hui environ 15 000 personnes. La solidarité au sein de la communauté perdure toutefois et de nombreuses associations prennent notamment en charge les personnes les plus âgées qui se retrouvent seules. On peut les voir jouer au mah-jong ou faire du tai-chi dans Chinatown, qui recèle de belles pharmacies et de savoureux petits restaurants. Ne manquez pas non plus d'assister dans la capitale à l'une des fêtes traditionnelles chinoises, comme la Fête du Printemps (voir le chapitre *Mois par mois* p. 22).

Population

La population de Maurice avoisine 1,3 million d'habitants. Avec 633 habitants au km², c'est l'une des densités les plus fortes au monde. Le taux de croissance de la population, en baisse constante depuis quelques années, est d'environ 1%.

Les Mauriciens d'origine indienne, ou Indo-Mauriciens, sont les plus nombreux, avec plus de 68% de la population. Leurs ancêtres étaient en majorité des travailleurs venus sous contrat dans l'île pour travailler dans les champs de canne à sucre. Ils sont tamouls (originaires du Tamil Nadu, au sud de l'Inde), hindous (du Bihar au nord de l'Inde) ou musulmans (du Bihar, du Gujarat et du Bengale). Chez les hindous, le système des castes joue encore un grand rôle dans la vie quotidienne. Les créoles, descendants des esclaves importés de Madagascar et des côtes de l'Afrique de l'Est, constituent, quant à eux, 27% de la population ; les Mauriciens d'origine chinoise (Sino-Mauriciens) 3% ; et les Mauriciens descendants des colons européens (Franco-Mauriciens), à peine 2%. Les Indo-Mauriciens, supérieurs en nombre, contrôlent la vie politique. Malgré leur faible nombre, les Franco-Mauriciens détiennent encore une grande partie de l'économie et des domaines sucriers. Nombre d'entre eux vivent dans de belles villas à Curepipe, Moka ou Rivière Noire et possèdent des "campements" (souvent de belles maisons) sur la côte. Ils ont en général les moyens de vivre très confortablement à Maurice ou d'émigrer en Afrique du Sud ou en France. Beaucoup ont d'ailleurs choisi cette solution au lendemain de l'indépendance. Les Sino-Mauriciens sont bien implantés dans le commerce et les professions libérales. Ils sont disséminés sur toute l'île. Port Louis compte un quartier chinois.

Les Îlois constituent un groupe très minoritaire. Ces insulaires expulsés des îles Chagos ont trouvé asile à l'île Maurice entre 1963 et 1973, lorsque le Royaume-Uni, à qui appartenaient les îles Chagos, loua l'île de Diego Garcia aux Américains pour en faire une base militaire (voir l'encadré p. 198). En 1979, le gouvernement britannique a directement versé aux Îlois 1,25 million de livres sterling d'indemnités et les a installés dans les cités des quartiers nord de Port Louis. Ils vivent aujourd'hui dans des conditions assez misérables. Le gouvernement mauricien revendique toujours l'archipel des Chagos.

Maurice est souvent citée en exemple pour la bonne cohabitation interethnique et religieuse de ses habitants. Il est vrai que par rapport à de nombreux autres pays multiculturels, l'île fait bonne figure. En pratique cependant, les dissensions ethniques existent bel et bien, et l'on parle de "communalisme" pour désigner le corporatisme ethnique, bien réel. Il existe peu de mariages mixtes mais les liens sociaux entre les diverses communautés se sont améliorés.

L'éducation publique est généralisée et de bonne qualité. L'école est gratuite pour le primaire et le secondaire. Plusieurs milliers d'étudiants fréquentent l'université de Maurice, au Réduit. D'autres centres d'éducation tertiaire se sont implantés dans le pays.

TOLÉRANCE

Deux tiers d'origine indienne, un petit tiers créole, une communauté chinoise : la mosaïque de la population mauricienne est une réalité. Hindouisme, christianisme, islam et bouddhisme cohabitent sur l'île.

Religion

L'hindouisme est la principale religion de Maurice. Il est pratiqué par 48,5% des habitants, dans plus de 150 temples répartis sur toute l'île. Les chrétiens regroupent 32,7% de la population, l'Église catholique regroupant à elle seule quelque 325 000 des 404 000 chrétiens du pays. Beaucoup de catholiques vont prier à la chapelle du Père Laval, à Sainte-Croix, un faubourg de Port Louis. On raconte que le missionnaire français Jacques Laval (1803-1864 ; voir p. 67) convertit plus de 67 000 personnes au christianisme durant les 23 ans de son séjour sur l'île. Il a été béatifié par le pape Jean-Paul II.

L'islam est également bien implanté sur l'île : 17,3% des habitants se déclarent musulmans. Les Sino-Mauriciens sont peu démonstratifs dans leurs pratiques traditionnelles ou religieuses, hormis lors du Nouvel An chinois. Beaucoup se sont convertis au catholicisme, mais on trouve quelques pagodes et des temples bouddhiques à Port Louis.

La tolérance religieuse est de mise à Maurice, et concourt à construire "le mauricianisme". Les mosquées, les églises et les temples hindous sont souvent construits à deux pas les uns des autres.

Sports

Le football est le principal sport pratiqué à l'île Maurice. Le stade King George V de Curepipe est le principal lieu de rencontres. Chaque ville et village semble avoir son propre club sportif, axé sur le football. Autour de Mahébourg, les clubs portent souvent des noms d'équipes de football britanniques. Le basket-ball et le volley-ball remportent un succès croissant parmi les jeunes.

Les activités hippiques occupent également la tête d'affiche. Un grand nombre de courses sont disputées de mars à fin novembre sur l'hippodrome du Champ de Mars (p. 58), à Port Louis. L'île compte enfin un certain nombre de rendez-vous internationaux de golf.

Médias

Les principaux quotidiens sont *L'Express* (www.lexpress.mu), *Le Mauricien* (www.lemauricien.com), *Le Défi* (www.defimedia.info), *Le Socialiste* et *Le Matinal* (www.lematinal.com), qui comptent pour la plupart une version disponible en ligne. Ils sont presque tous en français - avec parfois quelques articles en anglais. L'une des caractéristiques des quotidiens mauriciens est cependant de mêler parfois les deux langues dans un même article : le corps du texte est en français, mais des citations en anglais peuvent apparaître si elles ont été prononcées dans cette langue. Parmi les autres journaux, mentionnons *Week-End, Mauritius Times*, *News on Sunday* et *La Vie catholique*. Les hebdomadaires sont essentiellement consacrés au cinéma et aux faits divers.

Certaines librairies et une poignée d'hôtels haut de gamme proposent un éventail restreint de journaux et de magazines étrangers. *Côte Nord* (www.cotenordmag.com) est un mensuel touristique gratuit, disponible dans les hôtels et les magasins. Il répertorie toutes les adresses touristiques et suit l'actualité du tourisme.

La télévision mauricienne, la Mauritius Broadcasting Corporation (MBC ; www.mbcradio.tv), créée en 1964, compte trois chaînes principales. Leurs programmes sont diffusés de 7h du matin jusqu'à tard dans la soirée et couvrent avant tout des sujets d'actualité. Vous pourrez également y voir quelques séries indiennes, dans la plus pure tradition de Bollywood. La plupart des émissions sont en français, avec quelques plages en anglais et en hindi. Une alternative est offerte par les programmes de RFO diffusés depuis La Réunion. De nombreuses chaînes de télévision internationales par satellite sont disponibles dans les hôtels.

La MBC diffuse des émissions de radio en français, créole, hindi, chinois et anglais. Radio France Internationale (www.rfi.fr) émet à Maurice et Rodrigues sur la fréquence 93.2 FM.

UNESCO

Le Morne Brabant est le second site du pays à avoir été classé sur la liste du patrimoine mondial de l'Unesco, en 2008, du fait de son importance à l'époque de l'esclavage. De nombreux esclaves trouvèrent en effet refuge sur ses pentes.

Art et architecture

L'île Maurice est aussi une terre d'artistes, inspirés par son imaginaire métissé. C'est à son île que J.M.G Le Clézio, Prix Nobel de littérature en 1998, dédia sa récompense. L'île a vu naître de nombreux écrivains et poètes reconnus à l'étranger, mais aussi des musiciens et chanteurs permettant à la langue créole de rayonner au-delà de l'océan Indien.

Architecture

Les maisons de l'époque coloniale sont les exemples les plus éminents de l'architecture présente à Maurice. Il s'agit généralement de vastes demeures en bois, plantées au milieu d'un parc ou de plantations de canne à sucre. Le toit, pentu, est couvert de bardeaux. La varangue est la marque distinctive de cette architecture : cette véranda couverte d'un toit en *argamasse* (mortier imperméable à base de tuiles broyées, d'œuf, de sucre et de chaux), entre la maison et le jardin et à laquelle on accède par quelques marches, est le lieu social par excellence. On y reçoit les visiteurs, on y déguste le thé en contemplant les jardins... Des stores en rotin ou en latanier permettent de la protéger du soleil ou de la pluie. Autre caractéristique de l'architecture créole : le lambrequin. Cette frise découpée dans du bois ou de la tôle souligne la bordure des auvents, des toits et des fenêtres. Les motifs, simples et répétitifs, sont généralement floraux.

L'architecture créole traditionnelle a cependant cédé le pas face à la frénésie moderniste qui s'est emparée du pays. Inexorablement, les maisons créoles, bâties pour la plupart au XIXe siècle, ont été détruites et remplacées par des immeubles en béton : seule une centaine a échappé à la démolition. La plupart sont privées et ne peuvent être aperçues que furtivement depuis la rue dans les vieux quartiers de Port Louis et de Curepipe. D'autres sont visibles, voire peuvent être visitées, comme la maison Eurêka (p. 113), l'hôtel de ville de Curepipe (p. 105), le musée naval à Mahébourg (p. 155) et les maisons bordant la place d'Armes (p. 54) à Port Louis.

Un certain renouveau mérite d'être salué. Une poignée de demeures coloniales ont en effet été transformées en musées ou en restaurants, et à ce titre ouvertes au public, au cours des dernières années. La maison des Aubineaux (Curepipe ; p. 105), le château Labourdonnais (p. 100 ; p. 101) et les restaurants Le Saint-Aubin (p. 171), la Demeure Saint-Antoine (p. 101) et le Domaine de Beau Vallon (p. 160) sont du nombre.

Danse et musique

La musique occupe une place de choix dans la culture populaire. La plus traditionnelle est le séga, qui désigne à la fois une forme musicale et la danse qui l'accompagne. Expression artistique la plus représentative de l'île, le séga était naguère dansé sur les plages, au rythme des tambours. On raconte que sa simplicité vient du fait que le sable empêchait de faire des pas sophistiqués... Il se danse en glissant les pieds – qui ne quittent jamais le sol – d'arrière en avant. Le reste du corps suit le mouvement d'une façon pouvant se révéler extrêmement sensuelle. Outre ses origines africaines, le séga, par son rythme et son tempo, est apparenté à la salsa latino-américaine et au calypso des Caraïbes. Les instruments qui l'accompagnent sont la ravanne, un tambourin plat tendu d'une peau de cabri, cerclé de bois, la maravanne (une boîte remplie de graines séchées, pour battre la mesure) et le triangle métallique.

Les ségas démarrant spontanément sur la plage font désormais partie du passé. Pour assister à un spectacle, vous devrez vous rendre dans les hôtels de luxe – ces soirées sont en général ouvertes à tous.

Le séga a ouvert la voie à une variation plus moderne : le seggae. C'est souvent ce métissage du séga et du reggae, mêlant instruments électriques et traditionnels, que vous entendrez dans les clubs.

L'île Maurice compte de bons groupes et chanteurs créoles, notamment Roger Clency et Alain Ramanisum. Le groupe Larmoni interprète, pour sa part, des ségas aux paroles politiquement très engagées. Ras Natty Baby et les Natty Rebels est considéré comme l'un des meilleurs groupes de seggae. Ti-Frère (1900-1992), le chanteur de séga le plus populaire du pays, a relancé cette forme muscicale au début des années 1950 et sa chanson *Anita* est devenue un classique. Lors de votre séjour, vous entendrez sûrement une chanson de Kaya. Ce chanteur de seggae est devenu un véritable symbole pour la communauté créole après son décès en 1999, apparemment causé par un interrogatoire de police brutal.

Littérature

L'une des plus célèbres contributions de l'île Maurice à la littérature est certainement *Paul et Virginie*, de Bernardin de Saint-Pierre (voir encadré p. 102). Publié en 1788 et étroitement lié à l'histoire de l'île, ce roman sentimental est maintenant un peu désuet. L'auteur s'inspira du naufrage du *Saint-Géran* au large de l'île d'Ambre, le 18 août 1744.

Né à Nice d'une famille d'origine mauricienne, Jean-Marie Gustave Le Clézio (voir encadré ci-contre) est également indissociable de la littérature rattachée à Maurice. L'auteur, qui entretient des rapports ambigus avec l'île, a reçu le Prix Nobel de littérature en 2008. Ses ouvrages s'inspirent souvent de la tumultueuse histoire de sa famille. Les plus connus sont *Le Chercheur d'or* (Gallimard, 1985) et *Voyage à Rodrigues* (Gallimard, 1997), tous deux largement inspirés de la vie du grand-père de l'auteur. Également sous la plume de Le Clézio, qui sait à merveille donner une saveur tropicale à la nostalgie, citons *La Quarantaine* (Gallimard, 1995) et *Ritournelle de la faim* (Gallimard, 2008).

LE CLÉZIO

"Culturellement, je me sens mauricien, c'est-à-dire entre deux mondes, le développé et le pauvre." J.M.G. Le Clézio

Pour découvrir la littérature mauricienne du XXe siècle, tournez-vous vers les œuvres de Malcolm de Chazal, dont le livre le plus connu est sans doute *Petrusmok* (1951). On lui doit également *Sens-plastique* (1948), *Sens magique* (1956), *Poème* (1959) et *Sens unique* (1974). Malcolm de Chazal était, semble-t-il, un personnage curieux. L'auteur suédois Bent Sjörgren l'a en effet décrit comme un excentrique qui, en dehors d'une promenade quotidienne pour contempler l'océan (les Mauriciens vous diront que c'est l'océan qui contemplait Chazal...), passait ses journées à écrire, enfermé à l'Hôtel National de Port Louis. Ses œuvres ont été rééditées par les éditions Léo Scheer. Maurice compte d'autres écrivains et poètes reconnus, comme Robert Edward Hart, Édouard Maunick, les frères Masson (Loys et André) et Léoville L'Homme.

L'île Maurice assiste depuis plusieurs années à l'émergence d'une nouvelle génération d'auteurs écrivant en français et présentant une vision plus inattendue de leur île.

Ananda Devi s'est fait connaître grâce à *Moi, l'interdite* (Dapper, 2000), *Soupir* (Gallimard, 2001), *La Vie de Joséphin le fou* (Gallimard 2003), *Le Long Désir* (Gallimard, 2003) ou encore *Ève et ses décombres* (Gallimard, 2006). Dans une langue précise et ciselée, elle raconte une île où chaque communauté est cantonnée à une place pouvant devenir oppressante. Son dernier ouvrage, *L'Ambassadeur triste* (Gallimard, 2015), est un recueil de nouvelles traitant des thématiques chères à l'auteur : la place des femmes, la modernité et les traditions... Chevalier des Arts et des Lettres (2011), Ananda Devi vit en France mais l'île sert toujours de cadre à ses écrits.

Autre grande figure de cette nouvelle vague littéraire, Carl de Souza a notamment signé *La maison qui marchait vers le large* (Le Serpent à plumes, 2001) et *Les Jours Kaya* (L'Olivier, 2000), dans lequel il revient sur les émeutes qui ont secoué l'île en 1999, suite à la mort suspecte du musicien. Son dernier roman, *En chute libre* (2012), est également publié aux éditions de l'Olivier, très actives dans le domaine de la littérature mauricienne. Barlen Pyamootoo livre avec *Benarès* (L'Olivier, 1999) un étrange récit, aux marges de l'imaginaire, d'une nuit sur l'île Maurice. On lui doit également *Le Tour de Babylone* (L'Olivier, 2002). Son dernier ouvrage en date, *Salogi's* (L'Olivier, 2008), brosse le portrait de sa mère récemment disparue, tiraillée entre son pays d'exil et ses racines mauriciennes. Toujours chez le même éditeur, Shenaz Patel a signé *Sensitive* (2003) et *Le Silence des Chagos* (2005), dans lequel elle revient sur le déplacement de la population de cet archipel du bout du monde, à la fin des années 1960. Journaliste et musicien, Bertrand de Robillard est pour sa part l'auteur de *L'homme qui penche* (L'Olivier, 2003) et d'*Une interminable distraction au monde* (L'Olivier, 2011).

Citons également Nathacha Appanah, auteur des remarqués *Les Rochers de Poudre d'Or* (Gallimard, 2003) et *Blue Bay Palace* (Gallimard, 2004), dans lequel elle relate la douleur d'une jeune fille pauvre vivant à l'ombre d'un hôtel de luxe. *La Noce d'Anna* (Gallimard, 2005) évoque les souvenirs qui reviennent en mémoire d'une femme le jour où elle marie sa fille, tandis que son roman *Le Dernier Frère* (L'Olivier, 2007) a reçu le prix du roman Fnac. Son dernier roman en date, *En attendant demain*, est paru en 2015 (Gallimard).

Depuis les années 1970, les éditeurs publient aussi en créole. Citons *Quand montagne prend difé* de René Asgarally, *La Mare mo mémoire* (poèmes) de Ramesh Ramdoval et *La Fimé da lizié* de Dev Virahsawmy.

Charles Baudelaire, Mark Twain et Joseph Conrad ont par ailleurs visité l'île. Le premier a écrit son premier poème, "À une dame créole", à Pamplemousses. Le troisième a situé dans l'île une de ses nouvelles, *A Smile of Fortune*. Son roman *Twixt Land and Sea* est fondé sur une histoire d'amour à Port Louis. Enfin, Patrick O'Brian a écrit un roman d'aventures historique, *The Mauritius Command*, qui décrit la guerre navale à l'époque de Napoléon.

Un humoriste local, Yvan Lagesse, a pour sa part rédigé un aperçu ironique de la vie mauricienne intitulé *Comment vivre à l'île Maurice en 25 leçons*, que vous trouverez peut-être dans les librairies de l'île.

Nouvelles de l'île Maurice (Magellan & Cie, 2007), recueil de nouvelles des plumes montantes de la littérature mauricienne, telles que Shenaz Patel, Vinod Rughoonundun, Ananda Devi ou Sailesh Ramchurn, est une excellente introduction à la littérature métissée de l'île Maurice.

www.livranoo.com est une très bonne source de livres d'auteurs et d'éditeurs mauriciens. À Port Louis, la librairie L'Atelier (p. 65) propose de nombreux auteurs mauriciens dans ses rayons.

LE CLÉZIO, ENFANT DE L'ÎLE MAURICE

Né à Nice en 1940, le Prix Nobel de littérature 2008 Jean-Marie Gustave Le Clézio est originaire de Maurice par la famille de son père, installée sur l'île depuis le XVIIIe siècle. Révélé à vingt-trois ans grâce à son premier roman *Le Procès-Verbal* (Prix Renaudot, 1963), l'auteur aborde l'univers mauricien en 1985 dans *Le Chercheur d'or* (Gallimard, 1985).

Situé en 1892, le roman raconte l'histoire d'une famille heureuse, recluse dans une maison sur la côte ouest de l'île. Doux rêveur, le père, après avoir fait faillite, est contraint à l'exil et à l'abandon du domaine familial, symbole de l'enracinement mauricien. Devenu adulte et de retour sur l'île, le fils cherche un hypothétique trésor qui aurait permis de racheter le domaine familial perdu. Cette quête l'emmène sur les traces de son ancêtre à travers les paysages et les émotions de son enfance mauricienne, à l'origine de l'imaginaire de l'écrivain. Le roman serait autobiographique pour une large part.

Installé par la suite au Mexique, l'auteur écrira d'autres ouvrages avec l'île pour décor (*Voyage à Rodrigues, La Saison des pluies, Sirandanes, La Quarantaine*), sans cesser de poser des questions sur le mystère de ses origines. La maison Eurêka (p. 113) et l'île de Rodrigues (p. 176) sont les lieux les plus emblématiques attachés à son œuvre.

Environnement

Île volcanique à la végétation luxuriante, Maurice n'a accueilli qu'une faune et une flore endémique assez limitées : quelques espèces d'oiseaux – comme le pigeon rose – et de reptiles, mais aucun mammifère hormis les chauves-souris. On peut les observer dans la forêt dense ou sur des îlots protégés, servant de laboratoires de réintroduction d'espèces rares et de plantes endémiques.

Géologie

Île volcanique, Maurice s'étend sur 58 km du nord au sud et 47 km d'est en ouest, soit une superficie de 1 860 km² (2 040 km² avec Rodrigues et les autres îles de la république de Maurice). Elle est située approximativement à 220 km au nord-est de La Réunion, à 800 km à l'est de Madagascar et à 5 855 km à l'ouest de Perth (Australie). Elle se trouve à la même latitude que Rio de Janeiro (Brésil). L'État comprend en outre l'île habitée de Rodrigues, à 560 km au nord-est, et les atolls des Cargados Carajos (Saint-Brandon) et d'Agalega.

Terre la plus proche au nord : les Seychelles (1 500 km)

Terre la plus proche au sud-ouest : La Réunion (220 km)

Terre la plus proche à l'est : Australie (5 800 km)

Terre la plus proche à l'ouest : Madagascar (800 km)

À la différence de l'île voisine de La Réunion, plus jeune, Maurice se caractérise par un relief relativement plat. Il est seulement rythmé par quelques montagnes, notamment au sud, où des pitons d'origine volcanique se dressent modestement vers le ciel. Ils se prolongent par un plateau central qui descend doucement à mesure que l'on monte vers le nord. Ces montagnes sont plus impressionnantes par leurs formes effilées que par leur altitude. Le plus haut sommet, le piton de la Petite Rivière Noire, culmine à 828 m seulement.

Le relief de l'île, version érodée de celui de La Réunion, s'explique par son histoire géologique. Maurice doit sa naissance, il y a 8-10 millions d'années, à l'action éruptive du volcan sous-marin à qui l'on doit également l'existence de sa voisine. Elle ne présente pourtant plus aucune activité volcanique : la croûte terrestre s'est déplacée au cours des millénaires, éloignant l'île Maurice du conduit magmatique. Celui-ci est actuellement centré sur le piton de la Fournaise, au sud-est de l'île de La Réunion, qui présente ainsi un volcanisme actif. Les cratères éteints de Trou aux Cerfs à Curepipe, les lacs volcaniques comme celui de Grand Bassin ou Bassin Blanc, les formations géologiques basaltiques visibles çà et là témoignent de l'activité volcanique ancienne de l'île. Vous verrez souvent des centaines de petites pyramides constituées de roches volcaniques amoncelées, ramassées afin de nettoyer les champs avant de planter la canne (elles ont cependant tendance à disparaître, ces roches étant de plus en plus utilisées pour des agrégats). L'évolution de la géologie de l'île a permis l'émergence du lagon. Au fil des millénaires, le socle basaltique s'est lentement affaissé et les coraux se sont développés sur les flancs du volcan originel, jusqu'à former la barrière de corail. Cette barrière n'est pas continue. Entre Souillac et Le Bouchon, sur la côte sud, les eaux de l'océan viennent battre les falaises.

Faune et flore

L'île présente une végétation luxuriante mais un nombre d'espèces animales réduit. Tout comme le dodo, plusieurs espèces ont disparu, parmi lesquelles les râles (petits oiseaux) et les tortues géantes de l'île Maurice, remplacées dans le cadre de divers programmes par une espèce cousine originaire des Seychelles. Certaines espèces uniques comme le pigeon rose (*Nesoenas mayeri*) ont néanmoins survécu et font l'objet de programmes de sauvegarde ou de réintroduction, encore timides. La forêt primaire a pour sa part été en grande partie sacrifiée au développement de la canne à sucre. Il ne reste qu'une infime partie de la forêt primaire d'origine, notamment dans le parc national de Rivière Noire et aux abords de la vallée de Ferney. La protection de l'environnement a en effet longtemps fini là où débutaient les besoins du tourisme, comme en témoigne la situation actuelle de l'île aux Cerfs. Dans les faits, les espaces protégés à Maurice sont rares. Outre l'île aux Aigrettes, les derniers en date sont la réserve nationale de Bras d'Eau et le parc marin de Blue Bay, dont la création a fait couler beaucoup d'encre (voir p. 161).

Le meilleur moyen de découvrir l'essentiel de la flore et de la faune de l'île est de visiter le jardin botanique de Pamplemousses (mais la plupart des espèces y ont été introduites, p. 70), la vallée de Ferney (p. 166), l'île aux Aigrettes (p. 162), le domaine de l'Étoile (p. 118), le domaine de Chazal (p.174), le parc national des gorges de Rivière Noire (p. 142), la Vanille-réserve des Mascareignes à proximité de Souillac (p. 169) et éventuellement le Muséum d'histoire naturelle de Port Louis (Natural History Museum ; p. 58).

Pour plus de détails sur la flore et la faune spécifiques à Rodrigues, reportez-vous au chapitre *Rodrigues* (p. 176).

MWF

Pour en savoir plus sur les espèces protégées de l'île Maurice, rendez-vous sur le site de la Mauritian Wildlife Foundation (www.mauritian-wildlife.org).

PROTECTION DE LA NATURE

La meilleure source d'information sur la faune et la flore de l'île Maurice est la **Mauritian Wildlife Foundation** (MWF ; ☎697 6097 ; www.mauritian-wildlife.org ; Grannum Rd, Vacoas) anciennement appelée Mauritian Wildlife Appeal Fund, fondée en 1984 afin de protéger les oiseaux, plantes, reptiles et mammifères rares de l'île Maurice et de Rodrigues. La MWF soutient énergiquement la création de parcs nationaux, les projets visant à accroître les populations d'espèces ornithologiques menacées (crécerelle ou faucon mauricien, pigeon rose, perruche de Maurice, zostéropidés et foudi de l'île Maurice), les programmes pour la réintroduction de reptiles et la préservation de la végétation endémique (également à l'île Ronde et à l'île aux Aigrettes, ainsi qu'à Rodrigues, dont l'île Cocos et l'île des Sables sont des exemples de conservation).

La **Mauritius Marine Conservation Society** (Société mauricienne pour la conservation de la mer ; MMCS ; www.mmcs-ngo.org) et le **Mauritius Underwater Group** (Groupe sous-marin mauricien ; MUG ; www.mug.mu) mènent une campagne pour lutter contre la pollution marine et la destruction des récifs coralliens.

Au début des années 1990, la MMCS a lancé avec succès une campagne visant à promulguer une nouvelle loi contre les filets dérivants. L'organisme travaille parallèlement au projet de construction de récifs artificiels avec des matériaux appropriés, étudie les baleines et les dauphins, réalise des films de sensibilisation et publie des articles concernant la conservation du milieu marin.

Faune et avifaune

L'île Maurice compte un nombre restreint d'espèces animales. Aucune n'est dangereuse. Le long des routes, vous pourrez apercevoir des mangoustes se faufilant entre les champs de canne, et dans les forêts des cerfs de Java. Ces derniers, introduits du temps des Hollandais pour leur viande, se compteraient en dizaines de milliers.

En vous aventurant plus loin dans les terres, notamment vers les gorges de la rivière Noire, vous pourrez également rencontrer des cochons sauvages ("cochons marron") et des macaques.

L'oiseau le plus célèbre de Maurice est sans aucun doute le dodo (ou dronte), sorte de grosse volaille endémique de l'île qui avait perdu sa capacité à s'envoler. L'extinction de l'espèce date de la fin du XVIIe siècle, consécutive à l'arrivée sur l'île des Hollandais. Depuis, le dodo est devenu le symbole des espèces disparues.

Scènes de l'île de Rodrigues, de Sylvie Chaussée-Hostein (Orphie, 2005), offre un parcours illustré de l'île de poche des Mascareignes. *Scènes de l'île Maurice* (Orphie, 2002), de Jean-Claude Nourault, dévoile les charmes de sa grande sœur.

L'île possède par ailleurs plusieurs espèces d'oiseaux rares, qui risquent de disparaître si elles ne sont pas protégées avec plus de vigilance. Le nombre de crécerelles de l'île Maurice (*Falco punctatus*) a connu une chute massive suite à la destruction de l'habitat, aux empoisonnements par pesticides et à la chasse. En 1974, il ne restait que quatre spécimens de ce petit rapace. Le programme de protection de ces oiseaux, initié en 1973, consiste à favoriser leur reproduction en captivité avant de les libérer et de suivre leur réadaptation à la vie sauvage. Avec une population actuelle estimée à 400 individus, la crécerelle est sortie de la catégorie des animaux en voie d'extinction, grâce aux efforts d'organismes de conservation comme la MWF (Mauritian Wildlife Foundation). Sa protection suit son cours, notamment dans la vallée de Ferney et ses abords.

La grosse cateau verte (*Psittacula eques*), ou perruche de Maurice, est l'un des perroquets les plus rares au monde, reconnaissable à son vert éclatant et son collier bleu et rose. Au début des années 1980, on estimait qu'il n'en subsistait que 12 individus, dont seulement 3 femelles. Depuis 1985, la MWF gère un projet de protection des perruches sauvages et leur nombre augmente grâce à la reproduction en captivité (en 2015, leur nombre est estimé autour de 600). Les premiers lâchers dans la nature ont été réalisés en 1997.

Reconnaissable à son jabot d'un rose délicat, le pigeon rose (*Nesoenas mayeri*), le plus grand des pigeons et des colombes de l'île, constituait une autre espèce extrêmement menacée avec seulement 12 individus en 1986. On en dénombre maintenant environ 400. Vous pouvez être presque assuré d'en voir en visitant l'île aux Aigrettes.

Les oiseaux chanteurs originaires de l'île Maurice, tels que l'échenilleur, le bulbul, le gobe-mouches du paradis et le foudi de l'île Maurice, sont également menacés. La plupart de ces espèces sont déjà réduites à quelques centaines d'individus.

Les espèces prédominantes comprennent de nombreux oiseaux chanteurs introduits par l'homme, comme le foudi de Madagascar, le mainate des Indes – qui, avec son bec et ses pattes jaunes, semble tout droit sorti d'un dessin animé –, le tisserin gendarme et l'oiseau le plus répandu dans l'île : le bulbul orphée.

Pour des détails sur la faune et la flore sous-marines, reportez-vous au chapitre *Plongée et activités nautiques* (p. 30).

Flore

Un tiers des 800 espèces végétales à fleurs répertoriées sur l'île Maurice n'existent nulle part ailleurs. Beaucoup de ces plantes locales ont médiocrement réagi face à l'introduction d'autres espèces végétales (notamment le goyavier, le troène ou le ravenala)

TOURISME RESPONSABLE

Les paysages superbes de l'île Maurice sont aussi des milieux naturels où vivent des espèces animales et végétales menacées. Quelques réflexes simples aideront à les préserver.

De formation récente, le lagon mauricien est fragile et en partie protégé. La pêche et le ramassage de coquillages sont ainsi réglementés dans les lagons.

Admirez les fonds avec un masque et un tuba, mais ne marchez pas sur les coraux, dont la croissance est très lente.

Lors de vos randonnées en forêt, ne ramassez ni plantes ni fleurs.

- Pensez à emporter vos déchets, car, même biodégradables, ceux-ci attirent les rats, et peuvent perturber la reproduction d'oiseaux comme le pigeon rose ou le paille-en-queue.
- Si vous souhaitez allumer un feu, apportez du bois et utilisez les emplacements prévus à cet effet.

et de certains animaux, comme les cerfs, les porcs, les singes et les rats. La déforestation et la mise en place de monocultures n'ont fait qu'aggraver le problème, de sorte que moins de 2% de la forêt primaire a pu subsister. L'un des meilleurs endroits pour découvrir la flore endémique de l'île est le jardin botanique Sir Seewoosagur Ramgoolam à Pamplemousses (p. 70). Pour rechercher et préserver les espèces locales, l'office public des forêts (Forestry Service), le ministère de l'Agriculture, en collaboration avec la Mauritian Wildlife Fundation (MWF) et le secteur privé, ont créé des parcelles spécialement protégées des déprédations animales où les espèces introduites à croissance plus rapide ont été supprimées. Les espèces rares sont cultivées dans des pépinières de l'État, puis plantées sur ces parcelles où elles ont plus de chance de survivre et de se régénérer. On espère que ces zones auront en outre l'avantage d'attirer les espèces rares d'oiseaux mauriciens tels que la perruche de Maurice, le pigeon rose et l'échenilleur de Maurice.

La plupart des plages de l'île sont bordées de casuarinas, grands arbres élancés qui rappellent les pins (la comparaison s'arrête là : s'ils répandent leurs aiguilles à profusion, ils appartiennent en fait à une autre famille). Également connus sous le nom portugais de filaos, les casuarinas sont d'efficaces coupe-vent et s'adaptent bien aux sols sablonneux. Un grand nombre d'eucalyptus ont aussi été plantés. La forêt d'origine comportait des tambalacoques, grands arbres à tronc argenté, dont les fruits comportent une grosse graine brune d'aspect étrange, à la fois lisse et rugueuse. Les scientifiques sont sceptiques face à la théorie selon laquelle les dodos auraient facilité son développement en se nourrissant de ses graines, qui auraient germé plus facilement après avoir transité par leur estomac. Ils ont presque totalement disparu et l'unique chance d'en voir sera de vous rendre à Curepipe et dans les forêts du parc national, accompagné d'un guide. Vous pourrez par ailleurs observer les plus beaux représentants de la flore introduite : le banian géant des Indes ou le flamboyant, reconnaissable à sa magnifique floraison écarlate (à partir de novembre).

Enfin, vous rencontrerez en abondance une fleur aux tons rouges : l'anthurium. À première vue, son unique pétale luisant et son spadice jaune saillant lui donnent un aspect artificiel. Elle peut être conservée pendant trois semaines après avoir été cueillie, ce qui explique son succès comme fleur ornementale. Désormais cultivée en grande quantité pour l'exportation, elle agrémente les chambres d'hôtel, les magasins et autres lieux publics. Originaire d'Amérique du Sud, elle a été introduite sur l'île à la fin du siècle dernier. Les très belles fleurs de frangipanier, blanc et jaune, sont aussi largement utilisées en ornementation.

Parcs nationaux

Le parc national des gorges de Rivière Noire, au sud-ouest de l'île (p. 142), couvre 6 574 ha de montagnes et de forêts, soit 3,5% de la superficie de l'île, et offre quelques possibilités de randonnée. Créée en octobre 2011, la réserve nationale de Bras d'Eau (p. 128) rassemble sur plus de 430 ha araucarias, mahoganis, filaos et eucalyptus.

Les autres réserves naturelles et espaces protégés de l'île Maurice sont Le Pouce (p. 115), l'île Ronde (p. 86), l'île aux Serpents (p. 86), l'île aux Aigrettes (p. 162), Bois Sec (près de Grand Bassin ; p. 175) et le parc marin de Blue Bay (p. 161). Plusieurs cartes de Maurice indiquent des "réserves naturelles" de dimensions très réduites, qui sont surtout l'asile des derniers spécimens d'espèces rares et fragiles. L'accès des visiteurs est limité dans la plupart de ces réserves.

Écologie

Le développement du tourisme à grande échelle n'a pas eu que des conséquences heureuses. Les autorités mauriciennes soutiennent que les infrastructures hôtelières sont soumises à des réglementations strictes en matière d'environnement et qu'elles se fondent harmonieusement dans le cadre naturel. Reste que certains secteurs du littoral, notamment le Nord et l'Ouest, sont dénaturés par une urbanisation outrancière. Ce phénomène n'est certainement pas prêt de s'inverser, au contraire : les déboires de la canne à sucre et du textile mettent plus que jamais la pression sur l'industrie touristique, en quête constante de sites littoraux où bâtir des hôtels.

Le lagon et les milieux coralliens sont les premières victimes du bétonnage excessif. Les volontés affichées de protection de l'environnement s'arrêtent en effet souvent là où débute le développement touristique. L'exemple du parc marin de Blue Bay, dénoncé par certaines organisations locales, est éloquent : le classement du site en réserve naturelle n'a pas empêché la circulation des bateaux à moteur et l'implantation d'un restaurant sur l'île des Deux Cocos. Viennent s'ajouter les dégâts liés à la quasi-absence de protection marine, aux prélèvements à grande échelle de coquillages, aux sports nautiques (ancres des bateaux, etc.) et aux faibles systèmes de traitement des déchets peu efficaces.

La population est par ailleurs encore peu sensibilisée aux problèmes relatifs à l'environnement. L'exemple de la vallée de Ferney, qui abrite l'une des rares zones de forêt endémique de l'île et a été sauvée *in extremis* de la construction d'une route à quatre voies, semble cependant témoigner d'une prise de conscience.

Maurice et Rodrigues pratique

Carnet pratique

Activités

Activités nautiques

Reportez-vous au chapitre *Plongée et activités nautiques*, p. 30.

Canyoning et escalade

Il existe un réel potentiel pour ces activités dans les chutes de Tamarin (p. 109) et le parc des gorges de Rivière Noire (p. 142). L'activité reste sous-développée.

Vertical World (☎697 5430, 251 1107 ; www.verticalworldltd.com)

Équitation

Centre équestre de Riambel (sud, p. 172)

Domaine de l'Étoile (est, p. 118)

Haras du Morne (ouest, p. 151) – Randonnées équestres sur la péninsule du Morne

Horse Riding Delights (nord, p. 77) – À Mont Choisy ; randonnées à cheval.

Golf

La majorité des terrains sont réservés aux clients des luxueux établissements auxquels ils appartiennent, mais la plupart disposent d'une Golf Academy, qui dispense des cours ouverts à tous. Adressez-vous aux hôtels suivants :

Péninsule de Pointe de Flacq (est, p. 126) – One & Only Saint-Géran, Constance Belle Mare Plage, Constance Le Prince Maurice

Anahita (est, p. 122) – Four Seasons Resort at Anahita

Île aux Cerfs (est, p. 118) – Shangri-La's Le Touessrok Resort & Spa

Blue Bay (sud, p. 161) – Shandrani resort & Spa

Bel Ombre (sud, p. 171) – Heritage Le Telfair Golf & Spa

Péninsule du Morne (ouest, p. 150) – Dinarobin Hotel Golf & Spa, Paradis Hotel & Golf Club

Tamarin – 18-trous du Tamarina Boutique Hotel (ouest, p.139 ; www.tamarinagolf.mu) – Hôtel Tamarina Boutique Hotel

Balaclava – Baie aux Tortues (nord, p. 73) – Maritim Resort & Spa

Quad

Le **domaine de l'Étoile** (☎5448 4444 ; www.terreocean.mu ; lieu-dit l'Étoile, Sébastopol), sur les hauteurs de la côte est, propose des sorties en quad automatique biplace et en buggy. C'est aussi le cas de **Casela World of Adventures** (☎452 2828, 5727 6076 ; www.caselapark.com ; Royal Rd, Cascavelle) et de la **Réserve Naturelle Frédérica** (☎623 5522, 623 5615, 5729 4498 ; www.domainedebelombre.mu/fr/frederica.html).

Randonnée

Si les paysages et le relief de l'île sont très loin d'égaler ceux de La Réunion, la marche à Maurice est l'occasion de visiter les derniers vestiges de la forêt primaire de l'île, d'accéder à de belles cascades, de découvrir des panoramas fantastiques et d'oublier momentanément

CONSEILS AUX VOYAGEURS

La plupart des gouvernements possèdent des sites Internet qui recensent les dangers possibles et les régions à éviter. Consultez notamment les sites suivants :

- **Ministère des Affaires étrangères français** (www.diplomatie.gouv.fr)
- **Ministère des Affaires étrangères de Belgique** (diplomatie.belgium.be)
- **Ministère des Affaires étrangères du Canada** (www.voyage.gc.ca)
- **Département fédéral des Affaires étrangères suisse** (www.dfae.admin.ch/eda/fr/home.html)

l'atmosphère parfois aseptisée des stations balnéaires de la côte.

Le parc national des gorges de Rivière Noire (p. 142) pourrait être un paradis pour les randonneurs si ses possibilités étaient encore mieux exploitées. Il offre néanmoins de bons parcours, tout comme les sommets du plateau central (p. 103). Les domaines de chasse du sud (vallée de Ferney, p. 166) et de l'est de l'île (domaine de l'Étoile, p. 118) permettent de se dégourdir les jambes. Sur la côte ouest, Le Pouce (p. 115), dominant Port Louis, et le Morne (p. 150), au bout de la péninsule du même nom, dévoilent de beaux panoramas. Les randonnées à Rodrigues sont traitées p. 176.

L'office du tourisme de Port Louis ne dispose que de peu d'information sur la randonnée. Dans le parc national des gorges de Rivière Noire, les gardes forestiers présents au centre d'information du Pétrin ou à celui de Rivière Noire pourront vous donner des indications, voire vous accompagner.

La **Mauritian Wildlife Fundation** (MWF ; ☎697 6097 ; www.mauritian-wildlife.org) pourra vous renseigner sur la faune et la flore que vous êtes susceptible de rencontrer au cours de vos balades.

Il n'existe pas de carte de randonnée précise de l'île. Une carte du parc national des gorges de Rivière Noire est en vente dans les centres d'information du Pétrin et de Rivière Noire. Vous trouverez par contre toutes les infos nécessaires et une carte sur les randonnées à Rodrigues auprès de son **office du tourisme** (☎832 0866, 832 0867 ; www.tourism-rodrigues.mu ; Ex-Administration Building, rue de la Solidarité, Port Mathurin).

À SAVOIR

- Pour les ressortissants de l'Union européenne, un passeport en cours de validité valable 1 jour après la date de retour, et un billet retour sont nécessaires pour entrer à l'île Maurice.
- Le courant électrique est en 220 V. La plupart des prises de courant sont à trois fiches et nécessitent un adaptateur.
- La saison cyclonique s'étend de janvier à mars.
- La côte est de l'île est réputée plus ventée que la côte ouest surtout pendant l'hiver austral.
- Les chaînes de télévision mauricienne de la Mauritius Broadcasting Corporation : MBC 1, MBC 2 et MBC 3, diffusent des programmes en anglais, français, hindi et créole.
- Les trois principaux quotidiens de l'île sont *L'Express* (www.lexpress.mu), *Le Mauricien* (www.lemauricien.com) et *Le Matinal* (www.lematinal.com).

PRÉCAUTIONS À PRENDRE

La randonnée n'est ni très développée ni très organisée à Maurice mais tend depuis peu à vraiment se professionnaliser. S'il n'est pas toujours aisé de trouver des informations fiables sur la plupart des sentiers – plus ou moins bien balisés au départ, mais pas toujours en cours de route –, il est probable que la situation s'améliorera dans les prochaines années, les touristes étant de plus en plus friands de "tourisme vert".

Autre problème : si les sommets de Maurice sont, pour beaucoup, propriété de l'État, les chemins d'accès sont souvent situés sur des propriétés sucrières ou des réserves de chasse privées, en théorie interdites d'accès. Il est déconseillé de s'y aventurer sans autorisation ou sans guide, en particulier pendant la saison de la chasse (juin-sept). Là encore, les domaines privés (domaine de l'Étoile, vallée de Ferney, domaine de Chazal) permettent d'éviter ces désagréments.

Tenez compte de la chaleur et de l'humidité si vous souhaitez randonner dans les basses terres. Si vous préférez marcher dans l'intérieur de l'île, mieux vaut être équipé contre la pluie (à n'importe quelle période de l'année et à plus forte raison entre octobre et mars). Les averses tropicales risquent en effet de vous tremper jusqu'aux os. Même durant la saison "sèche" d'hiver, les hautes plaines retiennent les nuages et l'humidité de la mer. Emportez toujours de l'eau et des aliments à sucres rapides.

GUIDES DE RANDONNÉE

Les guides de randonnée sont encore peu nombreux à Maurice. On peut recommander les suivants :

Goind Govindranath Tanoo (☎792 6101, 684 8822). Un excellent guide, spécialisé dans les chutes de Tamarin, le parc national des gorges de Rivière Noire et Le Pouce.

Yanature (☎5785 6177/5428 1909 ; www.trekkingmauritius.com). Yan de Maroussem, organisateur du Dodo Trail, est spécialiste du Morne mais propose aussi d'autres itinéraires : chutes de Tamarin, Le Pouce, Tourelle de Tamarin...

Vertical World (☎697 5430/251 1107 ; www.verticalworldltd.com). Sorties canyoning dans le parc national et randonnées accompagnées.

Yemaya Adventures (☎752 0046 ; www.yemayaadventures.com). Cette petite structure installée au nord de Cap Malheureux propose des randonnées guidées dans les gorges de la Rivière Noire et sur la montagne du Pouce.

VTT

Yemaya Adventures (☎752 0046 ; www.yemayaadventures.com ; Grand Baie). Itinéraires en VTT au départ de Grand Baie (p. 83) et dans le secteur du parc national des gorges de Rivière Noire (p. 142).

Ambassades et consulats

Ambassades et consulats de l'île Maurice à l'étranger

Afrique du Sud (☎12 342 1283 ; mhcpta@mweb.co.za ; 1163 Pretorius St, Hatfield 0083, Pretoria)

Belgique (☎2 733 9988 ; ambmaur@skynet.be ; 68 rue des Bollandistes, Etterbeek, 1040 Bruxelles)

France (et Suisse) (☎01 42 27 30 19 ; paris@amb-maurice.fr ; 127 rue de Tocqueville, 75017 Paris)

Ambassades et consulats étrangers à l'île Maurice

Belgique (☎208 7289 ; tmcom@iblgroup.com ; 10 rue Dr Ferrière, Port Louis)

Canada (☎212 5500 ; canada@intnet.mu ; 18 Jules Koenig St, Port Louis)

France (☎202 0100 ; www.ambafrance-mu.org ; 14 St Georges St ; Port Louis)

Madagascar (☎686 5015 ; madmail@intnet.mu ; rue Guiot Pasceau, Floréal)

Seychelles (☎211 1688 ; gfok@intnet.mu ; Suite 616 ; Saint James Court ; Saint-Denis St, Port Louis)

Suisse (☎427 5507 ; Mauritius@honrep.ch ; 24 av. des Hirondelles, Quatre Bornes)

Argent

L'unité monétaire est la roupie (Rs), subdivisée en 100 cents. Il existe des pièces de 1, 5, 10, 20 et 50 cents, ainsi que de 1, 5, 10 et 20 roupies, et des billets de 25, 50, 100, 200, 500, 1 000 et 2 000 roupies. Un billet très abîmé peut être refusé ; il peut être échangé à la Banque de Maurice contre un neuf.

Le marchandage est profondément inscrit dans le mode de vie mauricien, aussi bien sur les marchés que dans les taxis ou certains hôtels bon marché.

Le coût de la vie à l'île Maurice augmente régulièrement depuis quelques années, notamment pour les prestations touristiques. Les tarifs, par ailleurs, sont le plus souvent exprimés en euros (et souvent à un taux fantaisiste). Vous trouverez des informations sur le coût de la vie et les taux de change p. 19.

Cartes de crédit et distributeurs automatiques de billets (DAB)

Les cartes bancaires les plus courantes (Visa et MasterCard en tête) sont largement acceptées dans la plupart des établissements touristiques, notamment les hôtels et les restaurants – mais nombre de petites adresses ne prennent que les espèces. Elles permettent de retirer de l'argent dans la majorité des banques. Vous trouverez des distributeurs automatiques dans les localités relativement importantes de Maurice et Rodrigues.

Espèces

D'une banque à l'autre, les taux de change sont très proches, voire identiques. Évitez en revanche de changer de l'argent dans les hôtels, qui prennent souvent une commission supplémentaire. Les bureaux de change de l'aéroport Sir Seewoosagur Ramgoolam sont ouverts aux horaires d'arrivée et de départ des vols internationaux. Pensez à vous munir de votre passeport pour changer de l'argent. N'oubliez pas de conserver le reçu avec soin, car vous devrez le présenter pour échanger les roupies que vous n'aurez pas dépensées avant votre départ. Le marché noir n'existe pas à Maurice.

Les chèques de voyage offrent un taux plus avantageux que l'argent liquide (sauf les Eurochèques) et les principales devises sont acceptées par les banques. Celles-ci ouvrent du lundi au jeudi de 9h à 15h, et jusqu'à 16h le vendredi. Rares sont celles qui ouvrent le samedi matin. Vous pouvez importer et exporter des devises étrangères sans restriction, à condition de les déclarer et que le montant exporté n'excède pas le montant importé. Un maximum de 700 Rs à l'arrivée et de 350 Rs au départ sont autorisés.

Pourboires

Le pourboire n'est pas obligatoire, et la plupart des hôtels et des restaurants haut de gamme incluent les taxes et le service dans l'addition. Il n'est pas impératif de laisser un pourboire dans les hôtels et les restaurants bon marché. Toutefois, rien ne vous en empêche pour autant que le service se soit montré particulièrement attentif. Dans les lieux très touristiques, comme à Grand Baie, il peut arriver que certains serveurs indélicats insistent pour obtenir un pourboire, par exemple en omettant de rendre la monnaie. En revanche, n'oubliez pas de donner un pourboire (20 à 50 Rs environ) aux porteurs de l'aéroport si vous avez recours à leurs services.

Taxes et VAT Refund

Une TVA s'applique à la majorité des produits. Le plus souvent désignée sous les initiales VAT (TVA en anglais), elle est de 15% depuis 2002. La majorité des prix figurant dans ce guide la prennent en compte, sauf mention contraire.

Les visiteurs étrangers peuvent obtenir le remboursement de la TVA sur certains de leurs achats (minimum de 2 300 Rs TVA incluse) au moment de leur départ, à l'aéroport. Sachez que cette opération est soumise à une taxe forfaitaire de 4 € (une taxe sur le remboursement de la taxe !) et qu'elle ne s'applique qu'aux achats effectués dans les boutiques indiquant clairement sur leur devanture "VAT Refund".

Il est également possible de payer ses achats hors taxe dans ces magasins. Vous obtiendrez alors un reçu "Duty Free Sales DF4", à présenter au comptoir MCCI de l'aéroport. Vous récupérerez alors vos achats avant de prendre l'avion.

Pour plus d'informations, consultez le site www.taxfreeshopping.mu/fr.

Transferts internationaux

Vous pourrez envoyer ou recevoir de l'argent en ayant recours aux agents du réseau Western Union, notamment la **State Bank of Mauritius** et **British American Exchange Co Ltd**, présentes dans les grandes villes. Renseignez-vous au ☎202 3600 ou sur le site www.westernunion.fr pour connaître toutes les agences bancaires affiliées sur l'île.

Assurance

Maurice n'est pas a priori une destination dangereuse, même si la criminalité est en augmentation. Il est cependant prudent de souscrire une assurance voyage couvrant les vols, les pertes et les problèmes médicaux. La couverture médicale est l'élément déterminant dans un contrat. Mieux vaut bien lire entre les lignes.

Pour plus de détails sur les assurances, reportez-vous p. 240.

Pour des renseignements sur les assurances en cas de location d'un véhicule, consultez p. 240.

Bénévolat

La pratique du bénévolat que ce soit à travers des organisations locales ou internationales n'est pas très développée à Maurice. Vous pouvez toujours tenter votre chance en contactant directement ONG et associations locales qui pourront peut-être vous aiguiller. Quelques pistes :

Reef Conservation Mauritius (☎ 262 6775 ; www.reefconservation.mu ; Les Flamants Branch Rd, Pereybère). Cette ONG travaille pour la sauvegarde de l'environnement marin à l'île Maurice.

United Nation Development Programme (☎212 3726 ; un.intnet.mu ; 6th Floor, Anglo Mauritius House, Intendance St, Port Louis). La branche mauricienne du programme des Nations unies pour le développement intervient dans différents secteurs : lutte contre le sida, environnement, lutte contre la pauvreté...

Mauritian Wildlife Fundation (MWF ; ☎697 6097 ; www.mauritian-wildlife.org ; Grannum Road, Vacoas). Association fondée en 1984 afin de protéger les oiseaux, plantes, reptiles et mammifères rares de l'île Maurice.

Cartes

L'IGN édite une carte au 1/100 000 (réf. 85001). Les cartes touristiques offertes sur place sont cependant suffisantes pour la majorité des visiteurs. Vous n'aurez guère besoin de plans de ville : les localités mauriciennes présentant des proportions limitées, les plans de ce livre vous permettront de vous repérer. Il est théoriquement possible de se procurer une carte correcte du parc national des gorges de Rivière Noire au centre d'accueil du Pétrin (p. 145).

Climat

Malgré les dimensions modestes de l'île, des différences sensibles existent entre les régions. À l'intérieur, autour de Curepipe, la moyenne des températures est inférieure de 5°C à celle de la côte et les pluies y sont nettement plus abondantes. Il peut pleuvoir sur le plateau alors que le temps est clément

Port Louis

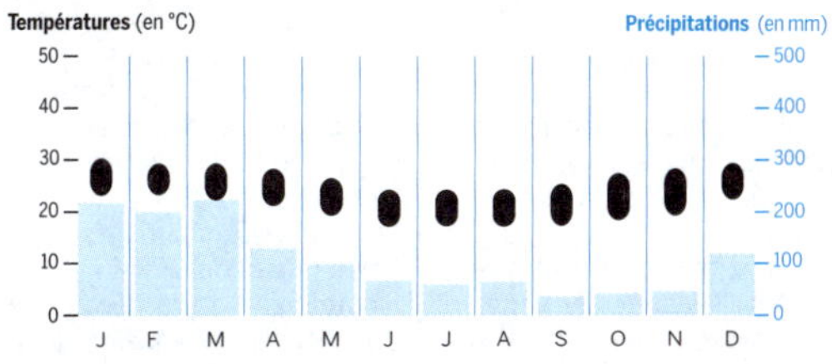

ALERTES CYCLONIQUES

Le système d'alerte cyclonique en vigueur à l'île Maurice distingue 4 classes de risques :

- **Classe 1** – Une dépression a été identifiée mais le risque de rafales atteignant 120 km/h est faible. Tenez-vous informé (une radio fonctionnant sur piles est le meilleur moyen).
- **Classe 2** – Risque accru de rafales atteignant 120 km/h. Stockez eau, nourriture, bougies et piles.
- **Classe 3** – Grand danger de rafales atteignant 120 km/h. Mettez-vous à l'abri. Il est dès lors potentiellement dangereux de sortir.
- **Classe 4** – Des rafales dépassant 120 km/h ont été enregistrées. Ne sortez pas, restez à l'abri et attendez que l'alerte soit levée.

La page du site de Météo France consacrée aux alertes cycloniques dans la zone de La Réunion d'être informé : **www.meteo.fr/temps/domtom/La_Reunion**, de même que le site du Mauritius Meteorological Services : **www.meteo-maurice.com**.

Le dernier cyclone à avoir touché l'île Maurice est Gamède, en mars 2007.

sur la côte, et inversement. Les régions ouest et nord battent les records de l'île avec plus de 2 600 heures d'ensoleillement par an. La température de l'eau varie d'environ 27°C en mars à 21°C en septembre. Dans le lagon, elle peut afficher quelques degrés de plus.

Le climat tropical maritime qui règne sur l'île est globalement agréable toute l'année. Les saisons sont naturellement inversées, Maurice étant située dans l'hémisphère Sud. La période s'étalant entre mi-décembre et mi-mars est caractérisée par un climat chaud et lourd, tandis que celle s'étendant entre juin et septembre peut être marquée par une relative fraîcheur en fin de journée.

En ce qui concerne les précipitations, les Mauriciens distinguent trois saisons principales : la saison dite "des pluies" allant de décembre à avril, la "petite saison des pluies", de mai à août, et la saison sèche, de septembre à novembre. La côte ouest de l'île est la plus sèche, suivie du Nord et du Sud-Ouest. Le plateau central, en revanche, reçoit plus de 3 m d'eau par an.

Maurice est soumise au régime des alizés du Sud-Est. La période la plus ventée est donc juillet-août. Les vents sont particulièrement forts (voire désagréables) à cette période sur la côte est.

Comme toutes les îles de l'océan Indien, Maurice subit une période cyclonique, de décembre à mars. Si les cyclones n'abordent directement Maurice qu'une fois tous les dix ans environ, il leur arrive fréquemment de perturber considérablement la météo avec de fortes pluies. Rodrigues est davantage menacée par les cyclones. Pour les détails sur le système d'alertes cycloniques, consultez l'encadré ci-dessus.

Désagréments et dangers

Maurice est un pays globalement sûr, et le gouvernement mauricien met tout en œuvre pour préserver cette image. Cette vérité ne doit cependant pas masquer le fait que l'île connaît une hausse de la criminalité depuis quelques années. Il est ainsi arrivé que des touristes soient attaqués dans certaines localités balnéaires et que des bungalows soient cambriolés. En réponse, le gouvernement mauricien a imposé en 2008 à tous les établissements touristiques de l'île l'installation de caméras de vidéosurveillance et de coffres-forts. La majorité des hôtels disposent par ailleurs d'agents de sécurité. Toutes ces mesures donnent parfois le sentiment d'être constamment sous surveillance...

Mieux vaut, quoi qu'il en soit, rester vigilant. Comme partout, ne laissez pas d'objets de valeur sans surveillance dans votre véhicule, sur la plage, ou trop en vue dans votre bungalow, s'il est isolé. Des vols à la tire ont par ailleurs été signalés sur les marchés ou dans les gares routières (notamment à Port Louis).

En saison cyclonique, renseignez-vous sur les éventuelles perturbations présentes dans la zone océan Indien. Ajoutons un risque qui peut faire sourire mais est réel : évitez de faire la sieste sous les cocotiers car il arrive que des noix de coco tombent !

Drogues

Il y a quelques années, un scandale lié à la drogue, qui impliquait des politiciens, a ébranlé l'ensemble de la société mauricienne. Depuis quelques années, l'île Maurice semble être une plaque tournante des stupéfiants transitant entre les continents africain et européen. Cette situation a créé une consommation locale, et on estime qu'il y aurait entre 7 000 et 10 000 usagers de drogues par injection à Maurice. Le trafic concerne notamment le Subutex, un produit de substitution aux opiacés souvent considéré comme une drogue en lui-même. En mai 2007, un ressortissant français a ainsi été arrêté à Maurice avec plus de 50 000 comprimés de cette molécule en sa possession.

Ce contexte a amené les autorités mauriciennes à durcir encore leur attitude dans ce domaine. Toute importation, détention et consommation de drogues est prohibée et sévèrement réprimée, avec des peines de prison de 1 an minimum. Il est par ailleurs interdit d'être en possession de feuilles de papier à rouler sur l'île, ou d'avoir un gaz lacrymogène dans vos bagages.

Si vous devez voyager avec des médicaments, munissez-vous impérativement d'une ordonnance. Certains médicaments de type opiacé sont formellement interdits : renseignez-vous auprès de l'Ambassade (voir p.222).

Plages

Pendant de nombreuses années, des voyageurs ont protesté contre l'interdiction qui leur était faite de pénétrer sur les plages attenantes aux grands hôtels. Aujourd'hui, la loi mauricienne, qui précise qu'aucune plage ne peut être privée, est relativement bien appliquée.

Selon la loi, l'accès aux derniers mètres de plage ne peut être interdit, même face à un grand hôtel. Cet espace, qui appartient à l'État, est public. On vous interdira en revanche le plus souvent de pique-niquer sur la plage d'un hôtel et d'utiliser ses installations.

À condition de rester sur la plage et de ne pas entrer sur le domaine privé des hôtels ou des villas, il est peu probable que vous ayez à subir une remarque. Si par malchance un vigile vous demande de partir, rappelez-lui calmement que la plage est un espace public et que vous avez légalement le droit de vous y trouver.

Le terme de plage "privée" que vous rencontrerez parfois dans ce guide fait référence aux portions de plage que les hôtels tentent de réserver à leur clientèle. Le terme de plage "publique" désigne une plage où il est possible de pique-niquer et où des toilettes publiques sont disponibles.

Le naturisme n'est pas pratiqué. Le topless est toléré dans les grands hôtels.

Vous trouverez des précisions sur les plages de l'île sur le site de la **Mauritius Beach Authority** (beachauthority.intnet.mu).

Tabac

La réglementation antitabac en vigueur depuis 2009 interdit de fumer dans les lieux publics, y compris sur les terrasses extérieures si elles sont couvertes.

La possession de feuilles de papier à rouler est interdite sur l'île.

Douane

Les passagers des compagnies aériennes âgés de 18 ans et plus peuvent importer librement 250 g de tabac, 1 l de spiritueux et 2 l de vin ou de bière, 25 cl d'eau de toilette.

L'importation de plantes ou de substances végétales est soumise à une autorisation préalable du ministère de l'Agriculture, et l'importation de la canne à sucre est formellement interdite.

Il est également nécessaire de détenir un permis (du même ministère) et un certificat sanitaire pour importer des animaux ou des substances animales. Les chiens et les chats doivent être mis en quarantaine pendant 1 mois à partir du jour de leur arrivée au service de la quarantaine de l'aéroport.

Pour toutes ces questions, contactez l'administration des douanes (Customs and Excise Department), qui dépend de la **Mauritius Revenue Authority** (☎207 0500, 207 0501 ; www.mra.mu).

L'exportation de certains coquillages est formellement interdite. Les fruits, les fleurs et les plantes nécessitent un certificat que le vendeur se chargera de vous faire obtenir auprès des autorités sanitaires du ministère de l'Agriculture au Réduit. Cela, assurément, pour vous mettre à l'abri d'ennuis éventuels lors du retour dans votre pays.

Au départ, mieux vaut changer vos roupies à l'aéroport car vous ne pourrez pas les échanger en Europe.

Les articles hors taxes vendus à l'aéroport peuvent être payés en devises ou en roupies mauriciennes.

Reportez-vous p. 223 pour les modalités concernant le remboursement de la TVA.

Électricité

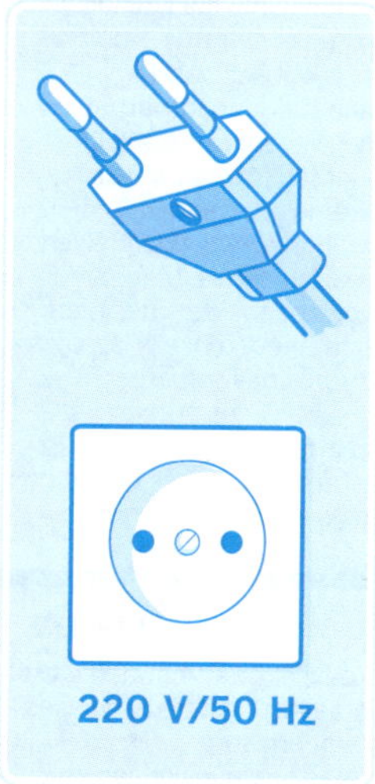

Enfants

Le voyage à l'île Maurice, destination familiale, ne pose aucun problème particulier pour les enfants. La nourriture est saine et variée, les hébergements confortables, les transports intérieurs courts et les "mini-clubs" (ou Kids Club) fréquents dans les grands hôtels. La majorité des hôteliers et des restaurateurs proposent par ailleurs des formules adaptées aux enfants, qui bénéficient souvent de tarifs réduits.

N'oubliez pas les habituels incontournables des vacances au soleil – écran total, chapeau, crème apaisante et anti-moustiques – et préférez l'eau minérale. Méfiez-vous par ailleurs des plats pimentés (renseignez-vous auprès des serveurs).

Les sièges auto et les ceintures arrière, rares il y a quelques années, sont de plus en plus disponibles.

Fêtes et festivals

Le calendrier mauricien est émaillé de fêtes religieuses (voir encadré sur les fêtes hindoues ci-contre), manifestations sportives, expositions-ventes, concours, spectacles de musique ou de danse.

Reportez-vous p. 22 pour le détail des manifestations.

Formalités et visas

Les ressortissants des pays de l'Union européenne (UE), du Canada et de nombreux autres pays n'ont pas besoin de visa pour se rendre à Maurice ou à Rodrigues pour un court séjour. Un simple passeport valable au moins 1 jour après la fin de votre séjour suffit, si celui-ci n'excède pas 3 mois.

Tous les visiteurs doivent être en possession d'un billet aller-retour (ou d'un billet de départ vers une autre destination), qu'ils doivent montrer aux services de l'immigration à leur arrivée si ceux-ci en font la demande. À défaut, vous pourrez être invité à acheter un billet immédiatement à l'aéroport.

Les douaniers peuvent également vous demander d'indiquer le lieu où vous comptez séjourner à Maurice. Il est arrivé que les officiers de l'immigration, constatant que le voyageur déclarait un lieu de résidence fantaisiste, l'obligent à réserver sur-le-champ un hôtel sur l'île.

On pourra également vous être demandé de prouver que vous disposez de l'argent nécessaire à votre séjour. Vous devrez enfin remplir un questionnaire à l'attention des services de santé précisant si vous avez récemment séjourné dans un pays où sévit le paludisme ou la fièvre jaune. Si la réponse est oui, il se peut que les services sanitaires se rendent à votre hôtel dans les jours suivant votre arrivée pour vérifier que vous ne présentez pas de symptômes de ces maladies.

Suite à la détection du virus Ebola en Afrique de l'Ouest en 2014, l'île Maurice a mis en place des mesures interdisant aux ressortissants ou aux visiteurs en provenance de certains pays africains de fouler le territoire mauricien : à l'heure où nous écrivons ces lignes, seuls la Sierra Leone, le Liberia et la Guinée font encore partie de la liste.

Prolongation de séjour

La durée du séjour accordé (maximum de trois mois), renouvelable une fois, est à la discrétion des autorités chargées de l'immigration : elle peut être réduite dans le cas d'un séjour chez l'habitant. Dans le cas de l'octroi d'un délai inférieur à trois mois, on peut demander une prolongation de séjour. La demande doit être effectuée auprès du **Passport & Immigration Office** (☎210 9312 ; piomain@mail.gov.mu ; demandez la section "visas" ou "resident permit" ; Sterling House ; Geoffroy St, Port Louis ; ⏲lun-ven 10h-12h et 13h-14h). La totalité du séjour (après prolongations) ne peut dépasser 90 jours par période de six mois.

La procédure est assez stricte. En théorie, il faut présenter un billet d'avion pour la date à laquelle vous souhaitez partir (avant d'en avoir l'autorisation...), démontrer que vous pouvez subvenir à vos besoins durant la période supplémentaire (équivalent de 100 $/jour ou carte de crédit, RIB dans certains cas), remplir un formulaire dans lequel vous exprimez les raisons du désir de prolonger votre séjour, fournir une attestation de votre logeur (ou d'un "garant" mauricien) ainsi qu'une photocopie de sa carte d'identité et un justificatif de son domicile (facture d'eau ou de téléphone), et enfin apporter une photocopie de votre passeport (avec la page où figure le tampon d'entrée à

FÊTES HINDOUES

Le calendrier mauricien est rythmé par des fêtes hindoues hautes en couleur. Pour plus d'informations sur les dates des festivals, consultez p. 22.

Le **Cavadee** est célèbre car les pénitents se percent la langue et les joues avec des aiguilles avant le début de la procession. Le Cavadee en lui-même est une lourde arche de bois ornée de fleurs et de palmes. Des pots de lait (*sambos*) sont suspendus à chacune de ses deux bases. Les croyants portent ce chargement depuis la rive d'un fleuve jusqu'à un temple, afin d'accomplir un vœu en l'honneur de Subramanya, second fils du dieu Shiva, de faire pénitence et de purifier leur âme. La coutume exige de maintenir un certain rythme, car le lait qui se trouve dans les *sambos* ne doit pas avoir caillé au moment où il atteint le temple. Le grand Thaipoosam Cavadee a lieu chaque année en janvier-février dans la plupart des temples hindous de l'île. De petits Cavadee sont organisés une ou deux fois pendant le reste de l'année dans certains temples.

Le **Teemeedee** est une fête hindoue et tamoule au cours de laquelle certains croyants marchent sur le feu. Elle est organisée en l'honneur de plusieurs dieux. Les cérémonies peuvent avoir lieu à n'importe quel moment de l'année, mais elles se déroulent surtout en décembre et en janvier-février. Après dix jours de jeûne, de méditation et de prières, les participants se rendent au temple et marchent sur des braises incandescentes répandues sur le sol avant de les rafraîchir dans du lait. Les temples hindous de Camp Diable, de The Vale et de Quatre Bornes sont renommés pour ces manifestations. La danse du sabre, à laquelle on peut assister surtout entre avril et juin, est un exploit comparable. Les cérémonies les plus réputées ont lieu à Solitude, Triolet et Mont Choisy, au nord-ouest de l'île.

Chaque année, la communauté hindoue effectue un pèlerinage à Ganga Talao, le lac sacré de Grand Bassin à quelques kilomètres à l'est de Pétrin, à l'occasion du festival **Maha Shivaratree** (voir l'encadré p. 175), qui célèbre la victoire de Shiva sur Brahma et Vishnou. L'eau de ce lac est considérée comme une résurgence du Gange.

La fête de **Divali**, en octobre ou en novembre, est l'occasion de commémorer la victoire de Rama sur la divinité du mal, Ravana. Pour célébrer ce joyeux événement, on allume une quantité innombrable de cierges et de lampes à huile ou décoratives, de manière que Rama (la septième incarnation de Vishnou) puisse trouver son chemin à son retour d'exil. C'est un grand moment de partage pour les Mauriciens.

Holi, la fête des couleurs, est réputée pour ses lancers exubérants de poudres de couleur et d'eau. Cette cérémonie représente la victoire du pouvoir divin sur les forces démoniaques. Dans la nuit qui précède la cérémonie, qui se déroule en février ou en mars, des feux de joie sont allumés afin de symboliser la destruction du démon Holika.

Les fêtes tamoules d'action de grâces de **Pongal**, en janvier ou février, sont l'occasion d'offrandes aux dieux. On célèbre ainsi la fin de la saison des récoltes par divers rituels : une marmite de *pongal* (un mélange de riz, de sucre, de miel et de lentilles, symbole de prospérité et d'abondance) est notamment mise à bouillir et les vaches sont décorées.

l'île Maurice) et une photo. Dans les faits, nous vous conseillons de commencer par expliquer votre cas au bureau avant de changer votre billet de retour.

Handicapés

L'accessibilité de l'île est réduite. Le voyage en avion est par ailleurs long et éprouvant. Il existe cependant un organisme ministériel en charge des personnes handicapées à l'île Maurice, le **National Council for the Rehabilitation of Disabled Persons** (☎207 0625, 208 9913 ; disability@govmu.org ; Disability Empowerment Unit, 1st floor, Renganaden Seeneevassen Building, Port Louis), qui œuvre afin de faciliter l'approche des sites aux handicapés. Renseignez-vous à l'avance auprès des hôtels ou des organismes de votre pays d'origine proposant des voyages aux personnes à mobilité réduite.

L'**APF** (Association des paralysés de France ; ☎01 40 78 69 00 ; www.apf.asso.fr ; 17 bd Auguste-Blanqui, 75013 Paris) et **Tourisme et Handicap** (☎01 44 11 10 41 ; www.tourisme-handicaps.org ; 43 rue Marx-Dormoy, 75018 Paris) peuvent vous fournir d'utiles informations sur les voyages accessibles.

Deux sites Internet dédiés aux personnes handicapées comportent une rubrique consacrée au voyage et diffusent d'utiles informations. Il s'agit de **Yanous** (www.yanous.com, rubrique "Pratique" puis "Tourisme") et de **Handicap** (www.handicap.fr ; rubrique "Tourisme").

Enfin, les tour-opérateurs **Comptoir des Voyages** (www.comptoir.fr) et **Nouvelles Îles** (www.nouvellesiles.com) proposent des week-ends et des séjours adaptés sur l'île.

Hébergement

Contrairement à ce que sous-entendent les dépliants touristiques, les formules d'hébergement proposées sur l'île sont très diversifiées, même si les récentes réglementations imposant coffres-forts et caméras de vidéosurveillance ont eu raison de quelques petits hôtels bon marché. Les possibilités vont des pensions de famille aux hôtels cinq étoiles "plus", en passant par les appartements ou les studios à louer et les structures hôtelières de catégorie intermédiaire. En revanche, il n'existe pas de campings officiels ou d'auberges de jeunesse.

Précision importante : il n'existe aucune classification officielle des établissements à Maurice. Les "étoiles" sont auto-attribuées par les hôteliers eux-mêmes et les tour-opérateurs qui les représentent, en fonction du niveau de confort et de service qu'ils estiment proposer. Si les cinq-étoiles et cinq-étoiles "plus" n'offrent pas de mauvaise surprise, les quatre-étoiles sont les plus inégaux par la qualité de prestations qu'ils proposent.

La répartition des hébergements reflète la fréquentation touristique. Grand Baie (p. 83), Flic en Flac (p. 131) ou Trou aux Biches (p. 76) sont les stations les mieux loties, alors que Port Louis (p. 52) et les villes du plateau central ne possèdent qu'une poignée d'hôtels.

La demi-pension (petit-déjeuner et dîner) est souvent proposée à des conditions avantageuses. De plus en plus d'hôtels présentent leurs tarifs et leurs prestations sur Internet. Dans la mesure du possible, nous vous avons indiqué dans les rubriques *Où se loger* les adresses Internet correspondantes. Il faut savoir que certains hébergements appliquent des tarifs plus élevés avec les touristes qu'avec les résidents mauriciens.

Saisonnalité

Les prix connaissent de fortes variations suivant les saisons. Les mois de novembre, décembre, janvier, juillet et août sont les plus courus. De nombreux hôtels majorent leurs tarifs durant ces périodes, et appliquent un tarif "peak season" (haute saison) – de loin le plus cher – à Noël et au Nouvel An. En revanche, la plupart des établissements baissent leurs tarifs lorsque l'activité touristique est plus calme (mai, juin, mi-juillet, septembre, octobre).

Bungalows, appartements et villas en location

La location de bungalows (souvent appelés "campements"), studios ou appartements avec kitchenette est une autre option intéressante, abordable et répandue. On peut les distinguer en deux grands types : les locations appartenant à des familles, proches dans leur esprit des hébergements de la catégorie précédente mais dotés d'une cuisine ; et les options gérées par des "professionnels" de l'hôtellerie. Les premières sont plus "authentiques" mais manquent parfois de confort, les secondes plus confortables mais parfois un peu aseptisées dans leur atmosphère. À Flic en Flac (p. 131), Grand Baie (p. 83) ou Trou aux Biches (p. 76), de nombreuses agences de voyages proposent également des logements à tous les prix. Ailleurs, il vous faudra les chercher, car aucun organisme ni aucune agence ne les recensent. La plupart sont signalés par un panneau fixé à la porte ou cloué sur un arbre indiquant "Bungalow à louer" ou "Campement à louer", et parfois un numéro de téléphone. Vous serez souvent surpris par la taille des logements proposés.

Le choix inclut de grands bungalows pouvant compter jusqu'à 4 chambres et de petits studios de 1 ou 2 chambres dotés d'une kitchenette et d'une salle de bains. Ils sont en général entièrement meublés et équipés d'un réfrigérateur. Outre une décoration plus attrayante, les plus luxueux disposent d'une TV, d'une machine à laver et parfois de la clim.

TARIFS DES HÉBERGEMENTS

Dans ce guide, les établissements sont classés par catégorie et par ordre de préférence de l'auteur ; chacun est accompagné de l'un des symboles suivants (les prix s'entendent pour une chambre double avec sdb) :

€	moins de 60 €
€€	60-130 €
€€€	130-280 €
€€€€	plus de 280 €

MARIAGES ET VOYAGES DE NOCES

Comme d'autres îles de l'océan Indien, Maurice communique beaucoup sur son image romantique. C'est ainsi une destination prisée pour les mariages et les voyages de noces, dont l'organisation est devenue un véritable savoir-faire local. Nombre d'hôtels de luxe offrent des forfaits spéciaux "lune de miel". Du décor de la chambre aux cadeaux de bienvenue, aucun détail n'est oublié : champagne, fruits, paréos, baignoire garnie de fleurs et de bougies, massage en duo au spa, table du petit-déjeuner dressée sur un bungalow à pilotis au-dessus de la mer, celle du dîner installée sur la plage à la lueur des flambeaux, etc.

La plupart des voyagistes et des hôtels peuvent régler les formalités pour un prix minime et fournir des prestations supplémentaires : tournage vidéo, fiacre avec chevaux ou limousine, cocktails tropicaux, gâteau, guirlandes de fleurs, feu d'artifice, musiciens, photographes. On peut se marier les pieds dans le sable sur un îlot, sous un kiosque fleuri, en pleine nature dans les domaines privés où des cerfs se promènent en liberté, autour d'un feu en tenue créole ou sous l'eau avec des bouteilles de plongée, sur un catamaran au soleil couchant, ou selon les rites hindous...

Les couples qui prévoient de se marier à Maurice doivent être présents sur l'île au moins 3 jours ouvrés avant la date de la cérémonie civile (15 jours pour le mariage religieux). Un délai minimum d'un mois est requis pour compléter les démarches administratives. Après constitution d'un dossier et audition éventuelle des futurs époux, l'ambassade procédera à la publication des bans dans ses locaux et, si l'un des futurs époux réside en France, à la mairie de son domicile. Après 10 jours d'affichage et une fois reçu le certificat de non-opposition envoyé par la mairie française, l'ambassade vous délivrera un certificat de capacité à mariage (CCAM). Les futurs époux doivent se renseigner directement auprès du **Civil Status Office** (☎ 201 17 27 ; Immeuble Emmanuel Anquetil, 7ᵉ étage ; Port Louis). Vous trouverez aussi des informations sur le site officiel du tourisme mauricien : www.tourism-mauritius.mu/fr/.

À titre indicatif, les tarifs vont d'environ 800 Rs par jour pour un studio correct à 4 000 Rs et plus pour une belle villa de 4 chambres. Les propriétaires baissent souvent leurs tarifs à partir d'une semaine de location (à négocier). Dans certains cas, une caution peut être exigée lors de la réservation. Le prix comprend parfois les prestations d'une employée de maison et/ou d'une cuisinière. Vous pouvez aussi obtenir ces services en payant un supplément. Essayez, dans la mesure du possible, de visiter les lieux avant de louer, afin d'éviter toute déconvenue.

Vérifiez les possibilités de faire vos courses dans les environs. Notez que ces hébergements n'impliquent pas nécessairement de longs séjours.

À Maurice, vous pouvez contacter l'agence **Idyllic Villas** (☎ 697 16 02 ; www.idyllic-villas.com) qui loue partout sur l'île des villas, de la plus simple à la plus luxueuse, présentées sur son site Internet. **GBTT** (Grand Bay Travel & Tours ; ☎ 263 8771 ; www.gbtt.com) a également des offres intéressantes dans le nord et l'ouest de l'île, tout comme **Isla Mauricia** (www.isla-mauricia.com).

Hôtels

Les hôtels de catégorie moyenne offrent de grandes disparités. Ceux de Port Louis et des villes de l'intérieur sont surtout fréquentés par des voyageurs de commerce et des groupes venus assister à des conférences. Sur la côte, cette catégorie d'hôtels est nettement meilleure. Si les hôtels de luxe monopolisent une partie non négligeable du littoral, un certain nombre d'adresses pratiquant des tarifs raisonnables continuent à subsister et ce, en dépit d'une politique de construction intensive d'hôtels haut de gamme. Outre l'emplacement, les principaux critères à prendre en compte sont le nombre de chambres de l'établissement (un hôtel de 30 ou 50 chambres est plus chaleureux qu'un complexe de 250) et la date de construction des installations (le climat tropical use prématurément les infrastructures...). Autant de critères que nous avons pris en compte dans nos sélections. Les établissements favorisent en général leur formule demi-pension, mais elle n'est pas toujours imposée. L'accès à une piscine ainsi que des activités sportives et nautiques font presque toujours partie des prestations offertes. On trouve encore quelques hôtels de catégorie moyenne proposant des chambres doubles à 2 000 Rs environ, voire moins dans certains cas.

TARIFS PUBLICS ET "PACKAGES"

Les tarifs des resorts, hôtels-clubs et hôtels de luxe mentionnés dans ce guide sont les tarifs "publics". Ils ne s'appliquent qu'aux réservations de dernière minute et aux (rares !) clients se présentant sans réservation. Autant dire que personne ou presque ne paie des prix aussi élevés. Vous obtiendrez des tarifs 30 à 50% moins chers en réservant depuis votre pays d'origine, dans une agence de voyages, une formule incluant l'hébergement et le vol aller-retour.

Pressés par les tour-opérateurs étrangers voulant répondre aux attentes de clients de plus en plus soucieux de leur budget, un nombre croissant d'hôteliers mauriciens succombent aux offres packagées, "all-inclusive" (tout compris) et autres formules s'adressant aux groupes. Le résultat est variable, certains parvenant à maintenir de bonnes prestations dans ce cadre, et d'autres non (notamment dans le créneau des quatre-étoiles).

Quoi qu'il en soit, si vous souhaitez séjourner dans un complexe de vacances, mieux vaut réserver votre séjour par l'intermédiaire d'un tour-opérateur avant votre départ afin de bénéficier de tarifs négociés incluant le billet d'avion à prix concurrentiel. Le groupe mauricien **Veranda** (www.veranda-resorts.com) se distingue par ses beaux trois-étoiles.

Hôtels de luxe

Fer de lance de l'hôtellerie mauricienne, quelques éblouissants cinq-étoiles et cinq-étoiles "plus" se partagent les plus belles portions de côte. Outre leur situation exceptionnelle, ils proposent des chambres dotées du confort et du raffinement dernier cri, des parties communes conçues par des designers de renom, des restaurants placés entre les mains expertes de chefs internationaux et une large palette d'activités : tennis, golf, ski nautique... Ces pachas du tourisme mauricien et international, plebiscités par des célébrités du monde entier, sont constamment soucieux de trouver de nouvelles idées permettant de rivaliser de séduction avec leurs concurrents. Dernière manifestation de cette lutte sans merci : les spas. Les tarifs sont bien sûr à la hauteur des prestations offertes par cette gamme d'établissements.

La majorité de ces hôtels appartiennent à des groupes internationaux : Beachcomber, One & Only, LUX* Resorts et Sun Resorts occupent le haut de l'affiche, tandis que des nouveaux venus américains – comme le St. Regis – montrent çà et là les dents, sans oublier le groupe indien Oberoi Hotels, les groupes mauriciens Constance Hotels Experience, Attitude et VLH, et le label Mauritius Boutique Hotel. Mieux vaut réserver depuis l'étranger si vous souhaitez séjourner dans l'un de ces hôtels (voir l'encadré *Tarifs publics et "packages"* ci-dessus).

Pensions, gîtes et chambres d'hôtes

Ce mode d'hébergement remporte un certain succès auprès de voyageurs à petit et moyen budgets. Il existe des pensions, gîtes et chambres d'hôtes de toutes sortes : certaines sont constituées de chambres avec accès indépendant, d'autres permettent davantage de partager la vie de la famille mais offrent moins d'intimité. Les premières sont les plus répandues : de nombreux propriétaires de villas en bord de mer – de la plus à la moins agréable et confortable – arrondissent leurs fins de mois en louant des chambres aux visiteurs. Les propriétaires n'habitent pas toujours sur place – certaines familles ont fait de l'hébergement de touristes un pilier de leur activité – et il est parfois possible d'y prendre ses repas. Cette option ne doit pas être négligée : non seulement elle permet de découvrir une autre facette de la vie mauricienne, mais certaines options proposées se composent de logements vastes, agréables, dotés de terrasse et jouissant d'un excellent emplacement.

En fonction du confort, les prix peuvent varier de 800 Rs (hébergement sommaire) à 1 500 Rs et plus, pour deux personnes.

Heure locale

L'heure mauricienne est en avance de 4 heures sur l'heure GMT. Par rapport à la France, l'île est ainsi en avance de 3 heures en hiver et de 2 heures en été. Lorsqu'il est 9h à Paris en hiver, il est 12h à Port Louis. L'île Maurice n'est soumise à aucun changement d'heure annuel.

Le soleil se lève vers 5h30 et se couche aux environs de 19h en été et de 18h en hiver.

Heures d'ouverture

Les bureaux ouvrent généralement de 9h à 16h du lundi au vendredi (les bureaux des sociétés privées sont en général ouverts de 8h30 à 16h30 en semaine, et de 9h à 12h, le samedi).

HÔTELS : LES PALACES ET LES AUTRES

Ils s'appellent The Oberoi, Dinarobin, Prince Maurice, Shangri-La's Le Touessrok, Saint-Géran, Royal Palm... Ils appartiennent à des chaînes sud-africaines, indiennes ou mauriciennes. Ces cinq-étoiles qui contribuent à la renommée hôtelière de l'île déploient des fastes inouïs et disposent des derniers attributs du luxe : golfs, restaurants gastronomiques et spas réputés, le tout sous la haute surveillance des agents de sécurité. Les chaînes déploient des trésors d'imagination et se livrent une concurrence acharnée pour rester leaders dans cette course effrénée à l'excellence. La politique du ministère du Tourisme mauricien encourage cette compétition du faste. Aux yeux des décideurs, le séjour à l'île Maurice doit ressembler à un "rêve"...

Tant mieux pour ceux qui peuvent s'offrir ces palaces. Mais une telle politique n'arrange guère les affaires des gérants des petites structures locales. Les voyageurs à petit budget cadrant mal dans ce tableau idyllique, rien n'est fait pour encourager les pensions et hébergements bon marché. Au contraire, leurs propriétaires doivent faire face à des contraintes et à des taxes de plus en plus dissuasives. Selon certains, un Mauricien souhaitant travailler dans le tourisme est dissuadé de créer sa propre structure bon marché et ne peut qu'espérer devenir employé, au bas de l'échelle, dans un palace.

Très attachés à défendre contre vents et marée l'image de luxe accolée à Maurice, les décideurs du tourisme mauricien ont vu d'un très mauvais œil la diffusion en 2010 d'un reportage télévisé montrant les lacunes d'un établissement de l'île en termes de service et de confort. Dans les semaines qui suivirent, la presse se faisait ainsi l'écho de leurs réactions, disant "non au low cost" et au "tourisme de masse"... Ce sont les mêmes, pourtant, qui ont annoncé leur volonté de doubler la fréquentation de l'île pour atteindre 2 millions de visiteurs. On peut douter qu'ils séjourneront tous dans des palaces...

À l'heure où certains hôteliers de l'île sont tentés par les propositions des tour-opérateurs étrangers, qui serrent les prix au maximum au détriment d'une certaine qualité, le tourisme mauricien est ainsi à la croisée des chemins. Dans les faits, l'offre hôtelière de l'île ressemble à celle de nombreuses autres destinations balnéaires comparables : une minorité de vrais palaces, une poignée d'établissements cassant leurs prix pour attirer des visiteurs de plus en plus attentifs aux cordons de leur bourse, et une foule de prestataires entre ces deux extrêmes. Des bons et des moins bons...

Dans les villes principales de Maurice, les magasins sont ouverts de 9h30 à 19h30 du lundi au samedi. Quelques magasins sont ouverts jusqu'à midi le dimanche et les jours fériés.

Il arrive que des magasins et services ferment plus tôt le jeudi ou le vendredi.

Vérifiez les heures d'ouverture des restaurants avant de décider où dîner, car beaucoup ne servent qu'à l'heure du déjeuner ou arrêtent de prendre les commandes à une heure donnée. Les horaires des banques et des bureaux de poste sont précisés à la rubrique *Renseignements* de chaque localité.

Homosexualité

Selon l'International Lesbian and Gay Association, le statut de l'homosexualité serait équivoque à Maurice : le code pénal ne la mentionne pas, mais interdit les mariages entre personnes du même sexe. Dans les faits, il semble que les gays et lesbiennes ne rencontrent pas de problèmes au quotidien, à condition de rester discrets. Depuis 2006, ils organisent le premier samedi de juin, dans les rues de l'île, la Marche des Fiertés, équivalent mauricien "soft" de la Gay Pride. Évitez cependant les manifestations d'affection en public.

Le **collectif Arc-en-Ciel** (☎464 3702 ; www.collectifarcenciel.org ; 57 av. de la Faye, Belle Rose) milite pour la reconnaissance de la réalité homosexuelle et la lutte contre l'homophobie à Maurice. Vous pouvez aussi visiter le site gayfriendlymauritius.com.

Internet (accès)

Les établissements dotés d'un accès Internet sont indiqués dans ce guide par le symbole i et un symbole 🛜 signale une connexion Wi-Fi.

Vous trouverez des possibilités d'accès Internet dans les grandes villes. Les débits sont assez lents mais les tarifs bon marché (moins de 3 Rs/min). Des forfaits sont également proposés, et il est de plus en plus fréquent de voir des claviers en azerty et en qwerty. Les hôtels de luxe et quelques pensions vous donneront accès à un ordinateur pour consulter le Web ou lire vos e-mails, voire disposent d'une connexion Wi-Fi.

Une liste de sites utiles est indiquée p. 19.

Jours fériés

Nouvel An – 1er et 2 janvier

Nouvel An chinois (fête du Printemps) – un jour en janvier ou février

Thaipoosam Cavadee (fête tamoule) – un jour en janvier ou février

Commémoration de l'abolition de l'esclavage – 1er février

Maha Shivaratree – 3 jours en février

Ougadi – un jour en mars

Fête de l'Indépendance – 12 mars

Fête du Travail – 1er mai

Assomption – 15 août

Ganesh Chaturthi (fête hindoue) – un jour en août ou septembre

Divali (fête hindoue) – un jour en octobre ou novembre

Arrivée des travailleurs engagés – 2 novembre

Noël – 25 décembre

Il faut ajouter à ces dates celles des cérémonies musulmanes, qui varient selon le calendrier lunaire. La plus célèbre est l'Id-el-Fitr, qui clôt le mois de jeûne du ramadan.

Jour férié est synonyme de hausse de la consommation d'alcool à Maurice. Attention sur les routes...

Offices du tourisme

À l'île Maurice

Les voyageurs individuels n'étant pas légion à Maurice, vous ne trouverez guère d'offices du tourisme. La plupart des commerçants, des conducteurs de bus, des agents de police, des serveurs de bar, etc. sont cependant prêts à vous renseigner.

À Port Louis, adressez-vous à la **Mauritius Tourism Promotion Authority** (MTPA ; ☎210 1545 ; www.tourisme-ilemaurice.mu ; 4e et 5e étages Victoria House, Saint Louis St ; ⏰lun-ven 8h45-16h30). Un comptoir d'information (☎637 3635), ouvert aux horaires d'arrivée des vols, est installé à l'aéroport Sir Seewoosagur Ramgoolam.

L'**Association des hôteliers et restaurateurs de Maurice** (AHRIM ; ☎211 5630 ; www.mauritius.net ; 5th Floor, Barkly Wharf, Caudan Waterfront, Port Louis) dispose également d'un guichet à l'aéroport où vous pourrez vous renseigner.

À l'étranger

L'île Maurice a fermé nombre de ses représentations touristiques à l'étranger. En France, vous pourrez vous renseigner auprès d'**Interface Tourism** (☎01 53 25 04 48 ; www.interfacetourism.com ; 16 rue Ballu, 75009 Paris), représentant officiel de la Mauritius Tourism Promotion Authority dans l'Hexagone.

En Suisse, adressez-vous à **Mauritius Tourism Information Service c/o PRW Public Relations** (☎41 0 44 388 4118 ; Kirchenweg 5, 8032 Zurich).

Dans les autres pays francophones, contactez les ambassades de l'île Maurice. Vous pouvez aussi consulter le site de la **MTPA** (www.tourisme-ilemaurice.mu).

Photo et vidéo

Certains cybercafés proposent de graver des CD et DVD depuis les cartes mémoire des appareils numériques. Un adaptateur peut être utile pour recharger les batteries, certains établissements ne disposant que de prises à 3 broches de type britannique (vous pourrez en trouver sur place).

Demandez l'autorisation avant de faire des photos de personnes, ainsi que dans les sites religieux.

Poste

Envoyer du courrier

Le système postal mauricien, efficace, fiable et bien implanté sur l'île, a connu de grands changements au cours des dernières années. Le plus petit village possède son bureau de poste. Le pays est par ailleurs bien connu des philatélistes, grâce à son célèbre timbre "two pence deep blue" datant de 1847.

En principe, les bureaux de poste sont ouverts de 8h15 à 16h en semaine et de 8h15 à 11h45 le samedi. Les 45 minutes qui précèdent la fermeture sont réservées à la vente de timbres. L'aire de départ de l'aéroport abrite un bureau de poste.

Pour vos colis, vous pouvez aussi avoir recours aux services de **United Parcel Services** (☎212 7171 ; 10 rue du Dr Ferrière ; Port Louis).

Téléphone

Le réseau téléphonique mauricien est efficace, tant pour les appels locaux qu'internationaux. Les numéros se composent de 7 chiffres. Il semble cependant que certains abonnés aient l'habitude d'en changer relativement souvent. Des cabines publiques à pièces ou à carte sont disponibles devant les

URGENCES

- **Ambulance** ☎999 (demandez à être mis en rapport avec le service requis)
- **Assistance touristique 24h/24** ☎152. À défaut d'un réseau d'offices du tourisme, un service d'assistance téléphonique a été mis en place à l'intention des touristes. Vous pourrez leur demander tout type d'information touristique (hôtels, restaurants, services, activités sportives, shopping, transports, etc.). Les hôtesses vous rappelleront si elles n'ont pas la réponse immédiatement.
- **Information météorologique en période cyclonique** ☎96
- **Police** ☎999 ou 112
- **Pompiers** ☎115 ou 995
- **SAMU** ☎114

magasins, les écoles, les bâtiments publics, les postes de police, les restaurants ou les hôtels.

Les cartes téléphoniques sont très pratiques pour les appels locaux et quasiment indispensables pour les appels internationaux. Elles sont en vente dans les agences Mauritius Telecom et dans de nombreux magasins.

Téléphones portables

Les îles Maurice et Rodrigues bénéficient d'une excellente couverture des réseaux de téléphones mobiles. Si vous souhaitez utiliser votre téléphone portable, vérifiez auprès de votre opérateur si l'île Maurice fait partie de la couverture proposée par son réseau. Les principaux réseaux français sont opérationnels sur l'île, mais chers (environ 2,90 €/min pour un appel émis et souvent plus de 1,40 € pour un appel reçu).

Une option plus économique consiste à acheter sur place une carte à puce (SIM) prépayée auprès d'un opérateur mauricien (Emtel, Orange) que vous insérerez dans votre mobile. Pour cela, votre mobile doit être "débloqué" afin d'accepter une autre carte que celle de votre opérateur habituel.

À Maurice, vous pourrez acheter une carte SIM chez **Emtel** (www.emtel.com) et **Orange** (www.orange.mu) pour 100 Rs, sur présentation de votre passeport. Les appels reviennent ainsi à 5,40 Rs/min vers la France ou la Belgique et 4,40 Rs/min vers le Canada. Les appels locaux sont facturés 1,20 Rs/min vers les mobiles Emtel et 3,60 Rs/min vers les autres opérateurs. L'envoi d'un SMS est facturé 0,6 Rs quelle que soit la destination. Une fois votre crédit d'appels épuisé, vous pouvez facilement le réalimenter en vous procurant des "refill cards" de 50 à 1 000 Rs, en petites et grandes surfaces et dans les boutiques Orange et Emtel. Entrez le code qui se trouve sur la carte (les instructions sont écrites à l'arrière).

Les numéros de téléphones mobiles à l'île Maurice sont passés de 7 à 8 chiffres depuis le 1er septembre 2013, selon la volonté des trois opérateurs mobiles : Orange, NTML et Emtel. Le chiffre "5" intervient comme la seule modification à tous les numéros de portable.

Appels locaux

Les appels vers n'importe quel point de l'île sont bon marché (environ 1 Rs/min, tarif réduit entre minuit et 7h). Vous ne devez ajouter aucun indicatif aux numéros à 7 chiffres pour un appel national.

Pour les renseignements, composez le ☎150.

Appels internationaux

Pour savoir comment appeler depuis/vers Maurice, reportez-vous au chapitre *L'essentiel*, p. 19.

Toilettes

Sur les plages publiques mauriciennes, on trouve des poubelles, et des cabanons abritant W-C, lavabos, et parfois des douches, surveillés par un agent d'entretien qui nettoie les lieux après chaque passage (surtout en semaine ; le week-end, la propreté est un peu plus aléatoire). Ils sont ouverts tous les jours de 7h à 19h. Vous pouvez laisser quelques roupies pour montrer que vous appréciez le service. Mieux vaut quand même avoir un rouleau de papier toilette avec vous.

Voyager en solo

Le pays ne pose aucune difficulté particulière et réserve même une bonne nouvelle : de nombreux hôtels proposent des chambres "simples" à des tarifs avantageux.

Femmes seules

L'île ne pose pas de problème particulier aux voyageuses. Les visiteuses sont visiblement unanimes pour saluer l'absence de machisme des Mauriciens. Prenez cependant les précautions habituelles : adaptez votre tenue aux lieux, à l'horaire et au contexte, évitez de faire du stop seule et abstenez-vous de fréquenter les lieux déserts.

Transports

DEPUIS/VERS L'ÎLE MAURICE

Entrer à l'île Maurice

Les formalités d'accès sont simples et les services de l'immigration efficaces. Vous devrez présenter votre passeport (éventuellement votre billet d'avion retour) et remplir 2 questionnaires d'immigration, dont l'un est destiné aux services de santé. Reportez-vous p. 226 pour davantage de précisions.

Les conditions générales d'accès à Rodrigues sont traitées au chapitre correspondant, p. 176 et à la rubrique *Depuis les autres îles de l'océan Indien*, p. 236.

Voie aérienne

La quasi-totalité des visiteurs arrivent à Maurice en avion. À votre arrivée, vous devez être muni d'un billet aller-retour ou d'un titre de transport pour une autre destination. N'oubliez pas de confirmer votre réservation pour le vol de retour si votre compagnie aérienne vous a précisé que cette formalité était nécessaire. Les taxes d'aéroport sont incluses dans le prix du billet.

Aéroport

L'**aéroport Sir Seewoosagur Ramgoolam** (SSR ; ☎603 6000 ; aml.mru.aero), anciennement appelé Plaisance, est situé à Plaine Magnien, à quelques kilomètres de Mahébourg et à 50 km de Port Louis. Il a été totalement rénové en 2013, accueille 4,5 millions de passagers par an, et possède même un poste avion spécialement dédié aux A380. Son originalité tient à son architecture aux allures tropicales : son toit a en effet été conçu pour ressembler au ravenala, une plante tropicale commune sur l'île. Le nouveau terminal de l'aéroport de l'île Maurice compte désormais trois niveaux. Les services des douanes, les comptoirs des voyagistes et le hall de livraison-bagages se trouvent au rez-de-chaussée ; la zone de départ, le duty-free, le bureau de remboursement de TVA (VAT refund) et les salles d'embarquement se trouvent au premier étage. Le dernier étage est consacré aux accompagnateurs qui peuvent voir les avions décoller depuis l'immense espace vitré.

Dans le hall d'arrivée, vous trouverez un bureau de l'office du tourisme (MTPA), de l'Association des hôteliers et restaurateurs de l'île Maurice (AHRIM), des comptoirs de change, des loueurs de voiture, des représentants des grandes chaînes hôtelières et un bureau d'Air Mauritius. Plusieurs distributeurs de billets sont implantés à l'extérieur de l'aérogare, après les bureaux de change. L'aérogare est dotée d'une connexion Wi-Fi gratuite.

VOYAGES ET CHANGEMENTS CLIMATIQUES

Tous les moyens de transport fonctionnant à l'énergie fossile génèrent du CO_2 – la principale cause du changement climatique induit par l'homme. L'industrie du voyage est aujourd'hui dépendante des avions. Si ceux-ci ne consomment pas nécessairement plus de carburant par kilomètre et par personne que la plupart des voitures, ils parcourent en revanche des distances bien plus grandes et relâchent quantité de particules et de gaz à effet de serre dans les couches supérieures de l'atmosphère. De nombreux sites Internet utilisent des "compteurs de carbone" permettant aux voyageurs de compenser le niveau des gaz à effet de serre dont ils sont responsables par une contribution financière à des projets respectueux de l'environnement. Lonely Planet "compense" les émissions de tout son personnel et de ses auteurs.

Le plus simple est de s'y rendre en taxi (voir p. 239). Renseignez-vous également auprès de votre hôtel car certains d'entre eux proposent des navettes ou peuvent envoyer un taxi pour vous accueillir.

Si vos bagages ne sont pas trop encombrants, vous pouvez emprunter un bus. Cette solution est plus économique mais nettement plus longue et fatigante (surtout après 11 heures de vol). N'écoutez pas les chauffeurs de taxi, qui affirment qu'il n'existe pas de transport public : des bus express circulent entre Mahébourg et Port Louis de 6h30 à 18h30, et s'arrêtent devant un petit abri à l'extérieur de l'aéroport. En sortant du terminal, traversez le parking tout droit jusqu'à l'arrêt de bus, situé à 500 m. Si vous souhaitez aller de Grand Baie à l'aéroport, prenez d'abord un bus pour Port Louis, puis changez en direction de Mahébourg (prévoyez au moins 2 heures).

Toutes les compagnies aériennes desservant Maurice sont implantées à Port Louis. Hormis Air Mauritius, installée dans l'Air Mauritius Building, elles sont presque toutes rassemblées dans l'Airways Centre (Rogers House) ou l'IBL House (Caudan Waterfront).

Air Austral (☎202 8050 ; IBL House, Caudan Waterfront ; ⏲lun-ven 8h30-16h30, sam 8h30-12h)

Air France (☎202 6747 ; Rogers House, 5 President Kennedy St ; ⏲lun-ven 8h30-16h15, sam 8h30-12h)

Air Madagascar (☎203 2150 ; IBL House, Caudan Waterfront ; ⏲lun-ven 8h30-16h, sam 8h-12h)

Air Mauritius (☎207 7070 ; Air Mauritius Building, President Kennedy St ; ⏲lun-ven 8h30-16h30, sam 8h30-12h)

Air Seychelles (☎202 6671, 202 6670 ; Rogers House, 5 President Kennedy St ; ⏲lun-ven 8h30-16h15, sam 8h30-12h)

AVERTISSEMENT

Les informations contenues dans ce chapitre sont particulièrement susceptibles de changements. Vérifiez directement auprès de la compagnie aérienne ou de l'agence de voyages les modalités d'utilisation de votre billet d'avion. N'hésitez pas à comparer les prestations. Les détails fournis ici doivent être considérés à titre indicatif et ne remplacent en rien une recherche personnelle attentive.

Corsair (☎210 2020 ; Caudan Warterfront ; ⏲lun-ven 9h30-16h30, sam 9h-12h). Non loin de l'hôtel Labourdonnais.

Emirates Airlines (☎204 7700 ; 5th Floor Newton Tower, Sir William Newton Street ; ⏲lun-ven 8h30-16h30, sam 8h30-12h)

South African (☎202 6737 ; Airways Centre, 5 President Kennedy St ; ⏲lun-ven 8h30-16h15, sam 8h30-12h)

Depuis l'Europe

Air Mauritius propose des vols hebdomadaires depuis/vers de nombreuses capitales européennes, notamment Paris, Londres, Genève, Milan, Munich, Francfort, Zurich, Madrid, Amsterdam, Rome... La haute saison correspond généralement aux vacances scolaires, avec un pic lors des fêtes de fin d'année. Pour cette période, il faut absolument réserver plusieurs mois à l'avance.

Le prix du billet d'avion pour Maurice reste élevé. Le gouvernement mauricien tente en effet de conserver une image de tourisme de luxe et dissuade les compagnies charters et *low cost* de desservir l'île. Pour réduire le coût du vol, choisissez un forfait séjour en hôtel, partez hors saison et réservez votre billet le plus longtemps possible à l'avance.

DEPUIS LA FRANCE

Au départ de Paris, Air Mauritius travaille en *code sharing* (le vol peut se faire indifféremment sur un avion de l'une ou l'autre des compagnies) avec Air France. À elles deux, les compagnies proposent jusqu'à 17 vols de nuit par semaine depuis Paris CDG (11 heures 30 de vol). Elles pratiquent des prix sensiblement égaux. À l'heure où nous écrivons ces lignes, le tarif le moins cher que vous pouvez espérer obtenir est de 850/1 300 € environ en basse/haute saison. Des promotions ponctuelles sont parfois proposées ; renseignez-vous.

Corsair assure trois vols hebdomadaires avec l'île Maurice au départ de Paris-Orly et propose des acheminements en TGV depuis plusieurs villes de province : Lyon, Nantes et Marseille... Les tarifs débutent à 859 € environ.

Renseignez-vous également sur les liaisons assurées par Air Austral depuis Roissy, via La Réunion, dont les tarifs sont parfois avantageux. La compagnie propose également des formules permettant de circuler entre La Réunion, l'île Maurice, les Seychelles, les Comores, les Maldives, les Comores et Madagascar.

Les principales adresses en France métropolitaine des compagnies desservant l'île sont les suivantes :

Air Mauritius (☎0890 710 315 ; www.airmauritius.com ; 23 rue de la Paix, 75002 Paris)

Air France (☎0 892 70 26 54 ou 3654, 0,34 €/min ; www.airfrance.fr ; 49 av. de l'Opéra, 75002 Paris)

AGENCES EN LIGNE

- www.bourse-des-vols.com
- www.easyvoyage.com
- www.ebookers.fr
- www.expedia.fr
- www.fr.lastminute.com
- www.liligo.fr
- www.govoyages.com
- www.nouvelles-frontieres.fr
- www.opodo.fr
- www.voyages-sncf.com

Corsair (☎01 70 39 22 10 ou 3917, 0,34 €/min ; www.corsair.fr ; 2 rue Charles-Lindbergh, 94636 Rungis Cedex)

Air Austral (☎0825 013 012, 0,15 €/min ; www.air-austral.com ; 2 rue de l'Église, 92200 Neuilly-sur-Seine)

DEPUIS LA BELGIQUE

Air Mauritius assure jusqu'à deux vols quotidiens avec Bruxelles en transitant par Paris (acheminement en train depuis la gare de Bruxelles-Midi par le Thalys) pour bénéficier d'une plus large palette d'offres. Prix à partir de 1 000/2 100€ environ en basse saison/ haute saison.

Quelques adresses utiles :

Air Mauritius (☎0890 710 315 ; www.airmauritius.com ; 23 rue de la Paix, 75002 Paris)

Air France (☎2 620 01 84 ; www.airfrance.be ; Gare du Midi, rue de France, 1060 Bruxelles)

Air Austral (☎(0)2 712 05 84 ; Aviareps BVBA, Park Hill, Mommaertslaan 18B, B-1831 Diegem)

Airstop (☎070-233 188 ; www.airstop.be ; agences à Anvers, Gand et Louvain)

Connections (☎02 753 25 00 ; www.connections.be) ; Brussels Airport, promenade 4e étage, 1930 Zaventem). Le spécialiste belge du voyage pour les jeunes et les étudiants.

Gigatours (☎02 672 35 03 ; www.gigatour.be ; 3 place Keym, 1170 Bruxelles)

Voyageurs du Monde (☎02 543 95 50 ; 23 chaussée de Charleroi, 1060 Bruxelles)

DEPUIS LA SUISSE

Air Mauritius assure jusqu'à deux vols quotidiens avec Genève en transitant par Paris, à partir de 1 100/2 300 € environ en basse saison/ haute saison.

Quelques adresses utiles :

Air Mauritius (☎22 732 05 60 ; 1-3 rue de Chantepoulet, 4e ét, 1211 Genève)

Air Austral (☎41 44 286 99 44 ; C/o Airline & Tourism Center, GmbH, Badernerstrasse 15, 8004 Zurich)

Airstop (☎070-233 188 ; www.airstop.be ; agences à Genève et Zurich)

STA Travel (☎058 450 49 49 ; www.statravel.ch) ; Lausanne (☎058-450 48 50 ; 20 bd de Grancy, 1006 Lausanne) ; Genève (☎+41 58 450 49 00 ; 29 rue Rousseau, 1201 Genève) ; Fribourg (☎058-450 49 80 ; rue de Lausanne 24, 1700 Fribourg)

Voyageurs du Monde (☎22 518 04 94 ; 19 rue de la Rôtisserie, 1204 Genève)

Depuis le Canada

Vous devrez passer par l'Europe (Paris en général) puis poursuivre par l'une des formules présentées aux rubriques précédentes. Comptez près de 18 heures de vol.

Quelques adresses pour préparer votre voyage :

Air Mauritius (☎972 1534 ; 5915 Airport Rd, Suite 830, ON L4V1T1 Mississauga)

Air Canada (☎1 888 247-2262 ou 1 514 393-3333 ; www.aircanada.com)

Air France (☎1 800 667 2747 ; www.airfrance.ca). À l'aéroport Pierre-Elliot Trudeau de Montréal et à l'aéroport Lester B. Pearson Terminal de Toronto.

Corsair (☎450 332 9090 ; www.corsair.ca ; 825 St-Laurent ouest, suite 120, Longueil, Québec, J4K 2V1)

Expedia (www.expedia.ca)

Travel Cuts (☎1 800 667 2887 ; www.travelcuts.com). L'agence de voyages nationale des étudiants canadiens.

Travelocity (☎1 800 457 8010 ; www.travelocity.ca)

Depuis les autres îles de l'océan Indien

Les coordonnées des compagnies aériennes à l'île Maurice (Port Louis) sont mentionnées p. 235.

RODRIGUES

La province autonome de Rodrigues est reliée plusieurs fois par jour à l'île Maurice par Air Mauritius. Réservez vos billets bien à l'avance et reconfirmez-le impérativement à votre arrivée à Rodrigues. Le tarif aller-retour coûte 8 200 Rs environ. Vous trouverez toutes les précisions au chapitre *Rodrigues*, p. 176.

LA RÉUNION

Air Austral et Air Mauritius assurent plusieurs vols quotidiens vers La Réunion (45 minutes ou plus selon l'appareil). À l'heure où nous écrivons ces lignes, le billet aller-retour débute à 170 € environ au départ de Maurice et à 190 € depuis La Réunion.

MADAGASCAR

Air Madagascar et Air Mauritius assurent des vols quotidiens directs entre Maurice et Antananarivo, à partir de 270 €.

SEYCHELLES

Air Seychelles assure 3 liaisons hebdomadaires avec l'archipel seychellois. Comptez 14 000 Rs environ (taxe de sortie des Seychelles incluse) aller-retour.

Depuis l'Afrique

Il est possible de rejoindre l'île Maurice par vol direct avec Air Mauritius depuis l'Afrique du Sud : Johannesburg (vols quotidiens), Le Cap (3 vols) ou Durban (2 vols). Les tarifs des vols, quotidiens en haute saison, débutent à 700/1 200 € environ en basse/haute saison. La South African Airways relie Johannesburg à partir de 419 €.

Air Mauritius assure une ligne avec Nairobi (Kenya), à raison de 2 ou 3 vols par semaine (630 € environ aller-retour).

Depuis l'Asie

Air Mauritius assure des liaisons hebdomadaires avec Beijing, Chengdu, Singapour, Shanghai, Kuala Lumpur, Hong Kong et l'Inde : Mumbay (Bombay), Delhi et Bengalore. Les tarifs des vols, qui ont lieu entre 1 et 3 fois par semaine, débutent à environ 600 € aller-retour.

Depuis l'Océanie

Air Mauritius effectue des vols vers l'Australie. Les tarifs étant assez attractifs et la distance sensiblement égale à celle de la route via l'Asie du Sud-Est, de plus en plus d'Australiens transitent par l'île Maurice lorsqu'ils se rendent en Europe. Les tarifs aller-retour débutent à 1 100-1 200 € environ selon la saison et la ligne assurée entre 2 ou 3 fois par semaine.

Depuis le Proche-Orient

Air Mauritius opère une ligne entre l'île Maurice et Dubai, en *code sharing* avec Emirates Airlines. Les vols ont lieu 2 fois par semaine et reviennent à environ 850 € aller-retour.

Voie maritime

L'île Maurice est reliée par voie maritime à La Réunion et à Rodrigues. Les liaisons sont assurées par un navire mixte fret-passagers battant pavillon mauricien : le *Mauritius Trochetia*.

Entre Maurice et La Réunion, les traversées durent environ une nuit. Le navire poursuit ensuite sa route vers Tamatave (Toamasina, sur la côte est de Madagascar). Comptez de 167 à 360 € selon la classe et la saison.

Entre Maurice et Rodrigues, le *Mauritius Trochetia* effectue 1 ou 2 rotations par mois selon la saison. Les tarifs aller simple s'échelonnent entre 57 et 103 € environ selon le confort (siège simple ou cabine plus ou moins confortable). Reportez-vous au chapitre *Rodrigues*, p. 176.

Les billets sont vendus par la Mauritius Shipping Corporation Ltd (www.mauritiusshipping.net). Les coordonnées de ses bureaux sont les suivantes :

Rodrigues (carte p. 186 ; ☎831 0640 ; msclrod@intnet.mu ; rue François Leguat, Port Mathurin)

Maurice (MSCL Coraline Ship Agency Ltd ; ☎217 2285 ; mscl@coraline.intnet.mu ; Nova Building, 1 Military Rd, Port Louis)

La Réunion (SCOAM ; ☎0262 42 19 45 ; passagers@scoam.fr ; 4 av. du 14-juillet 1789, 97420 Le Port)

Dans un autre registre, quelques voiliers font escale à l'île Maurice de juin à novembre, en dehors de la saison des cyclones. Ils mouillent à Grand Baie ou à Port Louis. En moyenne, il faut 1 bonne journée pour se rendre à La Réunion et 2 pour en revenir ; 5 jours pour gagner Madagascar et 7 pour le retour ; 10 jours pour les Seychelles et 2 semaines entre ces dernières et Maurice. Pour atteindre Rodrigues, à 560 km au nord-ouest, comptez 7 jours de navigation. Vous pouvez espérer trouver une couchette à bord d'un voilier de croisière à condition de participer aux frais et de savoir naviguer, mais les occasions sont rares. Consultez le panneau d'information du Yacht Club de Grand Baie.

VOYAGES ORGANISÉS

Séjours

La majorité des tour-opérateurs programment la destination. À titre indicatif, voici une liste non exhaustive de quelques voyagistes basés en France spécialisés sur l'île Maurice et Rodrigues :

Beachcomber Tours (☎01 44 94 66 77 ; www.beachcombertours.fr ; 88-90 boulevard de Sébastopol, 75003 Paris)

Exotismes (☎0 826 96 5000, 0,15 €/min ; www.exotismes.fr ; 55 rue Sainte-Anne, 75002 Paris)

Kuoni (☎01 55 87 82 50 ; www.kuoni.fr ; 5 rue Mabillon, 75006 Paris). Nombreux autres bureaux en France.

Nouvelles Frontières (☎0825 000 747, 0,15 €/min ; www.nouvelles-frontieres.fr ; ☎01 42 61 02 62 ; 13 av. de l'Opéra, 75001 Paris)

Solea Vacances (☎0 826 282 000, 0,15 €/min ; www.soleavacances.fr)

Tropicalement vôtre (www.tropicalement-votre.com) ; Paris (☎01 43 70 99 55 ; 43 rue Basfroi, 75011 Paris) ; Lyon (☎04 72 32 26 89 ; 96 rue Pierre-Corneille, 69003 Lyon). Séjours ou activités, autotours, et combinés La Réunion/Maurice.

Voyageurs du Monde (☎01 42 86 16 00 ; www.voyageursdumonde.fr ; 55 rue Sainte-Anne, 75002 Paris). Nombreux autres bureaux en France. Séjours et locations.

Circuits

Allibert (☎04 76 45 50 50, 01 44 59 35 35 ; www.allibert-trekking.com ; 37 bd Beaumarchais, 75003 Paris) ;

Belgique (☎02 318 32 02) ; Suisse (☎022 519 03 23). Circuits combinés Réunion-Maurice.

Atalante Paris (☎01 55 42 81 00 ; www.atalante.fr ; 18 rue Séguier, 75006 Paris) ; Lyon (☎04 72 53 24 80 ; 36-37 quai Arloing, 69256 Lyon Cedex 09) ; Belgique (☎02 627 07 97 ; rue César Franck 44, B-1050 Bruxelles). Séjours balnéaires en complément de circuits à La Réunion.

Club Aventure Huwans (☎04 96 15 10 20 ; www.huwans-clubaventure.fr ; 18 rue Séguier, 75006 Paris). Randonnée et voyage découverte combinant Maurice et Rodrigues.

Nomade Aventure (☎0825 701 702, 0,15 €/min ; www.nomade-aventure.com) ; Paris (40 rue de la Montagne-Sainte-Geneviève, 75005 Paris) ; Toulouse (43 rue Peyrolières, 31000 Toulouse) ; Lyon (10 quai Tilsitt, 69002 Lyon) ; Marseille (12 rue Breteuil 13001 Marseille). Circuits randonnée à Maurice, avec extension possible à Rodrigues.

Voyageurs du Monde (☎01 42 86 16 00 ; www.voyageursdumonde.fr ; 55 rue Sainte-Anne, 75002 Paris). Plusieurs voyages itinérants et circuits randonnées.

Spécialistes de la plongée

Aquarev' (☎01 48 87 55 78 ; www.aquarev.fr ; 2 rue du Cygne, 75001 Paris)

AMV Subocea (☎04 95 06 12 39 ; www.amv-voyages.fr)

Oceanes (☎04 42 52 82 40 ; www.oceanes.com ; 531 rue Paul-Julien, 13100 Le Tholonet)

Ultramarina (☎0825 02 98 02 ; www.ultramarina.com ; 2 rue des Olivettes, 44032 Nantes)

Voyageurs du Monde (☎01 42 86 16 00 ; www.voyageursdumonde.fr ; 55 rue Sainte-Anne, 75002 Paris)

Circuits organisés locaux

Les principaux tour-opérateurs de l'île recrutent la majorité de leurs clients par l'intermédiaire des agences de voyages à l'étranger ou des hôtels, avant l'arrivée des visiteurs. Sur place, vous pourrez contacter les voyagistes suivants (liste non exhaustive) :

Mautourco (☎670 4301, 604 3000 ; www.mautourco.com)

Mauritours (☎464 9725, 5423 9938 ; www.mauritours.net)

GBTT (Grand Baie Travel & Tours ; ☎263 8771 ; www.gbtt.com)

White Sand Tours (☎605 1500 ; www.whitesandtours.com). Site en anglais.

Les prestataires de l'île Rodrigues sont mentionnés au chapitre correspondant, p. 176.

COMMENT CIRCULER

Les dimensions restreintes de l'île et son bon réseau de routes et de transports en commun rendent les trajets faciles et rapides.

Bus

Il est relativement facile de se déplacer à Maurice en utilisant le réseau des bus, qui couvre toute l'île. Les tarifs des taxis étant en constante augmentation, nombre de Mauriciens optent pour ce moyen de déplacement. Les vieux Tata et Nissan, pétaradants et particulièrement polluants, qu'on croisait en grand nombre il y a encore quelques années, tendent à disparaître ; à la place, on trouve des modèles plus récents, souvent équipés du Wi-Fi et climatisés : les express. Les principales compagnies sont National Transport Corporation, Rose Hill Transport, United Bus Service, Triolet Bus Service et Mauritius Bus Transport. Les bus express sont un peu plus chers que les bus ordinaires – mais aussi plus rapides, car sans arrêt.

Les compagnies se sont partagé les itinéraires. Les trois grandes régions (Nord, Centre et Sud) sont desservies à partir des gares routières centrales de Port Louis et de Curepipe. Pour aller de Mahébourg à Grand Baie, par exemple, vous devrez prendre une correspondance à Port Louis. Entre Tamarin et Mahébourg, il faut changer à Baie du Cap et à Souillac. À Port Louis, la gare routière de Victoria Square abrite les lignes desservant le sud, et la gare routière d'Immigration Square les lignes desservant le nord.

On attend rarement longtemps les bus dans les principales localités. Aux heures de pointe, ils passent toutes les 15 minutes. En revanche, dans les zones plus reculées, l'attente peut dépasser une demi-heure.

Dans les agglomérations, le service débute vers 5h30 et s'arrête à 20h dans les centres urbains. Dans les régions rurales, les bus circulent de 6h30 à 18h30. Un seul service fonctionne jusqu'à environ 23h, dans les deux sens, entre Port Louis et Curepipe. Il dessert Rose Hill, Quatre Bornes et Vacoas.

Les trajets dépassent rarement 30 Rs (pour les plus longs trajets), à payer au receveur présent dans chaque véhicule ou au guichet de la gare routière. Ayez toujours de la monnaie car il est parfois difficile de changer les gros billets. Conservez votre ticket : les contrôles sont fréquents.

Les bus sont souvent bondés, surtout sur les grands axes, et les chauffeurs ont tendance à se prendre pour des pilotes de course. Les nombreux arrêts ont l'avantage de freiner leurs ardeurs. Avec un bus "normal", comptez à peu près 1 heure pour relier Mahébourg à Curepipe, Curepipe à Port Louis ou Port Louis à Grand Baie.

Des voyageurs ont rencontré des problèmes pour monter dans les bus avec un bagage encombrant ; certains se sont même vu refuser l'accès. Si votre valise occupe un siège, on vous demandera peut-être de payer deux billets.

Le site **www.mauritius-buses.com** vous permet de trouver votre ligne en entrant votre point de départ et votre destination sur un moteur de recherche.

Taxi

Louer un taxi à la journée est une bonne solution pour visiter l'île. Une alternative intéressante qui vous débarrasse des contraintes de location d'un véhicule, d'itinéraires et de conduite à gauche, mais qui a un coût : 2 500-3 000 Rs par jour environ.

Certains chauffeurs se révèlent de véritables guides, soucieux de vous faire connaître leur île ; d'autres se bornent à leur rôle de conducteur. Quelques-uns, enfin, s'évertuent à mener les touristes vers les adresses qui leur versent des commissions (ce qui vaut aux taxis de l'île une réputation de plus en plus mauvaise auprès des prestataires touristiques).

N'hésitez pas à discuter avec plusieurs chauffeurs. La meilleure solution consiste à se faire recommander un chauffeur par votre hôtel, nombre d'entre eux ayant l'habitude de travailler avec un chauffeur attitré.

Les taxis se reconnaissent à l'enseigne jaune qui coiffe le véhicule. Ils font l'objet d'une limitation de vitesse particulière de 55 km/h sur route. À titre d'exemple, et afin de vous donner quelques repères pour négocier vos trajets, les tarifs depuis l'aéroport étaient de 600 Rs pour Mahébourg, 1 000 Rs pour Port Louis, 1 200 Rs pour Blue Bay, 1 700 Rs pour Grand Baie, 1 900 Rs pour Belle Mare et le Morne lors de nos recherches. Leurs tarifs sont généralement plus élevés la nuit.

Signalons enfin les taxis collectifs, ou "taxis-trains". Certains chauffeurs se substituent en effet aux bus : ils embarquent les clients qui attendent aux arrêts de bus et demandent une dizaine de roupies jusqu'à l'arrêt suivant. Ils sont très économiques mais souvent aussi bondés que les bus. Si vous hélez l'un d'entre eux alors qu'il est vide, vous risquez de devoir payer pour toutes les places.

Vélo

Du moment que l'on reste sur les petites routes de l'intérieur, peu accidentées, ou des bords de plage, le vélo peut être un moyen intéressant de découvrir l'île Maurice. En revanche, nous vous déconseillons de rouler sur la route côtière ou les nationales. Évitez de circuler la nuit, car la plupart des routes sont faiblement éclairées, et la conduite locale est très fantaisiste.

Vous pourrez louer des VTT moyennant 250 Rs environ la journée dans les localités touristiques. Vérifiez l'état du vélo avant de l'enfourcher, car certains sont terriblement inconfortables. Il doit absolument être doté d'un antivol.

Voiture et moto

Le réseau routier mauricien comporte près de 1 850 km de routes asphaltées. Il comprend une excellente autoroute, des routes nationales correctes et des routes secondaires en moins bon état.

L'autoroute (comparable à une nationale française) relie l'aéroport à Port Louis et continue vers le nord en direction de Grand Baie. Partout ailleurs, l'état des routes nationales et secondaires est très inégal : un tronçon de route secondaire récemment asphalté peut brusquement se transformer en une nationale pleine de raccords et de fondrières. Les bas-côtés sont assez souvent dangereux et la signalisation routière laisse fortement à désirer.

Parmi les autres obstacles auxquels vous devrez faire face, citons les routes parfois étroites, les embouteillages (notamment aux abords de Port Louis en début de matinée et en fin d'après-midi), les vélos pas toujours équipés de lumière la nuit, les chauffards (présents à Maurice comme partout ailleurs) et... la conduite à gauche. Si vous n'y êtes pas habitué, nous vous conseillons de circuler en taxi ou de louer une petite voiture à boîte automatique. Ces dernières sont à peine plus chères et de plus en plus faciles à trouver. Attention : beaucoup de Mauriciens ne respectent pas les distances de sécurité, et doubler à gauche est un sport national !

Le stationnement est généralement gratuit en ville, sauf à Port Louis, Rose Hill, Quatre Bornes et Curepipe, où les tickets à placer derrière le pare-brise sont en vente dans les stations-service. Il existe également des parkings privés et surveillés.

Les régions qui se prêtent le mieux aux déplacements motorisés en deux-roues sont celles de Grand Baie, de Flic en Flac et de Mahébourg, où l'on peut louer un scooter.

Assurance

Renseignez-vous sur les assurances proposées avec les véhicules de location. La conduite à gauche, l'alcoolémie au volant et le mode de conduite mauricien en général sont autant de facteurs pouvant favoriser les accidents... Ne négligez donc pas cet aspect. Prendre l'assurance la moins chère peut s'avérer un mauvais calcul. Comme partout, il existe en général plusieurs formules : la responsabilité civile, qui couvre les dommages que vous pouvez causer à des tiers, est obligatoire. Les assurances couvrant les dommages causés au véhicule en cas d'accident sont parfois facultatives. Leur prix varie selon la couverture et la franchise.

Vérifiez toujours si le véhicule que vous louez est assuré. De nombreux particuliers louent en effet leur propre véhicule. Les tarifs sont en général avantageux mais certains visiteurs ont eu la mauvaise surprise de s'apercevoir qu'ils n'étaient pas assurés, après avoir eu un accident...

Essence

Les principaux carburants – essence et diesel – sont distribués sur l'île. Le litre d'essence était d'environ 46 Rs pour le Sans Plomb 95, et 38 Rs pour le diesel (soit un peu plus de 1 €) lors de notre dernier passage.

Location

Louer une voiture est facile à Maurice. Vous devrez avoir plus de 21 ans et posséder un permis depuis plus d'un an.

Les tarifs de location varient d'une agence à l'autre. Les agences internationales (Avis, Budget, Hertz...) pratiquent des tarifs assez élevés ; il est toutefois moins coûteux de réserver depuis votre pays de résidence que de louer dans ces agences à Maurice.

Sur place, les loueurs locaux sont nettement moins chers que les grandes enseignes. Comptez environ 1 200 Rs par jour pour une voiture de catégorie A (tarif dégressif pour une longue période). On vous demandera la plupart du temps de verser une caution, en liquide ou par carte de crédit, qui sera remboursée lorsque vous rendrez le véhicule.

La location d'un véhicule privé constitue une solution non officielle, mais beaucoup plus économique. D'un point de vue légal, vous empruntez simplement la voiture d'un ami et vous payez l'essence, plus quelques "cadeaux pour ses enfants". En théorie, vous êtes assuré ; en pratique, cette option présente un certain risque pour les deux parties. En cas d'accident avec ce type de véhicule, il n'est pas certain que votre assurance personnelle vous couvre. Mieux vaut vous renseigner au préalable auprès de votre compagnie d'assurance.

La solution la plus sûre, en résumé, consiste à avoir recours aux services d'une agence de location officielle locale, qui vous fera un contrat de location légal. Mieux vaut opter pour les véhicules à boîte automatique, de plus en plus répandus, y compris pour les petits modèles, si vous n'êtes pas habitué à la conduite à gauche.

Vous trouverez des scooters et motos dans les principales stations balnéaires.

Permis de conduire

Un permis de conduire international est théoriquement obligatoire pour les étrangers conduisant sur l'île. En cas de contrôle policier ou d'accident, mieux vaut pouvoir le présenter. Dans les faits, la majorité des loueurs acceptent les permis de conduire européens.

Sécurité

N'oubliez pas que l'on roule à gauche à Maurice et à Rodrigues mais que la priorité reste à droite. Faites particulièrement attention lorsque vous vous engagez dans un carrefour, ainsi que lorsque vous reprenez votre voiture le matin. Chaque année, plusieurs touristes sont impliqués dans de graves accidents parce qu'ils roulent à droite !

Le port de la ceinture est obligatoire. La vitesse est officiellement limitée à 40 km/h dans les agglomérations, à 80 km/h sur la route et à 90 km/h sur l'autoroute (100 à 110 km/h selon les zones). Ces limitations sont relativement respectées mais l'île Maurice affiche un taux d'accidents relativement élevé. Les automobilistes oublient régulièrement d'allumer ou de faire réparer leurs phares, et les policiers sont souvent plus soucieux de contrôler le conducteur que le véhicule.

Mieux vaut éviter de conduire la nuit, en particulier si l'on ne connaît pas bien sa route. Restez toujours très prudent, car les Mauriciens ont parfois des comportements routiers surprenants ("Avec les Français, on roulait à droite. Avec les Anglais, on est passé à gauche. Depuis l'indépendance, on roule où on veut", a un jour affirmé un chauffeur de taxi à l'auteur de ces lignes...).

Les rues de Port Louis sont très encombrées. Malgré le grand nombre de passages pour piétons, faites très attention en traversant : les conducteurs semblent se soucier aussi peu de la courtoisie que des problèmes d'assurance. Dans le doute, partez du principe que les véhicules ont la priorité sur les piétons.

Santé

L'île Maurice ne pose pas de problème particulier pour le voyageur. Les informations qui suivent visent donc, pour la plupart, à parer à des éventualités peu probables. Le soleil, la marche, la plongée, le changement de climat peuvent cependant entraîner leur lot de désagréments, que les médecins et les hôpitaux de l'île vous aideront facilement à résoudre. Les randonneurs, quant à eux, doivent tenir compte des risques de foulures, fractures, coups de chaleur ou de froid.

AVANT LE DÉPART

Assurances et services médicaux

Il n'existe pas de convention de Sécurité sociale entre la France et l'île Maurice. Il est donc conseillé de souscrire une assurance couvrant les frais médicaux. Vous pouvez aussi le faire afin de vous couvrir en cas d'annulation de votre voyage, de vol, de perte de vos affaires ou de rapatriement. Dans ce cas, lisez bien les clauses en petits caractères : c'est là que se cachent les restrictions.

Vérifiez notamment que les "sports à risques", comme la plongée, la moto ou même la randonnée ne sont pas exclus de votre contrat, ou encore que le rapatriement médical d'urgence, en ambulance ou en avion, est couvert. De même, le fait d'acquérir un véhicule dans un autre pays ne signifie pas nécessairement que vous serez protégé par votre propre assurance.

Vous pouvez contracter une assurance qui réglera directement les hôpitaux et les médecins, vous évitant ainsi d'avancer des sommes qui ne vous seront remboursées qu'à votre retour. Dans ce cas, conservez avec vous tous les documents nécessaires.

Avant de souscrire à une police, vérifiez que vous ne bénéficiez pas déjà d'une assistance liée à votre carte de crédit, à votre mutuelle ou à votre assurance automobile.

N'oubliez pas de prendre avec vous les documents relatifs à l'assurance ainsi que les numéros à appeler en cas d'urgence.

Vaccins

Aucun vaccin antipaludique n'est obligatoire pour les ressortissants européens ou nord-américains, ni d'ailleurs pour la population locale. Le pays connaît des cas très sporadiques de transmission de paludisme dus principalement à des populations migrantes. Un certificat de vaccination contre la fièvre jaune doit en revanche être présenté par tout voyageur en provenance de pays concernés par le paludisme.

Faites inscrire vos vaccinations dans un carnet international de vaccination que vous pourrez vous procurer auprès de votre médecin ou d'un centre.

Planifiez vos vaccinations à l'avance (au moins six semaines avant le départ), car certaines demandent des rappels ou sont incompatibles entre elles. Même si vous avez été vacciné contre plusieurs maladies dans votre enfance, votre médecin vous recommandera peut-être des rappels contre le tétanos ou la poliomyélite, maladies

QUELQUES CONSEILS

Assurez-vous que vous êtes en bonne santé avant de partir. Si vous partez pour un long voyage, faites contrôler l'état de vos dents.

Si vous suivez un traitement de façon régulière, n'oubliez pas votre ordonnance (avec le nom du principe actif plutôt que la marque du médicament, afin de pouvoir trouver un équivalent local) et gardez les médicaments dans leur contenant d'origine, clairement étiquetés. Attention aux dates limites d'utilisation et aux conditions de stockage.

qui existent toujours dans de nombreux pays en développement. Les vaccins ont des durées d'efficacité très variables ; certains sont contre-indiqués pour les femmes enceintes.

Vous trouverez la liste des centres de vaccination en France sur le site du **ministère des Affaires étrangères** (www.diplomatie.gouv.fr, rubrique "conseils aux voyageurs"), qui effectue par ailleurs une veille sanitaire et met régulièrement en ligne des recommandations concernant les vaccinations et les voyages.

Santé sur Internet

Il existe de très bons sites Internet consacrés à la santé en voyage. Avant de partir, vous pouvez consulter les conseils en ligne du **ministère des Affaires étrangères** (www.diplomatie.gouv.fr), de l'**Organisation mondiale de la santé** (OMS ; www.who.int/fr), ou le site très complet du **ministère de la Santé** (www.sante.gouv.fr). Sur les maladies rares, vous pouvez vous informer sur le site www.orpha.net, constitué d'une encyclopédie en ligne rédigée par des experts européens.

Trousse médicale de voyage

Vous trouverez sans problème sur l'île des médecins et de nombreuses pharmacies. Rien ne vous empêche, néanmoins, d'emporter avec vous une petite trousse à pharmacie contenant quelques produits indispensables. Certains ne sont délivrés que sur ordonnance médicale. Attention, les liquides et les objets coupants sont interdits en cabine dans les avions : des **antibiotiques**, à utiliser uniquement aux doses et périodes prescrites. Il n'est pas absurde de demander à votre médecin traitant de vous en prescrire pour le voyage, un **antiseptique** ou un **désinfectant** pour les coupures, les égratignures superficielles et les brûlures, ainsi que des pansements gras pour les brûlures, de l'aspirine ou du **paracétamol** (douleurs, fièvre), une **bande Velpeau** et des **pansements** pour les petites blessures, notamment en randonnée, une paire de **lunettes de secours** (si vous portez des lunettes ou des lentilles de contact) et la copie de votre ordonnance, une paire de **ciseaux** à bouts ronds (pas en cabine lors du vol), une **pince à épiler** et un **thermomètre** à alcool, de la **crème solaire** et de la **Biafine**, du **produit anti-moustiques** et une pommade pour soigner les piqûres éventuellement, un **antidiarrhéique**, en cas de forte diarrhée, surtout si vous voyagez avec des enfants, éventuellement un **antihistaminique** en cas de rhumes, allergies, piqûres d'insectes, mal des transports, des **préservatifs** (norme CE).

PENDANT LE VOYAGE

Thromboses veineuses profondes

Les trajets en avion, principalement du fait d'une immobilité prolongée, peuvent favoriser la formation de caillots sanguins dans les jambes (phlébite ou thrombose veineuse profonde ou TVP). Le risque est d'autant plus élevé si le vol est long, comme c'est le cas vers l'île Maurice. Généralement, l'un des premiers symptômes est un gonflement ou une douleur du pied, de la cheville ou du mollet. En prévention, buvez en abondance des boissons non alcoolisées, faites jouer les muscles de vos jambes lorsque vous êtes assis, portez des chaussettes de contention et levez-vous de temps à autre pour marcher dans la cabine.

Décalage horaire

Le décalage horaire est fréquent dans le cas de trajet traversant plusieurs fuseaux horaires. Il se manifeste par des insomnies, de la fatigue, des malaises ou des nausées. En prévention, buvez abondamment (des boissons non alcoolisées et non gazeuses) et mangez léger. En arrivant, exposez-vous à la lumière naturelle et adoptez les horaires locaux aussi vite que possible (pour les repas, le coucher et le lever).

Mal des transports

Pour réduire les risques d'avoir le mal des transports, mangez légèrement avant et pendant le voyage. Si vous êtes sujet à ces malaises, essayez de trouver un siège dans une partie du véhicule où les oscillations sont moindres : près de l'aile dans un avion, au centre sur un bateau et dans un bus. Les antihistaminiques préviennent efficacement le mal des transports, qui se caractérise principalement par une envie de vomir, mais ils peuvent provoquer une somnolence. Tout médicament doit être pris avant le départ ; une fois que vous vous sentez mal, il est trop tard.

À L'ÎLE MAURICE

Infrastructures médicales

Les soins médicaux sont en principe gratuits pour les visiteurs étrangers comme pour les Mauriciens dans les hôpitaux publics. Il faut cependant attendre, parfois de longues heures, une consultation. Les infrastructures sont limitées à Rodrigues.

Principaux hôpitaux et services d'urgence de l'île :

Samu (☎114)

Ambulance (☎999)

Sir Seewoosagur Ramgoolam National Hospital (SSRNH ; carte p. 71 ; ☎209 3400, 209 3500 ; Pamplemousses)

Victoria Hospital (☎425 3031, 402 8000, caisson 427 5135 ; Candos, Quatre Bornes). Possède un caisson de décompression.

Jawaharlal Nehru Hospital (☎603 7000 ; Rose Belle)

Les cliniques privées payantes constituent en général une meilleure solution. Parmi celles qui nous ont été recommandées, citons :

Fortis Clinique Darné (☎601 2300 ; www.fortiscliniquedarne.com ; Georges Guibert St, Floréal)

Clinique Mauricienne (☎454 3061 ; Le Réduit)

City Clinic (☎206 1600 ; Port Louis)

Appolo Bramwell Hospital (☎605 1000 ; Royal Rd, Moka). Conventionnée avec la Caisse des Français de l'étranger.

Précautions élémentaires

Faire attention à ce que l'on mange et boit est la première des précautions à prendre. Des troubles gastriques et intestinaux sont fréquents en voyage, même si la plupart du temps ils restent sans gravité. Ne soyez cependant pas paranoïaque et ne vous privez pas de goûter la cuisine locale. N'hésitez pas également à vous laver les mains fréquemment.

Eau

Renseignez-vous auprès de votre hôtel pour savoir si l'eau distribuée localement est potable ou non. Les estomacs européens étant souvent plus sensibles aux dérangements, il est toujours préférable de boire de l'eau en bouteille. À Rodrigues, où l'approvisionnement en eau pose problème, préférez systématiquement l'eau en bouteille.

Alimentation

La nourriture proposée à Rodrigues et Maurice ne pose aucun problème. Si vous vous engagez dans de longues randonnées, munissez-vous toujours d'une gourde d'eau et éventuellement de boissons énergisantes. Une transpiration excessive fait perdre des sels minéraux et peut provoquer des crampes musculaires. Il est toutefois déconseillé de prendre des pastilles de sel de façon préventive.

Affections liées à l'environnement

Coup de soleil

Sous les tropiques, comme à Maurice et à Rodrigues, on peut attraper des coups de soleil même par temps couvert. Utilisez un écran solaire et pensez à couvrir les endroits qui sont habituellement protégés, les pieds par exemple. Si les chapeaux fournissent une bonne protection, n'hésitez pas à appliquer également un écran total sur le nez et les lèvres. Les lunettes de soleil s'avèrent souvent indispensables.

Insolation

Une exposition prolongée au soleil peut provoquer une insolation.

Symptômes : nausées, peau chaude, maux de tête. Dans ce cas, il faut rester dans le noir, appliquer une compresse d'eau froide sur les yeux et prendre de l'aspirine.

Coup de chaleur

Rare, cet état grave, parfois mortel, survient quand le mécanisme de régulation thermique du corps ne fonctionne plus : la température s'élève alors de façon dangereuse. De longues périodes d'exposition à des températures élevées peuvent vous rendre vulnérable au coup de chaleur. Évitez l'alcool et les activités fatigantes lorsque vous arrivez dans un pays à climat chaud.

Symptômes : malaise général, transpiration faible ou inexistante et forte fièvre (39 à 41°C). Là où la transpiration a cessé, la peau devient rouge. La personne qui souffre d'un coup de chaleur est atteinte d'une céphalée lancinante et éprouve des difficultés à coordonner ses mouvements ; elle peut aussi donner des signes de confusion mentale ou d'agressivité. Enfin, elle délire et est en proie à des convulsions. Il faut absolument hospitaliser le malade. En attendant les secours, installez-le à l'ombre, ôtez-lui ses vêtements, couvrez-le d'un drap ou d'une serviette mouillés et éventez-le continuellement.

Otite externe

Cette pathologie affecte fréquemment baigneurs et plongeurs dans les mers tropicales. La température de l'eau, l'action irritante des micro-organismes coralliens et l'humidité résiduelle du conduit auditif externe favorisent la prolifération de germes. Quelques heures après la plongée ou la baignade, le pavillon de l'oreille est très douloureux. Consultez un médecin. À titre préventif, rincez-vous l'oreille à l'eau douce après chaque immersion. Quelques gouttes d'alcool boriqué permettent de désinfecter le conduit.

Accidents de décompression

En cas d'accident, un caisson de décompression se trouve au **Victoria Hospital** (☎425 3031, caisson 427 5135 ; Candos, Quatre Bornes) de Quatre Bornes. Pour écarter tout accident, évitez d'aller en altitude après une plongée et attendez 24 heures avant de prendre l'avion.

Maladies infectieuses et parasitaires

Diarrhée

Le changement de nourriture, d'eau ou de climat suffit à la provoquer ; si elle est causée par des aliments ou de l'eau contaminés, le problème est plus grave. En dépit de toutes vos précautions, vous aurez peut-être la "turista", mais quelques visites aux toilettes sans aucun autre symptôme n'ont rien d'alarmant. La déshydratation est le danger principal lié à toute diarrhée, particulièrement chez les enfants. Ainsi le premier traitement consiste à boire beaucoup : idéalement, il faut mélanger 8 cuillerées à café de sucre et 1 de sel dans 1 litre d'eau. Sinon du thé noir léger, avec peu de sucre, des boissons gazeuses qu'on laisse se dégazéifier et qu'on dilue à 50% avec de l'eau purifiée, sont à recommander. En cas de forte diarrhée, il faut prendre une solution réhydratante pour remplacer les sels minéraux. Quand vous irez mieux, continuez à manger légèrement. Les antibiotiques peuvent être utiles dans le traitement de diarrhées très fortes, en particulier si elles sont accompagnées de nausées, de vomissements, de crampes d'estomac ou d'une fièvre légère. Trois jours de traitement sont généralement suffisants, et on constate normalement une amélioration dans les 24 heures. Toutefois, lorsque la diarrhée persiste au-delà de 48 heures ou s'il y a présence de sang dans les selles, il est préférable de consulter un médecin.

Hépatites

L'hépatite est un terme général qui désigne une inflammation du foie. Elle est le plus souvent due à un virus. Dans les formes les plus discrètes, le patient n'a aucun symptôme. Les formes les plus habituelles se manifestent par une fièvre, une fatigue qui peut être intense, des douleurs abdominales, des nausées, des vomissements, associés à la présence d'urines très foncées et de selles décolorées presque blanches. La peau et le blanc des yeux prennent une teinte jaune (ictère). L'hépatite peut parfois se résumer à un simple épisode de fatigue sur quelques jours ou semaines.

Hépatite A C'est la plus répandue et la contamination est alimentaire. Il n'y a pas de traitement médical ; il faut simplement se reposer, boire beaucoup, manger légèrement en évitant les graisses et s'abstenir totalement de toute boisson alcoolisée pendant au moins six mois. L'hépatite A se transmet par l'eau, les coquillages et, d'une manière générale, tous les produits manipulés à mains nues. En faisant attention à la nourriture et à la boisson, vous préviendrez le virus. Malgré tout, s'il existe un fort risque d'exposition, il vaut mieux se faire vacciner.

Hépatite B Elle est très répandue, puisqu'il existe environ 300 millions de porteurs chroniques dans le monde. Elle se transmet par voie sexuelle ou sanguine (piqûre, transfusion). Évitez de vous faire percer les oreilles, tatouer, raser ou de vous faire soigner par piqûres si vous avez des doutes quant à l'hygiène des lieux. Les symptômes de l'hépatite B sont les mêmes que ceux de l'hépatite A mais, dans un faible pourcentage de cas, elle peut évoluer vers des formes chroniques dont, dans des cas extrêmes, le cancer du foie. La vaccination est très efficace.

Hépatite C Ce virus se transmet par voie sanguine (transfusion ou utilisation de seringues usagées) et semble donner assez souvent des hépatites chroniques. La seule prévention est d'éviter tout contact sanguin, car il n'existe pour le moment aucun vaccin contre cette hépatite.

Leptospirose

Quelques cas mortels de leptospirose sont rapportés chaque année à Maurice. Cette maladie infectieuse, due à une bactérie (le leptospire) qui se développe dans les mares et les ruisseaux, se transmet par des animaux comme le rat et la mangouste.

On peut attraper cette maladie en se baignant dans des nappes d'eau douce, contaminées par de l'urine animale. La bactérie pénètre dans le corps humain par le nez, les yeux, la bouche ou les petites coupures cutanées.

Symptômes : similaires à ceux de la grippe, ils peuvent survenir 2 à 20 jours suivant la date d'exposition : fièvre, frissons, sudation, maux de tête, douleurs musculaires, vomissements et diarrhées en sont les plus courants. Du sang dans les urines ou une jaunisse peuvent apparaître dans les cas les plus sévères. Les symptômes durent habituellement quelques jours voire quelques semaines. La maladie est rarement mortelle.

Évitez de nager et de vous baigner dans tout plan d'eau douce stagnante, notamment si vous avez des plaies ouvertes ou des coupures.

Typhoïde

La fièvre typhoïde est une infection du tube digestif. La vaccination n'est pas entièrement efficace et l'infection est particulièrement dangereuse.

Premiers symptômes : les mêmes que ceux d'un mauvais rhume ou d'une grippe, mal de tête et de gorge, fièvre qui augmente régulièrement pour atteindre 40°C ou plus. Le pouls est souvent lent par rapport à la température élevée et ralentit à mesure que la fièvre augmente. Ces symptômes peuvent être accompagnés de vomissements, de diarrhée ou de constipation.

La deuxième semaine, des petites taches roses peuvent apparaître sur le corps.

Autres symptômes : tremblements, délire, faiblesse, perte de poids et déshydratation. S'il n'y a pas d'autres complications, la fièvre et les autres symptômes disparaissent peu à peu la troisième semaine. Cependant, un suivi médical est indispensable, car les complications sont fréquentes, en particulier la pneumonie (infection aiguë des poumons) et la péritonite (éclatement de l'appendice). De plus, la typhoïde est très contagieuse.

Mieux vaut garder le malade dans une pièce fraîche et veiller à ce qu'il ne se déshydrate pas.

VIH/sida

En ce qui concerne le virus du sida, les mêmes précautions que partout ailleurs sont à prendre. L'infection à VIH (virus de l'immunodéficience humaine), agent causal du sida (syndrome d'immuno-déficience acquise), est présente dans pratiquement tous les pays et épidémique dans nombre d'entre eux. À Maurice, le nombre d'infections dues au VIH est en constante augmentation et 90% des Mauriciens n'ont jamais fait de dépistage.

La transmission de cette infection se fait : par rapport sexuel (hétérosexuel ou homosexuel – anal, vaginal ou oral), d'où l'impérieuse nécessité d'utiliser des préservatifs à titre préventif ; elle se fait aussi par le sang, les produits sanguins et les aiguilles contaminées. Il est impossible de détecter la présence du VIH chez un individu apparemment en parfaite santé sans procéder à un examen sanguin.

Il faut éviter tout échange d'aiguilles. S'ils ne sont pas stérilisés, tous les instruments de chirurgie, les aiguilles d'acupuncture et de tatouage, les instruments utilisés pour percer les oreilles ou le nez peuvent transmettre l'infection. Il est fortement conseillé d'acheter seringues et aiguilles avant de partir.

Toute demande de certificat attestant la séronégativité pour le VIH est contraire au Règlement sanitaire international (article 81).

Affections moins fréquentes

Fièvre jaune

Le vaccin contre la fièvre jaune ne peut être effectué que dans des centres spécialisés, autorisés à valider les certificats inter-nationaux de vaccination (livrets jaunes).

La vaccination doit être pratiquée au moins dix jours avant toute exposition potentielle au virus de la fièvre jaune. Elle assure une protection durant une dizaine d'années.

Les réactions provoquées par le vaccin restent généralement légères : maux de tête, petite fièvre, douleurs musculaires ou gêne à l'endroit de l'injection. Des réactions graves demeurent extrêmement rares. Les autorités demandent une attestation de leur vaccination à tous les voyageurs provenant d'un pays d'Afrique ou d'Amérique où cette maladie est endémique.

Les mesures de protection contre les piqûres de moustiques jouent un rôle essentiel dans la prévention de la fièvre jaune.

Paludisme

Le risque de paludisme – ou malaria – est considéré comme inexistant à Maurice. Les cas enregistrés ont généralement été contractés ailleurs. Pour être plus tranquille d'esprit et surtout pour votre confort personnel, prenez les précautions d'usage contre les piqûres de moustiques :

Le soir, dès le coucher du soleil, couvrez vos bras et surtout vos chevilles, et appliquez de la crème anti-moustiques. Évitez le parfum ou l'après-rasage.

Portez des vêtements clairs. Utilisez un insecticide (diffuseur électrique, bombe insecticide, tortillon fumigène) ou un répulsif sur les parties découvertes du corps. La durée d'action de ces répulsifs est de 3 à 6 heures. Utilisez une moustiquaire imprégnée d'insecticide. De plus, ces moustiquaires sont radicales contre tout insecte à sang froid (puces, punaises, etc.).

Chikungunya

Le virus du chikungunya est transmis par un moustique tigré blanc et noir, l'*Aedes albopictus*. La maladie se traduit avant tout par des douleurs articulaires, douloureuses et gênantes dans certains cas, graves dans d'autres, notamment chez les enfants et les personnes âgées. Des protections individuelles simples (répulsifs, insecticides, etc.) permettent d'écarter le risque efficacement.

L'épidémie de cette maladie qui a touché La Réunion et l'île Maurice en 2006 a fait couler beaucoup d'encre. Le risque semble maintenant écarté.

Rage

Très répandue, cette maladie est transmise par un animal contaminé : chien, singe et chat principalement. Morsures, griffures ou même simples coups de langue d'un mammifère doivent être nettoyés immédiatement et soigneusement. Frottez avec du savon et de l'eau courante, puis nettoyez avec de l'alcool. S'il y a le moindre risque que l'animal soit contaminé, allez immédiatement voir un médecin. Même si l'animal n'est pas enragé, toutes les morsures doivent être surveillées de près pour éviter les risques d'infection et de tétanos. Un vaccin antirabique est désormais disponible. Il faut y songer si vous pensez explorer des grottes (les morsures de chauves-souris peuvent être dangereuses) ou travailler avec des animaux. Cependant, la vaccination préventive ne dispense pas de la nécessité d'un traitement antirabique immédiatement après un contact avec un animal enragé ou dont le comportement peut paraître suspect.

Tétanos

Cette maladie parfois mortelle se rencontre partout, et surtout dans les pays tropicaux en voie de développement. Difficile à soigner, elle se prévient par vaccination. Le bacille du tétanos se développe dans les plaies. Il est donc indispensable de bien nettoyer coupures et morsures.

Premiers symptômes : difficulté à avaler ou raideur de la mâchoire ou du cou. Puis suivent des convulsions douloureuses de la mâchoire et du corps tout entier.

Coupures, piqûres et morsures

Coupures et égratignures

Les blessures s'infectent très facilement dans les climats chauds et cicatrisent difficilement. Coupures et égratignures doivent être traitées avec un antiseptique et du désinfectant cutané. Évitez si possible bandages et pansements, qui empêchent la plaie de sécher.

Les coupures de corail sont longues à cicatriser, car le corail injecte un venin léger dans la plaie. Portez des chaussures pour marcher sur des récifs, et nettoyez chaque blessure parfaitement.

Poisson-pierre

Ce poisson vit immobile et camouflé dans son environnement – fonds sableux et débris coralliens surtout. Les épines de sa nageoire dorsale sont très venimeuses et douloureuses : le nageur ou le plongeur risque la syncope. Une hospitalisation d'urgence s'impose. Placez un garrot légèrement serré entre la piqûre et la base du membre atteint. À titre de prévention, portez une combinaison et regardez où vous posez les mains.

Corail de feu

Ce type de corail (*Millepora*), de couleur brune ou jaune, forme des rameaux ou des colonies encroûtantes. Ses polypes, urticants, provoquent des brûlures et des démangeaisons. Désinfectez et appliquez du jus de citron. Portez une combinaison et abstenez-vous de toucher aux massifs coralliens.

Oursins

Si l'on marche sur un oursin, les épines se brisent et se logent sous la peau, provoquant une inflammation douloureuse, voire une infection. Consultez un médecin. Quand vous nagez, regardez où vous mettez les pieds et les mains. Sur le récif, portez des sandalettes.

Cône

Le cône est un coquillage de forme conique. L'animal possède un organe ressemblant à un harpon qui sert à paralyser ses proies. Le venin injecté est extrêmement puissant et peut être mortel. L'évacuation sanitaire est impérative et urgente. Il vaut mieux renoncer à ramasser les coquillages.

Requins et murènes

La recrudescence des attaques de surfeurs par des requins à La Réunion depuis l'été 2011 peut appeler à la prudence, mais aucune attaque n'a été signalée à Maurice ou à Rodrigues. Pour les surfeurs, quelques conseils de bon sens s'imposent :

➡ Ne surfez pas à la tombée du jour.

➡ Tenez-vous informé des conditions après des surfeurs locaux.

➡ Évitez les périodes où l'eau est trouble, notamment après des pluies importantes.

Les murènes ne sont menaçantes que si elles se sentent provoquées. Évitez donc de les importuner.

Voyager avec des enfants

Si vous voyagez avec des enfants en bas âge, faites attention à tout ce qu'ils absorbent : la diarrhée présente un grand danger pour eux. En outre, les vaccins contre l'hépatite A et la fièvre typhoïde ne sont pas applicables avant 2 ans.

Santé au féminin

Grossesse

La plupart des fausses couches ont lieu pendant les trois premiers mois de la grossesse. C'est donc la période la plus risquée pour voyager. Pendant les trois derniers mois, il vaut mieux rester à distance raisonnable de bonnes infrastructures médicales, en cas de problème. Les femmes enceintes doivent éviter de prendre inutilement des médicaments. Consultez un médecin avant de prendre quoi que ce soit.

Problèmes gynécologiques

Une nourriture pauvre, une résistance amoindrie par l'utilisation d'antibiotiques contre des problèmes intestinaux peuvent favoriser les infections vaginales lorsqu'on voyage dans des pays à climat chaud. Respectez une hygiène intime scrupuleuse, et portez jupes ou pantalons amples et sous-vêtements en coton.

Les champignons, caractérisés par une éruption cutanée, des démangeaisons et des pertes, peuvent se soigner facilement. En revanche, les trichomonas sont plus graves ; pertes blanches et sensation de brûlure lors de la miction en sont les symptômes. Le partenaire masculin doit également être soigné.

Il n'est pas rare que le cycle menstruel soit perturbé lors d'un voyage.

Langue

Lorsque les Mauriciens tiennent une réunion publique, on prétend qu'ils parlent en créole, notent les procès-verbaux en anglais et débattent des résultats avec les représentants de l'administration en français. L'île présente un cocktail linguistique hors du commun : l'enseignement a lieu en anglais, le français est souvent utilisé à la maison et le créole dans la rue. À la télévision, les politiciens mêlent souvent les trois langues dans une même phrase. Maurice fournit ainsi un rare exemple de pays où le trilinguisme est une réalité au quotidien, au point que l'on pourrait presque dire que l'île parle une langue propre, à la confluence des trois idiomes.

Les deux langues officielles sont l'anglais et le français. L'anglais est surtout utilisé dans la politique et les affaires. Le français est la langue d'usage des milieux culturels et de la presse. Les Mauriciens s'adressent le plus souvent aux visiteurs étrangers en français, mais métissent cette langue d'anglicismes. Le créole, langue de la vie quotidienne, présente des similitudes avec le créole parlé dans les autres îles de l'océan Indien mais s'en distingue par l'accent. La plupart des Indo-Mauriciens parlent le bhojpuri, dérivé d'un dialecte hindi, le bihari.

ÉVOLUTION LINGUISTIQUE

Mikael Parkvall, voyageur suédois épris de linguistique, nous a fourni les informations suivantes quant à l'évolution linguistique de l'île :

Les langues asiatiques sont en régression. L'anglais est assez stable, mais le créole se répand dans la vie courante. Les principales langues parlées à l'île Maurice sont (par ordre décroissant) le créole, le bhojpuri, le français, le tamoul, l'ourdou, le telougou, le marathi, l'hakka, l'anglais, le gujarati, le mandarin et le cantonais. Parmi les langues parlées par moins de 100 locuteurs, citons le polonais (!), le punjabi, le sindhi, le bacha, l'italien, l'allemand et le russe.

L'usage de l'hindi à Maurice est un mythe. Ceux qui, selon les recensements, parlent soit l'hindi, soit le bhojpuri, parlent en fait tous le bhojpuri. Il s'agit d'une sorte de créole à base d'hindi, le rapport entre ces deux langues étant identique à celui qui existe entre le français et le créole.

Le bhojpuri manque de prestige et on emploie l'hindi pour tous les usages officiels, par exemple à la Mauritius Broadcasting Corporation. On parle également le bhojpuri en Inde, mais la version indienne est inintelligible pour les Mauriciens, essentiellement à cause de l'influence du français et du créole sur le bhojpuri parlé à l'île Maurice. Tous les chiffres, par exemple, sont empruntés au français.

LE CRÉOLE MAURICIEN

Le créole mauricien dérive du français, mais a évolué au fil des années pour devenir une langue à part entière. Proche du français, il emprunte des mots à d'autres langues et comporte des différences importantes dans la prononciation et la syntaxe.

On parle français dans tous les lieux publics. Des rudiments de créole vous permettront d'échanger quelques mots avec des pêcheurs ou des villageois âgés, de lire un article en créole dans un quotidien ou de comprendre les paroles du séga.

Les pronoms personnels et les adjectifs possessifs se traduisent de la même façon :

je, mon, ma	*mo*
tu, ton, ta	*to*
il, elle, son, sa	*li*
nous, nos	*nu*
vous, votre	*ou*
ils, elles, leurs, vous (pluriel), vos	*zot*

Les chiffres se prononcent à peu près comme en français, à part :

un	*aine*
deux	*dé*

QUELQUES MOTS ET EXPRESSIONS DE CRÉOLE MAURICIEN

Bonjour	Bonzour
Au revoir	Salam
S'il vous plaît	Si ou plé
De rien	Padkwa
Pardon	Eskize moi
Il fait chaud	Fer so
À tout à l'heure	Taler
Comment allez-vous ?	Ki manière ?
Bien, merci	Mo bien, mersi
Je ne comprends pas	Mo pas comprend
D'accord	Correc
Pas d'accord	Pas correc
Avez-vous... ?	Ou éna... ?
J'aimerais...	Mo oulé...
J'ai soif	Mo soif
À votre santé !	Tap sa !
Fantastique !	Formidabe !
Je suis...	Mo aine...
C'est la première fois que vous venez à Maurice ?	Premié fois ou vine Maurice ?
Les gens sont gentils	Banne dimoune zantils
Où puis-je trouver... ?	Cotte me capave gagne... ?
On peut y aller à pied ?	Nou capave allé marsé ?
Où est-ce ?	Kote sa ?
Je voudrais une chambre	Mo oulé aine la samme
Je m'en vais	Mo pé allé
Je regarde simplement	Mo pé zisse guetté
Vous en voulez combien ?	Ou bizin comié ?
C'est combien... ?	Comié couté... ?
Ça va vous coûter...	Li pou coute ou...
C'est cher	Li ser
C'est bon	Li bon
À quelle heure... ?	Qui lère... ?
Aujourd'hui	Azordi
Je me suis bien amusé	Mo fine bien bien amisé
Je suis ici en vacances	Mo la pou vacance
Pas de problème	Pena problème
tomate	pomme d'amour
pastèque	moulon d'eau
pieuvre, poulpe	ourite
pantalon	pan son

GLOSSAIRE

Outre le créole, les Mauriciens emploient un certain nombre de mots et expressions, en créole ou français, se rapportant à des spécialités culinaires ou autres spécificités typiquement mauriciennes.

achards – légumes émincés et épicés

baba-figue – fleur du bananier

babouk – araignée

bonbon piment – beignet de piment

boucan – petite cuisine ou abri de pêcheur

boucané – viande de porc salée et fumée

brèdes – feuilles de plantes potagères consommées en fricassée ou en soupe

bringelles – aubergines

calou – pilon

caloupilé – arbuste originaire d'Inde dont les feuilles servent à préparer le massalé

camaron – grosse crevette d'eau douce

cari – ragoût de viande

case ou **caz** – maison

choca – agave

chouchou – légume poussant en lianes, connu en Europe sous le nom de christophine

civet – préparation culinaire non mijotée, comportant du gingembre et du curcuma

cryptomeria – aussi appelé pin du Japon ou cèdre du Japon. Résineux ornemental

filao – arbre tropical, aussi appelé casuarina, que l'on cultive pour son bois utilisé en menuiserie

grains – haricots ou lentilles

guetali – kiosque dans les jardins des maisons coloniales permettant de voir sans être vu

kabar – fête

lambrequin – frise ciselée qui borde les dessous des toitures

marron – ce terme, dérivé de l'espagnol *cimarron*, désignait les esclaves fugitifs, premiers habitants des hauteurs du Morne Brabant. Désigne par extension ce qui se rapporte à la montagne (un "cochon marron" est un cochon sauvage à l'île Maurice)

massalé – mélange indien d'épices

ourite – *voir* z'ourite

palmiste – désigne la partie comestible de certains palmiers. Notamment le cœur, plus souvent appelé "cœur de palmier" en France métropolitaine

pinpin – fruit du vacoa

rempart – falaise d'effondrement

rougail – condiment épicé

rougail boucané – cari de viande de porc fumée

rougail saucisses – cari de saucisses

samoussa – petit pâté farci et frit

séga – chant et danse, probablement originaires de Madagascar

tamarin – fruit à longue gousse du tamarinier

tangue – petit mammifère ressemblant au hérisson, parfois appelé "ti cochon bois"

ti'jacque – fruit du jacquier

vacoa – pandanus

varangue – véranda

zambériques – variété de soja qui fait partie de la longue liste des "grains pays", très utilisé en légumes sous formes de germes

zantacs – sortes de fèves originaires d'Afrique de l'Ouest

z'ourite – poulpe. "Filer en z'ourite" signifie "disparaître à toute vitesse"

En coulisses

VOS RÉACTIONS ?

Vos commentaires nous sont très précieux et nous permettent d'améliorer constamment nos guides. Notre équipe lit toutes vos lettres avec la plus grande attention. Nous ne pouvons pas répondre individuellement à tous ceux qui nous écrivent, mais vos commentaires sont transmis aux auteurs concernés. Tous les lecteurs qui prennent la peine de nous communiquer des informations sont remerciés dans l'édition suivante, et ceux qui nous fournissent les renseignements les plus utiles se voient offrir un guide.

Pour nous faire part de vos réactions, prendre connaissance de notre catalogue et vous abonner à notre newsletter, consultez notre site Internet : **www.lonelyplanet.fr**

Nous reprenons parfois des extraits de notre courrier pour les publier dans nos produits, guides ou sites web. Si vous ne souhaitez pas que vos commentaires soient repris ou que votre nom apparaisse, merci de nous le préciser. Notre politique en matière de confidentialité est disponible sur notre site Internet.

À NOS LECTEURS

Nous remercions tous les lecteurs qui ont utilisé la précédente édition de ce guide et ont pris la peine de nous écrire pour nous communiquer informations, commentaires et anecdotes :

Assia Benabdelaziz, Marie-Anne Bizouard, Alicia Fleury, Ingrid Koury, Aurélie Le Flem, Lise Leduc, Odile Saussard

UN MOT DE L'AUTEUR

Marie Dufay

Un grand merci à Nathalie Compagnon, Alison Cohen, Axelle de Langlais, Pascale et Alain Paillusseau, Michel Bourgeois, Marc Bienaimé, Julien Gufflet, Alain Wong So, Audrey et Arnaud Vacher, Sandrine et Cyril Faure, mais aussi Bernard, William, Alex et Pam, Andy, Serge, Michel, Ky, Armand, Piero, Julian. Merci surtout, encore et toujours, à toute l'équipe de Lonely Planet : Didier Férat, Frédérique Sarfati-Romano, Nicolas Benzoni, Dominique Spaety.

CRÉDIT PHOTOGRAPHIQUE

Photo de couverture : plage de Cap Malheureux ; © G. Richardson/ Robert Harding World Imagery/Corbis.

À PROPOS DE CET OUVRAGE

Cet ouvrage est la 2e édition du guide *Maurice et Rodrigues*. La précédente édition était l'œuvre d'Emmanuel Dautant.

Direction éditoriale
Didier Férat

Coordination éditoriale
Nicolas Benzoni

Responsable pré-presse
Jean-Noël Doan

Maquette
Pierre Brégiroux

Couverture
Annabelle Henry

Cartographie
Martine Marmouget, Florence Bonijol et Catherine Zacharopoulou (AFDEC)

Remerciements à
Sylvie Rabuel pour sa précieuse contribution au texte ainsi qu'à Pierre Gallotta pour son travail de référencement. Enfin, un grand merci à Dominique Spaety, Dorothée Pasqualin, ainsi qu'à toute l'équipe du bureau parisien.

Index

Références des cartes
Références des photos

INDEX DES ENCADRÉS

Escapades

Histoire, culture et société

Interviews

Nature et environnement

Pratique

Sport et détente

Légende des cartes

À voir

- Château
- Monument
- Musée/galerie/édifice historique
- Ruines
- Église
- Mosquée
- Synagogue
- Temple bouddhiste
- Temple confucéen
- Temple hindou
- Temple jaïn
- Temple shintoïste
- Temple sikh
- Temple taoïste
- Sentō (bain public)
- Cave/vignoble
- Plage
- Réserve ornithologique
- Zoo
- Autre site

Activités, cours et circuits organisés

- Bodysurfing
- Plongée/snorkeling
- Canoë/kayak
- Cours/circuits organisés
- Ski
- Snorkeling
- Surf
- Piscine/baignade
- Randonnée
- Planche à voile
- Autres activités

Où se loger

- Hébergement
- Camping

Où se restaurer

- Restauration

Où prendre un verre

- Bar
- Café

Où sortir

- Salle de spectacle

Achats

- Magasin

Renseignements

- Banque
- Ambassade/consulat
- Hôpital/centre médical
- Accès Internet
- Police
- Bureau de poste
- Centre téléphonique
- Toilettes
- Office du tourisme
- Autre adresse pratique

Géographie

- Plage
- Refuge/gîte
- Phare
- Point de vue
- Montagne/volcan
- Oasis
- Parc
- Col
- Aire de pique-nique
- Cascade

Agglomérations

- Capitale (pays)
- Capitale (région/État/province)
- Grande ville
- Petite ville/village

Transports

- Aéroport
- Poste frontière
- Bus
- Téléphérique/funiculaire
- Piste cyclable
- Ferry
- Métro
- Monorail
- Parking
- Station-service
- Station de métro
- Taxi
- Gare/chemin de fer
- Tramway
- U-Bahn
- Autre moyen de transport

Les symboles recensés ci-dessus ne sont pas tous utilisés dans ce guide

Routes

- Autoroute à péage
- Voie rapide
- Nationale
- Route secondaire
- Petite route
- Chemin
- Route non goudronnée
- Route en construction
- Place/rue piétonne
- Escalier
- Tunnel
- Passerelle
- Promenade à pied
- Promenade à pied (variar
- Sentier

Limites et frontières

- Pays
- État/province
- Frontière contestée
- Région/banlieue
- Parc maritime
- Falaise
- Rempart

Hydrographie

- Fleuve/rivière
- Rivière intermittente
- Canal
- Étendue d'eau
- Lac asséché/salé/intermittent
- Récif

Topographie

- Aéroport/aérodrome
- Plage/désert
- Cimetière (chrétien)
- Cimetière (autre)
- Glacier
- Marais/mangrove
- Parc/forêt
- Site (édifice)
- Terrain de sport

LES GUIDES LONELY PLANET

Une vieille voiture déglinguée, quelques dollars en poche et le goût de l'aventure, c'est tout ce dont Tony et Maureen Wheeler eurent besoin pour réaliser, en 1972, le voyage d'une vie : rallier l'Australie par voie terrestre via l'Europe et l'Asie. De retour après un périple harassant de plusieurs mois, et forts de cette expérience formatrice, ils rédigèrent sur un coin de table leur premier guide, *Across Asia on the Cheap*, qui se vendit à 1 500 exemplaires en l'espace d'une semaine. Ainsi naquit Lonely Planet, dont les guides sont aujourd'hui traduits en 12 langues.

NOTRE AUTEUR

Marie Dufay

Des vacances bretonnes, à 8 ans, bouleversent la vie de Marie : la mer devient son obsession. Ses diplômes de langues et d'ethnologie en poche, elle écume l'Atlantique, les Caraïbes et l'océan Indien. À 29 ans, elle part sur son voilier sillonner la Méditerranée pendant plus de 3 ans. Journaliste et photographe, aujourd'hui basée à Rennes, elle écrit régulièrement pour la presse nautique et touristique... et pour Lonely Planet, pour qui elle a collaboré aux guides *Bretagne Nord*, *Bretagne Sud*, *Côte d'Azur*, *Pays de la Loire* et *Guadeloupe*.

Maurice et Rodrigues

2e édition

Dépôt légal Octobre 2015
ISBN 978-2-81614-862-6

Imprimé par Pollina, Luçon, France - L79074
Réimpression 02, décembre 2016

En Voyage Éditions | un département place des éditeurs